2022年增订本

图说西北大学百廿年历史

姚 远　董丁诚　杨德生　熊晓芬　宋轶文　等撰

西北大学出版社

增订本说明

本书是在对 2017 年版《图说西北大学百十年历史》进行增补修订的基础上形成的,书名改为《图说西北大学百廿年历史》。

本次增补修订遵循"历史与当下并重"的图说编纂原则,增补修订了近百个条目,增加了约 200 个页码的内容,使艰难曲折、几度弦歌又续的西北大学历史更完整、饱满和有深度,特别是近年来不断广泛深入的西北联大史研究,使诸多已遗忘的历史细节和人物被发掘出来,这些有重要影响的内容以图说的形式写进书中,让曾经的来龙去脉更清楚,历史更有魅力。同时对西北大学近年来的新发展和新成就进行了较为全面的展现,对一些内容表述进行更新,芜杂者更精练,简略者更准确,并不乏趣味性。

值此 120 年校庆来临之际,我们以此为纪念,希望读者朋友喜欢。

本次增补修订在召开了研讨会之后,由学校各部门、各院系以及相关老师分别供稿,成稿之后又请姚远同志、杨德生同志和田明纲同志分别进行主审,是集体合作的成果。在此向学校各部门、各位作者和三位主审表示感谢!本书增补修订与校史研究和西北大学发展同步,希望广大读者、校友、校史研究专家多提宝贵意见和建议,谢谢!

编　者
2022 年 10 月 10 日

增订本前言

西北大学生逢民族生死存亡之际,受尽磨难。1900年,中华民族遭遇灭顶之灾,日、俄、英、法、美、德、奥、意八国联军侵占清政府首都北京,烧杀抢掠,无恶不作。京师大学堂被德、俄侵略军占为兵营,校舍、书籍、设备严重毁坏,大学堂被迫停办长达两年。光绪皇帝与慈禧太后逃到西安,陕西巡抚升允就近奏请成立陕西大学堂,派出首批留日学生,发轫西北高等教育。1902年的陕西大学堂和京师大学堂速成科仕学馆,遂成西北大学之源。1912年辛亥硝烟尚未散去,西线战事犹酣,秦陇复汉军政府大都督张凤翙商之甘肃、新疆两省都督,以陕西大学堂、陕西法政学堂、陕西实业学堂、陕西农业学堂、陕西客籍学堂五学堂合组成为西北大学,新招学生1144人,加上五学堂转来学生,以及甘、新两省所送学生,竟达1804人。1923年8月28日西北大学改为"国立"。罗素弟子傅铜掌校,李仪祉创设工科,熊庆来创建数学系,罗常培开讲国文,康有为题写校牌,鲁迅讲学于此,好一派西北最高学府景象!哪知好景不长,新旧军阀混战之际,西安被围近八月,以致树无皮,草无根,人无颜色,满目疮痍,由于断粮,死难军民达4万多人。师生四散而去,唯留一方"国立西北大学"的校牌高悬门楣。即便在此生死关头,维系国立西北大学香火的信念始终如初。在冯玉祥、于右任的主持下,国立西北大学收束改组为西安中山学院,成为西北第一所革命学府。李子洲、刘志丹、邓小平等曾在此任教。大革命失败后改为西安中山大学。掌校的余天休一心想办一所以理工为主的大学,教务长杨励三亦提出"振发我民族努力奋斗、独立自营之精神及意志"的主张,教育部也有改办西安文理学院的计划,但最终却又改为西安高中附设陕西水利工程专科。抗战全面爆发后,西迁来陕的国立北平大学、国立北平师范大学、国立北洋工学院和国立北平研究院等组成国立西安临时大学,1938年4月改为国立西北联合大学,1939年8月复称国立西北大学。西南联大的南渡北归和西北联大的扎根西北,同奏战时中国大学精神的强音,徐诵明、黎锦熙、曹靖华、黄文弼、郑资约等名师学者,在烽火连天的岁月中救亡图存,械朴作人,引一时之盛。

中华人民共和国成立后,学校为教育部直属综合大学之一,并成为陕西乃至西北多所高等院校和科研机构的母体。1958年改隶陕西省主管。1978年被确定为全国重点大学,1996年被确定为国家"211工程"大学,2001年被确定为国家西部大开发重点支持建设院校,2009年成为国家教育部与陕西省人民政府重点支持和共建院校,2017年被确定为"双一流建设"院校,地质学、考古学进入国家"双一流"建设学科。

学校现有太白校区、桃园校区、长安校区三个校区,总占地面积2360余亩(157.33公顷)。现有24个院(系)和研究生院、1个中外合作办学机构、6个非直属附属医院。设有88个本科专业,其中37个专业入选国家级一流本科专业建设点。学校现有24个博士学位授权一级学科、37个硕士学位授权一级学科、18个专业学位授权类别、24个博士后科研流动站。现有地质学、考古学2个"世界一流学科"建设学科,1个一级学科国家重点学科(涵盖5个二级学科),4个二级学科国家重点学科和1个国家重点(培育)学科。学校现有教职工3000余人,其中中国科学院院士4人,双聘院士(教授)5人,国际科学史研究院院士1人,发展中国家科学院院士1人,国家"万人计划"项目入选者23人,国家杰出青年科学基金获得者12人,国家优秀青年科学基金获得者12人,国家"百千万人才工程"人选17人,国家级教学名师6人,教育部新世纪优秀人才支持计划25人,科技部"中青年科技创新领军人才"6人。现有在校生27000余人,其中本科生13000余人,研究生13900余人,国际学生600余人。学校先后获得国家自然科学奖、国家技术发明奖、国家科技进步奖、国家级教学成果奖、中国专利金奖、高等学校科学研究优秀成果奖等一系列重大奖励。学校十分重视对外科技文化交流,已与美、英、法、德、日等近30个国家及地区的120余所大学、科研机构建立了友好合作关系。《大英百科全书》曾将西北大学列为世界著名大学之一。

在长期的发展历程中,西北大学形成了"发扬民族精神,融合世界思想,肩负建设西北之重任"的办学理念,汇聚了众多名师大家,涌现出邵力子、李异材、马步云、傅铜、李仪祉、汪胡桢、熊庆来、吴芳吉、罗常培、徐诵明、黎锦熙、曹靖华、黄文弼、沈志远、罗章龙、曾炯、傅种孙、郑资约、傅角今、杨钟健、岳劼恒、侯外庐、张伯声、侯伯宇等一批蜚声中外的学术巨匠,产生了侯外庐的中国思想史学派、张伯声的"地壳波浪状镶嵌构造"学说、侯伯宇的"侯氏变换",以及王戍堂的"王氏定理"、张国伟的秦岭造山带理论、舒德干的前寒武纪生命大爆发理论等多项重大理论创新成果。百廿以来,学校为国家培养了30余万名英才,走出了22位学部委员、两院院士和11位国际研究机构院士,赢得了"中华石油英才之母""青年经济学家的摇篮""作家摇篮"等美誉。

翻开这一页页历史,感人至深、令人感叹者不胜枚举。

1911年10月10日,武昌起义爆发,张凤翙等人率众起义,使陕西成为辛亥革命中第一个起而响应的省份。东西路战火甫定,张凤翙就放下刀枪,拿起笔杆,以"关系现时之建设""关系将来之建设"和"关系外部之防御"的战略眼光,高瞻远瞩,创设西北大学。在遇到袁世凯政府阻挠时,又以"荡舟激流,势难中止"的坚强决心,挽狂澜于既倒,力促由陕西高等学堂等五学堂合组的西北大学如期开学。

1912年进入西北大学读书的孙蔚如、赵寿山,后成长为著名将军,在抗日战争中以"挽狂澜做个中流砥柱""剿绝天骄""扫除僭逆"为激励,率领所部立马中条山,坚持抗日两年半,硬是没让日寇西渡黄河侵陕。

王耀东教授别离弱妻幼女,化装成商人逃出北平,在徐州火车站差点被低空扫射的日机机枪射中,复转西安,就任西安临时大学—西北联合大学—西北大学教授。三年后的1940年,妻子齐志修才带着两个孩子,历经艰险,辗转数千里找到陕南城固,一家人终于相聚,之后王耀东教授被西北大学聘为终身教授,扎根西北70余年,以107岁的高寿离世。

汪堃仁教授携妻带女(一个6岁、一个尚在襁褓中),一家四口,经平津、香港、越南、昆明、重庆、成都至城固,历时四个月,行程万余里,备尝艰难险阻,途中两次遭遇日机轰炸。虽如此,仍心系文脉存续,路过重庆自费购买教学仪器,在西北联大—西北大学开出了与北平协和医院相同的全部现代生理学课程,并开创了中国的组织化学学科。中华人民共和国成立后,他成为我国著名的生理学家和细胞生物学家,当选为中国科学院学部委员。

黄文弼教授四次进疆,征服世界第二大流沙沙漠塔克拉玛干沙漠,穿越死亡之海罗布泊,行程3.8万公里,开启丝路考古,获得一系列重大发现,确证了楼兰、龟兹、于阗、焉耆等古国及许多古城的地理位置,判明了麴氏高昌国的纪年顺序和茔域分布,提出"三重证据法",完成我国第一部符合现代考古学体例的考古报告,从而开创了西北考古以至中国科学考古的新纪元。

哥廷根学派的中国传人、我国第一个研究抽象代数的曾炯教授,至今仍以"曾定理""曾层次"闻名于数学界,在西北联合大学极为艰苦的生活环境下,奔波迁徙、率性自持,竟然在43岁的学术生涯巅峰时期,因再平常不过的胃疾而殒命于西康山区。

郑资约教授在抗战胜利后,被国民政府借调到内政部,受命为接收专员,于1946年12月15日主持了在太平岛举行的接收南海诸岛升旗典礼,并树立界碑,宣布中国按照《开罗宣言》及《波茨坦公告》规定正式接收南海诸岛;之后傅角今教授又主持划定我国南海十一段国界线(今改为九段线)。这些至今都是我国南海问题外交谈判重要的法理基础。

被国家副主席王岐山认为对他一生都有重大影响的"我的老师"张伯声教授,自1937年至1994年在西北大学任教近60个春秋,是西北大学聘任的第一位终身教授。他的科学贡献一是发现了两个大矿;二是提出"嵩阳运动"界面;三是发现了"黄土线"现象;四是创立了"地壳波浪状镶嵌构造"学说,被公认为中国五大地质构造学派之一。1980年当选为中国科学院学部委员。他在西北大学共主持培养了1200余名石油专才,从而奠定了西北大学为中国石油战线作出重要贡献的学科基础,以至全国14个大油田一度有13个油田的领导者均出自西北大学。

侯伯宇教授长期从事理论物理和数学物理的教学研究,在U群代数的表示、规范场拓扑行为、可积模型的对称性产生算子与几何、规范场的上同调等方面取得了显著的研究成果。20世纪50年代后期，致力于群论在物理学中应用的研究，解决了苏联国际群论权威未能证明的重要公理以及量子化学权威未能得出的重要公式。1983年他推导出的"H-变换"，即"侯氏理论"，被杨振宁称赞为"开创性的贡献"，这一理论后被誉为"中国的骄傲"。这些成果相继获得国家科学技术奖励和很高的国际声誉。他在西北大学度过大半生，一生勤恳敬业，诲人不倦，长期奋斗在理论物理学国际前沿和高等物理学教育前沿，即便在遭受丧子之痛和生命垂危之际，他放不下的第一件事仍然是科学研究和教书育人的神圣天职。

这就是西大人的胸怀，这就是西大人的抱负，这就是西大人的文化自觉、使命自觉，这就是西大人为国家、为民族作出的伟大贡献，这就是我们在此展示的西北大学120年波澜壮阔的历史画卷。

以图片资料为线索述说西北大学百余年历史，是我们的一个尝试。这是因为图片资料不仅真实直观，而且有亲近感，以文说图，图说历史，更能展现沧桑和厚重，展示西北大学走过的辉煌历程和取得的丰硕成果。我们期望以此为广大读者提供一个了解西北大学百余年历史的多面视角。

本书是集体智慧的结晶。2012年9月，本书初版编纂过程中，西北大学出版社主持召开了由主要撰著者和审定者姚远、董丁诚、熊晓芬、宋轶文、张华、杨德生、田明纲等参加的近十次纲目讨论和内容审定会议，图片提供者屈琳、宋远志也多次出席会议，为图说提供资料；时任校长方光华审阅书稿，撰写序言。2012年12月本书出版修订版，除原有作者外，田明纲、雷忠鹏、刘池阳、宋远志、孙安鹏等人参与了部分条目的修订和增补，时任党委副书记李映方主持了修订版的审定。2017年9月本书出版增订本，除主要撰著者外，杨乐生、丁晓雯、吴振磊、申烨华、李振海、王旭州等人参与了部分条目的修订增补和资料更新。

2022年是西北大学建校120周年的特殊年份，"致敬双甲子，奋进新时代"是西大人这一年叫得最响的口号，更转化为做好各项工作的实际行动。此次修订也就自然而然地成为对西北大学百廿年非凡办学历程、辉煌办学成果的礼赞与致敬。与2017版相比,《图说西北大学百廿年历史》新增篇章79篇,整合修改了14篇文字,更新原书非高清图片百余幅及图表若干。此次修订工作,1949年以前的部分由姚远负责,1949年以后部分由杨德生主持。由于新增内容多,覆盖面更广,除主要撰稿人外,一些院系所和部处室的同志也参与了相关条目的修订增补或初稿撰写,值此一并感谢。

在修订过程中,我们力图注意把握和体现以下特点:既适时反应校史校情研究的新发现、新成果,如增补了革命与战争时期校史人物李应良、刘含初、李子洲、杨明轩、章友江、刘骏达等投身革命事业,西大学子奔赴延安以及师生支持、参与抗美援朝的故事;也讲述了著名学者季陶达、韩幽桐、刘辽逸、江绍原、寸树声、李琴、阎隆飞等师生的传奇故事;更重点展示进入新时代以来特别是近五年学校改革建设的新进展,教学科研的新成果,校园环境的新变化,师生员工展现出的新风貌,诸如"双一流"建设,研究生、本科生及继续教育的新气象,复办医学教育,新建食品工程学院,首批进入全国文明校园行列。既记述多位学者咬定青山不放松、奋力攀登科学高峰、取得重大成果的事迹,如张宏福、赵国春、王家鼎、范代娣、王宁练等;更反映了众多学术团队紧密协作,攻坚克难,解决重大科学问题,着力推进学科建设等方面的进展,如中国思想史研究、西部经济研究、中东研究、唐代文学研究、早期生命研究、智能信息处理、二氧化碳地质封存研究等方面的最新动态与成果。既反映教职员工教书育人、科研攻关、辛勤工作的一面;同时把目光更多地投射到学生群体,如学校加强文化建设、活跃学生生活、开展丰富多彩的文体活动,甚至新近举行的迎接百廿校庆的一些活动,也在这次增订时收入。

数次修订每一次都有不同的感受,都会对母校产生更多的敬爱,都会被师友们的贡献更强烈地震撼。其中,黄文弼开启丝路考古,郑资约接收南海诸岛,傅角今绘制十一段线,实属史无前例的重大贡献,极大地扩展了西大人的视野和眼界,形成大漠与大海两种截然不同的研究客体,在西北大学学科建设史上具有特殊意义。从人文与科学的视角,西北大学重启民族发祥地周秦汉唐文化的发育,开辟丝路学术,遏制民族发祥地文化的颓势,激活自宋元明清以降渐趋式微的西北文化,注入民族根脉以世界新潮元素,的确意义非凡。同时在此进程中,西北大学经受战争的洗礼,浴火重生,化育而成的"导愚蒙、倡忠勇、树人表、拯民穷""公诚勤朴""发扬我四千年国族之雄风"的远大抱负,以及"求进步,负责任""做大事,不做大官""以恢复旧的光荣,建设新的文化为己任,成为西北文化的基石"的育人风格,更是我们走向新时代的宝贵精神财富。如何透过历史,认清现实,展望未来?如何传承和弘扬这种精神?如何不断厚植和凝练这种文化底蕴?正是我们不断修订和完善《图说西北大学百廿年历史》的初衷所在。

在此,谨向为此书编著、图片搜集、绘图、审阅、编辑、排版等出版环节作出贡献的各位同志表示衷心的感谢。由于时间有限,书中仍然存在诸多缺憾,如各个历史时期内容上的多寡不均、重要史实遗漏、历史阐发不够,等等,只好留待以后修订补充。编好《图说西北大学百廿年历史》是一项长期工程,敬希广大读者批评指正,恳请广大读者、校友、各院系提出意见和建议,以便修订。

编著者
2022年10月10日

引 言

方光华

西北大学是我国西北地区建校最早的高等学府，肇始于变法图强的清末陕西大学堂，得名于伟大的辛亥革命。在军阀割据、战乱频仍的动荡年代，苦苦求索兴学救国的真理，历尽曲折。在争取民族独立解放的抗日战争年代，北平大学、北平师范大学、北洋工学院等一批著名学府内迁来陕，由西安临时大学，再迁陕南城固，组成国立西北联合大学，与西南联大一起成为我国战时高等教育的两大堡垒。西北联合大学后分为西北大学等国立西北五校，给西北大学输入新的血液。中华人民共和国成立后，在国家高等教育格局的调整中，学校又成为陕西和西北多所高等院校和科研机构的重要渊源。改革开放以来，学校迎来了新的发展契机，被确定为全国重点综合大学、国家"211工程"大学、西部大开发重点支持建设院校、教育部与陕西省共建高校，2017年被确定为"双一流建设"院校。

早在20世纪三四十年代，学校就明确了"发扬民族精神、融合世界思想、肩负建设西北重任"的办学愿景，致力于传承中华五千年灿烂文明、融汇世界优秀文化成果、建设祖国辽阔的西部。校训"公诚勤朴"中的"公"就是天下为公，"诚"就是不诚无物，"勤"就是勤劳坚毅，"朴"就是抱朴守真，展现了广大师生为国家富强和民族复兴不懈奋斗的赤子情怀，与辛亥精神、五四精神一脉相承，西北大学校风追求民主，学术崇尚自由。百年沧桑巨变，西北大学学人坐看云卷云舒，养成了不以物喜、不以己悲的高尚品质，形成了独特的文化品味。

多年来，学校依托西部人文与自然资源，放眼世界科学前沿，在中国大陆构造、早期生命起源、西部生物资源、现代理论物理、中国思想文化、周秦汉唐文明、考古与文化遗产保护、中东历史以及西部大开发中的经济发展、资源利用、环境保护及社会管理等方面，形成了比较深厚的积累，产生了侯外庐的中国思想史学派、张伯声的"地壳波浪状镶嵌构造学说"、侯伯宇的"侯氏变换"、王戍堂的"王氏定理"等重大理论创新。

学校致力于培养有文化理想、善于融会贯通、敢于创新的综合性人才,构建了文理并重、学科交叉、特色鲜明的专业布局,培养了30余万才任天下的优秀学子,走出了22位两院院士、11位国际研究机构院士和通讯院士,涌现出王岐山、陈宗兴、贾平凹、迟子建、王子今、杨圣敏、张维迎、魏杰等大批精英才俊,赢得了"中华石油英才之母""青年经济学家的摇篮""作家摇篮"等诸多美誉。

有位朋友在采访西北联合大学的历史时曾经说过,这是一所包容性极强、内容极其丰富的大学,它吸纳大师(如黎锦熙、张伯声、黄文弼、黄国璋这些公认的学术大师),收容叛逆(如罗章龙、章友江这种既反对国民党又被共产党开除的双料叛逆),成就英雄(如郁士元、高启伟这些投笔从戎的热血书生),庇护才子佳人(如许兴凯、张舜琴这些才华横溢、曾风云一时的才男俊女,在这里获得了难有的宁静)。这所学校里有各种各样性格不同、政治立场不同的人物,比如校长中就有独立的教育家,如徐诵明、李书田、李蒸,也有刻板尽职的政府官员,如刘季洪、赖琏。学生中有激进的"左"翼学生,如著名诗人牛汉;有正牌的国民党特务,如官至中将的牛道一。他们都以自己饱满激昂的生命,为这所学校留下了永久的传奇。这个学校沉淀了太多生命与文化的沧桑,值得后人反复沉思追索。为纪念西北大学120年华诞,西北大学出版社以学校发展演变的历史时期为序,以图片为线索,用故事的形式叙述学校历史,让读者从中感受西北大学的梦想与追求,我相信它一定能使读者得出与这位朋友一样的感觉。

大学精神是在大学发展过程中积淀而成的共同的理想和信念,是大学的灵魂。一般认为,大学精神的经典内涵就是追求独立自治、学术自由、真理至上。这种精神传统贯穿于西方大学发展的整个历程。有鉴于此,人们将蔡元培先生倡导的"兼容并包、学术独立、思想自由",以及陈寅恪先生提出的"自由之意志,独立之精神",视为20世纪中国大学精神的代表。西北大学对中国大学精神提出了一种独特的解读。它坚信只有民族独立自由才有大学的学术自由,坚信学术自由离不开对国家战略的自觉实践,坚信学术自由需要有对民族文化的高度自觉。与西方大学的产生与演进不同,中国大学自产生之日起,就播下了追求民族独立和国家富强的种子,践行兴学求强、以学报国的崇高理想。这种将学术自由、独立自主与追求国家富强、人民幸福、民族文化复兴相结合的理念,始终贯穿在20世纪中国大学的办学实践中。将国家和人民的根本利益与学术自由和思想独立统一起来,是20世纪中国大学精神的真正传统,是20世纪中国大学得以发展壮大的真正动力。

在20世纪三四十年代,西北大学就明确了要努力建设西北最高学府的奋斗目标。现在再来审视这个目标,就是要把西北大学建设成为中国西北有广泛学术影响、能切实肩负西北开发使命的综合性大学。全体师生决心紧紧抓住"综合性、研究型、国际化"九个字,推动学校朝有特色、高水平、研究型大学的目标迈进,争取不断取得具有世界影响的科学成果,争取使学校培养的学生肩负文化理想、善于融会贯通、勇于担当责任,对国家的政治、经济、社会和文化进步,发挥更大的建设性作用。西北大学一定会有更加精彩的传奇展现在世人面前,让我们翘首以待!

(作者曾于2010年12月—2015年3月任西北大学校长,现为陕西省人民政府副省长。此文在2012年12月本书修订版序言基础上修改而成)

目　录

陕西大学堂—陕西高等学堂时期（1902—1911）

2 / 1902年光绪御批

4 / 陕西课吏馆的渊源

6 / 陕西大学堂首任总办——吴树棻

8 / 培养"以中学为体,以西学为用"之庠序通才

10 / 陕西大学堂楹联

12 / 大学堂教习中的五位前清举人

13 / 王猷护碑

14 / 邵力子与陕西高等学堂

16 / 晚清陕西最大的一次学潮

17 / 辛亥革命前的学潮与农业学堂学生罢课

19 / 学堂算学教习李异材

20 / 外国人眼里的陕西高等学堂

22 / 学堂外籍教习足立喜六

24 / 发现陕西高等学堂旅行灞桥图

26 / 学堂第一批留日学生

28 / 学堂留日学生当掉手表、大衣办刊物

30 / 通过《秦陇》《夏声》传入西北的社会主义思潮

31 / 晚清时期中国最早的石油专业留学生

33 / 以陕西高等学堂为总司令部发动的辛亥革命西安起义

36 / 陕西高等学堂师生参与辛亥西线战役

37 / 辛亥西安起义的炸弹队总队长、兵学教习宋元恺

38 / 参与创办三秦公学的刘治洲先生

民国初年西北大学时期(1912—1915)

42 / 张凤翙与西北大学的创设

45 / 教授高深学术,养成硕学闳材,应国家需要

48 / 马步云、张蔚森出席临时大总统选举及就职典礼

50 / 民国二年的学生雄辩会

52 / 首开西北民主与科学先河的《学丛》

55 / 西北大学出版部的成立

57 / 西北大学派出的第三批留日学生

58 / 居士教授康寄遥

59 / 孙蔚如中条山抗日

61 / 向往光明的赵寿山

陕西法政专门学校与陕源国立西北大学时期(1915—1926)

64 / 陕人如何办西大

68 / 参加过五四运动的几位校友

72 / 少练一团兵,办一个西北大学

75 / 罗素的弟子——西北大学校长傅铜

78 / 1924年举办暑期学校

80 / 国立西北大学历史上第一次校庆

82 / 希望"西北国学仍赓弦诵之声"

84 / 李仪祉成"神"

89 / 师从杜威的唐得源

91 / 熊庆来创办数学系

92 / 受命于危难的王凤仪代校长

94 / 吴芳吉爬出围城复折回

95 / 柳潜之死

96 / 围城中毕业的"十八学士"

99 / 播火秦陇的王孝锡烈士

102 / 我国水力发电留学第一人汪胡桢教授

103 / 与李大钊一起就义的李应良

105 / 陇东播火者保至善

107 / "宣化事件"中的王文宗

西安中山学院—西安中山大学时期(1927—1931)

110 / 西安中山学院院长刘含初

112 / 西安中山学院副院长李子洲

114 / 邓小平在西安中山学院讲学

116 / 杨虎城与西安中山学院学生谢葆真的生死恋

118 / 三入牢狱的红二十九军军长陈浅伦

119 / 我国第一个社会学社团的创始人余天休校长

123 / 杨明轩与西北大学

国立西安临时大学—国立西北联合大学—国立西北大学时期(1937—1949)

126 / 国立西安临时大学—国立西北联合大学组织系统

129 / 国立西安临时大学—国立西北联合大学的"五常"

134 / 抗战时期东北大学寄居西北大学旧址的两年岁月

138 / 柳青与西安临时大学

139 / 琳琅满目的家政系手艺义卖

140 / 临大南迁:翻越秦岭的故事

147 / "公诚勤朴"校训的由来

148 / 黎锦熙与西北联合大学校歌

150 / 龚锡庆副教授城固家中遇害

151 / 汪堃仁自述:行程万里抵陕南

153 / 王耀东、谢似颜化装逃出北平

155 / 化学系在城固的制造与科研乐趣

157 / 李锦熙与齐白石弟子孙竹青

159 / 创办全国最早的两个考古学科之一

161 / 西北联合大学发掘张骞墓轶事

163 / "瘦骨一撮不胜衣"的黄文弼教授

165 / 苦中作乐的学生生活

168 / 警报声中的西北联合大学武装考试

170 / 为抗日卧轨三天三夜的韩幽桐

172 / 国立西北联合大学改名国立西北大学

176 / 西北大学的京陕两源

180 / 我国病理学的奠基人徐诵明

181 / 陆懋德与我国第一部《史学方法大纲》

183 / 第一部中国逻辑思想通史的著作者汪奠基

185 / 毛泽东称他为"人民的哲学家"

188 / 鲁迅挚友许寿裳

190 / "给起义的奴隶偷运军火"的俄苏文学巨匠曹靖华

193 / 解聘12位教员的风波

196 / 龚人放与老师曹靖华

198 / 中国留美学生中最早的共产党员之一章友江

200 / 获第一届鲁迅文学奖的俄文翻译家刘辽逸

202 / 锯掉脚趾变大脚的传奇女教授王非曼

204 / 皈依佛门的张纯一教授

205 / 中国生物统计学的主要创始人汪厥明教授

206 / 受到斯大林接见的徐褐夫教授

208 / 中国冶金物理化学学科的创始人之一魏寿昆院士

210 / 中国西医皮肤性病学的奠基人之一蹇先器教授

211 / 中国现代法医学的创始人林几教授

212 / 中国遗体捐献的发起人严镜清教授

213 / 颜守民开创我国儿科学

214 / 侯宗濂开辟"针感生理学"新领域

215 / 李赋京发现"李氏钉螺"

216 / 毛鸿志首倡我国防癌立法

217 / 参加过台儿庄会战的张同和教授

219 / 西北联合大学的美籍体育教授沙博格

220 / 哥廷根学派在中国的传人——曾炯教授

221 / 罗章龙在西大

223 / 毛泽东在陕北接见回乡省亲的马师儒

225 / 体育教授谢似颜轶事

228 / 赖琏校长"走马上任"

230 / 创办全国两个最早的边政学系之一

232 / 中国穆斯林史学家杨兆钧教授

233 / 擦皮鞋维持留学生计的马宏道教授

234 / 西北大学青年远征军从军题名榜

237 / 教授从军第一人郁士元

239 / 郁士元与胡乔木

241 / 陈寅恪的弟子周传儒

242 / 天作之合的王子云与何正璜

245 / 改造中国古地理学的先驱黄国璋

246 / 毛泽东与高亨

248 / 陈寅恪的托命之人蒋天枢教授

249 / 缥缈无踪影的"魔鬼诗人"于赓虞

250 / 中国第一部新式《清代通史》的著者萧一山教授

251 / 在世界上首先发现高等植物中收缩蛋白的闫隆飞

252 / 医学三师

254 / 负笈数百册越过封锁线到西安临时大学的傅种孙教授

256 / 张贻惠、张贻侗兄弟教授

258 / 首创土壤热力学的虞宏正教授

259 / 吴宓在西北大学讲学：《大学之起源与理想》

261 / 于右任与西北大学及其七留墨宝

263 / 言犹在耳的教授题赠

264 / 中共隐蔽战线"后三杰"之一申健

266 / 苏共地下工作者王敦瑛

268 / 西北大学抗战远征军老兵高启伟

270 / 曾任中国驻苏联大使的杨守正

271 / 1945年李约瑟第一次访问西北大学

272 / 道德楷模龚全珍

276 / 反内战、争民主的城固学生运动

279 / 魏庚人掩护齐越脱险记

283 / 复员迁校，告别乐城

284 / 西北大学最阔绰的一次 12 亿元国库拨款

287 / 回迁西安三日后过世的传教士教授贾韫玉

288 / 激流勇退的蒋介石侍从副官刘持生教授

290 / 李俨教授与西北大学

292 / "老太婆"许兴凯教授

294 / 袁敦礼、董守义首倡申办奥运

296 / 获得远东运动会中长跑冠军的生物系教授郭毓彬

297 / 五四运动前毛泽东给杨钟健的信

298 / 曾拟行刺张作霖为李大钊复仇的教授卿汝楫

300 / 代表国民政府接收南海诸岛的郑资约教授

304 / 黄定与张琳的京剧生涯

307 / 寸树声的最后一堂课

309 / 成都解放当日壮烈牺牲的刘骏达

312 / 中国民俗运动和理论建设的奠基者江绍原

314 / "三不主义"者陈恭禄教授

315 / 听刘北茂演奏二胡曲

316 / "一架活动留声机"季陶达教授

317 / "听了他的一句话，我热泪满眼"

318 / 不凡的老校友李琴

320 / 结缘于城固仁义村的一段钻石婚传奇

322 / 国立西北大学学生首次调查城固物价

324 / 抗战时期的戏剧事业

327 / 西大的体育传统

329 / 喜好城固城墙上花砖的刘朴父子

330 / 西北大学学子奔赴延安的故事

七十余载路漫漫

336 / 黎明前的暗战

338 / 岳劼恒代理校务

343 / 侯外庐治校

346 / 西北大学抗美援朝爱国运动

352 / 张伯声创办矿产和石油地质专修科

354 / 刘端棻主持校政

356 / 反右斗争

358 / "大跃进"热浪滚滚

360 / 下放干部在岚皋

362 / 归属心结(从部属到省属)

364 / 试行"高教六十条"

366 / 1962年校庆

368 / 校办农场

369 / "文革"中的西北大学

376 / 郭琦开创新局面

380 / 永远的"综合"

382 / "为钱正名"的风波

384 / 轰动一时的大学生文学杂志《希望》

386 / 张岂之与联合办学

388 / 中兴之路——"211工程"建设

398 / 进入西部大开发重点支持建设院校

399 / 百年大庆

401 / 李岚清副总理西大之行侧记

403 / 省部共建西北大学

405 / 通古今思想之变,树华夏文化之魂

409 / 中东研究看西大

413 / 唐代文学研究重镇

417 / 西部经济研究的国家队

419 / 第一个中外合作本科教育办学项目

421 / 文明互鉴,丝路生花

424 / 继续教育发展的新跨越

426 / 拥抱新时代,共筑大健康

428 / 健体明医弱者雄,西大医科今又生

432 / 立心立命两甲子,善事善述一千年

434 / 让"冷门"不再冷,使"绝学"有人继

437 / 文理并举,双峰并峙:闻名遐迩的两个学术讲座

439 / 我们是首批"全国文明校园"

441 / 求贤若渴,聚才有方:高层次人才队伍建设成效显著

443 / "双一流"建设谱新篇

453 / 紫藤花香飘神州——紫藤园与《紫藤园夜话》

大师、名师看过来

458 / 史学大师侯外庐

460 / "五老二寿"

463 / 地质学大师张伯声

466 / 一代体育宗师王耀东

468 / 南海划界的傅角今

469 / 资深地理学家王成组

470 / 陈登原与《国史旧闻》

472 / 唐诗鉴赏家傅庚生

474 / 经学家张西堂

475 / 德高望重的高鸿院士

477 / 陈直——大师不问出身

480 / 亢心栽的传奇人生

482 / 特立独行的林伦彦

484 / 胡适晚年惦念黄晖

486 / 实至名归的三位"社科名家"

489 / 王永焱对黄土刨根究底

490 / 石油地质专业的领军人物赵重远

492 / 薛祥煦：地质学界的女强人

493 / 冯师颜专攻热化学

494 / 鲁迅研究的丰硕成果

496 / 中国发展经济学"西北学派"奠基人何炼成教授

499 / 计算机学科的领头雁郝克刚教授

500 / "中国的骄傲"——侯氏变换

502 / 侯伯宇：从"中国的骄傲"到全国重大先进典型

505 / "中国的骄傲"——王氏定理

506 / "秦岭地质王"张国伟院士

509 / 舒德干院士：揭秘寒武爆发，解读人类由来

512 / 重大成果迭出的西北大学早期生命研究团队

514 / 发现清江动物群

517 / 张宏福：破解"克拉通破坏"之谜

520 / 赵国春：重建超大陆的中国科学家

524 / 从李继闵到曲安京：西北大学科学技术史学科的发展

526 / 国家级教学名师史启祯

528 / 西北大学的国家级教学名师

531 / 夫妻双双把家还

533 / 胡正海：植物园地"老黄牛"

534 / 国家973项目首席科学家刘池阳

536 / 金丝猴结缘西大

538 / 逐"月"丝路的中亚考古队

543 / "类人胶原蛋白之母"范代娣教授

546 / 王宁练：走进冰雪世界

547 / 黄土地区高铁建设的"打夯人"王家鼎教授

549 / 攻坚克难、敢为人先的二氧化碳地质封存研究团队

551 / 巾帼不让须眉的智能信息处理团队

555 / 扶贫路上的"中国好人"

名师出高徒

560 / 夯实根基,抓住根本:本科专业建设争创一流

562 / 学位与研究生教育的今昔

566 / 名师出高徒

574 / 校友中的部分两院院士

576 / 校友中的英模人物

578 / 地学校友中的国家973计划项目首席科学家

580 / 石油工业管理部门的西大人

585 / 大庆油田的发现者之一——田在艺校友

587 / 经济学界的西大人

590 / 西北大学经济学的年轻"创客"

592 / 国际知名数学家辛周平

593 / 蜚声国际的"顾参数"

596 / 新闻传媒界的西大人

600 / 文学界的西大人

602 / 无愧于中国文坛的西大作家班

604 / 齐越与牛汉的不同命运

607 / 编剧奇才袁多寿

608 / 影视圈的西大人

611 / 考古界的西大人

613 / 军界的西大人

615 / 政界的西大人

618 / 台湾地区的西大校友

620 / 西大校友会的活动

623 / "紫藤缘"永在,校友情更深

625 / 校友最高荣誉——"玉兰奖"

627 / 西北大学来华留学史话

629 / 华大创新班:校企合作共育创新人才

校园巡礼

632 / 三个校区一线牵

634 / 老校园的历史印记

637 / 长安校区郭杜镇的史迹与传说

639 / 茅盾手书西北大学校名

640 / "半边楼"的故事

642 / 图书馆的变迁

645 / 百年梦回烛光晚会

646 / 第一届 CUBA 冠军

648 / 西门内外

650 / 古城墙和护城河

652 / 多彩的校园文化

654 / "黑美人"艺术节

656 / "五月的鲜花"丛中的西大之花

658 / 老北门新气象

660 / 捐资助学,成才报国

661 / 用一年不长的时间,做一件终生难忘的事

662 / 校园原创音乐:充满歌声的大学春秋

664 / 蓝田玉,西大情

666 / 摘金揽银的西北大学 iGEM 团队

669 / 国内高校首座"万人体育馆"

672 / 视觉形象与西大时代记忆

674 / 抗击新冠:为了全体师生的健康平安

676 / "致敬双甲子·重走南迁路"骑行活动

677 / "Xida"星——来自宇宙星辰的西大浪漫

图说 西北大学百廿年历史

陕西大学堂—陕西高等学堂时期(1902—1911)

清光绪二十八年(1902),光绪帝朱批开办陕西大学堂,吴树棻任总办。此为西北大学创建的标志,是高等教育在陕西乃至西北的发轫。光绪三十一年(1905)陕西大学堂改为陕西高等学堂,樊增祥任监督。1902年至1911年,为西北大学的晚清时期。起义军以陕西高等学堂为司令部,参与推翻了清政府在陕西数百年的封建统治,并参与了秦陇复汉军政府的组建和辛亥革命的保卫战,派出了首批留日学生和中国最早的石油专业留学生,传入社会主义思潮。

1902年光绪御批

1990年7月24日《光明日报》报道："西北大学学报编辑姚远发现西大早期《学丛》为我国最早学报之一。"随后，学校搜集到西北大学1913年7月1日出版的《学丛》创刊号。

《学丛》创刊号有一"大事记"专栏，其首句即有："本校沿革始于晚清。"循此线索，学报编辑部姚远和李永森教授历经数年艰辛调研考证，终于在中国第一历史档案馆(清史专馆)发现当年陕西巡抚升允的奏本，从而提示了西北大学的渊源：

清光绪二十七年(1901)，避逃八国联军陷京而驻陕的慈禧太后和光绪帝，在西安继一月发布"新政上谕"后，九月又发布"兴学诏"，谕令："各省所有书院，于省城均设大学堂"；十月，护理陕西巡抚李绍棻奏请建立关中大学堂；光绪二十八年(1902)，陕西巡抚升允，按察使、署布政使樊增祥在原西安府考院旧址，以"中学为体，西学为用"为宗旨，创办陕西大学堂；一月，陕西大学堂正式成立，首届招收40名学生；四月十二日，光绪帝回京后，陕西巡抚升允再奏，获准立案，光绪帝朱批："著即督饬，认真办理，务收兴学实效"；四月二十四日，升允又奏准陕西大学堂"设农务、工艺两斋"，光绪帝有"农务工艺足厚民生，著即认真兴办，毋涉敷衍"的朱批。此为陕西高等教育之源头，西北大学创肇之标志。

2001年11月26日，《人民日报》海外版以《西北大学成立百年的证据，清末皇帝朱批开办"陕西大学堂"奏本被发现》为题作了报道。报道进一步说，"过去虽知有此奏本和批复，但始终未见真迹或副本，这份珍贵史料的发现，再次确凿地证实了西北大学源于清光绪二十八年(1902)"的历史。

护理陕西巡抚李绍棻

光绪帝

西北大学最早的学报《学丛》

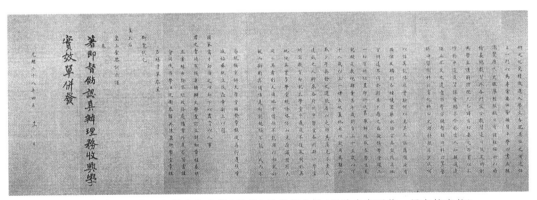

升允奏请开设陕西大学堂的奏折(局部)及光绪朱批(原件存中国第一历史档案馆)

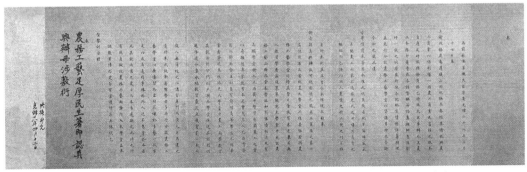

升允奏请开设农务、工艺两斋的奏折及光绪朱批(原件存中国第一历史档案馆)

陕西课吏馆的渊源

1902年2月,"陕西大学堂"正式成立。5月,陕西巡抚升允《奏为遵旨开办大学堂拟定详细章程立案折》获光绪皇帝朱批。时至1903年3月,陕西巡抚升允又上奏慈禧太后、光绪皇帝:"陕西拟设课吏馆,并附章程。"光绪帝朱批:"知道了,仍著随时认真考核,以裨吏治。"并将陕西学律馆改为课吏馆。陕西巡抚升允亲任监督,课吏馆以"修明政学为主,讲究吏治为先",旨在造就"临民息事之才",主要培养提高在职中下级官吏,使之通晓吏治,兼明西学。入学者以各州县正佐官员为主。课程主要有历代政书、国朝政书、西国政书、大清律例、刑案和中外条约等。

1907年4月,陕西巡抚曹鸿勋又奏请,将"陕西课吏馆"改为"陕西法政学堂",以养成"谳居裁判及地方自治之人员"为宗旨,分设行政、司法两门专业,学制五年。

1912年3月,中华民国秦军政分府在陕西法政学堂的基础上酝酿筹建"关中政法大学",分设政治、法律、经济三系。与此同时,秦军政分府大都督张凤翙提出创立西北大学。在获得甘肃、新疆两省的支持后,张凤翙组织成立了"西北大学创设会",以陕西法政学堂等五所学堂的教职员为基础,积极筹建西北大学。

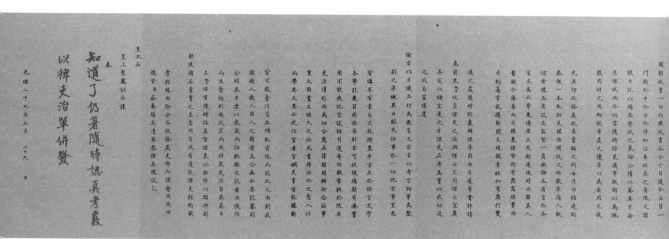

升允奏请开设陕西课吏馆的奏折及光绪朱批(原件存中国第一历史档案馆)

1903年奏请设立陕西课吏馆的陕西巡抚升允

1907年奏请将"陕西课吏馆"改名为"陕西法政学堂"的陕西巡抚曹鸿勋

陕西大学堂首任总办——吴树棻

吴树棻(1854—?),一名树芬,字移香,号郁卿,山东济南府历城县人。出身官宦世家,其父吴毓春为同治元年(1862)进士、刑部主事;其兄吴树梅为光绪二年(1876)进士,户部右侍郎。在家学渊源影响下,吴树棻22岁即考中举人,26岁(光绪六年,1880年)考取会试第一名,中会元。殿试中二甲进士,选庶吉士,授翰林院编修。其后历任提督河南学政、山西道监察御史、提督四川学政等职。光绪二十四年(1898)改任陕西候补道。光绪二十七年(1901)陕西大灾荒,朝廷诏令调拨湖北糙米赈救,时任陕西候补道的吴树棻充南路转运使,因转运得力受到朝廷嘉奖。光绪二十八年(1902)慈禧太后流亡西安时,吴树棻兼陕西道员、署理按察司等职。吴树棻的书法笔墨苍秀,颇有董其昌遗韵。慈禧太后很欣赏他的字,曾朱笔圈出他和陈冕二人专门负责拟撰颐和园一切匾对。

光绪二十八年二月(1902年3月),西北大学的源头陕西大学堂成立后,吴树棻任首任总办,同时又是全省教育行政的负责

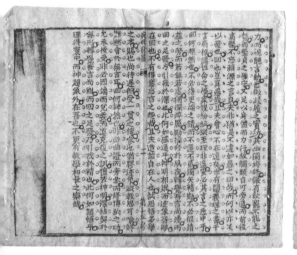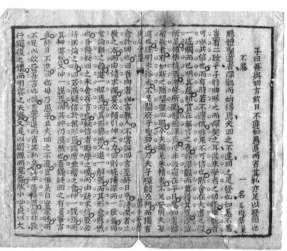

陕西大学堂总办吴树棻1880年会试士答卷

人。其全省教育行政负责人的职能一直维持至光绪三十一年(1905),是年,陕西学政奏请按照《奏定学堂章程》,取消管理全省学务的职能,并专设陕西学务处代之。吴树棻任总办期间,大学堂一切事务均由其负责,"其事至繁,其责甚重",教学方面聘请总教习和中西各门课程的分教习,约束学生遵守纪律,稽查功课等;教务方面监督学堂的提调、委员等工作人员整理文案,调度收支等。在其精心治理下,陕西大学堂的事务逐步走向正轨。

陕西大学堂建立初期,吴树棻一度"适丁内艰,扶柩回籍"。在其丁忧期间,陕西巡抚升允仍举荐其继续担任陕西大学堂总办,并在奏本中称其"学业夙精既副群情之望,才能素裕足持庶务之平。现当学堂经始,总办一事仍以吴树棻为最宜……仰恳天恩俯准将丁忧候补道吴树棻调充陕西大学堂总办,以期整率而专责成"。光绪皇帝朱批"著照所请",答应了他的奏请。清光绪二十九年十二月(1904年1月),陕西大学堂总教习屠仁守因病去职,升允又奏请让吴树棻兼任总教习。吴树棻为陕西大学堂坚固根基,其功至大。

清末学堂时期主要负责人

姓 名	生卒年	籍 贯	学校名称	职 务	任职时间
吴树棻	1854—?	山东济南	陕西大学堂	总 办	1902.2—1904.2
樊增祥	1846—1931	湖北恩施	陕西高等学堂	监 督	1905.4—?
杨宜瀚	?—约1911	四川成都	陕西高等学堂	监 督	1906.5—?
周镛	1875—1931	陕西泾阳	陕西高等学堂 陕西农业学堂	监 督 监督(兼)	1906.9—1911 1909—1912.6
升允	1858—1931	内蒙古乌兰察布	陕西课吏馆	监 督	1903.4—1907.4
王猷			陕西客籍学堂	监 督	1907.8—1912.3
张渊	1868—1916	陕西兴平	陕西实业学堂	校 长	1910—?
田仲玉	1881—?	陕西三原	三秦公学	校 长	1912.6—?
杨开甲			陕西法政学堂	监 督	
钱鸿钧	1883—1942	陕西西安	陕西法政学堂	监 督	1907.4—1912.3

培养"以中学为体,以西学为用"之庠序通才

《陕西大学堂章程》明确规定,其办学宗旨为培养"以中学为体,以西学为用"之庠序通才。章程对此进一步指出:"必明体乃有益身心,必达用乃有裨于家国。绩学尚已,敦品优先,若不知砥行饬躬尊君亲上为何事,即智慧日启,学业日精,流弊将不可问;甚有撷拾狂瞽谬说,谓人人有自主之权,驯至诋訾圣贤,畔道离经。"这里的"敦品优先""尊君亲上",都要求学生忠于清王朝,并将有民主色彩的言论视为异端,斥为"狂瞽谬说",如有违者,将"立时斥逐"。由于要"以中学为体",大学堂内还"恭祀至圣先师孔子暨诸先儒"木柱,每逢初一、十五日,由教习率领各班学生行礼。引西学入学堂,毕竟是新式学堂的重要特点,因此,在将"四书""五经"定为必修课的同时,性理格致、政治时务、地舆、兵事、天文、算学、地质、测量、电化等西学课程也占了较大比例。

大学堂创建之初,由于全省各地区的中学堂未能按期开设,学生只得"暂由各府厅州县按经义史学先行招考申送,以备甄

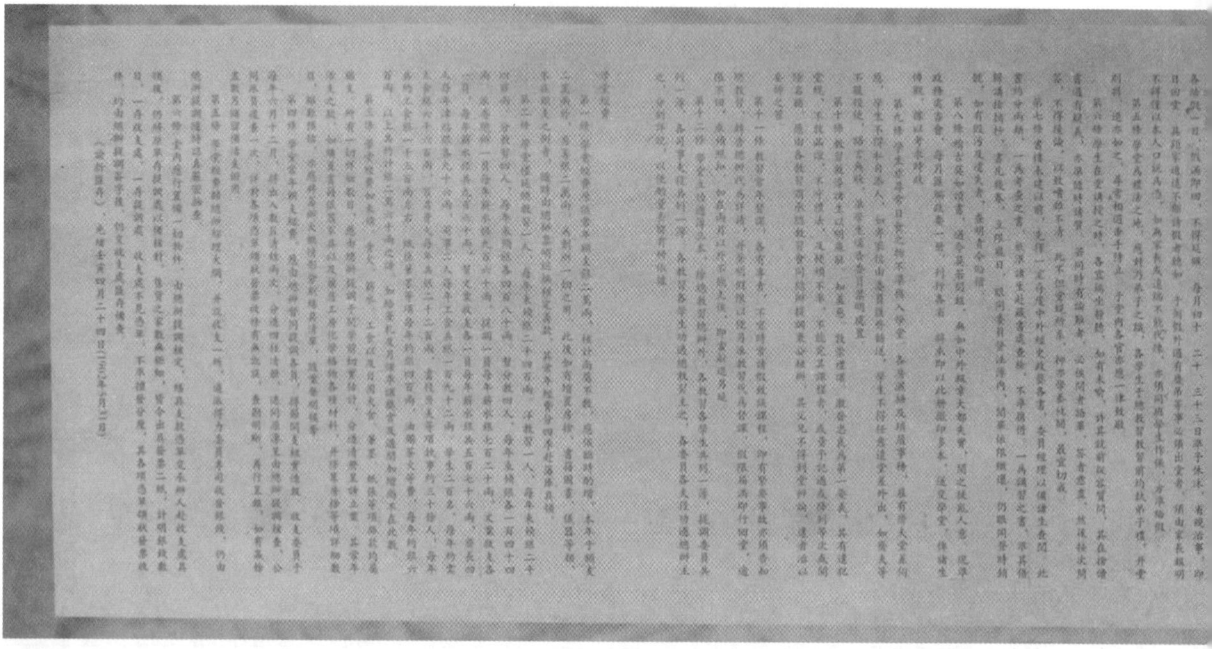

录"。各地区小学、中学尚未有所成效,所以学生入学后,暂分"中舍""上舍"授课,毕业后,再升入"精舍"(最初是指儒家讲学的学社,这里应为专业学科)。学堂每年招生总人数为200人,省内七府五州"按其平日文风之优劣"分配名额。大学堂为学生统一提供食宿,并发给膏火、笔札银两。大学堂设有月考和季考:月考由总教习批阅,评选出优秀学生给予奖励;季考由总教习划定等级后送交巡抚核查,然后订立奖励级别。所有人必须参加月考、季考,方可领取膏火、笔札银两。学生毕业后,由总教习和总办考核发给毕业证,并依照各自意愿安排工作、升学或留学。大学堂还设立师范学堂,供35岁以上的考生就读,培养中、小学堂师资。同时,还设立"藏书楼""译书楼""博物院"各一所。

章程中专门列出"学堂条规"共计12条,规范学生日常行为、学习守则、作息时间、请假制度等。

陕西大学堂大门两侧的石鼓

最后详细介绍了"学堂经费"的收支额度、各级职员薪水等级及具体收支条例。从《陕西大学堂章程》中不难看出,陕西大学堂已摆脱旧时书院的形式,步入现代学堂的行列。

陕西大学堂章程(原件存中国第一历史档案馆)

陕西大学堂楹联

陕西大学堂各厅院、堂室的楹柱上，有十余处名人题写的楹联，颇值得细细玩味。同时，陕西大学堂的办学宗旨也集中体现在各处楹联中。其中，大门联为：

天大地大王者亦大九州共识尊王义，古学今学圣人之学多士毋忘近圣居。

陕西巡抚升允为大学堂夫子庙题写的堂联为：

日月经天谁谓西行不到，诗书未烬庶几东周可为。

大学堂官厅联为：

博古通今适于世用，砥德砺行报以国华。

大学堂总教习屠仁守所题的讲堂联为：

道统垂五千年由尧舜而来继以孔孟述以程朱大学在明新曲说异端严摈绝，声教讫九万里唯天地与立义则君臣亲则父子中庸赞化育群伦庶物广甄陶。

江西巡抚夏某为陕西大学堂所题联为：

百家虽殊言必衷圣，三代所共学以明伦。

以上楹联对"以中学为体"，严摈"异端邪说"、尊崇孔、孟、程、朱儒学、讲求君臣父子纲常、中庸之道的办学宗旨和中心教学内容作了进一步阐发，表明这所新式学堂未脱书院传统教育模式的痕迹。

陕西大学堂的其他几处楹联集中反映了三个方面的办学目标：一是再次强调要学习"俄铅英錾光化电汽诸学"，必须先"自信是孔氏干城是本朝臣庶"，必须先明"忠孝""耻纪纲未定"，即以中学为体和忠于清王朝；二是强调学生要"为庠序通才"，这种"通才"要博古通今，既明西学又精儒学，且对"体操练将奇器考工互市鬻财""内政外交天算舆地"，亦即兵事、技术、工程、经济、政治、外交、天文、数学、地理等均要通融，如此才能"立命安身""才任天下事"，也才能"砥德励行报以国华"；三是为陕西地方培养人才，并教导学生热爱陕西，承续关学，为地方建设献力，这一点在"莫虚生长帝王州""岂忧秦国无人""到此自成关学派"等联语中表露无遗。

天大地大王者亦大九州共識尊王義
古學今學聖人之學多士毋忘近聖居

日月經天誰謂西行不到
詩書未燼庶幾東周可爲

博古通今適於世用
砥德礪行報以國華

学堂大门联　　学堂夫子庙堂联　　官厅联

大学堂教习中的五位前清举人

陕西大学堂从创立到改称陕西高等学堂，再到1912年在此基础上正式创设西北大学，其间共有五位前清举人在校任教，先称教习，后称教授。

一是邵力子(1882—1967)，清光绪二十九年(1903)癸卯科举人，为陕西候补县令。在陕西大学堂任世界史教习，主讲法文、西洋史，因参加学生运动被陕西当局驱逐出境，后来做了国民政府陕西省主席。

二是刘春谷(1851—1926)，陕西长安人，清光绪二十年(1894)甲午科举人，曾在四川任知县。他从光绪二十八年(1902)起，即在陕西大学堂任算学教习，民国元年(1912)做过陕西省实业厅厅长。

三是杜良奎(1863—1930)，字斗垣，陕西米脂人，清光绪十七年(1891)辛卯科举人。光绪二十八年(1902)起即在陕西大学堂任算学教习。

四是冯光裕，前清举人，在民初西北大学教国文。

五是寇卓(1857—1927)，字立如，号悔庵。陕西临潼人(今西安临潼区)，曾寄籍长安。清光绪十一年(1885)乙酉科优贡、举人。师从长安柏景伟、三原贺瑞麟。曾任四川大足知县，因对各教民间纠纷处理得当，使众服之。之后，复知宜宾、德格、甘孜、巫山等州县，因均有惠政，保为直属知州。入民国后归里，历任中华民国秦省都督府顾问、西北大学教授，主讲国文。曾任陕西孔教会会长。著有《悔庵集》。在蓝田辋川留有："四献礼文今从芸阁闻德遥瞻华岳肃；三原教泽独有蓝川绍行直与横渠齐"的楹联。

举人在明清时为乡试考中者之专称，被当作一种出身资格。在晚清与民国交替中产生的西北大学师资队伍同时带有两个时代的印记。

陕西高等学堂课程表

星期一	星期二	星期三	星期四	星期五	星期六
英文	日文	英文	英文	算术	日文
历史	英文	英文	英文	英文	英文
英文	讲经	讲经	算术	英文	日文
日文	日文	日文	日文	日文	地理
算术	英文	日文	地理	伦理	体操
理化	体操	中文	体操	历史	体操

(据1906年9月18日监察御史王步瀛奏折制表，原件存中国第一历史档案馆)

王猷护碑

王猷曾任陕西高等学堂英文教习,同时还兼任斋务长,后又转任教务长,任教期间曾获清廷嘉奖。他的故事中最为人津津乐道的就是保护"大秦景教流行中国碑",高等学堂日籍教习足立喜六在《长安史迹考》中也对此事有所记载。

"大秦景教流行中国碑"系出土于明代的唐代碑石。其较为详尽地记述了景教(基督教聂斯脱利派在中国的称谓)的基本教义及在唐代中国近150年的传播历史,系迄今为止能够看到的最早的中国基督教文献,因而在中国基督教历史研究中具有极其重要的地位。

清德宗光绪三十三年(1907)五月,蓄谋已久的丹麦记者何尔谟来到西安,重金收买了74岁的金胜寺住持玉秀和尚,令其秘密雇人仿制同样的碑石,然后用偷梁换柱的方式将真碑盗走。清廷得知后,当即通令陕西巡抚制止,陕西高等学堂教务长王猷遂出面与何尔谟交涉。王猷擅长英语,据理以论,经过多方交涉,迫其解除密约,但允许其将复制碑运走。后来,该碑由西安西郊移至城内碑林保存,现珍藏于西安碑林博物馆第二展室。

大秦景教流行中国碑

邵力子与陕西高等学堂

邵力子教习

清光绪三十一年（1905），陕西大学堂更名为陕西高等学堂。两年后邵力子在同于右任赴日本考察时，经于右任介绍，被聘为陕西高等学堂教习，次年到堂讲授法文与西洋史课程，并兼任陕西师范学堂西洋史教习。他在陕西高等学堂任教两年，待人接物，谦和热忱，师生们多愿与之交往。他一贯主张妇女解放，男女平享教育权，主张学生积极参与社会实践。

清宣统二年（1910），辛亥革命前夕，陕西高等学堂的两名学监姚荣波和严肇卿常与学生发生龃龉，以致在年终时酿成全体学生驱逐姚、严的风潮。由于要求始终得不到满足，学生们遂全体搬出学校，移住市内西大街桥梓口客栈内。陕西巡抚恩寿

原陕西高等学堂预科旧址（今西安市东厅门）

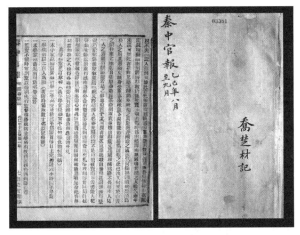

陕西高等学堂更订章程（载于《秦中官报》1905年第1期）

陕西高等学堂增聘的部分名师	
姓 名	担任教职
屠仁守	总教习
吴树棻	总办兼总教习
李异材	数学教习
周 铭	数学教习
汪如波	数学教习
高普烽	数学教习
刘葆锋	数学教习
杜斗垣	数学教习
毛昌杰	数学教习
王 猷	英文教习
董明铭	体操教习
邵力子	世界史教习
狄楼海	算术教习
陆元平	算术教习
刘春谷	政治时务科算术教习
宋元恺	兵学教习
张子安	地理教习

生怕学生与孙中山革命党发生联系，酿成政治风波，遂严令"限三日内解决"。迫于学生离校的压力，高等学堂监督周镛与学监恩特亨出面，派数十辆骡马轿车将全体学生接回学堂，并与姚荣波、严肇卿等皆衣帽整齐地在校门口恭迎学生返校，后责令姚、严二人离校。在这场风潮中，邵力子始终站在学生一方，还以"武松打虎"的故事提醒学生要讲究策略，与姚、严巧妙周旋。邵力子作为同盟会会员，与革命活动联系密切，故与参与此次风潮的学生一起受到清政府陕西当局的监视和驱逐。他的一位学生李小修得悉后，不顾安危，将他藏在自己家中，并把奉赠的银两藏在锅盔馍内，护送他出潼关，方才脱离险境。

晚清陕西最大的一次学潮

孔庙(今碑林)——陕西高等学堂谒圣地

光绪三十三年(1907),陕西高等学堂、陕西法政学堂联合师范、中学、陆军等学堂的全体学生,呈书给陕西巡抚曹鸿勋,抗议向英国出卖陕西铁路权,呼吁陕西自办洛潼铁路。

随后,光绪三十四年(1908)七月又酿成了晚清陕西最大的一次学潮。陕西高等学堂地理教习张子安因未参加谒圣礼而遭侮辱,张教习提出抗议,遂被学堂监督周镛解雇。为此,学生向监督、提学使交涉,要求挽留张教习,均遭拒绝,随即引发高等学堂学生全体罢课直至退学,并撤离学堂。200多名学生离校后分住城内的醴泉(今礼泉)、咸阳、商州、蓝田各会馆,并仿上海中国公学,制定自治规则,设稽查、调查、会计、书记各员,处理日常事务。退学学生以醴泉会馆为总机关,并准备在渭南成立公学。这次学潮得到全省学界的大力支援,陕西当局唯恐事态扩大,遂答应了学生的要求,并撤销了庶务员和监学官,由教育总会会长等出面调停,学生才结束了罢课。这次学潮给行将覆灭的清廷以很大震动。随后,陕西当局照会高等学堂,并转发清廷学部札,要求学堂"管教各员,随时董戒学生,不准联盟纠众、立会演说及潜附他人党会"。

此后,高等学堂的一些学生参加了同盟会的秘密活动,远在东洋的高等学堂首批留日学生郗朝俊、马步云、张蔚森、钱鸿钧、谭耀唐、崔云松等先后创办《秦陇》《关陇》《夏声》等进步月刊,呼应陕西的反清斗争。《夏声》第6号曾发表署名"大无畏"的《陕西高等学堂之纪事及评论》一文,呼应学潮。

辛亥革命前的学潮与农业学堂学生罢课

清宣统二年(1910),即辛亥革命前夕,西安的学生运动以陕西高等学堂为首,达到了高潮。其他如农业学堂、实业学堂、法政学堂等也都加入其中,先后发生了大规模的罢课。

农业学堂学生郑伯奇回忆说:"其中农业学堂罢课时间最久,影响很大,成为进步力量向反动统治展开的最激烈的一次斗争。当时,我是农业学堂年纪最小的学生(推算为十五六岁),在这次斗争中受到了锻炼,也开阔了眼界。"

罢课原因表面上看是学生对教学和生活管理不满,特别是针对一些不学无术的教职员误人子弟的行为,实际是因为对当时政治现状不满。罢课之后,农业学堂的学生立即组成纠察队,并推举张义安、王盈初等六名代表向学堂交涉。由于

曾是农业学堂学生的郑伯奇

原陕西农业学堂旧址枣刺巷(今西安市儿童公园)

学堂持冷漠不予理睬态度，激起学生公愤，学生遂由学堂（今西北大学太白校区校址）迁往城内城隍庙后街的财神庙，事态的扩大引起了社会团体和进步人士的广泛关注。当时，西安各校纷纷派代表慰问。陕西高等学堂的马彦翀、陕西师范学堂的寇胜浮、健本学堂的胡景翼，都代表各校到财神庙表示声援。陕西教育会也表示关心。不久，陆军小学堂也开始罢课。清政府陕西地方当局深惧军事学校罢课发生意外，在数日内即予平息，却对先罢课的农业学堂依然置之不理，这更激怒了学生和关心学生的各界人士。适逢陕西教育会年会，教育会长兼咨议局副局长郭希仁严正陈词，农业学堂罢课学生代表张义安痛哭流涕，以头撞壁，抱定必死决心，其他罢课学生亦群情激愤。在这种情况下，清陕西地方当局遂接受学生要求，将不学无术的教职员全部撤换。这次斗争使学生们经受了锻炼，是陕西辛亥革命的重要前奏。学生代表张义安、王盈初在这次斗争中加入了同盟会，后来郑伯奇也由张义安、胡景翼介绍加入了同盟会。

西安城隍庙牌楼

学堂算学教习李异材

李异材教习

李异材(1858—1937),字仲特,陕西蒲城人。光绪四年(1878)考中秀才,此后在乡间教书。光绪十四年(1888),考入陕西三原味经书院。光绪十六年(1890),应陕西省舆图馆之聘,参与测绘陕西省地图,后任陕西省舆图馆馆长。光绪十九年(1893)在北京被浙江提学使徐季如聘为幕僚。光绪二十四年(1898),被陕甘总督陶模聘请主持甘肃兰州兰山书院。光绪二十八年(1902)被聘任为陕西大学堂算学教习。

少年时期的李异材家境贫寒,有时甚至"每日仅以干枣十余枚为粮,勉强度荒"。其父以卖瓮为业,尽力供其读书。青年时期,他善于思考,好深究穷理,常独立于旷野,按图观测天象,对各大行星的名目及其运行规律逐渐通晓。23岁时,他看到程大位的《算法统宗》一书,便对数学产生了浓厚的兴趣。但是,他的家乡远离城市,交通不便,既难看到新的科学书籍,又无良师指点,要学习自然科学是很困难的。李异材辗转托人帮助,终于在外地买到了《梅氏丛书辑要》《则古昔斋算学》等书籍。前者比较易学,他很快就掌握了,后者他"披阅不下十余次,每到难解之处,恒彻夜不寐,读之期年之久,始逐渐觉悟"。

李异材参加测绘陕西地图时,所绘的地图颇为精细,以致被人疑为印刷品。在工作中他还自制了三角板、圆规和简单的经纬仪等工具。他在杭州期间还曾绘制《秦晋豫三省黄河图》(现存陕西师范大学图书馆),也非常精美。他在兰山书院任职时,陕甘总督陶模之子拙存常向他请教算学问题,拙存说立方以上无法画图,他却不以为然,并最终画出九成方廉隅诸图,以阐明开方的原理。在参加对川汉铁路的勘测工作时,他也发挥了在测绘方面的创造才能。他在各地任职期间,一直很注意学习和研究数学、物理学、化学等自然科学,他的日用、衣物等行李甚少,书却有好几箱,大部分都是最新刊行的自然科学书籍。其日常积累和研究心得汇总成了著作《开方数理图说》和《级数比类》。

李异材还指导侄子李仪祉学习自然科学。李仪祉之所以在自然科学方面有深厚的基础,与伯父的教导是分不开的。

外国人眼里的陕西高等学堂

清光绪三十二年(1906)至光绪三十四年(1908),芬兰探险家、俄国皇家近卫骑兵团的中校军官马达汉(Gustav Mannerheim,1867—1951)奉总参谋部指令,到中国西部执行军事侦察任务。他在日记中记载了陕西高等学堂等校教育新政:"校舍很舒适,甚至很豪华,有很大的院子……并有极好的体操设备。许多学校现在就有十分美丽的地理、动物、解剖学和植物标本收藏以及化学与物理实验室和图书馆。大部分物件是从日本进口的","学生们住校,两人一间明亮舒适的房间"。教学队伍方面,"教师的水平绝对比兰州的高。聘用日本教师的比例大。"

英国《泰晤士报》驻中国首席记者莫理循

马达汉的记载,大致上是客观的。光绪三十一年(1905),巡抚夏旹将陕西大学堂改为陕西高等学堂,并继续投入大量资金,以白银10万两作为本金,放贷获息,将利息收入加上提学使司每年的拨款,合计1万两作为日常支出;学堂初创期仪器购置费用较高,其中博物仪器耗银1500两,理化仪器耗银4000两。由于高等学堂学生皆官费生,每人每年需津贴60两,实验费需20两。学堂以300名学生计算,年经费约需2万两以上。在1911年辛亥革命中,陕西高等学堂遭到严重损毁,尤其是化学、物理实验室中的精密仪器被破坏殆尽。

清宣统二年(1910),英国《泰晤士报》驻中国首席记者莫理循(George Ernest Morrison,1862—1920),进行了为时半年的中国西部考察,他从北京出发,在陕、甘、新等省进行旅游考察。他写了12篇报道,在《泰晤士报》上连载。他对西安的教育现状评价是"城内学校很多,高等学堂和一般学堂都出奇的好。学校是近代式样,校舍漂亮,教室整洁,但缺乏师资,亟须更多的老师,尤其是高等学堂的教师"。"在城内众多的学校里,只有三名外国教师,而且都是日本人……他们不会讲汉语,把要讲的内容

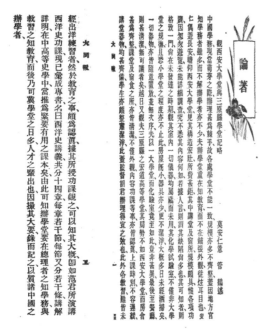

莫安仁在1907年出版的《大同报》报道了陕西大学堂

光绪二十八年(1902)年五月初二日《顺天时报》发表社论《论陕西大学堂章程之荒谬》

写在黑板上来教学生。这种方法无法很好地激发学生的想象力。大家普遍都愿意学习英语,大部分学生在上英语课,但教学还处于基础阶段。"1906年至1908年间的陕西高等学堂有"教师12人,包括3名日本人。其他人当中有1名上海人,2名北京人,都在日本受过教育。开设的课程有中文、英文、日文、历史、算术、理化、体操、地理、传统经典等"。

英国浸礼会传教士莫安仁对高等学堂餐厅的清洁程度也颇多赞许。

莫安仁以《观西安大学堂与三原县学堂记略》,在1907年出版的《大同报》对陕西大学堂作了报道,提出了"办学堂重在知教育,而不在铺张外观",提及设有格致门、化学实验室等。

光绪二十八年(1902)年五月初二日《顺天时报》发表社论《论陕西大学堂章程之荒谬》,对学堂"中外报章大都失实阅之徒乱人意"等趋于保守的规定提出批评,是为报章有关陕西大学堂的最早评论。

当然,《顺天时报》对陕西大学堂的评论只是一面之词。其实,早在光绪二十七年(1901),陕西即借鉴北京、上海、山东及东南各地开办新学的经验,制定《陕西大学校章程》;参考湖北学堂建筑风格,融合本土与西洋风格,由布政司拨银2万两,在西安东厅门附近的咸长考院与崇化书院兴建校舍,购备书籍。

学堂外籍教习足立喜六

1908年10月,足立喜六(右)、桑原骘藏在西安含元殿遗址与石柱础合影

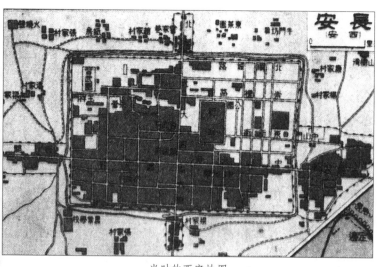

当时的西安地图

截至清光绪三十二年(1906),陕西高等学堂聘请了足立喜六和铃木直三郎两位日本教习,后又聘任田中时四郎、菅野新一郎等共六名日籍教习。但是,今日能略考其一二事迹者,唯有足立喜六(1871—1949)。

1906年春,足立喜六应清陕西政府招聘,任陕西高等学堂教习,直到1910年春回国。

他在陕西高等学堂任教期间,主讲算学与理化课程,每周约有三节算学和一节理化课,故其空闲时间很多。他就住在西安城内东柳巷寓所内,侧向为陕西布政使樊增祥邸宅,平时出寓所,向东穿过端履门大街,不远即到学堂。较多的闲暇时间和居住地理位置的便利,为他从事介于数理和历史之间的学术研究提供了绝佳条件。

光绪三十四年(1908)九月,足立喜六在日本母校的老师桑原骘藏博士游历西安,逗留一月,并在1908年9月20日上午

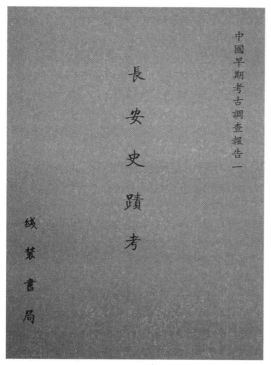

足立喜六著作

《长安史迹考》一书的插图

访问了陕西高等学堂。在此期间足立喜六得其指导与影响,遂利用"课余之暇兼及汉唐旧都长安规模、遗迹之研究",先后踏勘了长安、咸宁、咸阳、三原、高陵、临潼、泾阳、鄠县(今鄠邑区)、盩厔(今周至)、兴平、醴泉(今礼泉)、乾州等地。他据此撰写了《长安史迹考》一书,内容包括关中形势、汉唐之尺度及里程考、秦以前之遗迹、汉之长安城、汉代之陵墓、逍遥园、隋唐之长安城、唐代长安之名胜古迹、著名之道观、现存之唐代佛寺、外教之寺院、唐代之陵墓和长安之古碑等,并附有171幅照片及38幅插图。这部著作的特点是以实地踏勘和实地测量为主,与各种历史记载和研究论著相对照,考订谬说,提出己见。同时,足立喜六最早使用近代先进仪器测量古迹长宽高、经纬度等,而且用三角函数等科学计算方法进行精确计算,总结汉尺、唐尺、清尺与日本曲尺及米尺之间的折合关系,故在汉唐长安城研究方面独树一帜,极具学术价值。

发现陕西高等学堂旅行灞桥图

陕西高等学堂旅行灞桥图

在南京大学图书馆收藏的宣统元年(1909)十二月五日出版的《教育杂志》第一年第十期封三"图画"栏内,有一幅《陕西高等学堂旅行灞桥图》。这是西北大学历史上最早的一幅照片。在这幅照片上,隐约可见在灞桥上师生们一字排开,几乎充满整个桥面。考虑到这时东方为阳面,师生们面朝东站立,扶着栏杆站在桥面上,在第九个桥洞的桥面上似有一面旗帜迎风飘扬。摄影师应该是背东朝西站在灞河里拍摄。

陕西高等学堂前身为清光绪二十八年(1902)的陕西大学堂,1905年9月15日改为陕西高等学堂。据光绪三十四年(1908)七月曾发生全校200余名学生集体罢课的记载,这次旅行的师生人数至少在200人。如按清道光时的灞桥长380米,桥下72孔来看,桥上人数仅占12孔,最多百人,非为全部。或者一部分尚在树荫处休息,上桥者仅为一部分人,已不得而知。然而,这却是唯一一张直观反映陕西高等学堂师生的照片,有很重要的教育史料价值。

除此之外,对于灞桥来说,这幅照片也很珍贵。灞桥知名度很高,为中国古代十大名桥之一,它是迄今我国发现时代最早、规模最大的梁式桥,现为全国重点文物保护单位。

《唐六典》说:天下石柱桥有四座,洛阳

的天津桥、永济桥和中桥,再就是长安的灞桥。它也是秦汉以来长安城通往关东的要道。即便从隋代算起也已有1400余年,因此这是至今留存最近的一幅照片。其实,春秋时期,秦穆公即曾修筑灞桥。新莽地皇三年(22),王莽一度改灞桥为"长存桥"。隋开皇三年(583),灞桥重新建造。清康熙三十九年(1700)至同治十三年(1874)曾五次重建。清道光十四年(1834)按旧制加建时桥长380米,宽7米,旁设石栏,桥下有72孔,每孔跨度为4米至7米不等,桥柱408个。1994年当地人偶尔发现隋唐灞桥遗址,由于大水冲刷,冒出10个船型桥墩。

全国重点文物保护单位灞桥遗址

因此,这张照片也是距清同治十三年(1874)维修后最近的照片,具有重要的科技史价值。

1994年发现的隋代灞桥遗址上有10个船型桥墩

学堂第一批留日学生

辛亥革命前夕,陕西留日学生已有116人之多。这其中,以西北大学陕源前身陕西高等学堂派出的留日学生规模最大,对陕西教育发展的影响也最为重要。

光绪三十一年八月十九日(1905年9月17日),陕西巡抚曹鸿勋上奏慈禧太后和光绪皇帝,拟派学生游学东洋并派员出洋考察。这些留日学生分别由陕西高等学堂、三原宏道学堂和陕西师范学堂遴选派出,计官费生31名,宦籍自费生17名,共48名,是清末陕西派出留日学生人数最多的一次。

其中,出自陕西高等学堂的留日学生有:安徽试用县丞、陕西澄城县监生白常洁(西垣),入经纬学堂学警察兼银行;陕西米脂县附生高冠英(奇卿),入振武学校习普通兵事科;陕西鄠县增生王觐墀(芝庭),入济美学堂习普通科,后习工科;陕西咸宁县附生钱鸿钧(陶之),入早稻田大学习普通科,后学农科;陕西泾阳县廪生曹澍(雨亭),入经纬学堂习普通科,后习工科;陕西咸宁县附生崔云松(迭生),入早稻田大学习普通科,后习农科;陕西渭南县附生张蔚森(荫庭),入济美学堂习普通科,后习工科;陕西华阴县附生郗朝俊(立丞),入济美学堂习普通科,后习工科;陕西合阳县附生马步云(凌甫),入早稻田大学习普通科,后习农科;陕西绥德州廪生张允耀(星岩),入济美学堂习普通科,后习工科,等等。这是初入学一年时的情况,在毕业后留学者的专业大都发生很大变化,习法政和经济学者居多。

陕西高等学堂首批赴日留学生名单

姓 名	生卒年	籍贯
白常洁	1871—1927	陕西西安
钱鸿钧	1883—1942	陕西西安
张蔚森	1884—?	陕西渭南
张允耀	1881—?	陕西绥德
高冠英	1883—?	陕西米脂
曹 澍	?—1943	陕西泾阳
郗朝俊	1882—1965	陕西华阴
王觐墀	1880—1960	陕西鄠县
崔云松	1878—1958	陕西西安
马步云	1884—1970	陕西合阳
王梦简	1873—1928	陕西礼泉
康寄遥	1880—1968	陕西临潼

  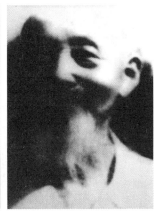

曾是留日学生的张蔚森　　曾是留日学生的马步云　　曾是留日学生的康寄遥

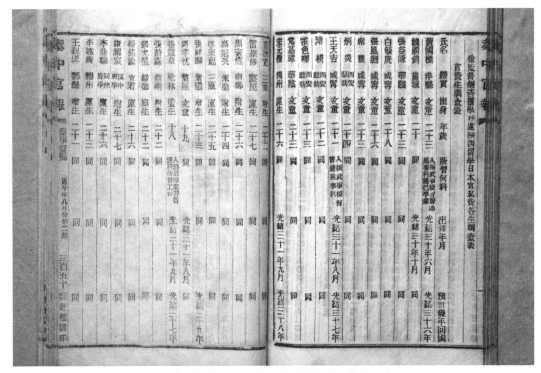

《秦中官报》1906年第一期登载的留日学生名单

学堂留日学生当掉手表、大衣办刊物

《秦陇》封面

张凤翙(前排右一)等陕西留日学生在日本

清光绪三十二年八月(1906年9月),同盟会陕西分会在日本成立,陕西高等学堂留日学生曹澍、马步云、张蔚森等先后加入。分会成立后的三项任务之一,就是要组织舆论机构、发行刊物、展开宣传鼓动工作。陕西留日学生最早创办的革命刊物《秦陇报》遂于清光绪三十三年七月(1907年8月)在东京出版,党积龄任总经理,陕西高等学堂留日学生郗朝俊、马步云、张蔚森分任事务、会计和印刷等主要职事。该刊的宗旨为:"发扬旧文化,灌输新知识","振刷精神,改革思想,以修内政而御外侮"。"不出数载,百废俱举,吾关中豪杰、陕西狂士,必能与碧眼紫须众争黄池之一欤!"

该刊设有论说、时评、译件、文苑和关陇汇闻等主要栏目。创刊号发表有《西潼铁路刍议》,呼应家乡反对向英国出卖铁路权的斗争。该刊初拟每月一期,每期四万字,后因缺乏经验和主持人回国而仅出一期即停。

之后,陕西高等学堂留日学生马步云、康寄遥、钱鸿钧、谭焕章、崔云松、张仪骞、范振绪和郗朝俊不甘办刊失败,于清光绪三十四年正月初一日(1908年2月2日)在原《秦陇报》的基础上,又在东京创办了《关陇》月刊(又名《关陇丛报》)。马步云和郗朝俊常驻报社服务,有一次刊物印好,却无邮费发行,他们就把手表、大衣送去典当,才把这期刊物发出。同年二月二十六日(3月28日),陕西辛亥革命武装起义主要领导人井勿幕在日本东京创办《夏声》杂志,由三原宏道学堂留学生高祖宪、李子逸、茹卓亭、杨西堂和张季鸾先后任主编,主要设论著、时评、学艺、文艺、杂讯等栏目。《关陇》在1908年5月的《夏声》杂志刊登广告言明:

"本社同人,既切桑梓之危,复深祖国之痛,爰自忘其愚,矢移山志,组织斯报,专以提倡爱国精神,浚瀹普通智识为宗旨。"

《关陇》杂志所设栏目有论著、时评、实业、译述、专件、谭丛和记事等。马步云以"民气"为笔名,在该刊发表的《论中国之国体》一文,力言君主制度不能不废,民主共和不能不争。文章指出:

"自十八世纪末叶以来,欧美诸国……无不风卷云驰,群奔赴颠覆专制更始宪政之一端……日本以亚东三岛,亦随文明进化之潮流,于数十年前革新面目,惟我中国濡滞不进,旧态依然……人同此心,心同此理,何以白皙人种已于百余年前享自由平等之幸福,而吾民犹蜷伏鼠缩于专制政体之下,岂黄人之爱自由不如白人乎?"

陕西高等学堂留日学生以《关陇》杂志为阵地,呼吁各界人士奋起保卫陕甘权利,抨击时弊,激励人民奋起变革,是陕甘辛亥革命的前奏,也是最早向西北地区传播宪政、民主、自由思想和科学知识的刊物。

同盟会陕西分会徽章

《关陇》封面

《夏声》封面

通过《秦陇》《夏声》传入西北的社会主义思潮

清末民初,陕西高等学堂首批留日学生在其创办的《秦陇》《夏声》等革命期刊上,发表了当时陕西第一篇全面介绍社会主义思潮的文章——《二十世纪之新思潮》。这篇文章主要阐述了以下几个问题:一、社会主义与奴隶制度;二、社会主义与人类阶级问题;三、社会主义与土地问题;四、社会主义与劳动问题;五、社会主义与个人及国家主义;六、社会主义与民族主义;七、社会主义与无政府主义。当时陕西交通不畅,消息闭塞,《秦陇》《夏声》作为留日学生创办的期刊,借地域之便,告知陕西乃至整个西北地区民众:"专政制度之思想,早已一落千丈,过去之时代也。即自由制度亦成晚照斜阳,行将就没,而黑云蔽空,冲滔天之大浪而来者,即此社会主义之新思潮也。"

尽管这篇文章已刊出部分带着诸多历史烙印,但是仍然不失为一篇系统、科学的民主革命政治纲领,对当时落后的西北起到了思想启蒙的作用,使西北地区人民对社会主义思想有了一个初步的了解。

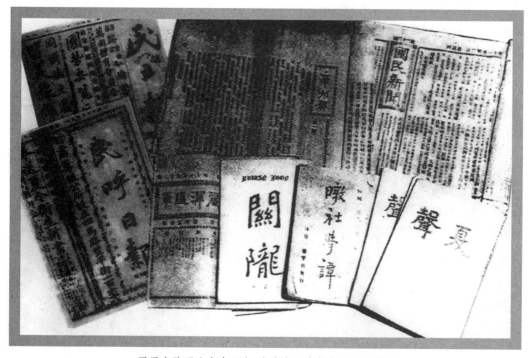

同盟会陕西分会在西安、上海和日本创办的反清报刊

晚清时期中国最早的石油专业留学生

清光绪三十年(1904)十一月,清政府拨地方官银 81000 两为资(屯垦经费)开办延长油厂,命候补知县洪寅为总办,并于光绪三十一年(1905)创建延长石油官矿局。经在陕任教习的日本人阿部正冶郎介绍,洪寅聘日本人佐藤弥市郎任技师,派人赴日购买钻井炼油机器,并雇佣日本钻井技佐六人。第一井钻成后,所雇日本人期满解约,机器多半已不能使用。在此情况下,陕西巡抚曹鸿勋感叹:"原不得不借于异地。然使常常假乎外人,不特要索挟持,诸多不便,且恐垂涎者日阚其旁,将酿为利源之大蠹。"因此,曹鸿勋主张"于省城高等、师范两学堂内选化学较通之学生若干名,先令在厂实验,再择其优者,送日本越后油厂学习此专门,待其学成回国,皆能为油矿师者"。

据此计划,清陕西政府奏请光绪帝后,先派陕西高等学堂等几所学堂的学生吴源沣、沈云骧、由天章(云飞)、杨宜鸿、方传龙、舒承熙、冯尔鹏、谭熙弭等十人到延长油矿实习。清光绪三十四年七月(1908 年 8 月),练习生吴源沣、舒承熙、杨宜鸿三人"奉派往日本再学习石油",由天章不得预派,"因典产筹资,自费同往学习"。实际有四名留学生成行。这些留学生在日本越后油厂学习两年左右,先后回厂。

沈括在《梦溪笔谈》中命名陕北石油

延一井旧址纪念碑

张丙昌著《延长油井沿革史》

延长石油官厂

宣统元年（1909）七月，吴源沣"由日本报告调查条陈各事"，并接受陕西省劝业道交付的购机聘匠任务。

宣统二年（1910）七月，杨宜鸿随所聘大冢博士一行同归。

1912年民国成立，新旧交替，厂事无人问津，自费留学归国的由天章"主任一切，勉维现状"。

这是中国历史上第一次派出专门学习石油的留学生，而延长油矿又是世界上开发最早的大陆油田，故从陕西高等学堂派出石油留学生的意义重大，实际上揭开了西北大学在延长、玉门、大庆等我国各大油田以及各个历史时期为中国石油作贡献的历史序幕。

以陕西高等学堂为总司令部发动的辛亥革命西安起义

以孙中山先生为代表的资产阶级革命派顺应社会发展的历史潮流,在1911年10月10日发动了震撼中华大地的武昌起义,即辛亥革命。武昌起义后的第12天,即1911年10月22日,陕西革命党人张凤翙、钱鼎、万炳南、张云山、张钫等领导新军和哥老会响应武昌起义,发动了西安起义。

1911年10月27日,即西安起义的第5天,张凤翙大统领将司令部移驻陕西高等学堂,当日召开大会宣布成立"秦陇复汉军政府",并在此设府办公。直到同年11月22日得到在湖北的中华民国军政府授印后,才

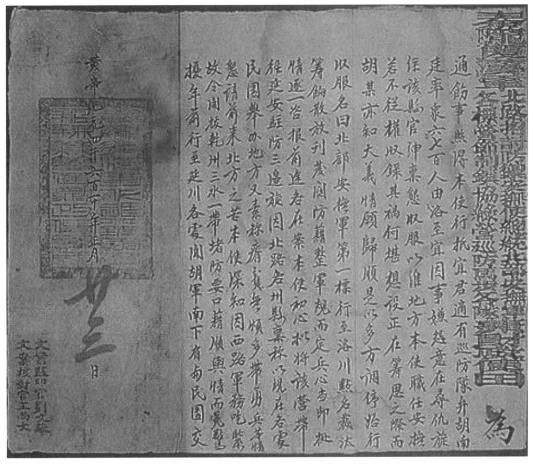

1912年秦陇复汉军北路招讨防御安抚使的战情报告书

秦陇复汉军兵马大都督张云山(前排右一)

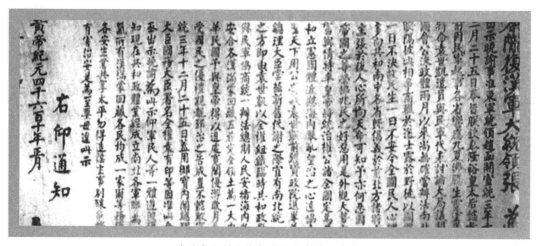

秦陇复汉军大统领张凤翙发布的布告

将都督府移到城内北院门。

辛亥年暑期,陕西高等学堂留日学生崔云松、郝朝俊、康寄遥、宋元恺、钱鸿钧等返陕,"直接参与革命活动"。在辛亥革命前夕,陕西高等学堂教习李异材、邵力子也参与了西安起义的酝酿。高等学堂学生、陕西临潼人李含芳,在就学期间就积极参加爱国学生运动。在光绪三十四年(1908)的蒲城学潮(即"蒲案")中,他积极活动西安各学堂反对蒲城知县李体仁殴辱教师、打死学生的罪恶行径,参与罢课等活动。最后在学界等各界人民的抗议下,县令李体仁被革职,并不准援例捐复。在辛亥革命中,李含芳也是最积极的分子之一。

秦陇复汉军政府由张凤翙任大都督,陕西大学堂的毕业生崔云松任财政部长(后任都督府秘书长,民初任陕西都督府参事、财政局局长、法制局局长,1913年1月任陕北观察使)、陕西高等学堂留日学生郝朝俊任副部长,曹澍任教育部长,高等学堂兵学教习宋元恺任外交部部长,陕西法政学堂原监督杨开甲(鼎臣)为民政部部长。财政部的地位和作用尤其重要,作为老西大人的崔云松、郗朝俊、康寄遥三人采取开仓平粜、整理金融、设立粮台、撙节开支、劝捐助饷、发行公债、整顿厘税、开彩筹款等多项措施,支持辛亥革命后军政府的财政,同时支持秦陇复汉军在东、西两路与清军历时半年的战争,度过了辛亥革命后秦省财政最困难的时期。

都督府共由军政、民政、财政、教育、司法、外交、交通、实业8个部组成,16个正副部长中就有9位出自西北大学前身,另有司法部长党积龄(松年)辛亥革命后亦成为西北大学主讲民法的教师,财政部副部长康寄遥亦成为西北大学预科学长。

秦陇复汉军副统领钱鼎　　　　　　秦陇复汉军保护外人的旗帜

1961年,周恩来总理接见并与出席辛亥革命50周年纪念会代表合影(前排右八为马步云先生)

陕西高等学堂师生参与辛亥西线战役

1908年3月,甘肃兰州宴会场面,左前是陕甘总督升允

升允在护理陕西巡抚任内,于光绪二十七年(1901)拨库银两万两(实际支出三万两),筹办陕西大学堂。次年,抚升允又就近奏准光绪与慈禧(时避难在西安)正式立案,为陕西做了一件好事。光绪二十八年(1902)五月,升允又奏准在陕西大学堂设农务、工艺两斋。然而,他却在辛亥革命后成为革命的死敌。武昌起义爆发后,升允站在革命的对立面,率甘肃"精锐军"、陇东"壮凯军"等号称数十万人东进,妄图迎奉溥仪,建立偏安西北的小朝廷。

陕西高等学堂学生、同盟会会员杨荟桢(茂斋),曾参加张凤翙、张云山在西安五味什字义聚楼密召的各县同盟会员起义前秘密会议。按照秦陇复汉军政府的统一安排,陕西高等学堂等几所学堂一律停课,组织参加起义。鉴于各县秩序混乱,军政府遂分派省城各校学生回县倡办民团,并组织地方革命力量。杨荟桢与同为陕西高等学堂学生、同盟会会员的刘锴(介甫)在西安光复后,即按统一安排偕同回到家乡凤翔。1911年九月初六日(公历10月27日)夜间,杨荟桢和刘锴联合当地哥老会杨凤德等千余人包围凤翔城。县衙差役张三保等在城内做内应。次日全城光复,知县彭毓嵩和知府德祜被斩首示众,清参将王志英刎颈自杀。之后,群众不懂革命意旨,开始寻仇报复,焚公署县衙、焚教堂、烧洋书、杀教民,一时城内混乱。杨荟桢遂请当地哥老会大首领、秦凤山主马秉乾出面维持,才使秩序渐稳,后又派人赴省城请求派来秦陇复汉军副大统领万炳南出镇凤翔,形成以马秉乾等为中、东、西、南、北营管带的军事部署,并派出知府、知县,很快稳定了地方。陕西高等学堂学生周德润(字奋刚)与陕西优级师范毕业生王肇基也参与了凤翔民团的组织和计划实施。

辛亥西安起义的炸弹队总队长、兵学教习宋元恺

宋元恺教习

辛亥革命西安起义中有一位不畏艰险，奋勇杀敌的炸弹队总队长，后来在东渡讨伐张勋复辟时牺牲，他就是宋元恺——陕西高等学堂兵学教习。

宋元恺（1879—1917），字向辰，陕西耀县人，清末廪生，曾在三原宏道高等学堂求学。光绪三十一年（1905）赴日本留学，先后就读于日本明治大学经济科、陆军士官学校、东武学校，其间入同盟会。宣统二年（1910），宋元恺奉孙中山指示在朝鲜、大连等地从事反清革命活动，后随井勿幕返陕。

宋元恺返陕后，先后任陕西高等学堂兵学教习（即现在的体操教师）、陕西农业学堂日文教员，并从事革命活动，介绍学堂中不少师生加入同盟会。在陕西辛亥革命中，宋元恺任秦陇复汉军政府外交部部长，他亲往军装局把枪弹配给学生，让学生回乡组织民团，保卫地方。参加西路战役时宋元恺任炸弹队总队长，率部在醴泉（今礼泉）等地作战，西路议和后任交通司司长。其间，经他建议陕西先后派出200余名留日学生，他于1913年辞司长职亲任陕西留日学生经理。1916年自日归陕任乐群学社社长。1917年，张勋复辟后，孙中山密电其率"秦晋健儿，直捣燕京（今北京），讨伐张逆，再造民国"。按孙中山密令，宋元恺积极奔走鼓动讨伐，组织陕西讨逆军并任总司令，东渡山西讨伐张勋，后在稷王山战斗中殉难。宋元恺牺牲后，孙中山曾为其题挽匾"国而忘家，为国捐躯"。

西安军装局，秦陇复汉军临时指挥部。宋元恺在此给学生配发子弹

参与创办三秦公学的刘治洲先生

陕西省省长刘治洲

刘治洲(1882—1963),字定五,陕西凤翔人。青年时期中过秀才。废科举后,又考入凤翔府中学堂,以优异成绩毕业。后经陕西提学使选拔送上海理化专科学校深造,毕业后曾赴日本留学,与于右任交游,参加孙中山领导的同盟会。1910年冬回西安,参与创办三秦公学(后归入西北大学)并担任理化教习。

1912年冬,刘治洲被陕西省推选为中华民国众议院议员。去北京后,他深知袁世凯排斥异己,阴谋称帝,便与多数议员坚决反袁。1913年6月,袁世凯悍然解散国会,他离开北京去上海继续反袁活动。1917年7月,他与国会议员二百余人由京去广州参加护法国会议员非常会议,选举孙中山先生任军政府大元帅,他担任大元帅府秘书。1922年6月,黎元洪在北京复任大总统,邀刘治洲任农商部次长,继而代任农商部长。此后他又积极投入拥孙(中山)倒曹(锟)活动。

1925年5月,刘治洲调任陕西省省长。刘镇华围困西安城期间,他处境艰难,慨然以"铁肩担道义"自勉,经常宣传北伐革命和坚守西安的重要意义,注意检查军纪,确保军事供给,依靠民众互助,救死扶伤,尽力减轻损失。当时省长公署已不发薪俸,省长亦吃油渣草根,常扶杖访问贫民疾苦。敌军炮弹横飞,屋摇灰落,他始终治公不辍。他与杨虎城、李虎臣同住一处,曾为"二虎"讲《史记》《纲鉴》上的英雄义烈故事,以振"二虎"之气,坚"二虎"之心。他与冯玉祥有旧交,故亲笔函请援兵。1926年9月,冯玉祥将军在五原誓师，组成国民革命军第二集团军策应北伐，挥师东下，一举解西安之围。冯玉祥将军在回忆录中说："西安被围八月，始终屹立不动，定五先生的功劳，实在不可泯没。"

1927年年初，刘治洲随冯部北伐，曾担任郑州市长、河南省建设厅长和冯玉祥的最高顾问等职。20世纪30年代初，他南北奔波，以冯玉祥代表的身份说服阎锡山、陈济棠联合反蒋抗日。在此期间，他又与中共方面保持密切联系。

七七事变后，刘治洲任陕西省政府委员兼陕西省银行董事长。他尽力宣传抗日和团结，反对投降与倒退。他和八路军西安办事处的负责人董必武、林祖涵（伯渠）是多年老友，在西安常相往来，每在家中便宴，款待董老和林老，从而表达其团结抗日之热忱。后来，他据理力争，营救被捕共产党员张锋伯一事也传为美谈。

1946年秋，刘治洲脱离陕西省政府公职，并于1948年移居上海。次年年初，他听从中共的指示，秘密赴港，由组织安排，乘船北上。同年冬，周恩来总理约见刘治洲，委托他再去香港开展对台宣传工作。他以古稀高龄，甘冒香港特务暗害之险，尽心为党工作。1953年夏，刘治洲返回北京，随即担任全国政协委员，后又担任民革中央团结委员。毛泽东主席曾派人慰问他，并转交赠款。1963年7月6日，刘治洲先生病逝于北京，终年82岁。

青年时代的刘治洲

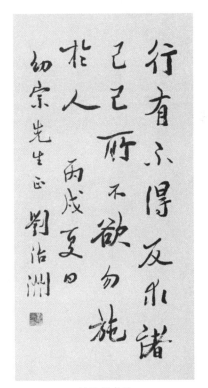

刘治洲书法

与陕西客籍学堂、西北大学文科一街之隔的晋商会馆

图说 西北大学百廿年历史

民国初年西北大学时期(1912—1915)

辛亥革命战火未熄,张凤翙即以"荡舟激流,势难中止"的决心,将陕西大学堂、陕西法政学堂、陕西农业学堂、陕西实业学堂、陕西客籍学堂合组为西北大学;并确立了服务于现实社会建设以及国家安危的教育理念。此一时期,西北大学师生参与中华民国的创建,出席孙中山临时大总统就职典礼,参加民国初年陕西地方和西北建设,开创和完善西北高等教育,创立我国北方地区最早的大学出版部,创办我国北方最早的综合性大学学报,开展"社会主义能否适行于今日之中国"的大讨论。

张凤翙与西北大学的创设

1912年3月,西路战事未息,中华民国秦军政分府大都督张凤翙即提出创立西北大学的主张,并成立西北大学创设会,亲自出任会长,委员有钱鸿钧、马步云、崔云松、郗朝俊、谭耀唐、党松年、康寄遥、寇锡三、惠甘亭、谢文卿(增华)、王芝庭(觐墀)等。创设会推关中法政大学校长钱鸿钧(原陕西法政学堂监督)为校长,并决定以陕西高等学堂、关中法政大学、原陕西农业学堂、原陕西实业学堂、原陕西客籍学堂为基础,筹组西北大学。

张凤翙为什么要创设西北大学呢?

首先,他认为创设西北大学"关系于现时建设"。他写道:

> 武昌起义,秦中继起,甘新僻远,亦举义旗,比较东南,未遑多让。自统一政府成立之而后,服务中央政府者,西部之人,乃落落如晨星,非勇于破坏,不懈于建设,人才难得,无可如何,不得不诿卸于东南诸贤,使之独任其难巨,国民责任之谓何,无以对国家,尤无以对东南各省,积渐恧而为奋勉,求根本之解决,固之有西北大学之发生。

张凤翙大都督

其次,他认为创建西北大学"关系将来之建设"。因为:

> 政体改良而后,无论立法、行政,非有高等学识者断难胜任而愉快,东南风号开通,具有高尚知识者所在多有,尚力图进步,急急然有南京、广东、湖北大学之经营,

1950年6月全国政协一届二次会议期间,毛泽东和民主党派的委员们合影。前排左起:张凤翙、陈叔通、毛泽东、李济深;后排左起:王昆仑、刘清扬、许广平、陈劭先、李任仁

西北闭塞日久,若不早为培植,恐愈趋愈下,将来文武法官之考试,西北必少合格人才。东南纵号多才,未必能敷全国之应用,即使敷行政机关之用,而地区所限,于立法机关将奈何?以不健全之分子,而畀之以立法之特权,影响所及,良非浅鲜。一肢痿痹,累及全体,西北不竞,岂国之福?

第三,他还认为创建西北大学"关系于外部之防御"。因为:

俄库协约,西北首当其冲,纵此次和平解决,而野心未死,来日大难,欲取决于疆

张凤翙就任陕西省副省长

场,须布置于平日。布置方法,千经万纬,要必以培养人才为前提。东南(与西北)风气悬殊,风霜之苦,跋涉之艰,与夫鞍马之驰骤,食麦饮酥之淡泊皆西北之所长,而东南所不能耐者也。重洋商战,宜注重东南,大漠边防,宜注重西北。

综合上述理由,张凤翙认为:"交通便利之省份,设立大学尚可暂行缓图,若西北则地方如此辽阔,关系如此重大,人才如此缺乏,内观外顾,忧心如焚,急起直追,犹虞不及。"因此,他迅速和甘肃、新疆两省商议,得到支持后,即决心排除万难,全力以赴创设西北大学。当遇到袁世凯政府阻挠时,他坚决声明西北大学的开办就好似"荡舟激流,势难中止",最终于1912年3月力促西北大学开学。他为西北大学学报《学丛》创刊号题词:"障百川而东之,挽狂南于既倒。"表达了他对大学培植建设人才寄托的极大希望。西北大学校长钱鸿钧的题词:"中原板荡起纷争,手挽狂澜不用兵。沧海横流谁砥柱,文章经济勖诸生",也颇能显示西北大学诞生于辛亥革命之中,以及决心以"文章经济"救助苍生的远大志向。

随着战事结束和建设时代的开始,辛亥志士们更为迫切地感触到陕西以及西北

张凤翙书法

建设人才的紧缺。这就是张凤翙创设西北大学的背景。他从发动起义到东西两路战役120余天的腥风血雨中刚刚坐下,考虑的第一件大事就是成立西北大学创设会并出任会长。他斩钉截铁地指出:"求根本之解决,固之有西北大学之发生。""本都督环顾东南,起视西北,默察现在,悬想将来,无论从何方观察,似应为破釜沉舟之计,不敢贻因噎废食之机。"在他的主导下,辛亥战事甫定,即有五学堂合组西北大学,确定"教授高深学术,养成硕学宏材,应国家需要"的办学宗旨,并于1912年3月正式开学,招收了来自陕西、新疆、甘肃的六七百名学生。西北大学的创设成为陕西辛亥革命的重要成果之一。

教授高深学术,养成硕学闳材,应国家需要

1912年的西北大学分大学部、专门部和专门预科,大学部、专门部设文科、法科、商科、农科;专门预科分为两部,第一部为文、法、商三科之预备,第二部为农科之预备。

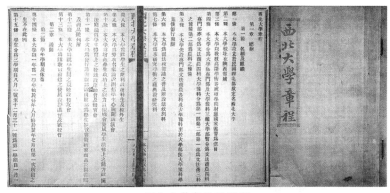

西北大学章程(1912)

当时的各科学长分别为文科崔云松、法科王觐墀、商科马步云、农科郗朝俊、预科康寄遥。教务长由马步云兼任。

《西北大学章程》(1912)中指明西北大学以"教授高深学术,养成硕学闳材,应国家需要"为宗旨。除上述各科外,"为图法政智识之普及"附设法政别科;"为求研究学术之蕴奥"设研究科;"为谋学生之便利"设选科生及校外生;"为旁求名家论说,开拓学生心胸"开演讲会;"为增进学生政治上之能力"设拟国会;将"养成学生法律上之能力"设拟法庭;为"提倡学生体育上之发达"设运动会及体育会;"为发行讲义杂志"设出版部;"为学生参考书籍、研求商品"设图书馆及商品陈列所;"为谋学生间之亲睦"设校友会;"为谋教育前途之发展"设评议会及教授会。由此观之,现代大学端倪已现。

西北大学农科物理教科书(1913)

西北大学国文教科书(1913)

100年前的西北大学毕业证

民国二年的西北大学毕业证。1912年,陕西法政学堂别科的甲、乙、丙三个班(三个年级)的学生,随校并入由五个学堂和三秦公学合并组建的西北大学,进入西北大学法律别科学习。当年7月,甲班学生学习届满毕业;至1913年7月,乙、丙两班学生也学习届满毕业。这份民国二年七月编号为"伍拾"的"西北大学毕业证"即来源于此。这也就是1912年刚合并组建的西北大学建学初期的第一、二学年均有学生毕业的缘由。

晚清陕西法政学堂和民初西北大学时期使用的哲学、文学、史学、法学教科书和辅助教科书。这些教科书中,年代最久远的为乾隆五十一年(1786)重镌的套红石印本文学教科书《诗经啙风详解》一书,还有民初西北大学校长钱鸿钧自编油印的《行政法》。

1907年的西安城

1907年的天主教堂西安南堂(位于今西安五星街)

马步云、张蔚森出席临时大总统选举及就职典礼

正值辛亥革命如火如荼之际,陕西高等学堂留日学生、同盟会员马步云和张蔚森二人日夜兼程回到上海,并立即与民立报馆的于右任联系,得知清军正从河南开封调派新军进攻陕西起义军。于右任告之道:"陕西最需要的是军火,不断有人来求我在外设法。顷有普陀山僧人代表向《民立报》表示愿助军饷,你最好在回陕前去一趟普陀山。"经与宋教仁、陈其美等协商,遂决定由马步云与同乡雷震至普陀山安抚,张贴保护寺庙的布告,在山上逗留了三天。前后山各寺的捐款后被转交陕西烟商义源厚,成为陕西辛亥革命购运军火的专款。

1912年1月1日中华民国宣告成立,受陕西起义军的委托,马步云、张蔚森、于右任(未出席)、赵世钰等4人被推选为赴南京选举中华民国临时大总统的陕西代表(17省代表之一,4人占1票),并出席了总

中华民国临时大总统选举会合影

曾任南京临时参议院议员的马步云

马步云出席孙中山就任中华民国临时大总统典礼的纪念状

统就职典礼。

马步云，又名凌甫，别号自力子，陕西郃阳（今合阳）人，光绪三十一年（1905）官派赴日留学，入早稻田大学习普通科，后改习农科，毕业于日本明治大学政治经济科，在东京加入中国同盟会。1912年1月28日任南京临时参议院议员。辛亥革命后的1912年3月，任西北大学创设会委员，并被聘为西北大学商科学长、教务长，主讲经济学、宪法等课程。之后，又赴日为西北大学选聘日籍教师、购置图书仪器设备并考察日本高等教育，与日本早稻田大学、明治大学、中央大学、法政大学、庆应义塾大学建立联系，使西北大学学生可直接进入以上日本高校学习。

张蔚森，又名荫庭，光绪三十一年（1905）官派赴日留学，入济美学堂习普通科，后改习工科，毕业于明治大学，获政治学学士学位。归国后，于1912年1月28日任南京临时参议院议员，1913年4月至1914年1月复任北京政府时期第一届国会第一期常会议员、参议院议员，后任陕西都督府司法顾问。1912年至1915年，任西北大学创设会委员、西北大学教师，主讲国际法。

民国二年的学生雄辩会

"社会主义能否适行于今日之中国？"这是民国肇造的第二年(1913)，处于西北偏远之地的西北大学学生第三次雄辩会的辩题。它使人深感震撼，这些学生怎么会在社会主义制度在中国推行的几十年以前就开始辩论如此超前的重大理论问题呢？

就此发表演讲的学生有二十余名，主张约分为三派：一是主张"社会主义绝对不能适行"；二是主张"将来能行"，"今日之中国绝对不宜"；三是主张"社会主义可行"。华俨、董彦儒、陈钟秀、陈宏滔等四名政科学生的演讲最有特色，可自圆其说。《学丛》创刊号发表了这四位学生的演讲稿，其大致谓："社会主义为矫正资本主义之弊而生，中国今日所急宜讲求者在于生产，而不在分配，欲谋生产，必先提倡资本之集中，以与各国大资本家相对抗。夫而后可以谋生产事业之发达。"演讲辩论持续三个小时之久。最后，谭耀唐学长、马步云学长予以点评，并陈述了自己的观点。

辩题的答案正确与否已不重要，重要的是，我们由此看到了西北大学学子怦怦跳动的赤子之心，关心祖国前途命运、关注重大理论问题以及民国初年西北大学在经由日本传入社会主义思潮、引领社会进步方面所作的有益探索。

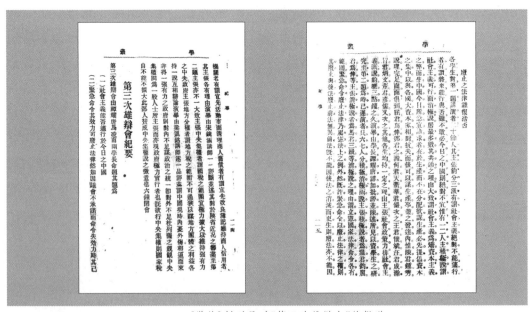

《学丛》创刊号对"第三次雄辩会"的报道

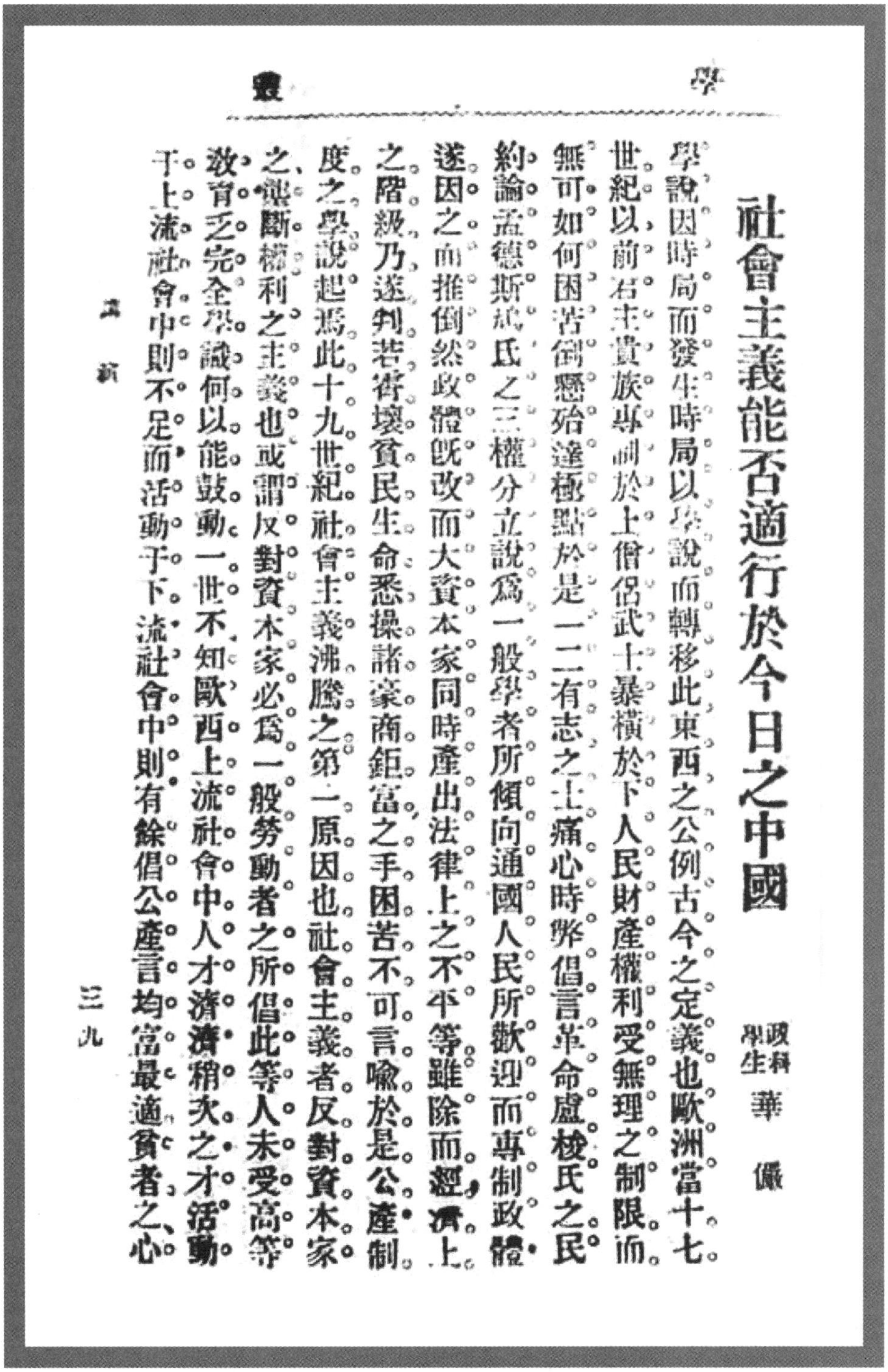

社會主義能否適行於今日之中國

政科二年生 華儼

學說因時局而發生時局以學說而轉移此東西之公例古今之定義也歐洲當十七世紀以前君主貴族專制於上僧侶武士暴橫於下人民財產權利受無理之制限而無可如何困苦倒懸殆達極點於是一二有志之士痛心時弊倡言革命盧梭氏之民約論孟德斯鳩氏之三權分立說為一般學者所傾向通國人民所歡迎而專制政體遂因之而推倒然政體既改而大資本家同時產出法律上之不平雖除而經濟上之階級乃遂判若霄壤貧民生命悉操諸豪商鉅富之手困苦不可言喻於是公產制度之學說起焉此十九世紀社會主義沸騰之第二原因也社會主義者反對資本家之壟斷權利之主義也或謂反對資本家必為一般勞動者之所倡此等人未受高等教育乏完全知識何以能鼓動一世不知歐西上流社會中人才濟濟稍次之才活動于上流社會中則不足而活動于下流社會中則有餘倡公產言均富最適貧者之心

1913年《學叢》發表文章《社會主義能否適行於今日之中國》（華儼）

首开西北民主与科学先河的《学丛》

1911年10月，陕西首先响应辛亥革命起义，志士们刚刚放下刀枪从战场归来，就于1912年3月由陕西大学堂等五学堂合组成西北大学，又于1913年7月1日创刊《学丛》（又名《西北大学学丛》）。《学丛》是我国最早的学报之一，开设有论说、讲演、杂纂、纪事四大栏目，现见有170余篇学术论文和学术报道，内容涉及社会科学、自然科学、农学、国际科学技术会议报道等。《学丛》虽然寿仅两载，但却意义非凡：一是首次向我国偏僻的西北地区系统传播了西方民主制度、社会主义思潮和科学强国的理念以及法学、政治学、经济学知识；二是填补了我国北方地区新闻出版事业中"大学学报"这个新门类的空白。

《学丛》尤为强调效仿日本以科学技术强国。农科学长郗朝俊在分析近世日本何以由弱小变为强盛时，

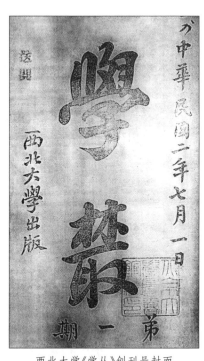

西北大学《学丛》创刊号封面

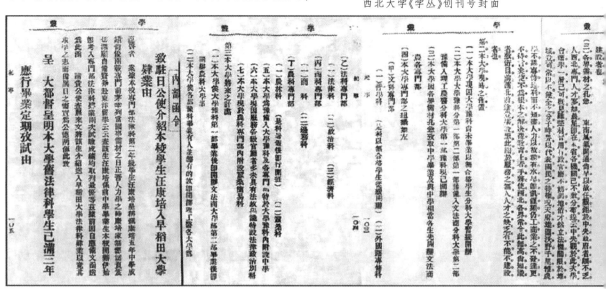

见于《学丛》（1913年第2期）的西北大学大事记

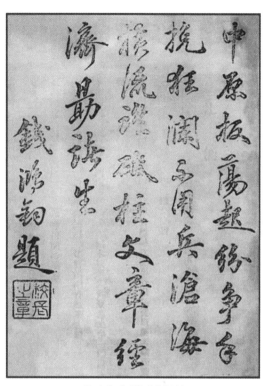

钱鸿钧为《学丛》题词

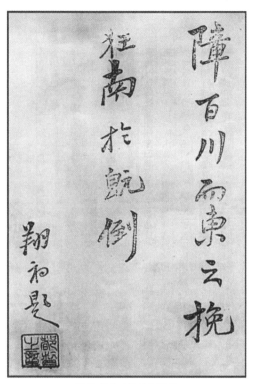

张凤翙为《学丛》题词

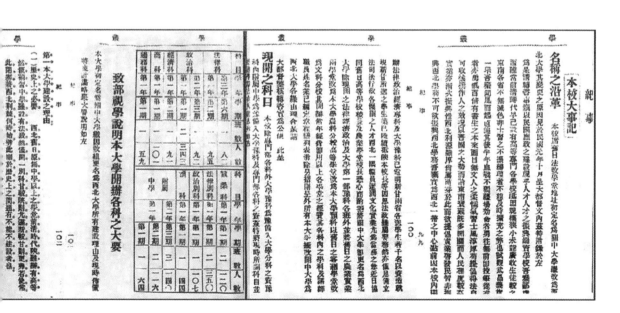

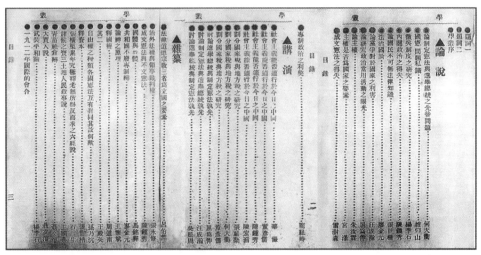

《学丛》(1913年第1期)目录

在《学丛》第二期撰文指出：其一是"以农立国"，而且"择籽、化壤、肥料、疏苗、筑堤、闸防、水旱之类，皆利用新法"，"故能一町之田再收，一岁之禾屡获，区区三岛所出足供举国之耗费而无虞不足"，"我固将学步"；其二是"日本工艺朴拙，器具苦窳，与我同病，自圣彼易博览会后，痛惩前愆，力图补救，因开劝业、共进等会鼓励进行，迄今日出品之精良、工业之进步，几与欧美并驾齐驱，而彼都人士，尤于电、光、气、化、采矿、冶金、机器等科发其理想，加意研求，内以振国民技艺之精神，外以动世界各国之视听"，"其效果我所急宜取法"；其三是"日本于医学一科，法尚新奇，术精解剖，本诸实验，不泥古方，会通海内外之见闻，甄拔中法、西法之美善，全体部位无不校风寒燥湿淫，无不辨各物生性，无不识经络脉理，无不本仁心以行仁术，人物生灵均获永寿"，

"我所宜极力精研者"。另外，《学丛》还对有关应用化学、古生物学、天文学、医学、园艺学、心理学实验、无线电、飞行发动机、铁道安全、火灾救援等内容的国际科技会议作了集中报道。西北大学也在1905年、1914年两次派出留日学生，这显示了我国地方大学在创建初期就具有面向世界办学、学习外国先进科技和重视国际科技学术交流的姿态。更为重要的是，这酝酿了五四运动前夕偏僻的西北地区知识阶层浓郁的民主与科学气氛，在我国西北地区的近代化进程中具有石破天惊的拓荒意义。

1914年《学丛》停刊以后，从20世纪20年代起，先后有《西大学报》《西北学报》《西北学术》《西北月刊》《西北大学校刊》《西北大学学报》(哲学社会科学版和自然科学版)等刊一脉相承，延续至今。

西北大学出版部的成立

1912 年 3 月初，西北大学依《大学章程》规定，经三个月建设，“特设出版部”。地址位于学校东部(今西安市东厅门西安高中院内)。出版部还在北京顺治门大街秦中公寓、天津自由镜报社、上海商务印书馆、汉口商务印书馆、甘肃行政公署、新疆行政公署、西安省垣各书局设立了代派处。

《大学章程》规定：“凡本校之讲义录，以及教员与学生所著译之书籍、本校内每月发刊之《学丛》，均由出版部印刷发行。”此外，如教员与学生需用之书籍，亦由出版部向中外书肆代为购买。出版部当时已有机器两台，除印刷本校一切章程、记录外，兼印外间报章及各团体通告、各机关训令。由于业务繁忙，机器不敷使用，又在沪购买石印、铅印机器各一部，1913 年 7 月运回投入使用。

这是迄今所知我国北方地区最早的大学出版机构，也可看作是今日西北大学出版社的渊源。其于 1913 年 7 月 1 日出版的西北大学《学丛》，也是我国北方地区最早的综合性大学学报。清华大学到 1915 年才创刊《清华学报》，北京大学直到 1919 年才创刊《北京大学月刊》。

叢

出版部成立紀略

本大學依大學章程內規定特設出版部一處其地址卽在本校東旁於陽歷三月初間動工現已三閱月而工始竣凡本校之講義錄以及教員與學生所著譯之書籍本校內每月發刋之學叢均由出版部印刷發行此外如教員與學生需用之書籍並教授品內所用之白墨鉛筆等件亦由出版部向中外書肆代爲購買現已有機器兩座除印刷本校一切章程記錄外兼印外間報章及各團體通告各機關訓令刻因現有之機器尚不敷用已在滬購買石印鉛印大機器各一座約陽歷七月初間卽可運回一切佈置法另載于出版部詳細規則

紀事　一一九

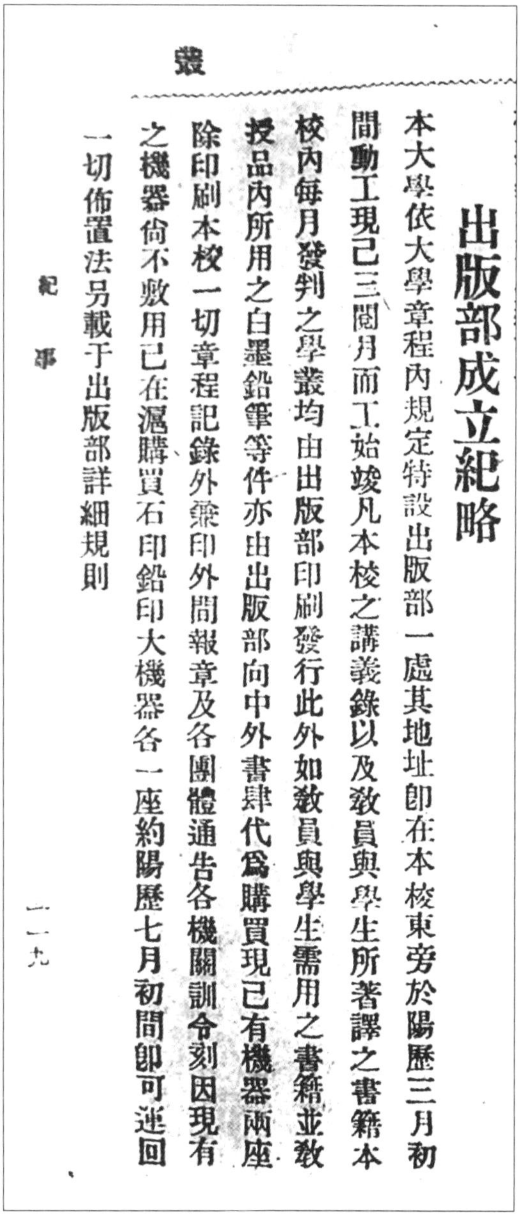

《学丛》“纪事”栏刊载的“出版部成立纪略”

国立西北大学出版部在城固出版的部分学术研究刊物

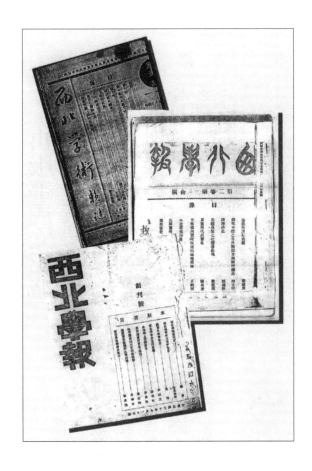

題詞

國立西北大學創設陝西，吾人遠觀周秦漢唐之盛世，縱覽陝甘寧青新區域之廣大，不惟緬懷先民之功績，起無限之敬仰。且于祖國前途，抱無窮之希望。故恢復歷史的光榮，創建新興的文化，實為西北大學應負之使命。本刊即應此神聖使命而產生，專以研討學術，融合東西文化，發揚民族精神，為主旨。茲當創刊伊始，爰綴數言。其責任之重，其前途之遠，願本刊同人與 覽共肩負之。

賴璉．中華民國三十二年

西北大学派出的第三批留日学生

西北大学 1912 年的合组受到日本高等教育的很多影响。其创设会的会长、会员大多为留日学生,民初时期就连公寓的设计,也效仿日本大学的样式。学生选修的日、德、英、法四国文字,日语为第一外语。自 1906 年 4 月以来,徐炯、宋元恺、杨宜翰、马凌甫等数次赴日采购图书仪器设备,先后聘请田中、足立喜六、菅野、叶董等 8 名日籍教师到校任教。继 1906 年陕西高等学堂派出第一批留日学生、1908 年第二批派出石油留日学生后,1913 年 10 月 5 日再派出第三批留日学生 51 人(含自费 15 人)。同年,兼办甘肃官费留学生 7 名。

西北大学文法商农各科考取东洋留学生主要有:

何天衢	子亨	陕西蓝田人	民元法科一年级
汪成翰	炯卿	陕西安康人	民二年法科一年级
赵殿英	子俊	甘肃人	民元政科一年级
程登弟	鼎臣	陕西临潼人	民元预科
史 青	庸民	陕西安康人	民元经济科一年级
陈钟秀	崧生	陕西商县人	民元政科二年级
胡希瑗	蘧然	陕西宁羌人	民元法科一年级
赵仰山	景斋	陕西朝邑人	民元预科

西北大学学报《学丛》1913 年第 2 期专载崔云松、马凌甫、谭焕章、郗朝俊、康炳勋等学长的《送西北大学学生留学东洋序》,勉励学生学成归国,报效民族。

西北大学出版部 1914 年 1 月 1 日出版的第四期《学丛》关于张凤翙民政长致函甘肃都督兼办甘肃留日学生事务的报道

居士教授康寄遥

康寄遥教授

他曾在轰轰烈烈的陕西辛亥革命中与另一西大学人崔云松共掌秦陇复汉军政府的钱袋子,整顿厘税,创建财政,有力地支撑了陕西辛亥革命。他也曾追随张凤翙创建西北大学,是12名创设委员之一。然而,革命后,在一片迷茫中,他却成了一名佛教居士。他就是民国元年西北大学的预科学长康寄遥。

康寄遥(1880—1968),名炳勋,字寄遥,法号法真,自号寂园居士。1909年赴北京高等师范学校求学,1912年回陕,被任命为陕西军政府财政司次长,同时兼任西北大学预科学长及国民党秦支部副部长。后因袁世凯势力控制陕西而辞去党政各职,转而热衷于发展实业。十月革命后,康寄遥在上海租界内主编《正报》等报刊,抨击时政,赞扬俄国十月革命,追随陈独秀等人宣传社会主义。不久,他所主办的《日报》与《新青年》被视为过激派刊物而遭查封。就在康寄遥迷茫无措之际,与太虚大师的会面确定了他一生的信仰——皈依佛门。康寄遥成为一名佛教居士后,以振兴陕西佛教为己任,成立了近代西北地区第一个佛教居士组织——佛化社。张凤翙、程潜等先后出任佛化社董事长,康寄遥为社长,一直连任,主持社务。

康寄遥撰写的《陕西佛寺纪略》手稿,从位置、沿革、宗派、国际关系和现状五个方面对关中地区26所重要佛寺作了详细介绍,为人们提供了关中诸寺明晰的历史发展线索,填补了明清以后陕西佛寺历史的空白。其主编的《陕西省民族宗教志》佛教部分,包括沿革、宗派、人物、经典、寺院五部分,为人们研究陕西佛教史,特别是陕西现代佛教史提供了珍贵资料。康寄遥先后编撰过《陕西佛教复兴新纪元》《陕西七年来的佛教》《印光大师特刊》《太虚大师弘法专刊》《祈祷特刊》《太虚弘法专刊》等多种弘法刊物和佛学大师们的论述、讲义数十种。在抗日战争时期,因为南北交通阻隔,陕西及西北佛教界一时购买不到所需的各种佛经,康寄遥主持刻印的数十种经本,在很大程度上满足了各地的需要。

孙蔚如中条山抗日

孙蔚如曾两次与西北大学发生联系：一次是清宣统二年(1910)入西北大学前身之一陕西实业学堂，因辛亥革命爆发而中途辍学；第二次是入由陕西实业学堂等五学堂合组而成的西北大学预科。他最为人们所称道的是指挥中条山抗日。

曾是西北大学学生的孙蔚如将军

1938年，蒋介石任命孙蔚如为第四集团军总司令，下令坚守中条山。孙蔚如率领士兵与敌人进行了殊死的战斗。当时的陕西报纸称"西北整个得以安定，皆赖我英勇将士在北岸艰苦支撑所赐"。日军称中条山战役为华北战场的盲肠炎，国人则把第四集团军称为中条铁柱。各地进步

(左起)武士敏、杨虎城、冯钦哉、孙蔚如合影

记者、各界代表团纷纷来到中条山,慰劳官兵,四处称颂,盛况空前。迫于形势,蒋介石也不得不赞扬孙蔚如的抗战业绩。

孙蔚如把慷慨激昂、悲壮英勇蕴于笔端,含笑作词《满江红·中条山抗日》:"立马中条,长风起,渊渊代鼓。怒皆裂,岛夷小丑,潢池耀武。锦绣江山被踩践,炎黄胄裔遭荼苦。莫逡巡,迈步赴沙场,保疆土。金瓯缺,只手补;新旧恨,从头数,挽狂澜作个中流砥柱。剿绝天骄申正义,扫除僭逆清妖蛊。跻升平,大汉运方隆,时当午。"

文武双全的孙蔚如,清光绪二十二年(1896)出生于陕西省咸宁县(民国时并入长安县)灞桥豁口村的书香门第。自学生时代起,他就博览群书,后受孙中山革命思想的影响,于1918年参加靖国军,反对段祺瑞,失败后追随杨虎城,是杨虎城的两大心腹将领之一。他心思缜密,杨虎城有事喜欢与他商议。

1932年,第十七师扩编为第三十八军,孙蔚如任军长。1936年,获授陆军中将,被视为当时西北军中号召力仅次于杨虎城的二号人物。西安事变中,他任西安戒严司令、抗日联军临时西北军事委员会副主任委员、抗日援绥军第一军团军团长,积极促成西安事变和平解决。

1945年7月,孙蔚如调任第六战区司令长官,授上将衔,获抗战青天白日勋章、美国二战金质自由勋章、首批抗战胜利勋章。日寇投降时,他曾为第六战区受降主官,在武汉接受日本第六方面军投降并全权处理第六战区受降事宜。武汉中山公园内至今还有一座受降碑,碑上镌刻草书铭文:"中华民国卅四年九月十八日,蔚如奉命接受日本第六方面军司令官冈部直三郎大将率二十一万人签降于此——第六战区司令长官孙蔚如题。"

中华人民共和国成立后,孙蔚如历任陕西省副省长,中华人民共和国国防委员会委员,陕西省第一、二届各界人民代表会议协商委员会副主席,陕西省第一、四届政协副主席,民革中央常委,民革陕西省委第一、二、三届主任委员,第五届全国政协委员等职。1979年7月27日病逝于西安,叶剑英、邓小平、徐向前等送花圈志哀。

中条山抗日英雄跳黄河殉国纪念碑

向往光明的赵寿山

赵寿山,清光绪二十年(1894)出生于陕西省户县定舟村北堡。自幼家庭贫苦,深知求学不易,所以刻苦学习、立志报国。1912年入西北大学预科,后转入陕西陆军测量学校。在西北大学预科第一学期时,得到族人赵鹤一的资助。

1924年春,赵寿山加入杨虎城部队。西安事变时,赵寿山参与指挥第十七路军的军事行动。毛泽东曾说:"对十七路军的工作,是统一战线的典范。"西安事变后赵寿山改任第十七师师长。第十七师驻防三原期间,赵寿山向红军支援了大量武器弹药和其他物资,多次受到中国共产党领导人接见。抗日战争爆发后,赵寿山曾亲率官兵与日军血战十五昼夜。1938年夏,赵寿山升任三十八军军长,在中条山坚持抗战达两年半之久。

1940年冬,蒋介石下令调三十八军开赴河南,不久中条山失陷。赵寿山深感国共合作无望,遂于1942年10月经彭德怀介绍加入中国共产党。蒋介石对此可能有所觉察,遂于1943年冬调赵寿山到重庆将官团受训,后又明升暗降,调其到胡宗南控制下的甘肃武威任第三集团军总司令。1946年8月,国民党反动派撤销了赵寿山的总司令职务,以出国考察水利为名调其到南京。在此期间,经董必武等人的精心安排,赵寿山摆脱了国民党特务的监视,乘坐"救济总署"号轮船,辗转上海、天津等地,于1947年3月由河北静海进入解放区,在邯郸受到刘伯承、邓小平、薄一波的热烈欢迎。到陕北后,毛泽东、周恩来给予他很高的评价,并任命他为中国人民解放军

曾是西北大学学生的赵寿山将军

赵寿山战地手札

西安事变期间,任弼时(前左一)、彭德怀(前左二)等红军将领与赵寿山(前左三)等友军将领及地方人士在三原合影

1947年秋,中共西北中央局、陕甘宁边区政府部分领导合影。前排左起:林伯渠、贺龙、赵寿山、习仲勋、张邦英、曹力如;后排左起:王维舟、贾拓夫、杨明轩、马明方、马文瑞、姚警尘

第一野战军副司令员、前委委员。1949年9月,赵寿山任第一届政协全国委员会委员,历任青海省人民政府主席和陕西省省长、中共陕西省委常委、全国人民代表大会常务委员会委员、国防委员会委员等职。1965年6月20日病逝于北京。毛泽东、刘少奇、周恩来、朱德、宋庆龄、林彪、董必武等送花圈志哀。

图说西北大学百廿年历史

陕西法政专门学校与陕源国立西北大学时期（1915—1926）

民国初年，不同时期先后毕业的西北大学校友投身于中国社会剧烈变革之中，参与和亲历了五四运动。1923年，陕源西北大学在吴佩孚的支持下实现国立，罗素的弟子傅铜、世界知名水利学家李仪祉先后任校长。罗常培、汪胡桢、熊庆来、胡小石等在校任教。鲁迅等知名学者来校讲学。吴宓介绍五四时期著名诗人吴芳吉到校任教。西北大学经历了接近八个月的西安围城之难，培养了中共甘肃省委的创建人王孝锡等优秀学生。

陕人如何办西大

张凤翙以西安东大街铺面房租补办学经费

1912年，以张凤翙为首的秦陇复汉军军政府筹组西北大学，校址在西安老关庙什字万寿宫。草创之初，最大的困难就是办学经费。民国元年，军政府财政司接办陕西法政学堂时，每月仅能凑银300两，有时还要拖延。筹办西北大学当日，创设会即向北京政府教育部申请立案，辗转年余，不予批准，1913年冬还派视学袁观澜来校横加指责。迫于无奈，张凤翙都督从拨给陕西兵变善后的救济款（西安起义后，南北议和，毅军前来协助抵抗升允，不料却在北郊哗变，大肆抢劫烧杀，人民生命财产损失严重，故北京政府拨银50万两救济受难百姓）中提取了一部分，作为西北大学的开办经费。

同时，张凤翙改造顺城巷为东大街，从东门到钟楼，沿街修建南北相对的两层砖木结构楼房，并以房租作为西北大学的办学经费。

1913年，汉阴县民张少云捐银2000两资助西北大学办学，有关部门特予褒奖，令西大核收。

然而，好景不长，陆建章督陕时，排除异己，张凤翙部属纷纷离陕。陆建章以西北大学开办经费报销不清和"假学渔利"为由将钱鸿钧校长免职逮捕，年余方被营救出狱。1915年年初，学校被改为公立陕西法政

西安东大街门面房租用于西北大学办学经费

专门学校,移址东厅门,农科被改为农业中学迁至城外西南隅(现西北大学太白校区),预科改为省立第三中学,万寿宫校址和出版部地址拨给省测绘局,报恩寺地址办了小学。陆建章将划归大学受租的东大街铺面房标价出售,卖得的钱装进了自己的腰包。西北大学文科学长、秦陇复汉军军政府财政司司长崔云松对西北大学第一届留日学生不无感慨地说:"吾陕之西北大学,苦学校也;经过之历史,苦历史也;诸君之入校肄业,苦学生也;此次之留学,苦留学也。"

索薪罢教风潮

1915年春,西北大学改为公立陕西法政专门学校,前陕西高等学堂监督周镛等先后任校长,原西北大学的教师郄朝俊、崔云松在校任教,到1922年时有教师39人,学生700人,一切逐渐步入正道。然而,在1920年,爆发了两场索薪罢教潮,却使其备受打击。

事出1920年7月,陈树藩督陕期间,克扣教育经费,致使陕西法政专门学校等校爆发索薪罢教风潮。陈树藩初以暂发大洋两万元来缓和矛盾,答应以后每月发给薪资的一半,作为教职员的伙食,并令各校校长和教育厅长担保。到1920年11月16日,各校经费与教职员薪资仍无下落,陈树藩则以拖、骗应对,遂激起教职员的愤怒,

军阀陈树藩

复在学生支持下爆发第二次索薪罢教潮。各校校长向教育厅辞职,并向刘镇华的省长公署请愿。刘镇华与陈树藩联合镇压索薪罢教者,逮捕6名学生,严刑拷打,甚至使用炮烙酷刑。后来在旅京陕西学生和于右任靖国军的支持下,陈树藩不得不拨付了有限的教育经费,后被驱逐出陕。

设烟卷特税办学

1922年,刘镇华省长从冯玉祥手中接任督军,集政权、军权于一身,以"西北王"自居。在民间的一片呼声中,他为缓和与教育界的矛盾和培植亲信计,开始设立"烟卷

烟卷特税处处长程振基

程振基译著

特税"作为西北大学的办学经费。正如魏野畴所说:"烟卷特税每年征收总额固不止维持一西北大学,其余额即可为刘氏掠去,以填私囊,或增兵招匪,多买枪械,杀戮陕人。此当刘氏熟思审虑举办之理由也。"

在增设新税种的同时,刘镇华又任命程振基为烟卷特税处处长兼西北大学总务处长,统筹税款和办学经费。同时在报纸上宣传,每年烟卷特税可收入40万元,"以此一项巨款办大学,即可保证敷用云云"。程振基(1891—1940),字铸新,安徽婺源(今属江西)人。早年毕业于安徽高等学堂。1912年赴英国格拉斯哥大学、爱丁堡大学留学,1918年获经济学硕士学位。归国后,历任北京大学经济学讲师、国立北京高等师范学校英语部主任兼总务主任、国立北京师范大学秘书兼会计主任、国立北京艺术专门学校英文教授兼事务长、国立武昌商科大学教授等。刘镇华复拨款1万元在北京设办事处,购买图书仪器设备和聘请教师;拨4500元整理陕西法政专门学校旧址为校舍;拨10万元先办预科,等等。1924年1月,刘镇华又通过吴佩孚、曹锟总统获准国立。到1925年,西北大学在校学生已达300余人,其间还邀请鲁迅等来校讲学,一时颇为兴盛。然而,陕西连年的战祸、灾荒使办学日渐艰难。1926年冬,李仪祉校长专赴北京、天津、南京、上海等地筹措办学经费和引泾工款,虽多方设法,但毫无所获,途中又闻西安被围,回陕无望,被困于外地。

杨虎城大洋五百济困

刘镇华被驱逐后卷土重来,西安被围如铁桶,李仪祉校长因战火阻隔无法返校,由刚刚归国的教务长王凤仪代理校长职务。王凤仪因甫自海外归国,与社会生疏,所得无几;守城的"二虎"(李虎臣和杨虎城)之一杨虎城赠予500大洋,用为纸张油炭等费;姬汇伯旅长捐赠西大谷子一担充饥;斋务主任王翰芳自私人处借白米十担,分发维持。华洋义赈会、青年会等慈善团体及慈善家路后甫、民初西大教师康寄遥等私人赈济于学生,使学生得免于死。潘镇、丁明德、魏邦理、金自诠等28名学生,由刘镇华私人补助返回故里。此外,还有一部分学生暂借十里铺附近民居,另一部分被安置于刘镇华镇嵩军师旅团各部。

西安交通内外断绝,豫鄂军兴,影响陇海路交通,大批卷烟遂不能西来,百业停滞,烟卷税空有其名。刘镇华还放火烧了城外10万亩麦田,火烧周余。城内日益困苦,教师生活难以维持,1926年第一季度的教职工工资已无钱发放。11、12月两月校务纯靠借贷维持,艰难竭蹶,不可名状。西大教授多携衣物至"鬼市"求售以糊口。须恺、蔡亮工、闻仲伟、刘养初等教授乔装难民,冒险出城求生。

7月初,城中军队四处搜粮,人民渐多饿死。须恺教授、吴芳吉教授皆曾冒死出城求救,均无果。10月1日晨,西大校门外倒毙饿殍8具,吴芳吉作《出门书所见》哀之,复再次冒险出城,衣物、裤带、眼镜皆被抢

济困西大的杨虎城

劫净尽,仅穿一件单衣,露宿城壕,两日一夜不得饮食,只得再回城中。直到11月27日,冯玉祥部方才解围,西安总计被围7个月零20天(号称"围城八月")。吴芳吉的学生柳潜因饿极暴饮而死,老师写《哭柳潜》祭之。西北大学从此元气大伤,校内空无一人,房廊对空,仅余康有为题写的"国立西北大学"校牌在风中荡悠。

学校积欠教职员工的工资、外债,一直到改为西安中山学院后,才予以解决,仍由烟卷特税办理,不足部分由冯玉祥、于右任所属的国民军联军总司令部补贴。冯玉祥、于右任还通电各地驻军,禁止截收烟卷特税和商税以及教育经费。

参加过五四运动的几位校友

五四运动时期，西北大学改为公立陕西法政专门学校。1919年5月7日，陕西法政专门学校学生群起响应五四运动，举行罢课，组成学生联合会，通电北京，要求"外争国权，内惩国贼"，"力争青岛，营救学生"。5月中旬数次游行示威，高呼"取消二十一条""诛卖国贼曹汝霖、陆宗舆、章宗祥"，并开始抵制日货。省学生联合会会长屈武等赴京请愿，血溅总统府。西北大学另一前身陕西甲种农业学校（今西北大学太白校区）的学生也每十人一组，监督抵制日货。行动持续到6月中旬，直到被陕西军阀陈树藩镇压。另外，有几位校友参加了五四当天在天安门广场的游行示威活动和火烧赵家楼行动。这些校友是：

刘含初（1895—1927），既是西北大学前身的三秦公学的学子，又是西北大学的教师，后来一度出任西安中山学院院长。他于1916年考入北京大学中文系。1919年，在北京参加五四运动，因参与火烧赵

刘含初院长

家楼和痛打章宗祥而被捕，后获释。1920年，与刘天章、李子洲、杨钟健、魏野畴等发起成立陕西旅京学生联合会，创办《秦钟》月刊（次年创立共进社后改为《共进》半月刊）。

1920年，杨钟健在北京大学宿舍书桌前

杨钟健（1897—1979），中央研究院院士。1948年，出任西北大学校长。他于1917年考入北京大学地质系，开始与李大钊、毛泽东、邓中夏等交往并从事革命活动，并与毛泽东有书信往来。其间，他参加了五四当天的游行，并冲入赵家楼，痛打卖国贼。此后一直参加国货维持股、演讲队，直到6月3日全国罢课被捕学生放回。

罗章龙（1896—1995），1938年8月起任西北联合大学、西北大学经济系主任、教授。他于1918年参与发起新民学会，旋入

罗章龙教授

北京大学哲学系。在北京大学上学期间，参加发起马克思主义学说研究会和共产主义小组，为北京大学支部负责人、中国共产党北方区委组织者和领导成员之一，并任中国劳动组合书记部北方部主任。他是1919年五四前夕以北京大学学生会为中心，联合在京其他国立大学学生秘密组织的行动组核心成员之一，也是北京大学学生会负责人之一。五四当天早晨，行动组组织北京八所国立院校数千人在天安门广场集会、游行。当游行至王府井时，罗章龙与另两位学生会负责人易虎、罗汉等密商，将游行队伍引向赵家楼曹汝霖家，随后发生了火烧赵家楼事件。6月3日，罗章龙、罗汉、邓中夏在街头宣传时被捕，与一百多人被关押在北京大学教室内，后获释。

初大告（1898—1987），1948年至1949年曾任西北大学外文系主任、教授。他于1918年8月考入北京高等师范学校英语系。1919年参加五四运动，是五四当天被捕的32名学生之一（与他同时被捕的北京高等师范学校学生还有梁希、张西曼、褚辅成、税西恒、金善宝、涂长望、张雪岩7人，号称"北师八君子"），在民众声援下于5月7日获释。

1919年5月7日，北京高等师范学校师生热烈欢迎5月4日被捕的八勇士返校

中华民国时期学校历任负责人

姓 名	生卒年	籍 贯	学校名称	职 务	任职时间
张凤翔	1881—1958	陕西西安	西北大学	创设会会长	1912.3—?
钱鸿钧	1883—1942	陕西西安	西北大学	校 长	1912.3—1914年冬
宋焕彩			西北大学	校 长	1914年冬—1915年春
周 镛	1875—1931	陕西泾阳	陕西法政专门学校	校 长	1915—1917.1
罗仁博	1882—?	陕西安康	陕西法政专门学校	校 长	1917.1—?
蔡屏藩	1891—1973	陕西渭南	陕西法政专门学校	校 长	1923.1—1924.2
李仪祉	1882—1938	陕西蒲城	陕西省水利道路工程专门学校 国立西北大学	校 长 校 长	1922 1925.5—1925年冬
傅 铜	1886—1970	河南兰考	国立西北大学	校 长	1924.3—1925.5
王凤仪	1882—1938	陕西户县	国立西北大学 西安中山学院 西安中山大学	代理校长 院 长 校 长	1925年冬—1927.3 1927.8—1928.2 1928.2
刘含初	1894—1927	陕西黄陵	西安中山学院	院 长	1927.3—1927.7
惠又光	1884—1927	陕西清涧	西安中山大学	校 长	1927.8
余天休	1896—1969	广东台山	西安中山大学	校 长	1929—1930
延国符	1900—1975	山东广饶	西安中山大学	校 长	
徐诵明	1890—1991	浙江新昌	国立西安临时大学 国立西北联合大学	校常务委员	1937.10—1939.7
李 蒸	1895—1975	河北滦县	国立西安临时大学 国立西北联合大学	校常务委员	1937.10—1939.7
李书田	1900—1988	河北昌黎	国立西安临时大学 国立西北联合大学	校常务委员	1937.10—1938.6
陈剑翛	1896—1953	江西遂川	国立西安临时大学 国立西北联合大学	校常务委员	1937.10—1938.6
胡庶华	1886—1968	湖南攸县	国立西北联合大学 国立西北大学	校常务委员 校 长	1938.7—1939.8 1939.8—1940.8
皮宗石	1887—1967	湖南长沙	国立西北大学	校 长	未到职
陈石珍	1892—1981	江苏江阴	国立西北大学	代理校长	1940.10—1942.3
赖 琏	1900—1983	福建永安	国立西北大学	校 长	1942.5—1944.1
杨宙康	1898—?	湖南长沙	国立西北大学	代理校长	1944.2—1944.7
刘季洪	1904—1989	江苏丰县	国立西北大学	校 长	1944.7—1947.10
马师儒	1888—1963	陕西米脂	国立西北大学	校 长	1947.10—1948.9
杨钟健	1897—1979	陕西华县	国立西北大学	校 长	1948.9—1949.5

少练一团兵,办一个西北大学

军阀刘镇华是一个典型的反复无常之人。他既曾在辛亥革命前夕动员豫西王天纵率领刀客,投靠和参与张凤翙领导的陕西秦陇复汉军政府东路保卫战,也曾在"二次革命"中杀害黄兴使陕的信使,投靠袁世凯。袁世凯死后又投靠皖系军阀段祺瑞、陈树藩,做了陕西省省长,皖系战败后又出卖陈树藩投靠曹锟、吴佩孚及其陕西督军阎相文。阎相文死后又投靠新的陕西督军冯玉祥,并拜为弟兄。1922年4月,直奉战争爆发后,冯玉祥奉命东征,刘镇华遂任陕西省督军。

这一时期,他在陕西省督军任上却也做了一件好事,那就是于1923年恢复重建了西北大学,并使之成为国立。

五四运动之后,新文化思想在全国传播,各省也随之创办了不少新的大学。由于在"驱逐刘镇华"运动中与陕西籍各地大学生以及陕西人民结下的反弹镇压的死结,刘镇华急于改变在陕西人心目中的形象。

1922年,恰逢陕西省教育厅学监段绍岩出国考察教育归来向他汇报。刘镇华遂问:"办一个大学需要多少钱?"段绍岩即将国内各省办大学的情况俱告。刘镇华听后随口而出:"少练一团兵,就可以办一所大

刘镇华督军

学,这有何难!"

1923年,刘镇华开始筹集办学经费,为此专门设立"烟卷特税",命程振基兼任陕西省烟卷特税处处长(后同时兼西北大学总务长)。同年8月正式成立西北大学筹备处,分电甘肃、新疆两省同意,专派省议会议长吴晓川赴兰州具体商议合办事宜。同时,聘请当时在北京大学的傅铜任筹备处处长,陕西法政专门学校校长蔡江澄、省教育厅段绍岩、省长公署秘书张辛南等参与筹备。8月20日发布《西北大学组织大纲》。

然而,甘肃教职员联合会却提出异议,

康有为与其题写的"国立西北大学"校名

要在兰州抢办西北大学,并在陕西代表未出席的情况下,在全国教联会上作出了有利于甘肃的决议。刘镇华不甘心就此失信于陕西人,提出"民国肇兴,前陕西都督张凤翙得甘肃、新疆两省同意曾设西北大学于西安""西安为西北政治、经济、文化、交通中心""陇海铁路已修至陕州(河南陕县),聘请名师购买图书仪器均较方便""西安已设西北大学筹备处"等理由,加快了西北大学的筹备。

1924年3月国立西北大学正式开学,傅铜任校长,时设文学院、社会科学院、自然科学院、应用科学院四院。

这就是刘镇华在陕所做的唯一一件好事。

抗战胜利后,刘镇华自城固移居开封,1948年7月迁居上海。1949年,去台湾,1956年11月18日(一说1952年3月,另说1955年11月18日)在台北家中病逝。

1924年国立西北大学文科设在城内报恩寺街南教场

罗素的弟子——西北大学校长傅铜

人们过去对傅铜所知甚少,仅提及的只言片语也大多是负面的,诸如"自诩为罗素(Bertrand Russell,1872—1970)弟子",鲁迅讲学时的一些报道有揶揄的、有讽刺的,陕西旅京学生刊物《共进》的报道也很负面。在今天看来,这些说法过于偏颇,并不符合史实,傅铜的确是英国大哲学家罗素的弟子。他是中国最早学习西方哲学的留学生,最早参加国际哲学学术会议,于1921年创办中国最早的哲学社团——哲学社,并创刊中国第一份哲学杂志——《哲学》,他还将西方数理哲学首次引入中国。

傅铜校长

傅铜,字佩青,河南兰封(今兰考)人,生于清光绪十二年(1886)。13岁中秀才。光绪三十一年(1905)官费赴日留学,先后毕业于东京巢鸭宏学院、东洋大学哲学伦理系。1913年,致信罗素并得到回信,遂转赴英国留学,先入牛津大学,再入伯明翰大学,1917年,获硕士学位,师从罗素研究数理哲学。再赴日本,入东洋大学学习。归国后,历任北京师范大学、北京女子大学、中国大学哲学教授,河南大学文学院院长、安徽大学校长、北平大学法学院及女子师范学院哲学讲师,私立中法大学社会科学院讲师,私立中国学院教授等职。

傅铜校长与妻儿

英国哲学家罗素

傅铜创刊的中国第一份哲学杂志

傅铜回国时已年过三十，经天津名流严修（1860—1929，字范孙）先生做媒，与毕业于天津女子师范学校的韩升华女士结婚。韩升华与清华学校校长梅贻琦的夫人是亲姊妹，虽非孪生，面貌酷似，因此常常有人将"梅夫人"和"傅太太"混淆。

1920年，因反对资本主义和反战而备受英国政府冷落甚至判刑半年的罗素应邀来华，傅铜遂陪同其到各地讲演兼翻译。之后，傅铜应蔡元培之聘到北京大学任教。

1923年8月，国立西北大学筹备处成立，与刘镇华同乡的傅铜任处长。1924年1月，北洋政府正式批准西北大学立案，并于1924年5月8日，任命傅铜为国立西北大学校长。1925年3月，国民军胡景翼赶刘镇华出陕，傅铜随之离开。

1937年抗日战争爆发，傅铜在北平正拟南下赴中山大学和云南大学之聘约时，被敌伪逮捕，后以不离北平为保证而被保释。傅铜特意留蓬头垢面照作为国耻纪念，遂蜗居北平八年，任具有一定独立性的私立中国大学哲学系主任、研究生院副院长，坚辞不任一家日伪学院的院长。抗战胜利后，傅铜参加了中国民主同盟北平地下组织，一度主持支部工作。中华人民共和国成立后，他被聘为中国科学院哲学研究所特约研究员和中央文史馆馆员。1949年，在东北人民革命大学学习，为首届毕业生，后在北京民盟总部工作。1970年5月29日，在北京逝世。

1923年国立西北大学再建与改办时期部分著名教授

胡小石(1888—1962),江苏南京人。古文字学家、历史学家。1924年被聘为国立西北大学国文系教授。

程振基(1891—1940),江西婺源人。在英国获经济学硕士学位。1924年任国立西北大学总务长。

郝耀东(1891—1969),陕西长安人。教育家。1925年任国立西北大学教授兼学生指导员。

蔡屏藩(1891—1973),陕西渭南人。1923年担任国立西北大学筹备主任,后任法科专门部主任。

熊庆来(1893—1969),云南弥勒人。数学家。1924年被聘为国立西北大学数学系教授、主任。

吴芳吉(1896—1932),重庆江津人。著名诗人。国立西北大学教授。

汪胡桢(1897—1989),浙江嘉兴人。水利工程学家。1924年被聘为国立西北大学工科教授。

罗常培(1899—1958),北京人。我国现代语言学奠基人。国立西北大学国文教授兼国文专修科主任。

须　恺(1900—1970),江苏无锡人。水利工程学家、教育家。国立西北大学教授。

1924年举办暑期学校

1924年夏，国立西北大学和陕西省教育厅合办了一期暑期学校，邀请了北京、天津、南京三地的知名学者来西安讲学，前后近20天，是20世纪20年代陕西文教界一大盛事，至今为人津津乐道。此前的1923年7月，西北大学再次筹建期间，校长傅铜已邀请过朱希祖、王星拱、陈大齐、徐旭生及美籍学者柯乐文来陕作讲演。这次暑期学校规模更大、时间延长、讲演人增多，且与省教育厅合办。听讲者除西北大学师生以外，还有全省各县中小学教师，因而影响更大。暑期学校通过沿海文化发达地区学者的讲演，把五四运动以来兴起的新思想、新学说深入传播到陕西全省。

鲁迅先生

暑期学校于1924年7月20日开学，来陕演讲学者，北京有王桐龄、李顺卿、夏元瑮以及后来成为伟大文学家的鲁迅先生（当时兼任北京大学讲师、《呐喊》已出版，

1924年8月鲁迅讲学期间为陕西易俗社十二周年而题（王桐龄、陈定谟、刘文海、陈中凡、周作人、孙伏园、李顺卿、王小隐、夏元瑮　同颂）

陕西报章称其为小说大家周树人),天津有陈定谟、李济、蒋廷黻,南京有陈钟凡、刘文海。前来采访的孙伏园、王小隐也各作了一次讲演。

这次暑期学校成绩显著,影响深远。特别是鲁迅《中国小说的历史的变迁》的讲演,听众几十年后回忆起来,仍觉得收获巨大,对鲁迅充满感激之情。讲演记录整理后,铅印成《暑期学校讲演集》两册,西北大学校长傅铜、陕西省教育厅厅长马步云均有序言。鲁迅当时的讲稿现已收入《鲁迅全集》。

暑期学校讲演集

前来暑期学校讲学的部分著名学者

王桐龄(1878—1953),河北任丘人。历史学家。

夏元瑮(1884—1944),浙江杭州人。物理学家、教育家。

蒋廷黻(1895—1965),湖南宝庆人。历史学家、外交家。

陈钟凡(1888—1982),江苏盐城人。古典文学家。

孙伏园(1894—1966),浙江绍兴人。现代散文作家。

王小隐(1895—1946),山东费县人。著名报人。

国立西北大学历史上第一次校庆

陕源西北大学虽然肇始于清光绪二十八年(1902)的陕西大学堂,但时移世易,多元演化,第一次校庆却是在1925年。《天津益世报》1925年2月1日第七版以《西北大学之周年纪念会》为题对陕源国立西北大学历史上的第一次校庆作了报道,给我们了解这次校庆留下了宝贵史料。

这次校庆自1924年1月1日国立西北大学成立算起,到1925年1月1日为一周年。时任校长傅铜。校庆活动自1924年12月开始筹备,先期出版了《国立西北大学一周年纪念特刊》。是日上午九时,校园高搭彩楼五座,国旗飘扬,灯笼满园。纪念会在学校大礼堂举行,到会者数百人。校长傅铜和工科主任李仪祉门迎嘉宾至礼堂就坐;教务长吴小朋、斋务主任张鹤侣召集身着制服的学生鱼贯而入。首由蔡江澄宣布开会,奏乐、唱国歌、向国旗行礼;再由傅铜校长致开幕词;复由省长代表李翰庭致词;次由宋聚五、康寄遥、李仪祉致词;最后在礼堂外全体合影留念。会议至上午11点。下午4点,学生俱乐部又在大礼堂开办游艺会。自前门至礼堂皆有招待员款接,赠送来宾《国立西北大学一周年特刊》、会序、演出剧目说明、出题测验社会心理等。晚会演出至晚9点闭幕,男女来宾约1500余人,

傅铜校长

工科主任李仪祉教授

《天津益世报》1925年2月1日第七版《西北大学之周年纪念会》

演出了《群盲》《英雄与美人》《爱国贼》等剧目，"礼堂不复能容，环礼堂而观者，又踵相接"，"可谓一时之盛会也"。

傅铜致词指出："本校自前年九月间筹备"，"学生共二百六十余人，以陕西省为最多"，"开办以来共用大洋十三万余元"。

李翰庭代为宣读的刘镇华省长的致词指出："大学纲领，明德新民，易主变易，盛德日新，基以崇峻，业以勤精""光起西北，械朴作人，椎轮伊始，美奂未臻，济济多士，敬业乐群""勿封故步，勿掷分阴，终始兴学，努力三春""鄙人不学""勉成盛举""期望弥殷"。

宋聚五勉励学生："诸君在求学之年，正宜充实培养一己之道德，具备挽救国家之宏愿，庶他日入社会有以转移国内之人心。"

李仪祉的致词述及"西北大学于民国初年时，曾经建立……此次黉宫重开"，"愿诸君奋志进修，务养成纯正之道德洗从前之学风，而挽救中国之厄运"，"养成高尚纯洁之道德与干济时艰之才略，尽改造社会人心风俗之责任，使国民皆成健全分子，国家得尽量发达"，"希冀本校此后有相当之发展，成为发达国家文化、人民事业之策源地，不愧为最高之学府"。

希望"西北国学仍赓弦诵之声"

1924年,北京政变后,段祺瑞执政。陕西督军刘镇华所部憨玉琨与督豫的胡景翼爆发了"胡憨之战"。刘镇华在率军离开西安到豫西督战前,将陕西军政交给吴新田(1876—1955)暂为"照料"。后来,刘镇华在豫西战败,只身逃往山西投靠阎锡山,段祺瑞政府于1925年4月30日正式任命吴新田为陕西军务督办。就在"照料"与正式任命之间,吴新田拟取消西北大学。

为此,西北大学全体学生遂致函要求保留西北大学,希望"西北国学仍赓弦诵之声",并在1925年4月16日的《天津益世报》上发表全文。迫于舆论压力和社会各界的意见,加上击败刘镇华的国民军第二军已逼近陕西,吴新田于7月15日潜回汉中,故使西北大学暂得保全,学生的抗争取得胜利。其信全文如下:

生等素仰钧座驻节汉中时,即以提倡教育为怀,自照料军民两政以来,闾阎安堵、众望喁喁,行将百政维新,与民更始,安忍遽绝弦诵,有违初衷,生等三百同学,千里负籍,一旦校务停顿,既牺牲可贵之光阴,复抛掷一年之成绩,况道路梗阻,返里无术,汇兑停滞,资斧匮绝,进退难为,啼笑皆非,将来回里,何颜以对父兄亲朋。凡属仁人,常无不怜生等之遇,怜生等之情,矧钧座素以奖掖后进,提倡教育为心者,再四思维,惟有吁恳钧署,念西北文化之重要,学校成立之艰难,推提倡教育之至意,怜悯学子之仁心,请立即收回成命,俾西北国学仍赓弦诵之声,莘莘学子,无废学咕哔之苦,无任屏营待命之至。谨呈。国立西北大学全体学生 叩。

军阀吴新田

1925年4月16日《天津益世报》发表的国立西北大学生给吴新田的信

李仪祉成"神"

李仪祉(1882—1938)是中国近代水利建设事业的奠基者,号称"当代大禹"。在陕西洋县的庙宇中,他已经转化为"神"。有人认为,20世纪二三十年代全世界只有两个半水利学家,一个在德国,一个在中国,半个在日本,而李仪祉就是中国的那个水利大师。

李仪祉早年曾在西北大学前身之一——三秦公学留学预备科任教。他是西北大学工科的创始人。1922年,他在原水利道路技术传习所的基础上创办水利道路专门学校,该校于1924年归入国立西北大学工科后,由他亲任主任。由此,西北大学,乃至我国西北地区首次有了工科高等教育——水利工程与道路工程教育。1924年暑期鲁迅到西北大学讲学期间,他也同时作了专题讲演。1925年5月至1927年1月18日,李仪祉任国立西北大学校长(1925年冬至1927年1月18日李仪祉在南京期间由王凤仪代理西北大学校长)。抗日战争爆发后,李仪祉加入陕西抗敌后援会,兼任西安临时大学工学院土木工程系名誉教授,曾于1937年12月应西

李仪祉校长

李仪祉手迹《论德国堵塞决口法》

李仪祉著作

泾惠渠水利枢纽

1932年,杨虎城、李仪祉与外国专家视察泾惠渠水利工程途中留影

位于陕西泾阳县社树堡泾惠渠两仪闸旁的李仪祉陵园,即便在"文革"那样的年代,其香火亦从未中断

安临时大学之邀在大礼堂(今西北大学太白校区大礼堂)做题为《抗战力量》的讲演。

李仪祉病逝前仍请水利局向西安临时大学请假。在1938年3月7日他逝世前一天的"国立西安临时大学授课时间表"中,周四下午4:00—4:50和5:00—5:50,还排有他的"水工学"课。1938年5月9日,西安临大常委会还致函李仪祉家属李赋林(陕西水利局)到校领取其代课车马费,并加送车马费,两项共计250元,经家属同意设立"国立西北联合大学水利工程教授李仪祉先生纪念基金","转款存储中央银行南郑办事处,年息八厘,每年利息贰拾元,作为奖励水利工程最优毕业论文之用"。至1940年9月2日,再充入联大工学院测勘五门堰补助款397.34元(到院收账340.29元,联大应移交部分57.05元。两项总计647.34元)。经征求李仪祉侄子李赋林意见,按李仪祉遗愿,并经西北联大常务委员会和西北联大工学院水利系周泽书教授面商,以此款存入南郑中央银行,设立"西北联合大学工学院水利工程学名誉教授李仪祉先生纪念基金",以年息专门奖励水利系毕业论文奖,每年2人,每人20元。因在南郑中央银行所留为西北联大李书田常委的印鉴,故致函已经远在国立西康技艺专科学校的李书田校长索要印鉴,以便继续取息发放奖金。

李仪祉青年时代就立志振兴中华水利事业,留学归国后负责过许多水利工程。他

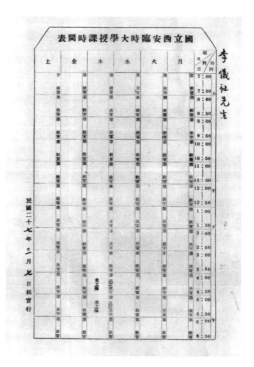

1938年3月7日,李仪祉逝世前一天使用的国立西安临时大学工学院授课时间表

东北大学聘李仪祉为工学院教授主讲西北水利(见《东北大学校刊》1936年第2期);张学良校长感谢李仪祉为东北大学工学院"却酬讲学"

将现代水利科学知识和中国传统的水利科学技术结合起来,倡导科学治水。他对桑梓水利特别关心,曾致力于关中地区的灌溉事业,主持建设了陕西著名的"八惠渠"(其中一半在其生前建成),受益农田在1948年时即已达到330万亩,是旧中国水利建设史上罕见的成就。

据其学生、当年西安围城期间毕业的西北大学工科"十八学士"之一陈靖回忆:一次李仪祉驱车前往泾惠渠施工现场视察,途中遭遇土匪拦截。土匪正要实施抢劫之时,听说这是修泾惠渠的总头头李仪祉,遂马上放

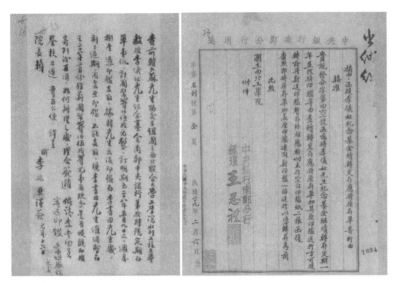

西北联合大学工学院水利工程学名誉教授李仪祉先生纪念基金文档

李仪祉与家人合影(1930年,左起李赋洋、张孟淑、李赋宁、李仪祉)

行。原来,泾惠渠兴工正值陕西大年馑之后,李仪祉实施"以工代赈",招募大量饥民凿渠,既救济了灾民,又保障了凿渠用工,可谓一举两得,自然受到民众拥护,就连土匪亦敬其三分。正如水利部原部长钱正英在纪念李仪祉诞辰一百周年大会上所讲的:"像李先生这样对我国水利问题探讨研究之深、涉及范围之广,在近代还是少见的。"

李仪祉次子李赋洋(1920—1979),1939年入国立西北大学理学院生物学系(与物理学系张庆嵩、地质地理系田在艺同级入学),1943年毕业。

"国立西北五校"时期,国立西北农学院与国立西北大学保持着密切联系。1941年2月27日,因西大生物系研究动物育种及繁殖需用小白鼠及荷兰猪,即派国立西北大学理学院生物系学生李赋洋前往联系惠赠事宜。

李仪祉向来清正廉洁,绝不徇私情。在李赋洋12岁那年,有一次发高烧,烧到四十度,家里着急打来电话求助。正在省水利局办公的李仪祉,叫来侄子李赋林,拿出两块大洋,让他赶紧乘坐"洋车"(两轮人力车)回家带李赋洋去医院看急诊,就是不肯动用就停在水利局机关大院里的公车。李赋洋也是个出名的孝子,兄弟二人感情甚笃,因为兄长李赋宁常年不在家,故主动承担起侍奉母亲的责任。

李仪祉这样的人物,在去世仅70年之后就被老百姓供起来,成了庙堂中的一尊"龙王",说明科学家只要为民除灾兴利,就会永远活在老百姓心中,成为民间的"神"。

师从杜威的唐得源

唐得源(1903—1992),祖籍山东淄川,祖上与蒲松龄为友,后移居西安。1925年,入清华学校大学部教育心理学系。此时,李仪祉在清华大学兼任教授,一次接见陕西同乡后学时,见唐得源聪明好学,为人厚道,即有意将在中法大学读书的小妹李文祉介绍给唐得源,终在校未毕业期间二人结婚。西安围城期间,应仍在北京,1926年11月12日,吴宓曾请其代投信函。1929年,回到西安,任西安平民教育促进会干事,陕西省民众教育馆第一任馆长,西安高中校长。在西安高中任内,受李仪祉委托,具体办理附设于高中的陕西水利工程专科预备班,1934年虽并入"农专",但因校舍尚未完成,故一直管理到1935年迁武功为止。1936年,唐得源公派赴美留学,入哥伦

唐得源(右一)、李文祉(右三)夫妇与子女(唐欣先生珍藏)

美国著名哲学家、教育家、心理学家约翰·杜威

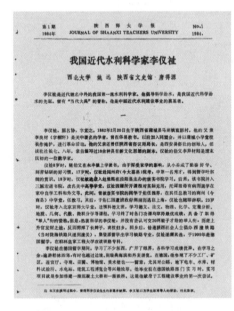

唐得源、姚远合作的论文,发表于《陕西师范大学学报(自然科学版)》1984年1期

比亚大学教育学院,受业于著名教育家杜威和教学法的发明者克伯屈教授,两年后获文学硕士学位回国。回国后,历任陕西省教育厅科长,国立西北大学、国立西北师范学院教授,曾被聘为部聘教授,曾一度在重庆"教育部"朱家骅部长任内做机关工作。1942年后,历任中国国民党中央组织部科长,陕西省党部委员兼组训处处长。1944年,先后任国立西北农学院训导主任、总务长、代理院长。他晚年随小女在西安话剧院居住。1979年,任陕西省人民政府参事,妻子李文祉任陕西省文史研究馆馆员。20世纪80年代,被陕西教育学院聘为名誉教授。1992年3月14日病逝于西安,三年后妻子李文祉亦病逝于西安。

唐得源是个书生气十足的学者。一次,曾与几位教授去胡宗南家做客,胡宗南亲至门口迎接,唐得源看其身着便衣、小小个子、一脸谦恭的样子,还以为是个看门的招待员,便问"胡先生出去了吗?"胡宗南答:"我就是!我本是个小学教员出身,诸位都是大学教授,望多指教",弄得唐得源满面的尴尬。然而,他就任"西农"院长后,也表现出了高远的抱负,他提出:本院"为全国唯一独立之农学院,可与其他国家之农业大学媲美而无愧","应成为全国最完善之农业学府"。他提出的"西农"应有"农夫之身手"和"以拓荒为己任,为农民作导师"的说法,常为人们论及农业院校培养目标和服务社会的职责时所津津乐道。

熊庆来创办数学系

熊庆来（1893—1969），字迪之，云南弥勒人，是最早将近代数学引入中国的数学家之一，他也是中国近代数学研究和教育的开拓者和奠基人之一，被公认为"中国近代数学的先驱"。熊庆来曾说："大学的重要，不在其存在，而在其学术之生命与精神。"在这一理念的引导下，他创办了中国多个大学的数学系。

先后就读于法国格伦诺布尔大学和蒙彼利埃大学的熊庆来，获得理学硕士学位后，于1921年回国执教于东南大学，并创建了东南大学算学系。1925年秋，国立西北大学校长李仪祉聘熊庆来任西北大学教授，完善基础学科专业教育，遂创办了西北大学数学系。之后他又参与筹办清华学校算学系。

1937—1949年，他出任云南大学校长，创办了云南大学数学系，并使云南大学的学科门类和教学科研水平得到极大的发展。其间，1932年，熊庆来赴瑞士苏黎世出席国际数学会议，后转往巴黎，专攻函数论，获得法国国家理科博士学位。他在数学研究方面的重要贡献是定义了一个"无穷级函数"，国际上称为"熊氏无穷数"。

熊庆来教授

在教育界，熊庆来与华罗庚的故事最令人津津乐道。1930年，时任清华大学算学系主任的熊庆来在《科学》杂志上看到华罗庚发表的论文《苏家驹之代数的五次方程式解法不能成立的理由》，遂邀请只有初中文化程度的华罗庚至清华大学担任算学系助理员。华罗庚在清华大学边工作，边旁听课程，努力进修，最终成为世界著名的数学家。不仅仅是华罗庚，严济慈、赵忠尧、钱三强、赵九章、陈省身、许宝禄、庄圻泰等驰名中外的大科学家都是熊庆来的学生。

熊庆来手迹

受命于危难的王凤仪代校长

王凤仪(1887—1938),字来庭,陕西户县人。清末秀才,废除科举制度后,曾留学于德国、法国、瑞士等国,精通英、法、德三种语言。

王凤仪很早即与西北大学有关。1913年,他与田仲玉、宋元恺、焦子静、李仪祉等人发起创立三秦公学。1914年,三秦公学并入西北大学。1924年,王凤仪自法国留学回国,任国立西北大学政治经济科教授,后任该科主任,主讲财政学、外交史、国际公法和法文等课。李仪祉任校长期间,被聘为教务长。1925年冬,李仪祉为学校办学经费奔波京城,多方求助无果,又因战乱无法返陕。自此,王凤仪代理校长一职。王凤仪可谓是在艰难时期维持学校的运转。然而更艰难的是西安围城时期。

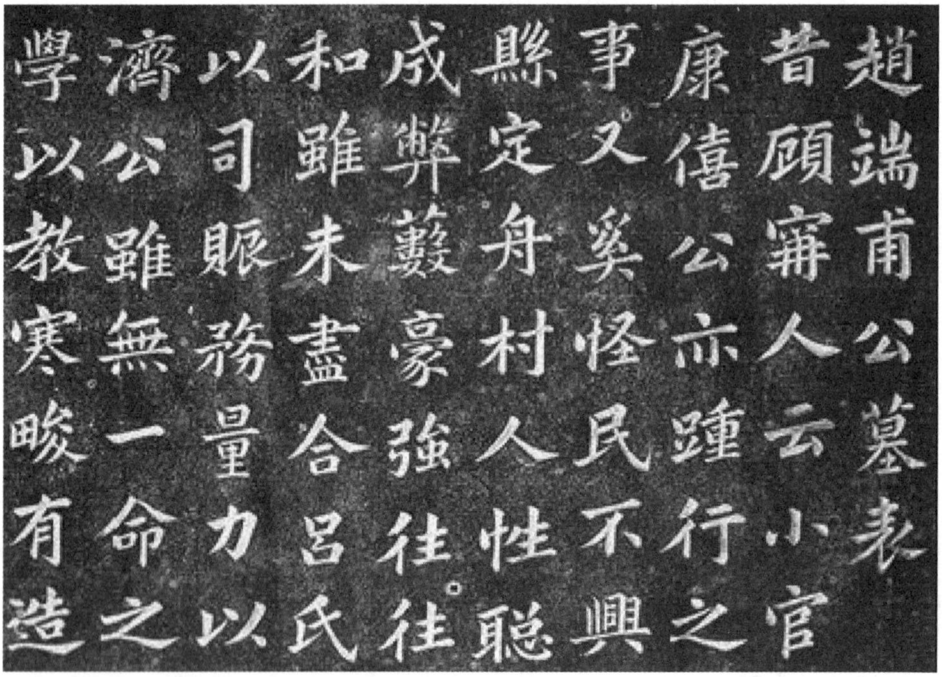

王凤仪丹书立于民国二十五年(1936)的"赵端甫公墓表"石碑(局部)。原表文楷书453字,用笔刚劲峻拔,笔画方润厚重,字体严谨工整,结构稳健平实,气韵文如其人。赵端甫是王凤仪的同乡好友、西北军将领赵寿山的父亲

1926年4月12日,被陕西军民驱逐出陕的军阀刘镇华为重新夺回对陕西的控制权,率十万镇嵩军进逼西安,与守城军民对垒,开始了近8个月的围城之战。西北大学师生与城内军民一起,遭受了无法想象的饥饿灾难。城内百姓掘鼠罗雀,吃尽草根树皮。其间,学校于战火中的端午节,举行了屈原纪念会;吴芳吉教授组织了"围城读书会";针对暑期不能回家的学生,还组织成立了"暑期学校";校学生会主席、中国文学科学生王孝锡等还组织学生,发动群众,积极加入反围城战争。学校将所有能吃的动物、植物及至皮革制品、药材、油渣等都搜罗殆尽。作为代理校长,王凤仪率领学校学生坚守校园,在一驻军旅长的大力支持下,尽力扩大食源,以维持师生之基本生存。工科的18名学士就是在围城期间的8月毕业的。

1927年,于右任主持陕政,以西北大学所有校产经费为基础,委任王凤仪与李寿亭、赵葆华、刘含初、李子洲五人为收束西北大学筹办中山学院委员会委员。

1928年,王凤仪离陕赴京,担任北平大学区高等教育处处长。抗战时期的1938年,王凤仪任北平中法大学孚尔德学院院长,一人长期居住公寓,不料意外触电身亡。

1926年西安围城纪念——革命亭(位于今西安市革命公园)

吴芳吉爬出围城复折回

吴芳吉教授

1929年初版的《白屋吴生诗稿》

"天愁地暗,美洲在哪边?剩一身颠连,不如你守门的玉兔儿犬。残阳又晚,夫心不回转……"如今上了年纪的老人,还经常吟起吴芳吉代表作《婉容词》中凄婉的诗句。1919年,这首诗给吴芳吉带来了极高的声誉,使他成为全国闻名的诗人。

1925年,成名后的吴芳吉辗转来到西安,在西北大学任教授。1926年4月,刘镇华以10万军队围攻西安,时虽战火纷飞,西北大学仍坚持上课。5月,吴芳吉与学校文科师生在战火中为屈原举行纪念会,不料10天之后,学校便因战火停课,吴芳吉组织"围城读书会",每日为学生补习两小时课程。同年7月,西安局势日益恶化,短短两月后,全城饿死者已有500人之多,吴芳吉师生20多人冒险出城,却被土匪洗劫,连他的近视眼镜和皮带也未能幸免,无奈复折回城。其后,他饥饿难耐,再次出城,潜于城壕,然城外10万亩麦田被围城的刘镇华镇嵩军烧得一干二净,只好再次折回。吴芳吉回到学校,当即提笔,写下了以下令人啼笑皆非的诗句:"宁遭贼,勿遭兵,贼来挺身御,兵来死吞声。"

同年冬,西安解围。一年后,吴芳吉返回四川老家,并在成都度过了一段安逸的教书育人生活,这是他短暂的生命中最后的闲适。1932年,身在成都心系抗战前线的吴芳吉应邀到重庆,当街演讲,慷慨激昂,声泪俱下。同年5月初,吴芳吉又到江津参加集会,在会上朗诵《巴人歌》,因为感情过于激动,突然昏倒在台上,去世时年仅36岁。

柳潜之死

柳潜,字慕陶,清光绪三十二年(1906)生于甘肃静宁县城西关。其父柳绳五,为清末秀才,待赠儒士,也是地方名医,长于风寒治疗,著有《风寒杂症辨析》等,惜已佚。柳潜为其长子,16岁即撰家谱,有一子,名国立,婚后早逝于肺痨;一女,名国玺,其夫为最后一任天水国民党党部书记,中华人民共和国成立后为甘肃省民革常委。

柳潜约于婚后数年的1924年3月考取国立西北大学国学专修科,成为该科主任、著名诗人吴芳吉教授的得意门生。柳潜曾随师学习中国文学史、诗文选读、文学等课程,尤喜屈原、李白、杜甫、白居易、陆游、丘逢甲等人的作品,学习刻苦,成绩优异,且姓与师之字"碧柳"同,故颇为师所注意。在1926年4月至11月长达近8个月的西安围城期间,军阀刘镇华放火点燃城外10万亩麦田,城内人民多有饿死者,西北大学师生更是苦不堪言,教授多携衣物至"鬼市"求售以糊口,师生杀马煮草,掘鼠捕雀而食,学校操场、图书馆后院的青草、野菜均成救命食物,被采掘殆尽,仅10月1日在西北大学门外就有8具饿殍。吴芳吉冒死出城又被迫返回,拟与学生柳潜同至校礼堂端坐而死。

1926年11月27日,西北军冯玉祥部第一军总指挥孙良诚率回族骑兵万人攻入西安,被困7个月零20天的西安得以解围。可怜的柳潜在解围后因久饿遽食而暴死。其师吴芳吉痛哭不已,作诗《哭柳潜》三首吊之。

2010年11月4日,柳潜的堂弟柳恒生先生到访西北大学。我们由此知道了柳潜校友不为人知的一些家事。柳潜家人也由此知道了柳潜暴毙的准确时间,消除了以为柳潜是博士和西北大学教师的误解。

今西安革命公园内埋葬围城中死难者的墓冢

围城中毕业的"十八学士"

李仪祉与其学生参加第六次泾惠渠水老会议合影

李仪祉先生任西北大学校长时，将其所创陕西水利道路专门学校并入西北大学，成为西北大学工科的开端。这个工科初招学生五六十名，淘汰率极高，到 1926 年在西安围城中毕业时，仅余 18 名学生。

西北大学自诞生之日起，秉性之中即有艰苦创业、自强不息的基因。1926 年，河南军阀刘镇华率军围困西安城近八个月，西安军民弹尽粮绝，饿殍横陈。西北大学困苦不堪，师生于绝境之处，仍坚持办学。教师们晚上还开窗让学生交作业，后半夜在灯下改作业。学生们学习也很刻苦，据"十八学士"之一陈靖回忆说："一些主要课程，如《平面测量学》《灌溉工程设计》《物理》《水力学》都使用的是外文课本。""学校的课程进行得十分紧张认真，晚上 12 点以前入睡者很少，早饭多是羊肉煮馍馆派人送到学生房里吃。""当时，一些人认为学校不过是泥瓦匠行当，有何出息。不想刚过一年，我们就学完了温德华氏（Wentworth，1835—1906）代数。西安其他学校的学生很吃惊，争着要借我们的练习题本作参考，辗转互用，我们许多练习题本都寻不回来了。"在如此艰难困苦之际，工科水利道路工程班 18 名学生于当年毕业，被誉为"西北大学十八学士"。这些学生在李仪祉领导兴建的关中水利工程、西汉公路、汉白公路以及青铜峡等西北基础设施建设中大多成为创始人或骨干。

百年发展历程铸就了西北大学精神，淬炼出"公诚勤朴"的校训。在艰苦创业、自强不息精神的激励之下，西北大学历经坎坷却总奋然前行，几临困境却总闯过难关，数遭磨难却总到达彼岸。

1926年6月国立西北大学工科毕业的"十八学士"简介

姓　名	字号或曾用名	籍　贯	简要事迹
李应良	原名培基,字子善,化名银莲	陕西西安人	1925年冬在校期间,由吴化之介绍加入中国共产党,中共陕甘区委派往北京给李大钊送信时被捕,于1927年4月28日在京与李大钊一起遇难
陈　靖	字颖溥	陕西泾阳人	1925年在校期间,由孟芳洲介绍加入中国共产党,大革命失败后脱党。曾任华北水利委员会工程员、渭北水利工程处工程主任兼定线测量队队长、汉南水利管理局局长、陕北水利工程处主任工程师兼副处长、西北水利部工程师兼科长、宁夏黄河青铜峡灌溉工程协测处工程师兼副处长等
负德遥	又名明新	陕西渭南人	共产党员,曾任泾惠渠主任工程师、眉惠渠管理局工长,1934年病故
吕金旺	字云秋	河南巩县人	任南京市工务局工程师,陕西省建设厅咸榆路工程师,1935年病故
王遇道		陕西兴平人	不详
杨　侯		陕西韩城人	曾任韩城中学教员,1982年以前病故
杨炳堃	字厚山	陕西韩城人	曾任华北水利委员会工程员、汉南水路管理局局长、汉白路总工程师、西北水利部工程师等
管　纯	字天一	陕西盩厔人	曾任汉白公路工程师、建筑工程师等

(续表)

姓　名	字号或曾用名	籍　贯	简要事迹
孙增荣	曾用名耀卿,耀青	河南巩县人	曾任南京市工务局工程师、陕西省公路局副局长兼总工程师。1950年到青海高原,任工程处总工程师。1951年起历任青海省交通处副处长、处长,交通厅厅长兼总工程师,第三届中国土木工程学会理事,青海省人民委员会委员,青海省人大代表,青海省政协委员,省政协第四、五届副主席,第三届全国人大代表,全国政协委员
常　均	字平若	陕西蒲城人	不详
张嘉瑞	字辑五	陕西西安人	曾任华北水利委员会工程员、陕西水利局工程师。1940年任汉南水利管理局主任,后为汉南水路管理局局长。在《陕西水利》发表有《泾、渭、洛三水之鸟瞰》等论文
王冀鉌	字仲旳	陕西临潼人	曾任西安市政府工程员、陕西省水利局工程师兼科长、陕西协测设计院工程师兼科长
周克哲	字子明	陕西临潼人	曾任西安市政府工程员、陕西公路局工程师
傅　健	字健哉	陕西蒲城人	陕西省建设厅技士、陕西省水利局测量队队长、眉惠渠管理局局长、陕西省水利局管理处处长等。在《陕西水利》等刊发表有《渭河上游概况》《洛河下游概况》等论文
傅　玺	字悦笙	陕西蒲城人	曾任陕西省建设厅技士、汉白路工程师、新疆乌鲁木齐市工务局局长等
李应泰	字静庵	陕西渭南人	陕西省水利局陕北科工程处副工程师、宁夏水利局工程师
张　晔	字介臣	陕西宝鸡人	曾任陕西省建设厅技士、汉白路工程师。1982年以前病故
洪益美	字玉山	陕西长安人	曾任陕西建设厅技士。1982年以前已故

播火秦陇的王孝锡烈士

"慷慨歌太平,从容作楚囚。暴刀逞一快,何惜少年头。"这是革命烈士王孝锡被捕时题写的一首诗。他是西北大学早期学生,在校入党,结业离校,后成为秦陇地区筚路蓝缕的革命拓荒者、播火人。

1924年年初,西北大学恢复招生,刚从平凉省立二中毕业的王孝锡奔赴兰州报名应考,被录取为官费生(每年120两银,旅费26两银)。经数日跋涉,王孝锡于1924年4月1日抵达西安,入校报到注册。注册后,他被分配到学校东寄宿舍14号,对门有自修室,每人一桌。学校教学管理甚严,所授课程除国文外,一律用英语讲授。学校从美国直接购回的书籍均为英文原版。每日规定英语作文不得少于40句。数学以自学为主,教师辅导解析疑难问题。学生每

王孝锡烈士

甘肃第一个农村党支部组建者王孝锡(右一)、任鼎昌(左二)等人合影

月伙食费为米饭8元、面食6.5元,用银圆计算。王孝锡先学理科,后转文科,主修国文,从古代文学到现代文学,从文字训诂到新文学理论,从各种文体到诗文写作,都下了很扎实的功夫。

王孝锡思想进步,忧国忧民,在西北大学积极投身学生爱国运动,担任校学生会主席,带领西北大学学生参加了声势浩大的"驱吴"(北洋系陕西督军吴新田)斗争和声援上海工人的示威游行。1925年6月,经魏野畴、刘含初介绍加入中国共产党。1926年镇嵩军围城之际,他组织学生,发动群众,积极加入反围城行动。同年8月,他领到李仪祉校长钤章的文科修业期满证明书。1927年2月,受在冯玉祥部队工作的中共党组织负责人刘伯坚委派,王孝锡赴兰州整顿国民党省党部,并建立中共兰州特别支部,担任组织委员,公开身份为甘肃省督办公署政治部主任、甘肃政治委员会会长及第二军事政治学校政治处处长。大革命失败后,他回到家乡宁县坚持斗争。1928年春,他以中国共产党彬宁支部书记的身份参与领导旬邑农民暴动,1928年10月被捕,12月30日在兰州英勇就义,年仅26岁。

当王孝锡得知敌人即将对他下毒手时,视死如归,从容写下诀别词一首:

纵有垂天翼,难脱今夜险。问苍天,何不行方便?驭飞云,驾慧船,搬我直到日月边。取来烈火千万炬,将黑暗世界,化作尘烟。出铁笼,看满腔热血,洒遍地北天南。

一夕风波路三千,把家园骨肉齐抛闪。自古英雄多磨难,岂独我今然!望爹娘,休把儿挂念;养玉体,度残年,尚有一兄三弟,足供欢颜。儿去也,莫牵连!

流萤题词(流萤原名刘瀛,20世纪40年代毕业于西北大学,曾任中共甘肃省委组织部长、甘肃省人大常委会副主任,已故。)

王孝锡故居

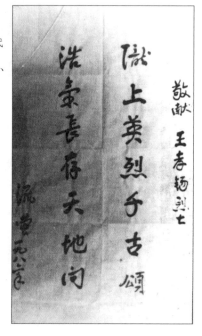

1925年王孝锡(中)与葛实秋、任宜之合影于西北大学

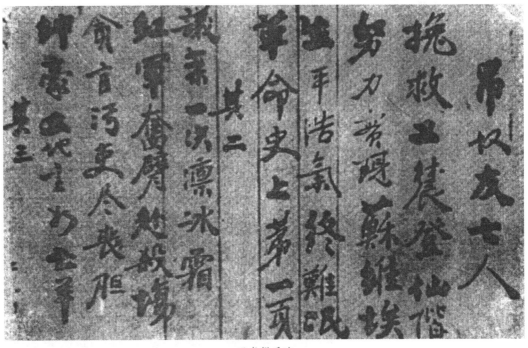

王孝锡手迹

我国水力发电留学第一人汪胡桢教授

汪胡桢教授

他是我国水利建设领域的著名专家，曾主持多项国家重大水利工程。1950年至1954年任淮河水利工程局副局长、治淮委员兼佛子岭工程总指挥时，他主持设计和组织施工，修建了中国第一座大型连拱坝工程——佛子岭水库；1954年至1960年任水利部北京勘测设计院总工程师和黄河三门峡工程局总工程师期间，他主持了黄河第一项枢纽工程——三门峡水库的建设。他就是李仪祉的学生汪胡桢。

1920年，汪胡桢赴美入康奈尔大学研习水力发电工程，成为中国最早出国学习这一专业的人。1923年，汪胡桢获土木工程硕士学位后回国，于1924年被聘为国立西北大学教授。1931年，中国水利学会成立，汪胡桢是创始人之一，历任第二至第十届董事、第七届副会长，并兼出版委员会主任，主编《水利》月刊。《水利》月刊对交流水利科学知识，促进中国水利事业的发展发挥了重要作用。1955年，汪胡桢成为第一批中国科学院学部委员。

1989年10月，汪胡桢逝世于北京。汪胡桢为教育事业呕心沥血，但当人们要宣传他时，他却说："我已经老了，应该多留些版面给那些有贡献的中青年同志。"

汪胡桢（右一）陪同周总理（左一）视察三门峡水利枢纽工程

与李大钊一起就义的李应良

1927年4月28日,中国共产党的主要创始人李大钊之一,与19名革命者相继从容地走上绞刑架,英勇就义。其中就有化名"李银连"、真名李应良的西北大学校友,将年轻的生命定格在了27岁。1924年春,随李仪祉创设的陕西水利道路工程专门学校并入国立西北大学工科,1924年7月,鲁迅在西北大学暑期学校讲学,李应良聆听了鲁迅《中国小说的历史的变迁》,从中受到了启发和鼓舞。1924年8月,共产党员雷晋笙从上海震旦大学毕业回陕,将中国社会主义青年团西安小组发展成为西安第一支部,并先后创办西北青年社、西北晨钟社等革命群众团体。1925年冬,经吴化之介绍加入中国共产党。毕业后在中共陕甘区委协助李子洲同志做组织工作。1927年3月初,受命赴北京送密信给中共北方区执委会书记李大钊,他悄悄留下一封家书,便离开西安到了北京。4月6日,张作霖派出军警和宪兵二三百人,包围搜查了在东交民巷的苏联大使馆及其附属机关中东铁路办事处、俄款委员会、远东银行,逮捕了李大钊等64人,其中包括前来送信的陕甘区委信使李应良。为保守党的机密,李应良化名"李银连",在狱中坚持斗争,直到4月28日与李大钊一起英勇就义。李大钊在狱中《自述书》最后申明:"今既被捕,唯有直言。倘以此而应重获罪戾,则钊实当负其全责。

李应良烈士

敌人杀害李大钊、李应良等人的绞刑架

李大钊烈士

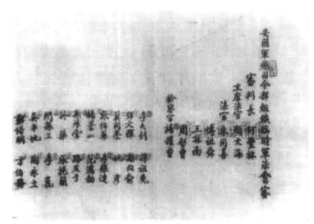 

李大钊等 20 名革命者军法会审名单（下列右数第四人为李银连）、遇难的 20 名国共两党人士照片（上右一为李银连，即李应良）

唯望当局，对于此等爱国青年，宽大处理，不事株连。"在狱中审问李大钊时，还问起李银连（引自《李大钊全集·第四卷》）：

问：这陕西人李银连是否你的同党？

答：他在范鸿劼等屋内住，是在陕西某中学充当教员，此次来京系代表于右任。因于右任军中连鞋袜都没有穿，他来京，于右任令他（亦）（与）我商量请国民政府接济款项事。

在此，李大钊分明在继续替李应良等青年开脱。

行刑时，李大钊身着棉袍，镇定自若地在敌人的镜头前留下了最后一张照片，从容地看了看风中摇曳的绞索，第一个登上了绞刑台。

1927 年 5 月 16 日，李应良与李大钊等人在北京惨遭奉系军阀张作霖杀害的消息传到西安，家乡的革命者万分悲痛。5 月 16 日，刘含初和魏野畴、李子洲、赵葆华、杨明轩等以国民党陕西省党部的名义，向全省各级执行委员会发出通告，详细说明李大钊、李应良等遇难的经过，指示各级执行委员会"必须郑重追悼此次死难诸同志"，"继续死难烈士的遗愿，为促成中国革命成功而奋斗。"5 月 17 日，西安各界人民举行追悼大会，痛悼先烈，寄托哀思。

1950 年的春天，北京市人民政府举行隆重的追悼大会，把李大钊和随他一起牺牲的 20 名烈士的遗骨全部迁入八宝山。

李应良烈士是中国共产党的优秀党员、无产阶级的忠诚战士。为了中华民族的独立和人民的解放，他英勇地献出了自己年轻的生命。他的英雄事绩不仅是中国革命史册上的光辉一页，也是西北大学校史的光辉篇章之一。

陇东播火者保至善

保至善（1902—1928），字乐廷。清光绪二十八年（1902）七月生于甘肃平凉崇信县锦屏镇西街村。父亲保万众，秀才不第，转而为商，曾任崇信县商会会长。保至善为次子。他自幼聪颖，早年入读私塾，后入县立小学堂。他于1920年考入甘肃省立第二中学（位于今甘肃省平凉市）。他的中学时代，恰逢五四运动之后，受此影响，他开始如饥似渴地阅读《向导》《新青年》《中国青年》等进步书刊，有了强烈的反帝反封建的意识，接受了新文化和马列主义。

保至善于1924年3月考入国立西北大学，结识了刘含初、魏野畴等共产党人。1924年7月，陕西省教育厅与国立西北大学合办的暑期学校，学校允许暑期留校学生均可参加，保至善积极报名，与700余名学生和自愿参加者聆听时任北京大学教授鲁迅关于《中国小说的历史的变迁》的演讲，同时也听取了北京师范大学教授王桐龄关于《陕西在中国历史上的地位》、南开大学教授蒋廷黻关于《法兰西革命》和《欧洲近世史》、西北大学教授王来亭关于《社会主义和共产主义之渊源》、爱因斯坦的中国学生、北京大学理科学长夏元瑮关于《物理学最新之进步》、南开大学教授李济之关

保至善烈士

于《人类进化史》、南开大学陈定谟关于《知识论》和《行为论》等演讲。这在22岁的保至善心中，播下了新文化的种子，也对他选择进步思想产生新的影响。

1924年深秋，国立西北大学爆发了一次学潮，给北京政府的呼吁电报无法从西安发出，保至善便协同另一名同学专门赶到甘肃泾川县邮电局发出了这份电报。随后，他顺便回崇信县探亲，在家里仅逗留了几天，却接待了不少慕名来访的青年学生。他向来访者宣传进步思想以及马列主义，动

国立西北大学于1924年7月20日开始为期一月的暑期讲学(第二排右起第11人为鲁迅)

员亲朋好友乡里人士自觉投入反帝、反封建、反军阀的革命斗争,并告诉他们将来要建立一个没有穷人的社会,鼓励他们努力求学,报效祖国,从而为崇信的革命斗争播下了火种。1925年10月,已是国立西北大学二年级学生的保至善即受到以刘含初为代表的西北大学共产党人的影响,于1926年光荣地加入中国共产党。

为加强党在甘肃的工作,壮大革命力量,在西安中山学院新成立的中共陕甘区委通过共产党员刘伯坚,以国民联军总政治部负责人的合法身份,建议派共产党员王孝锡、胡廷珍、马凌山、保至善4人以"西北政治委员会特派甘肃省党部党务委员"的身份,到甘肃整顿党务。

1927年4月12日,国民党发动"四一二"反革命政变。冯玉祥下令各地共产党员到郑州集合,拟由刘伯坚牵头,用车送至河南武胜关关外,即所谓"礼送出境"。远在兰州的保至善等对此突发情况一无所知。

保至善、马凌山、胡廷珍、王孝锡于6月22日与兰州的其他同志一起出发,赶往郑州。直到7月中旬才抵达洛阳。这时,隐藏在国民党甘肃特别省党部中保至善的同学党效贤传出了冯玉祥召集共产党员到郑州集中的内幕消息,保至善便立即折返西安,暂避在西安中山学院学生高淑珍家。一天,保至善从高淑珍处出来到学校,没走几步即被捕,后被押往郑州。

在狱中,保至善坚贞不屈,敌人从他口中未得到任何消息,于1928年春将其杀害于郑州,时年26岁。

"宣化事件"中的王文宗

位于渭南市临渭区双王街道办槐衙村的宣化观，为大革命时代宣化小学所在地。这虽然是个很小的地方，却于1927年3月就建立了秘密党支部，也是中共西北区委机关所在地。在此发生的"宣化事件"是渭华起义的导火索，拉开了渭华起义的序幕。

事件由国民党县党部的一场选举引起。1927年11月陕西省政府主席宋哲元委派国民党员刘铭初等7人为筹委筹备改组国民党渭南县党部。共产党人为了争取合法斗争，在中共渭南县委的领导下，经过努力竞选，推举共产党员、渭南县立中学校长王文宗等5人组成国民党部执行委员会，王文宗等为执行委员。于是，落选的刘铭初等渭南县国民党县党部委员，便气急败坏，伺机报复。王文宗受中国共产党的派遣主持重建国民党渭南县党部的工作，担任国民党渭南县党部常委以及党务指导员，接替前任党务指导员焦健民（亦为中国共产党党员）的工作。王文宗从容掌控国民党动向，及时向中共渭南县委汇报，将渭南县党部工作牢牢掌控在我党手中。

1928年2月29日，落选县党部委员的刘铭初伙同落选的薛明璋、王武轩、田宝丰以及李万春等人，纠集地痞流氓四五十人闯入宣化高小，砸坏校牌，抢去文件，殴打教员，驱赶学生。宣化高小迅速向中共渭南县委作了汇报，党组织认为这是反动势力企图破坏党的地下组织，当晚召开紧急扩大会议（中共陕西省委常委张金印也出席会议并讲话），决定对反动分子的挑战和猖狂进攻予以反击。黎明时分，集聚的农民和

左图右边的小房子为宣化高等小学遗存（渭华起义时刘志丹居此）

王文宗烈士

几百名学生,愤怒高呼"打倒恶绅"的口号冲进宣化观,要求赔偿被毁的宣化小学校舍。刘铭初等恼羞成怒,口吐恶言,谩骂群众,抛砖舞棍并用铁拐杖抡打学生,一名学生被打得血流满面。顿时,民愤沸起,学生一齐上手,用木棒、石头砸死了刘铭初和薛明璋,又用菜刀砍伤田宝丰。恶绅王武轩越墙逃跑,慌不择路,掉入井中。事件因此升级,国民党政府疯狂镇压群众,宣布"渭河南北各学校一律停办,切实改组。校长不良者撤换之,教员不良者更易之",学生"不服从师长者,以共产党论罪"。渭南县立中学、渭阳中学(今故市中学)、赤水职业学校、第一高等小学等均被查封,或解散或暂停。这几所学校的党员、团员师生和校外群众等40余人被捕,并解除了中共掌握的高塘自卫团的武装。

为营救被捕同志和学生,王文宗找县政府说理,却被无理逮捕,扣押于渭南,后转西安西华门军事裁判处。

1928年5月1日渭华起义全面爆发。

1928年6月17日下午,王文宗与同被关押的8位共产党员,同时被活埋于西安北门外红庙坡。时年,王德安31岁,李嘉谟27岁,方鉴昭、冀月亭、李维俊22岁,校明济、徐九龄21岁,任醴18岁,王文宗24岁。史称"西安九烈士"。

王文宗,字子清,为陕西渭南(今渭南市临渭区)人。相继就读于陕西省立第一中学、陕西省法政专门学校。1923年,考入国立西北大学。1927年,由国立西北大学转入西安中山学院学习。毕业后于1928年初回到渭南县立中学任校长,并在校加入中国共产党,兼任国民党渭南县党部执行委员(常委)。在这场斗争中,他冲在最前面,积极营救被捕的群众,但自己却身陷囹圄,在狱中遭受非人折磨,英勇不屈,并把壮丽的青春献给了祖国,献给了中华民族的解放事业!

1952年12月21日,中共中央西北局、中共西安市委在西安人民大厦召开追悼大会,隆重纪念"西安九烈士"。会后,将他们的遗骨移入西安市南郊烈士陵园。

西安九烈士墓碑

图说西北大学百廿年历史

西安中山学院—西安中山大学时期(1927—1931)

1927年国共合作时期,中国共产党与冯玉祥、于右任合作,将国立西北大学改为西安中山学院。共产党人刘含初任院长。此时,西安中山军事学校政治处主任邓小平等到校讲课。学生中有高岗、杨虎城夫人谢葆真、红二十九军军长陈浅伦等。1928年,西安中山学院又改称西安中山大学。

西安中山学院院长刘含初

刘含初院长

1927年4月12日,蒋介石在上海发动反革命政变,大肆捕杀共产党人和革命群众,仅三天即有300多人被杀,500多人被捕,5000多人失踪。这成为大革命从高潮走向失败的转折点。1927年的六七月间,陕西的革命形势也急转直下,冯玉祥追随蒋介石公开反共,相继封闭和停办西安中山学院和中山军事学校。为了适应突然变化的形势,中共陕甘区执委在西安中山学院召开紧急扩大会议,决定紧急通知各级党组织尽快由半公开活动转入完全秘密状态,重要干部秘密离开西安。

1927年6月下旬,国民党陕西省党部被解散,西安中山学院遭封闭,院长刘含初同志被撤职。国民联军驻陕总部负责人致信刘含初,劝他"认清时务",同去南京国民党政府,并许以高官厚禄,刘含初断然拒绝。后来,国民党反动政府缉捕他的消息不断传出,党组织认为他不宜留在西安,决定派他去苏联学习。

1927年8月初,西安中山学院院长刘含初携怀孕的妻子刘文德、幼女刘淑萍,以及西安中山学院学员赵静山、随员祁金钟等返回陕西中部县(今黄陵县)备村老家,拟安置家小后,再北去太原,赴苏学习。在此前,回到中部县的西安中山学院学员还有张好义、王殿卿、白映珍等。

刘含初回到家乡,继续向乡亲们宣传革命思想,深受大家爱戴。陕北军阀井岳秀派其驻洛川的部下杨衮前往捕杀刘含初,杨衮于7月18日带马弁七八人追至前妻岳父母家所在的石堡村。这时,已有村民向刘含初报信,岳父催促其"从后院出去,躲一躲",但刘含初未及时躲避,仍然写完了"富贵不能淫,贫贱不能移,威武不能屈,此之谓大丈夫"及条幅"中国国民革命是世界革命之一部分"。哪知墨迹未干,杨衮等刽子手突至,一见刘含初便开枪,子弹击中头部,刘含初倒地,岳母仆身救护被刽子手一脚踢开,再向刘含初补射数弹,鲜血染红了刘含初白色的夏装,壮烈牺牲,当时年仅33岁。这位在民族生死存亡关头挺身赴难的先烈挥笔写下的孟子关于大丈夫三标准的语录,不幸成为代表其大丈夫气节精神的绝笔。

他以鲜血与生命书写了一个优秀共产

(刘含初与其家人(前排左一是长女刘秦真,右一是次女刘孟邻,站立的是刘含初和第二任妻子刘文德,系中山学院妇女运动班班长。第一任妻子病逝)

党员对党的忠诚和坚定信念,成为西北大学历史上第一个以中国共产党党员和校长身份牺牲的革命英烈。

刘含初(1895—1927)原名刘翰章,字含初。清光绪二十一年(1895)农历正月二十六日生于陕西中部县太贤乡备村一个地主家庭。他曾经是西北大学前身三秦公学学生,也是北京大学文史系的高材生,毕业后先后任教于通州师范学校、苏州中学、岭南大学、上海大学、开封中州大学、三民军官学校、国立西北大学、西安中山学院八所学校,特别是参与创建一南一北两所革命学府上海大学和西安中山学院。1923年,在上海大学加入中国共产党,与刘天章(1921年入党)、魏野畴(1923年入党)、李子洲(1923年初入党)等是陕西乃至西北最早的几位共产党员之一,曾与李大钊、恽代英、瞿秋白、张太雷、陈望道、邓小平等共产党人共事。1927年,刘含初和李子洲在改组西北大学的基础上,成立了西安中山学院,刘含初任院长。西安中山学院成为大革命时期中国共产党在西北创建的第一所革命学府、中共陕甘区第一次代表大会和共青团陕甘区第一次代表大会的发祥地。在他任内:邓小平同志到西安中山学院讲课;王文宗、贺鸿箴、姜炳生等于1928年6月参加了渭华起义;从学生中走出了高岗,红二十军军长陈浅伦,杨虎城夫人谢葆真,中共哈尔滨市委书记、国家交通部副部长、国务院副秘书长、中共西安市委书记、中共陕西省委书记处书记、中央中共纪律检查委员会副书记张策等。

刘含初牺牲前写的条幅"中国国民革命是世界革命之一部分"

西安中山学院副院长李子洲

李子洲副院长

李子洲是中国共产党的优秀党员，忠诚的共产主义战士，杰出的无产阶级革命家，陕北红军和苏区创建人之一。同时，他也是西北大学前身三秦公学和西安中山学院的校友。

清光绪十八年（1892），李子洲出生于陕西绥德县城关镇。其祖父李三生和父亲李元贞都是银匠，靠小本生意养活一家八口，生活条件十分艰难。童年时期由于家境贫寒，无力供养读书，直到十五六岁才到县城里的一家私塾上学。在私塾中，像他这样大年龄的学生十分少见，因此一些富豪子弟嘲笑他为"小学堂里的大学生"。李子洲抑制住内心的愤懑，刻苦读书，不仅取得了优异的成绩，还被私塾先生称作"寒门才子"。

1912年，李子洲为了深造，从绥德出发，徒步七八百里来到西安，考入了西安三秦公学中学班。三秦公学中的一些教职员深受孙中山的三民主义思想影响。李子洲在他们的影响和指导之下，不仅用功读书，还阅读一些反封建、宣扬民主主义思想的新书，至此开阔了眼界，也开始关心国家前途和民族命运。1917年，考入北京大学。1923年初，经李大钊、刘天章介绍加入中国共产党。

1927年1月，在我党统一战线政策的影响和推动下，通过李子洲等一大批共产党人的努力工作，国民党陕西省第一次代表大会召开。李子洲当选为国民党陕西省党部执行委员兼青年部部长，出任西安中山学院副院长兼总务长，和院长刘含初一起，为中国国民革命培养了一批骨干人才。绥德陕西省立第四师范学校是向西安中山学院输送学生最多的学校之一，这与1924年秋李子洲曾任该校校长有重要关系。

李子洲对西安中山学院的工作有着高度的责任感。他根据实际情况不断研究改进教学方法，把课堂讲授和小组讨论结合起来，理论和实际结合起来，把重大的疑难问题和原则性问题结合起来，组织大家进行专题讨论。为了帮助学员更好地学习，还购买了大量的参考书籍，如《共进》《中国青年》等。他还组织了文艺队、宣传队，使学院生活丰富多彩、生机勃勃，对提高学员学习成绩起到了很大的促进作用。

作为中共陕西省委常委兼组织部长，后又兼任中共陕西省委军委书记，李子洲参与了省委对清涧起义、渭华起义的领导决策工作。

1928年11月，省委书记潘自力被捕，李子洲代理陕西省委书记。清涧、渭华等地武装起义失败后，面对国民党反动派的屠杀政策，李子洲仍然保持着旺盛的革命斗志，忘我地坚持工作。由于条件艰苦，李子洲积劳成疾，但仍抱病夜以继日地工作。1929年1月底，团陕西省委书记马云藩被捕叛变，向敌人供出了李子洲和省委其他领导人，省委机关遭到严重破坏。2月2日，李子洲和党团省委的其他负责人刘继曾、徐梦周、李大章、刘映胜等先后被捕，关进西安市西华门敌军事裁判处看守所。

在李子洲生命的最后时刻，在医生和狱友们的强烈要求下，军事裁判处处长肖振才派人来给他卸去脚镣，他却愤怒地挥挥手，说："不用了！"

1929年6月，天气逐渐炎热，牢房里总是闷得透不过气。李子洲的病情日益恶化，尽管有医生的治疗和友人的精心护理，

1923年春以绥德城内雕山书院为校址成立的陕西省立第四师范学校旧址

病情仍然未能好转。6月18日深夜，37岁的李子洲戴着脚镣，静静地离开了人间。

毛泽东同志在1940年亲笔题词称李子洲为"陕北共产党奠基人"，朱德在李子洲墓碑上题词"陕北共产党发起人"。2000年7月15日，习仲勋同志为李子洲题词"一代英烈 千秋功臣"。这是人民和人民领袖给予李子洲同志的最高褒奖。

参加渭华起义的革命者

邓小平在西安中山学院讲学

西安解围之后,冯玉祥与共产党有过一次合作,这就是在接收国立西北大学校产的基础上成立西安中山学院。1927年1月18日,国民军联军驻陕总司令部发布"收束西北大学,筹建中山学院"的命令。原国立西北大学代理校长王凤仪、李寿亭、赵葆华,原国立西北大学代理事务长刘含初、李子洲任"收束西北大学兼筹备中山学院"五委员。后来,刘含初、王凤仪先后任中山学院院长。

这时,邓小平(时名邓希贤)乘坐汽车从莫斯科出发经蒙古到达西安,出任西安中山军事学校政治处主任,从而与西安中山学院发生联系。

20世纪20年代时任中山学院农运班主任的冯文江后来回忆道:"星期六有专题报告,刘伯坚、邓小平、苏联顾问乌斯曼诺夫等都利用这个时间作过报告。"

1927年2月在西安中山学院工作的陈云樵所撰《一九二七年党领导的西安中山学院》一文回忆:"记得给我们作过报告的有苏联顾问乌斯曼诺夫、谢依夫林和刘伯坚、邓希贤(即邓小平)同志,还有惠友光先生等。他们的讲话给我们留下了极其深刻的印象。"

青年时期的邓小平

西安中山学院学生张觉回忆:"西安解围以后,我从三原到西安,从政治队转到中山学院政治班学习。""刘伯坚、邓小平同志和苏联顾问都给我们作过报告。我记得邓小平同志给我们作报告时用手卡着腰,讲得很生动。"

《邓小平年谱》及其女所著《我的父亲邓小平》均对此有详细记载。

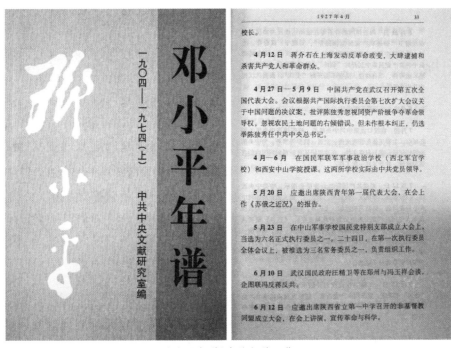

《邓小平年谱》中的相关记载

西安中山学院

杨虎城与西安中山学院学生谢葆真的生死恋

杨虎城将军

1949年12月重庆解放后,在寻找挖掘杨虎城遗体时,发现杨将军右肩旁放有一骨灰盒。这就是他的夫人谢葆真的骨灰。谢葆真遇难火化后,杨虎城日日夜夜将夫人的骨灰带在身边,直到特务从背后刺死他,他仆倒在地时骨灰盒仍在身旁。这真是一场生死恋,生生死死皆在一起。

杨虎城将军的夫人谢葆真,1927年2月进入西安中山学院妇女运动班。刚满16岁的谢葆真毕业后至冯玉祥的国民革命军第二集团军总政治部直辖的前线工作团,在团长宣侠父的影响和培养下加入中国共产党。当时杨虎城任国民联军第二集团军第十

杨虎城、谢葆真一家

中山学院学生谢葆真

杨虎城将军陵园

军军长,驻皖北太和县城。1927年11月,谢葆真任太和县妇联主任。其间,杨虎城向谢葆真示爱。经请示,中共河南省委批准谢葆真与杨虎城结婚。

杨虎城于1937年11月底从巴黎回国后被囚禁于南昌。1938年1月14日,27岁的谢葆真带着8岁的儿子杨拯中赶往南昌陪伴丈夫,自此开始了长达10年的监狱生活。1938年10月,武汉失守后杨谢夫妇被押解至贵州息烽县的玄天洞。1947年2月8日,时年36岁的谢葆真已经绝食几十天,被特务向小腿注射了毒针,痛苦挣扎而死。杨虎城得知后扑在遗体上放声痛哭,并要求火化遗体。之后,杨虎城昼夜抱着谢葆真的骨灰盒。1949年9月6日,杨虎城与儿子杨拯中、女儿杨拯贵、秘书宋绮云夫妇在松林坡惨遭杀害。中华人民共和国成立后,杨将军夫妇的灵柩被运回西安,安葬于西安南郊韦曲杜公祠的烈士陵园。

杨虎城的孙女杨延武女士为了激励西北大学学生勤奋学习,特捐款30万元在西北大学设立了"杨虎城奖学金"。

西北大学每年清明节都会组织师生代表赴杨虎城将军陵园,追思和缅怀杨虎城将军与夫人谢葆真。

三入牢狱的红二十九军军长陈浅伦

陈浅伦烈士

陈浅伦是从西安中山学院走出的唯一一位红军军长。他曾三入牢狱,却宁折不弯,始终坚持革命。

1933年3月底,国民党军队向马儿岩根据地发动进攻,并用重金收买隐藏在红二十九军内部的反革命分子、原神团头子张正万。4月1日,张正万利用红二十九军主力外出作战之机发动叛乱,在马儿岩包围袭击军部开会的会场。与会人员听到枪声后,立即进行反击,但因寡不敌众,除军长陈浅伦和政委李艮突围外,其余40名干部全部壮烈牺牲。陈浅伦和李艮二人转移到西乡磨子坪后,不幸落入敌人之手。4月6日,敌人准备杀害陈浅伦,并把村里的群众赶来观看。面对叛匪,陈浅伦怒斥道:"张正万,你这个狗东西,你杀我一个,杀不完红军,红军会给我报仇的!"并向在场的群众高呼:"乡亲们,不要怕,将来红军来了,有冤伸冤,有仇报仇!"最后,他在"共产党万岁"的口号声中壮烈牺牲,年仅27岁。

1906年出生在陕西西乡的陈浅伦,于1925年春考入汉中陕西省立第五师范学校。在汉中,他开始接触革命书刊。1927年4月,陈浅伦考入西安中山学院农运班,学习马列著作和进化史等课程。

陈浅伦在英勇就义之前已有过两次被捕入狱的经历。第一次是在1930年年初,他参加上海党组织的一次暴动时被捕入狱,遭严刑审讯,关押一年。第二次是在1932年5月发动"红五月运动",他组织了汉中中小学生1600余人宣传抗日救国,揭露蒋介石卖国阴谋,再次被捕入狱。3个月后,经党组织营救获释。

两次入狱都丝毫没有削弱他的革命热情。陈浅伦曾说:"我们共产党、红军闹革命,并不是为了当官发财,而是为了天下受苦人都有饭吃、有衣穿,都过上好日子!"有这样的远大抱负,人们就不难理解为何他三次入狱受尽酷刑都宁折不弯了。

我国第一个社会学社团的创始人余天休校长

1922年2月,时任北京师范大学社会学教授的余天休发起成立了中国第一个社会学学术团体——中国社会学会,并创刊《社会学》双月刊作为会刊,于1930年1月在西安出版第3卷第1号,由西安中山学院出版部发行。余天休在其《本杂志经过及其将来》一文中写道:"社会学在我国学术上所占之地位甚为幼稚……休自民二以还,即追随国外先知研磨该学,民九返国,即讲学于燕都,民十创办社会学会,民十一创刊社会学杂志……本杂志曾出刊三年,刊登极有价值之中英文论文不下百余篇,每期分销1300

余天休校长

余天休教授(中)在嘉峪关

西安中山大学校长余天休赴任途中

《西安中山大学日刊》

余天休校长兼任陕西省政府顾问时,时常下乡了解普通老百姓疾苦(左一为余天休)

余天休生活照

晚年余天休教授与夫人和女儿胡余锦明女士合影

西北大学"余天休助学金"续约签字暨发放仪式

余份,此亦一时之盛举也。今者本刊重新出世,仍本公开主义,提倡社会学术,讨论社会问题,凡对于社会学有关系之著作,一律欢迎。社会学在我国来日之发展,实无可限量。"

余天休博士早年曾留学美国,并获博士学位,是我国社会学初创时期的著名学者之一,也是一位关注西北、关注教育、促进中美文化交流的社会活动家和教育家。1929年,余天休出任西安中山大学校长。

余天休的女儿胡余锦明(Helen Woo)女士1992年就提出了"开发西北、关注教育"的观点,为完成父亲的理想和遗愿,支持祖国教育事业发展,曾向国内多所大、中、小学校捐助。她于2007年10月在西北大学设立"余天休助学金",首期资助73.5万元。自2002年以来,胡余锦明女士已为陕西省教育事业累计捐资300余万元,资助大、中、小学家庭经济困难学生2000余人次,为陕西省学生资助工作作出了很大贡献。

杨明轩与西北大学

1965年出任全国人大常委会副委员长并兼任《光明日报》社社长的杨明轩，清光绪十七年(1891)生于陕西鄠县黄堆堡村的一个普通农家。祖父以租地或打短工为生，因家住终南山圭峰山下，也常常打柴贩卖，养家糊口，渐成一方财主。清宣统元年(1909)起，杨明轩先后就读于陕西法政学堂、三秦公学。1913年，经三秦公学选拔公费留学日本。这两所学校均为西北大学的前身，前者是1912年合组西北大学的"陕西五学堂"之一，后者亦于1914年并入西北大学。他于1914年回国，复入国立北京高等师范学校，曾参加五四运动。

大革命时代，他担任西安解围后的国民革命军联军驻西北司令部所属陕西省教育厅厅长，在由"收束西北大学筹建西安中山学院五人筹备委员会"过渡到"西安中山学院委员会"时，与刘含初、李子洲、魏野畴、薛子良为五人委员会成员之一。之后，又兼任西安中山学院教员。他曾任教务主任的陕西绥德省立第四师范学校，是西安中山学院的主要生源之一。

1948年8月至1949年春夏，胡宗南强迫西安几所大学南迁四川，时任陕甘宁边区副主席的杨明轩对此事十分关心。当时

杨明轩先生

在西北大学任秘书主任的关中哲回忆：杨明轩同志"通过西北大学学生、地下交通丁光(王顺命)、毛西超，指示我在教职员和学生中做工作，阻止学校南迁"。新中国成立后，杨明轩任西北军政委员会委员兼文教委员会主任，"他的意见还要杨钟健继续担任西北大学校长，并指示学生欢迎他到校任职。后因杨钟健要从事他的专业研究，才由侯外庐任校长了"。

他在1949年5月西安解放后，担任中国人民解放军西安市军事管制委员会委员，中华人民共和国成立以后担任西北军

杨明轩在西北大学的演讲稿(刊载于《新西大学习报》)

政委员会委员兼文教委员会主任,西北行政委员会副主席。在此期间,参与国立西北大学的军事接管,多次到过西北大学。1950年10月15日、1951年7月14日,他曾先后两次到校,参加国立西北大学校庆及第十四届毕业典礼,发表了《克服政治学习中的思想障碍》等演讲。

曾任陕西省科委副主任、陕西省计量局局长的杨玉瓒(1935—)为杨明轩的次孙。20世纪60年代毕业于西北大学物理学系,并留校工作,后调离,曾任西北大学兼职教授。

西安中山学院走出的革命者

陈浅伦(1906—1933),陕西西乡人。1930年任共青团西安市委书记。1933年任中国工农红军第二十九军军长。

杨明轩(1891—1967),陕西户县人。1963年任中国民主同盟中央主席。1965年任全国人大常委会副委员长。

刘伯坚(1895—1935),四川平昌人。1930年任中共中央军委秘书长。

刘含初(1894—1927),陕西黄陵人。西安中山学院院长。

曹力如(1902—1949),陕西志丹人。1946年任中共中央西北局副秘书长。1949年任新疆维吾尔自治区人民政府第一主席。

高岗(1905—1954),陕西横山人。1949年任中华人民共和国中央人民政府副主席。

卫志毅(1905—1973),陕西泾阳人。西安中山学院学生会主席、纠察队队长。1928年任中共西安市委书记。

李子洲(1892—1929),陕西绥德人。西安中山学院副院长兼总务长。1928年代理中共陕西省委书记。

谢葆真(1913—1947),陕西西安人。中共党员,杨虎城夫人。

王韵清(1901—1940),陕西蒲城人。中共蒲城特别支部创建人。

张汉民(1903—1935),山西稷山人。中共党员。西安中山学院学生总队长。曾任杨虎城部警备第三旅旅长。革命烈士。

魏野畴(1898—1928),陕西兴平人。1927年任中共陕西省委军委书记。1928年任中共皖北特委书记。

图说西北大学百廿年历史

国立西安临时大学—国立西北联合大学—国立西北大学时期(1937—1949)

九一八事变与七七事变相继爆发后,中华民族最根本的文脉所系——高等教育,面临国破校亡、根基沦丧的空前灾难。1937年9月10日,国民政府教育部发布第16696号令:"以北平大学、北平师范大学、北洋工学院和北平研究院等院校为基干,设立西安临时大学"(1937年9月,省立河北女子师范学院复并入西安临大)。由此形成抗日战争时期中国最大的两个大学联合体之一。1938年3月,国立西安临时大学南迁汉中,改称国立西北联合大学,下设6个学院23个系。1939年8月8日,继西北联大工学院、农学院独立设校后,按国民政府教育部令:国立西北联合大学再次改组,文、理、法商学院组建国立西北大学,医学院、师范学院改称国立西北医学院、国立西北师范学院。抗战胜利后,国立西北大学迁回西安陕源西北大学旧址办学。

国立西北联合大学提出了"发扬民族精神,融合世界思想,肩负建设西北重任"的办学宗旨,表达了传承中华五千年灿烂文明,融汇世界优秀文化成果,建设祖国辽阔西部的办学愿景。

国立西安临时大学—国立西北联合大学组织系统

1937年9月10日,国民政府教育部下发第16696号令,成立西安临时大学;10月11日,国民政府教育部长王世杰发布《西安临时大学筹备委员会组织规程》,以教育部、北平研究院、北平大学、北平师范大学、北洋工学院、东北大学、西北农林专科学校、陕西省教育厅等单位代表组成筹备委员会。王世杰兼任主席,聘任李书华、徐诵明、李蒸、李书田、童冠贤、陈剑翛、周伯敏、臧启芳、辛树帜9人为委员。随后又任命徐诵明、李蒸、李书田、陈剑翛4人为西安临时大学常委,不设校长,由常委商决校务。

西安临时大学分为第一院、第二院、第三院,再细分为文理、法商、教育、农、工、医六大学院,24个系。同时设置教务处、秘书处、总务处3个处组。学生以文理学院(439人)、工学院(386人)、法商学院(279人)居多。全校三院分布在西安的三个地方:校本部、第一院的国文系、历史系、外语系、家政系在西安城隍庙后街四号;第二院的数学系、物理学系、化学系、体育学系以及工学院与东北大学工学院共处一院(今西北大学太白校区);第三院的法商学院三系、农学院三系、医学院和教育系、生物系、地理

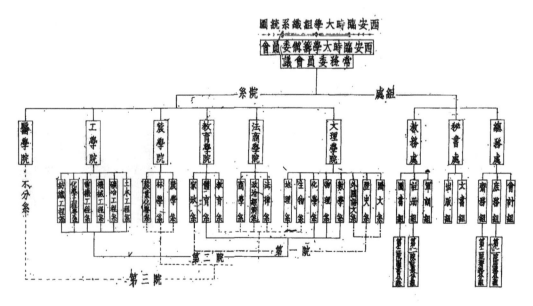

西安临时大学组织系统图

系在西安北大街通济坊。

1938年3月16日,西安临时大学正式迁离西安,历时月余,行程400余公里,迁至陕南汉中,全校分布在三县六地:大学本部、文理学院设于城固县考院(黉学巷贡院旧址);教育学院全部、工学院一部设于城固县城文庙;法商学院设于城固县城小西关外原县简易师范旧址;体育、地理、土木三系和附设高中部设于城固县古路坝天主教堂,利用大自然形势和环境,研究地理和实地测量;医学院设于南郑县居民聚居区,便于民众诊病;农学院在沔县(今勉县)武侯祠,利用汉水开凿沟渠,从事农业和灌溉研究。

1938年4月,国立西安临时大学更名为国立西北联合大学,仍不设校长,由徐诵明、李蒸、李书田、陈剑翛4位常委商决校务。后因陈剑翛请辞,国民政府教育部复派胡庶华接任常委。学校初设6个学院23个系:文理学院有国文系、外国语文系、历史学系、数学系、物理学系、化学系、生物学系、地理学系;法商学院有法律学系、政治经济学系、商学系;教育学院有教育学系、体育系、家政系;农学院有农学系、林学系、农业化学系;工学院有土木工程学系、矿冶工程学系、机械工程学系、电讯工程学系、化学工程学系、纺织工程学系;医学院不分系。1938年7月工学院与农学院分出独立后,学校有文理学院、法商学院、医学院、师范学院4个学院,除各学院原有系科外,新增医科研究所、师范研究所。当时联大人才云集,师资力量雄厚,师生们在极其艰苦的环境下坚持教学和学术研究,同时还积极开展抗日救亡运动。

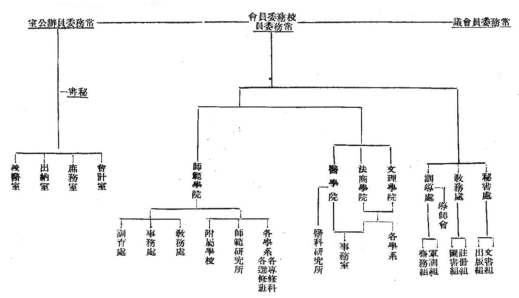

西北联合大学组织系统图

1938年国立西北联合大学部分师生合影

国立西安临时大学中华民族解放先锋队部分队员

国立西安临时大学—国立西北联合大学的"五常"

徐诵明(1937年10月—1939年8月在任)，1918年，毕业于日本九州帝国大学医学院。1919年，任国立北京医学专门学校病理学教授。1928年，任北平大学医学院院长。1932年，任北平大学代理校长等。1937年后，历任西安临时大学、西北联合大学常委，教育部医学教育委员会常委，同济大学校长兼医学院院长，沈阳医学院和浙江医学院院长等。1949年，拒绝出任台湾大学校长。以后，历任卫生部教育处处长、人民卫生出版社社长、中华医学会编辑部主任兼中华医学杂志总编辑、全国政协第三、五届委员。1985年，被推举为西北大学北京校友会名誉会长。

徐诵明

李蒸(1937年10月—1939年7月在任)，字云亭，河北滦县人。毕业于北平师范大学并留校任教。后赴美国留学，在哥伦比亚大学获哲学博士学位。归国后历任国立中央大学教育学副教授、北平大学教育行政院扩充教育处处长兼秘书、国立北平师范大学校长。1937年起，任西安临时大学、西北联合大学校务委员会常委，同时兼任西安临时大学法商学院院长和西北联大师范学院院长。1949年，任北平和平谈判代表，后历任中国人民政治协商会议第一届全体会议代表，中华人民共和国行政院参事，民革中央委员，第二、三、四届全国政协委员。

李蒸

李书田(1937年10月—1938年6月在任)，字耕砚，河北昌黎人。1923年，毕业于北洋大学土木工程学门，同年考取清华学校，被派赴美国入康奈尔大学研究铁道及水利学。1926年，获工学博士学位及美国华铁尔博士顾问工程师处副工程师，归国后历任北洋大学土木系教授、北洋工学院院长等职。

李书田

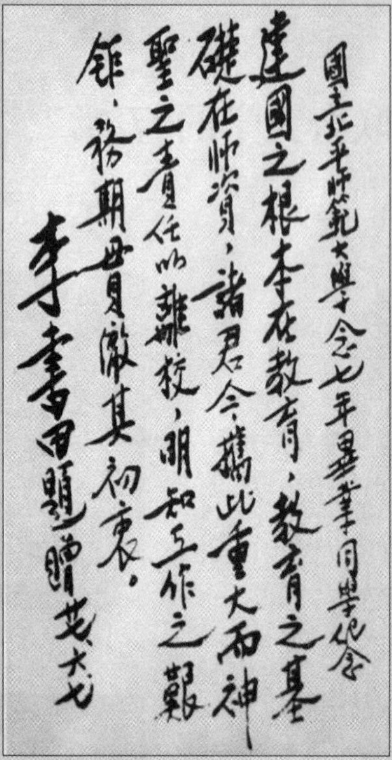

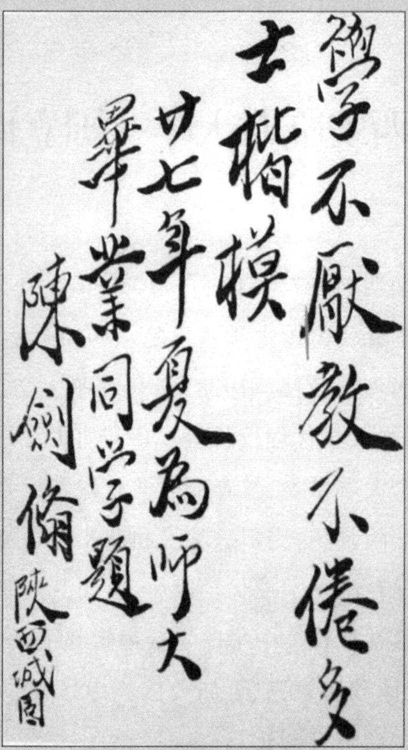

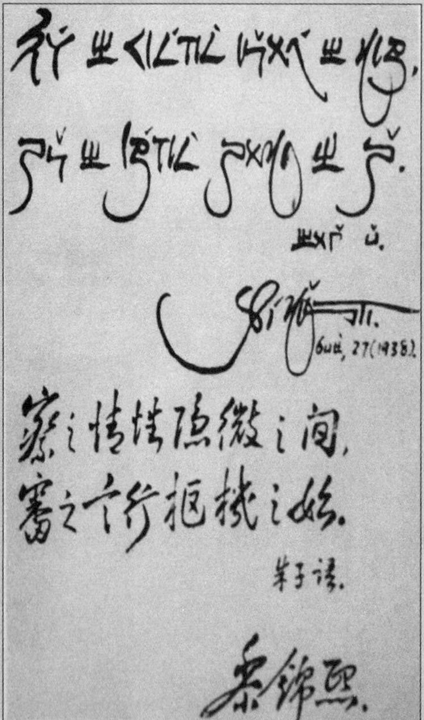

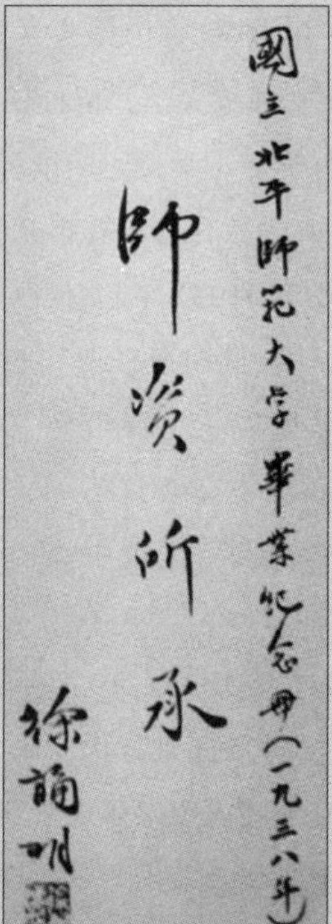

學不厭教不倦多
士楷模
廿七年夏為師大
畢業同學題
陳劍翛 陝西咸陽

國立北平師範大學念七年畢業同學紀念
建國之根本在教育，教育之基
礎在師資，諸君今攜此重大而神
聖之責任以離校，期知工作之艱
鉅，務期毋負徹其初衷。
李蒸書甲題贈苾大戈

（俄文題詞）
Oct. 27 (1938)

察之惰性隙桃之間妙
審之言行徵之

袁錦熙

國立北平師範大學畢業紀念冊（一九三八年）
師資所繫
徐諴 [印]

国立北平师范大学毕业同学录题词

1937年10月至1938年6月,任西安临时大学、西北联合大学校常委。后历任西北工学院院长、黄河水利委员会委员、华北水利委员会总务处处长、黄河水利委员会副委员长。1949年赴美,任工程师、教授、美国土木工程师学会会员、美国土木工程协会会员等。

陈剑翛(1937年10月—1938年6月在任),名宝锷,字剑翛,江西遂川人。毕业于北京大学。后赴英国留学,获伦敦大学硕士学位。归国后历任国内多所高校教授。1927年起,历任南京市政府教育局局长、国民政府大学院社会教育处长、国民政府教育部参事、国民政府教育部社会教育司司长等职。抗战初期以教育部特派员身份相继担任西安临时大学和西北联合大学校常委,并兼任西北联大秘书主任(后改由黎锦熙接替),负责学校的文书工作和出版工作。他还为1937年创刊的《西安临大校刊》撰写了发刊辞。1949年前往香港,与张难先等联名发表对时局的"国是"宣言,退出国民党。中华人民共和国成立后,任中南军政委员会教育厅副厅长。

陈剑翛

胡庶华(1938年7月—1940年8月在任),字春藻,湖南攸县人。清末秀才。1912年,毕业于北京译学馆。1913年,公费赴德国留学。1920年,毕业于柏林工业大学,获铁冶金工程师学位,复获德国铁冶金博士学位。1922年,归国后,历任国内多所大学教授、校长。1938年10月,国民政府教育部改西北联大筹备委员会为校务委员会,增聘为校务委员、常务委员。1949年在香港通电起义,后历任北京工业学院、北京钢铁学院图书馆馆长、教授,第二、三、四届全国政协委员等职。

胡庶华

国立西安临时大学·国立西北联合大学·国立西北大学部分著名教授

张贻侗（1890—1950），安徽全椒人。化学家。

黎锦熙（1890—1978），湖南湘潭人。语言文字学家、词典编纂家、教育家。中国科学院学部委员。

汪堃仁（1912—1993），湖北嘉鱼人。在美国获医学硕士学位。生理学家、细胞生物学家。中国科学院学部委员。

罗根泽（1900—1960），河北深县人。古典文学研究专家。

黄国璋（1896—1966），湖南湘乡人。在美国获理学硕士学位。地理学家、教育家。

赵进义（1902—1972），河北束鹿人。在法国获理学博士学位。数学家、天体力学家、教育家。

许寿裳（1883—1948），浙江绍兴人。传记作家、教育家。

章友江（1901—1976），江西南昌人。经济学家。

季陶达（1904—1989），浙江义乌人。经济学家、翻译家。

曹靖华（1897—1987），河南卢氏人。翻译家、散文家、教育家。

高明（1909—1992），江苏高邮人。古典文学研究专家。

杨钟健（1897—1979），陕西华县人。在德国获哲学博士学位。中国古脊椎动物学奠基人。中央研究院院士、中国科学院学部委员。

傅种孙(1898—1962),江西高安人。数学家、教育家。

陆懋德(1893—1965),山东历城人。在美国获政治学硕士学位。历史学家。

刘 拓(1897—?),湖北黄陂人。在美国爱荷华大学获博士学位。化学家。

马师儒(1888—1963),陕西米脂人。在德国获教育学博士学位、在瑞士获哲学博士学位。教育家。

罗章龙(1896—1995),湖南浏阳人。政治活动家、经济学家。中共早期领导人。

王耀东(1900—2006),黑龙江嫩江人。体育教育家。

沈志远(1902—1965),浙江萧山人。经济学家。中国科学院学部委员。

杜元载(1893—1975),湖南溆浦人。在美国获法学博士学位。法学家、教育家。

侯宗濂(1900—1992),辽宁海城人。获日本京都大学医学博士学位。生理学家、医学教育家。

岳劼恒(1902—1961),陕西长安人。获法国巴黎大学理学博士学位。物理学家、教育家。

张贻惠(1886—1946),安徽全椒人。物理学家、教育家。

寸树声(1896—1978),云南腾冲人。经济学家、教育家。

抗战时期东北大学寄居西北大学旧址的两年岁月

如今,西北大学校园里留有一座原东北大学礼堂,门前有张学良校长勒石为证,人们都以为两校有什么沿革关系,其实,只是东北大学曾寄居于此而已。

早在明清之际,西北大学这块地盘就被称为"风水宝地",一位在此踏青的举人曾预言:"此地日后会出一斗芝麻的官。"果然,之后这里成为培养成千上万国家干部的大学云集之地。据《续修陕西通志稿》卷三十六载,在光绪三十年(1904),此地已是陕西中等农林学堂的所在地,同时复为陕西农业学堂所在地。1912年并入西北大学,成为西北大学农科所在地(包括今西安习武园、儿童公园北部和西关外)。同时,三秦公学亦借西门外农业学堂一部建校(后又将附属农事试验场划入,从城西北角到西南角几乎均有其舍),1914年大部分并入西北大学。1915年西北大学停办后,于1916年改为陕西甲种农业学校,后复于1923年成为西北大学农艺科、畜牧科的一部分。1934年改为陕西省立西安初级农业职业学校(后改为陕西省农林职业学校),包括200亩农

东北大学在西安时的校门

东北大学西安分校学生宿舍

东北大学西安分校校长办公室

东北大学西安分校校园

场(将毕业之学生可各领半亩至一亩地实习栽培作物)、运动场、礼堂等。

1936年2月,寄居北平的东北大学工学院及其补习班41名教职员和263名学生迁入西安。学校建筑工程是东北大学工学院毕业生郭毓麟等义务设计并监督施工的。这些建筑不到一年时间即全部竣工,兴建大礼堂时在墙基内嵌砌了一块纪念碑,刻有张学良校长的题词:"沈阳设校,经始维艰,自九一八,惨遭摧残,流离燕市,转徙长安,勖尔多士,复我河山。"

抗日战争时期,此地被胡宗南所部占据,称为战时干部训练团第四团。团长蒋中正,副团长陈诚、蒋鼎文、胡宗南,教育长葛武棨,政治部主任汪震。连战的父亲连震东在此任教官。毛泽东和史沫特莱的翻译吴莉莉被迫离开延安后,亦

东北大学教师家属在大礼堂前合影

今陕西省重点文物保护单位、陕西省抗战纪念遗迹和陕西省不可移动革命文物

张学良校长的题词碑

东北大学在西安设校碑记

到此工作,并与西北大学兼任教授张研田结婚。据第五期学员和留团区队指导员薛玉回忆:其间,蒋介石、宋美龄、何应钦、白崇禧、李宗仁、于右任、驻英大使顾维钧、驻德大使陈天放、驻美大使胡适均曾到此给军官训话。后来,大礼堂的纪念碑被士官挖下来当饭桌用。胡宗南听说还有人背诵张学良那段朗朗上口的题词,一怒之下,将纪念碑砸碎。1992年,西北大学觅得碑文拓片,遂重新立石纪念。

历经磨难的东北大学只在此待了两年零一个月,便再次南迁。东北大学在西北大学旧址上留下不少建筑,还扩大了几百亩地盘。1937年11月,西北大学京源的前身之一国立西安临时大学工学院、数学系、物理系、化学系和体育系迁驻此处。校门左悬东北大学校牌,右悬国立西安临时大学校牌。这时的大礼堂,除作为大课教室外,还曾组织过多次大型讲演和报告会,如水利大师李仪祉曾在此作过《抗战力量》的讲演,张伯声教授也在此作过《西北地质》的讲演,李俨院士在此作过《隧道工程》的演讲。1938年3月,国立西安临时大学由此迁往陕南。

20世纪30年代的西安大清真寺

柳青与西安临时大学

以长篇小说《创业史》著称的柳青(1916—1978)曾是西北大学的前身国立西安临时大学法商学院俄文先修班的学生,这一学习经历后来成为他俄文修养和马列主义理论修养的源泉之一。

1937年七七事变爆发后,平津相继沦陷,国立北平大学、国立北平师范大学、国立北洋工学院、国立北平研究院、河北省立女子师范学院四校一院迁至西安,组成国立西安临时大学。

柳青于1937年秋考入国立西安临时大学法商学院商学系主办的俄文先修班,其前身是北平大学俄文先修班,与创建于1899年的东省铁路俄文学堂、1912年的外交部俄文专修馆、1922年的北京俄文法政专门学校、1927年的外交部部立法政专门学校亦有渊源。该校一向以培养俄文人才为主,瞿秋白即毕业于俄文专修馆。1928年并入北平大学法商学院后,一时进步教授云集,李达、侯外庐、范文澜、许德珩、陈豹隐、沈志远等均曾在此任教。

柳青的代表作《创业史》

据柳青女儿刘可风的《柳青传》记录:柳青入学考试考了两次,"临大的考试很全面,由于(柳青)上高中时学习偏科严重,第一次未被录取。经过短期补习,很快又参加了第二次考试,终被录取。1937年11月间,他进入了西安临大俄文先修班学习"。关于其在校学习的具体时间,柳青自己在其《自传》中说:"七七事变后,大学未考成,与流亡学生一同跑回西安。十天后,任《西北文化日报》副刊编辑。两个月后,考上搬到西安的临时大学(师大、平大、北洋工学院联合),入北平大学俄文先修班,编辑位子让给刚从上海逃难来的叶以群。1938年4月,学校南迁,中共陕西省委组织部要我随校去,第一学好俄文,第二做学校支部工作。我不愿意,我要求去延安,从事文学工作。"

在这段不到半年的短暂学习经历中,柳青接受到了沈志远、曹靖华、季陶达、李毓珍几位优秀的马克思主义学者的教育,学习了哲学、政治经济学、俄文文选、俄文讲读、俄文文法、俄文文法实习、俄文会话、俄文默写等课程,在一定程度上为《创业史》的创作作了理论或思想上的先期准备。

琳琅满目的家政系手艺义卖

家政系由清光绪三十二年(1906)的北洋女子师范学堂、河北省立女子师范学院发展而来，既是我国最早的女子师范教育之根，也是西安临时大学最有特色的系科之一。在西安时，这个富有特色的系属第一院，与国文系、历史系、外语系一起在城隍庙后街4号上课。家政系于1938年1月28日及2月4日在学校大礼堂举行了两次"实习成绩义卖捐赠抗战将士鞋袜"活动，着实地"显摆"了一下师生的手艺绝活。

据《西安临大校刊》第11期报道：

家政系学生进行食物调剂练习

> 鉴于前方抗战将士亟需鞋袜，特将平日烹饪、缝纫实习成绩全部献出义卖，而以所得卖价制备鞋袜，捐赠前方战士。为此，特设临时义卖处于本校大礼堂，每星期六下午举行义卖一次，以三次为限，前两次为食品义卖，业于一月二十八日及二月四日分别举行。售物计有饼干、花生饼、油煎饼、牛肉干、笋豆、假咖啡、香园酱、柠檬酱、橘子汁、可可糖花生、糖花生、花生糖、芝麻糖、鸡排、柠檬排、可口排、可口蛋糕、蛋糕等食品数十种。

城隍庙后街4号——西安临时大学国文系、历史系、外语系和家政系曾在此上课

西安临时大学师生既可捐款救国，又有可口的美味，大家都慷慨解囊，不到一小时，大部分货品即已售罄。成绩非常可观。随后又举行了第三次义卖活动："闻第三次将举行服装义卖，备有大批精美婴儿服装、儿童服装、桌布、靠垫、枕套、口袋、手帕等出售。"

这些义卖活动既显示了家政系丰富多彩的教学内容、实习教学成绩和师生们琳琅满目的手工艺制品，也显示了全校教职员工踊跃支援抗战的义举。

临大南迁：翻越秦岭的故事

1938年3月16日晚，国立西安临时大学千余师生在西安乘坐火车，开始南迁。此次南迁以校常委徐诵明为大队长，率领1400余名学生，编为1个大队，下分3个中队、14个区队、106个分队。

南迁队伍从西安乘火车到宝鸡下车，

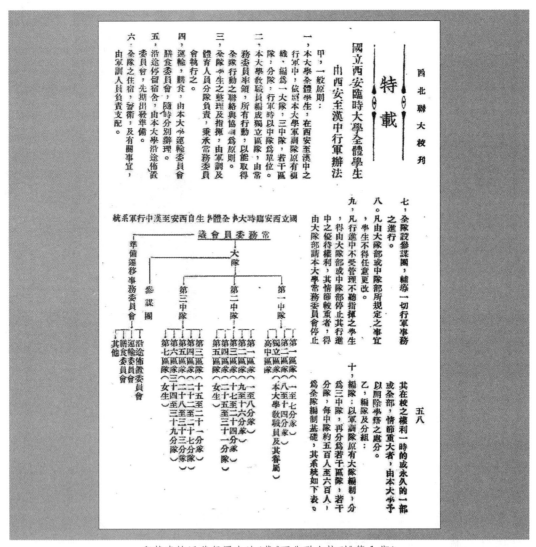

翻越秦岭迁移行军办法（载《西北联大校刊》第1期）

3月20日从宝鸡南行,开始徒步翻越秦岭,三个中队分为四批行军,由宝鸡至汉中分十站行进。全校千余学生行程近千里,历时月余,并以沿途社会调查、抗战宣传、军事拉练、强身健体为目标。其中西安到宝鸡170公里,宝鸡到汉中255公里,每日须步行10余公里,多者30余公里。

学校规定学生们自备背包一个,草鞋两双,二人合组轻便行李一件。每个中队一般由军训教官任队长、年轻教授任副队长,下设运输组、设营组、纠察组、交通组、医务组、警卫组等。每个中队配有民夫、驮运骡马等。

佟学海买尽西安全城锅饼与咸菜

国立西安临时大学南迁汉中前夕,齐国梁教授任膳食委员会主席,佟学海为书记,他们进行了一次全城干粮、咸菜大采购。一时间全西安城大街小巷、老少妇孺皆为此而"战";佟学海坐镇西安火车站,过秤、登记、付款。直到3月16日临大西去宝鸡的火车开车前,采购317袋锅饼,共计8676斤,还有3000余斤咸菜。

其间闹了不少误会与尴尬。在车站的锅饼收购中,庶务组组员胡铭右先生在雇佣胶皮轮大车时,顺便委托大车公会会长之妻代为购集,并由其率领全城各家锅饼小贩分头送至火车站,随即陆续过秤、登记。由于秤提不堪重负,一会儿断了,一会儿再系上,一直到开车前。正拟请大车公会会长之妻出具收条领款之时,她却说:"以货换钱,何须收据?"不愿意出具收条,且恐火车开车无处要钱,便哭起来。而这时,等车的临大学生们误以为几个大男人在为难妇人,反来谴责,真是闹得哭笑不得。

买咸菜时,佟学海分别向西安各酱园采购酱萝卜,起初倒还顺利,但后来一些较

身着冬装的西安临大学生在南迁途中

1938年南迁队伍途经柴关岭

1938年3月，国立西安临时大学南迁途中经过凤县

1938年3月，国立西安临时大学师生南迁汉中途中

韩镜良与成舍我

大的酱园所存酱菜无多，不肯全数出卖，恐将无法应付经常主顾，以致停止营业。佟学海只好跑遍全城采购，最后也只买到17袋，计3000余斤。

这些锅饼与咸菜成为翻越秦岭的千余名学生的主食，即使如此，也只能每人每日一斤锅饼、一块咸菜。出发10天之后，锅饼已经吃得差不多了，佟学海只好又在秦岭南部的马道一带再次收购锅饼，直到第11天到了褒城，佟学海买锅饼的工作总算告一段落。

绣鞋不翼而飞

法商学院谷景耀与经济系张仪修所在的第三中队夜宿凤县，一部分同学被安排住于凤县西街一无名小庙内。

小庙年代久远，殿宇清洁，庙内有女像两尊，被信徒打扮得粉面桃腮，束腰紧袖，栩栩如生，特别是其金莲瘦小，所着绣鞋更是古今罕见。夜晚，谷景耀与张仪修就躺在女像脚下。临行，二人出自对民间工艺的极度好奇，各从女像脚上脱下绣鞋一双，藏之于背囊。然而，带到汉中以后，两双绣鞋皆不翼而飞。整整一学期，二人心里都觉得惴惴不安。

刘艺民英雄救美

在翻越秦岭南迁汉中的川陕道上，法商学院学生刘艺民一直难忘扒车救美的惊险一幕。

那时候，川陕道虽然路况极差，却也有一些商用汽车往来。一天，一辆客车拴住后门，空车沿着30°左右的坡路缓缓前进，正从刘艺民所在的小队旁边经过。刘艺民出于好奇和讨巧的念头，纵身一跃，一只手抓住了汽车后门的拉手，同时踏定了上车的踏板，心里非常惬意。然而，车子经过两三个女同学身旁时，其中一位叫韩镜良的同学，也效仿他猛然纵身一跃，右手抓住汽车后门的另一个拉手，但脚未踏住蹬板，车悬拖着她往前去，手又不能松，情况十分危险，遂紧握拉手惊呼大叫起来。这时，旁边的刘艺民情急之下用右手抓紧拉手，左手一抄，抄住了她的腰部一提，她趁势双脚踏住了蹬板。这时汽车并未停车，仍在前进。惊慌之下，韩镜良花容失色，刘艺民紧紧挽牢她的腰部，直到车子开始走下坡路，这场英雄救美的好戏才慢慢落幕，刘艺民也才终止了"保驾"行动。夜晚集队宿营时，韩镜良的恋人特地来向刘艺民道谢。

故事的主人公韩镜良1969年与中国著名报人成舍我（1898—1991）缔结百年之约，成为其第三任妻子。当时韩镜良已70岁，任台北中兴大学教授，其前夫因"匪谍罪"被处决。韩镜良后移居加拿大。

恪守古训"行不由径"的谢似颜教授

南迁路上，为保障秩序和安全，以防发生意外，大队长徐诵明命令全队由公路前进，不准走小路。第一中队队长谢似颜教授遵命一直沿公路缓步前进，一些身体较弱或性情稳健者亦大多随行。

然而，川陕公路上酒奠梁、柴关岭一带盘道甚多，汽车迂回在大道上，还没有人走得快，学生们常有与汽车争先者，故大家愈往前走，愈觉得小路实在近得多。于是，就连中队长和参谋团的人也不愿遵守命令多走冤枉路了，都绕小路下了山，在山下休息好久以后，才见谢似颜教授率领一部分队员整队而来。谢似颜教授始终遵循"行不由径"的古训和大队长命令，诚不愧为道德学之教授（其在教育系亦兼带道德学科目之教学）。徒步行军，对学生和青壮年来说当

南迁途中的同学在木桥上小憩

然不成问题,但当时仍有很多教师颇有疲乏狼狈之相,一路成为笑谈,像谢似颜教授这样"儒风不倒"者的确令人敬佩。

土匪劫车

1938年3月19日晚,第二中队队长刘德润正在主持召开各小组组长会议,安排次日行程,突然闻知,前一日在马道附近家眷汽车遭匪劫,"损失不赀"。

从留坝县城南行至马道,是川陕公路上的一个险要之处。再南出谷,便是褒城。此地以汉代萧何追韩信至此而闻名。同时,由于此地位于褒城斜谷口,太白河流经其间,路途艰险,当年又以车祸频发而闻名。然而,劫道者也看中此地的艰险,这里遂成为川陕道上的土匪出没地之一。

王耀东教授回忆说,整个民国时期,政府的控制能力很差,各地匪患迭起,川陕边山区常有土匪出没,更有王三春等巨匪,动辄啸聚数千众,打家劫舍,抢掠商旅,甚至攻城略地,与政府军对抗。南迁沿途山高谷深,路途艰险,正所谓"蜀道难,难于上青天"。此时,虽然开通了川陕道,但防匪仍为头等大事。

台湾的尹雪曼校友也回忆说:"一辆载乘学校教授和眷属的汽车,在赴陕南路上被抢劫,人没有伤亡,但太太们的金银首饰和现金损失不少。所以,学校就给我们中队派来四位保镖护送。给我印象很深,那时虽是阳历三月,农历还是一月底光景,秦岭北面还有残余的积雪,但是爬上秦岭翻越过去后,南面就已有了春天的气息。我看见这四位保镖的时候,正是越过秦岭以后,因为大伙儿出发时还穿着棉衣,走路一热,那四位保镖就光着上身,露着胸臂,每人腰里插一把盒子炮,把手还扎着红布,真是威风凛凛,不可一世。然而,我心里暗自琢磨,如果像美国西部片那样,土匪躲在山林或岩石堆里向这四位保镖一齐开枪,恐怕也是不

川陕道上褒城之石门景色

堪一击。好在劫匪的事再没听说,我们安然到达目的地城固。"

女生入观开先例

张良庙地处柴关岭,形势险峻,为邑要隘。此地为汉留侯张良隐居之处,群峰葱翠,曲涧清流,风景极佳。据南迁第三中队谷景耀回忆:其间花木清幽,十分整洁,在迎门处,有进履桥一座,院内平宇长廊,共有两列,左供方丈起居,右为往来接待所。受书阁题咏甚多,皆为纪念张良治国安邦的故事。此处游人虽多,但从不留容女客,是远近闻名的道家森严禁地。

然而,自宝鸡下车后第8天,西安临时大学第一支南迁队伍抵达庙台子,张良庙却打破规矩,第一次容留数批女学生,且留驻观内,整休数日方才继续前行。截至1937年12月,西安临时大学有女生229人,其中文理学院144人,法商学院24人,师范学院36人,医学院25人。到底是谁第一批入观,已经不得而知,但起码我们知道,1938年3月间,一群西安临时大学的女学生给这深山老林中的道观、给这与世隔绝的秦巴山地带来了外面世界的气息。

误杀耕牛打牙祭

褒城古称褒国,为褒姒故里,位于褒河西岸,鸟语花香,山地清幽。法商学院谷景耀所在的第三中队抵达褒城,大家晚间分

张良庙

在川陕道上艰苦跋涉

同学们结伴向城固迈进

宿于河东西两岸。谷景耀与同学们被分至一座文庙，庙因空闲已久，跳蚤过膝，遂央人清扫，大家随后打开行李，各按其位入睡，直至次日凌晨，才被一声枪响惊醒。原来，晚上负责警戒的同学在晨曦朦胧中以为野兽来袭，随即举枪射击，误杀一头耕牛。后经与物主和解赔偿后，整头牛全部赠与第三中队，因而数日不见荤腥的同学们终于大快朵颐。会餐之后，晴空万里，烟景阳春，学生们有的往河边田野，有的去桃花树林，漫步轻歌，好不快哉。

无独有偶，王耀东、谢似颜带领的第一中队护卫队的一位学生，看见一只大鸟落在牛背上，举枪就射击，没打着鸟，倒把雇佣老乡的牛给打死了，自然又是一番赔礼道歉和赔偿以及一顿烧牛肉。

"公诚勤朴"校训的由来

校训牌匾

1938年10月，国立西北联合大学第45次会议提出，以"公诚勤朴"为学校校训。

这则校训源于1937年国民政府教育部的一则训令。其训令《颁发国训及青年守则》指出："查全国各级学校……每一学校各有其不同之历史环境及一贯之精神，故每校应依其所有之特征，制定校训校歌，昭示诸生，以必遵之准绳。"据此训令，西北联大常务委员会根据学校地处西北等实际情况，决定以"公诚勤朴"四字作为校训，并悬挂于礼堂、饭厅等处。受命撰写校歌歌词的西北联大秘书处主任兼国文系主任黎锦熙教授和法商学院院长许寿裳教授稍后将校训写入校歌。自西北联大分出的西北工学院、西北农学院也分别拟有"公诚勇毅""诚朴勇毅"的校训，表现了三校同出一源、分而有合的紧密联系。

校训最原始的解释出自黎锦熙教授1944年5月在城固撰成的《国立西北大学校史》。其中有："'公诚勤朴'校风养成，盖与西北固有优良之民性风习相应。夫'民生在勤，勤则不匮'，此足以去贫，非仅治学修业宜尔。勤以开源，朴以节流；然朴之意又不至此，乃巧诈之反。'今之愚也，诈而已矣'，此足以去愚，凡诈皆愚也。公以去私，用绝党争。'诚者天之道也，天行健，君子以自强不息'，此足以去弱。弱源于虚，诚则实矣。'贫、愚、私、弱'，人皆知为吾民族之所苦；勤朴公诚，正其对症药也。"

2002年1月15日，西北大学筹备百年校庆时研究确定，沿用1938年所定之校训。

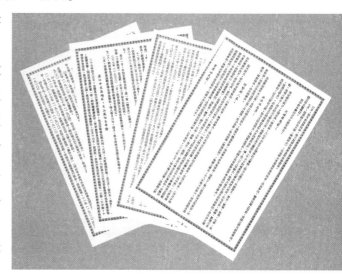

黎锦熙撰校史之影印稿

黎锦熙与西北联合大学校歌

> **國立西北聯合大學校歌**
>
> 並序連黌，卅載燕都迥；
> 聯輝合耀，文化開秦隴。
> 漢江千里源嶓冢，天山萬仞自卑隆。
> 文理導愚蒙；
> 政法倡忠勇；
> 師資樹人表；
> 實業拯民窮；
> 健體明醫弱者雄。
> 勤樸公誠校訓崇。
> 華夏聲威，神州文物；
> 原從西北，化被南東；
> 努力發揚我四千年國族之雄風！
>
> 黎錦熙　民國二十七年秋

　　并序连黉，四十载燕都迥。联辉合耀，文化开秦陇。汉江千里源嶓冢，天山万仞自卑隆。文理导愚蒙，政法倡忠勇，师资树人表，实业拯民穷，健体明医弱者雄。勤朴公诚校训崇。华夏声威，神州文物，原从西北，化被南东。努力发扬我四千年国族之雄风！

校歌是一所大学的办学特色、传统风格、文化底蕴的沉淀,是其人文精神的浓缩和升华。

西北联合大学校歌创作于1938年,由时任国文系主任黎锦熙教授和法商学院院长许寿裳教授撰写歌词。这首豪气冲天、壮志凌云的西北联大校歌,精辟地反映了西北联大组建的历史渊源与院系的社会教育功能,并高度概括了三校在平津40年以及在秦陇联合创办的文理、政法、师范、农、工、医学科教育以"公诚勤朴"为校训,传承民族文明,发扬民族精神的鲜明办学特色,也深刻地表达了西北联大教育家们对育人的忠诚感和责任感。然而,学校委托专家为歌词配制曲谱一事竟因学校改组而搁置,以致西北联大校歌最终没有曲谱。

黎锦熙是我国著名的语言文字学家、词典编纂家、文字改革家和教育家。他1911年开始从事教育工作,早年在长沙第一师范任教时,毛泽东是他的学生。1915年应国民政府教育部之聘到北京任教科书特约编纂员,1920年开始在高等学校任教,1937年随北平师范大学迁往西安,后来又辗转至汉中、兰州等地,历任教授、系主任、师范学院院长等职。

校歌有词无曲,西北联大不复存在,他心有不甘,乃于1944年以歌词为纲,撰成一部简明的《国立西北大学校史》,并自重其文曰:"斯亦史家创体也欤!"

黎锦熙教授

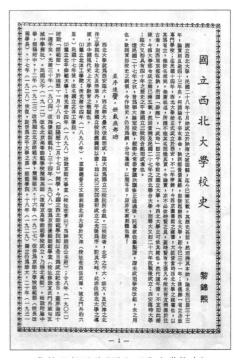

黎锦熙撰写的《国立西北大学校史》

龚锡庆副教授城固家中遇害

民国三十三年经济系毕业同学合影

城固之城墙及西大门

　　西安临时大学南迁城固后，由于工资很低又不解决住房，许多教师不得不在外面租住一些条件很差的房子。1938年3月26日晚，住在城固县城小西门至法商学院之马路东的一个土墙茅屋内的法商学院商学系俄文副教授龚锡庆，突然被匪徒破门行凶刺死。邻居赵先生相救时受伤在汉中住院。龚、赵两位先生的财产亦被洗劫一空。城固县政府抓捕了几个疑犯，审问后了无下文。

　　两位先生皆为法商学院教师。龚先生到校3个月，为人谦和。赵先生则刚刚到校。因此，此次事件绝不可能为仇杀，完全是土匪所为。

　　学校为此向教育部提出龚先生的抚恤金申请，并将其薪金发放至1938年7月止。同时报销了赵先生的医药费。

　　为加强教职工安全保障，学校将校警队伍扩充到30人。学校常委会第68次会议又通过决议，成立警卫委员会，由体育系董守义教授任总干事，军训教官李在冰任副总干事，加强全校警卫安全。

汪堃仁自述:行程万里抵陕南

汪堃仁教授

"1937年7月7日卢沟桥事变爆发,祖国半壁河山受到残暴的蹂躏。""我感到再也不能容忍下去了,毅然决定离开协和,到后方去,到已迁往陕南的西北联大。""1939年5月,我筹借到路费,携带妻女(当时长女2岁,次女才6个月)和简单的行装,开始了西北之行。从塘沽登船,经香港抵海防,换乘火车到昆明,再由昆明乘卡车穿过云贵高原,到达山城重庆,此时已是盛夏酷暑的七月了。在重庆停留期间,敌机不时狂轰滥炸,尸陈遍地,一片慌乱。""当时,我考虑到内地教学一定很需要生理仪器,便冒着敌机轰炸的危险,找到中央大学(今南京大学的前身)医学院生理教授蔡翘办的教学仪器厂,自己筹款买了几套生理实验仪器,以备教学之用。那时候,大后方的交通十分困难,四川没有铁路,成渝公路也尚未通车,我和妻子杨淑清抱着孩子、带着仪器和行李,由重庆乘江轮溯江而上,到了泸州。由泸州经成都、剑阁、广元到陕西,途中多次更换交通工具,有时还得步行,终于在1939年9月到达陕西城固。""此行历时四个多月,行程万余里,受尽长途跋涉之劳,饱尝蜀道难行之苦。目睹日寇的残暴肆虐、国民党统治的反动腐朽,使我为灾难深重的祖国感到无限的忧虑。"

"我到校后,先后讲授过生物系的动物生理学、解剖学和组织学,体育系的人体解剖学和人体生理学以及家政系的生理学等课程。""最初没有助教,举凡课堂讲授、准备实验、上实验课、课堂演示等,都由我一人完成。""由我从重庆带来的仪器这时也发挥了重要作用。我几乎开出了北平协和医学院所开过的全部基本的生理实验课程。解剖实验没有尸体,我便和其他老师炮制狗、猫来代替;没有骨骼,便捡取无主尸体,加工后串成骨骼架子。"

"西北五校分立时,我还带头先为西北大学生物系讲授动物生理学等课程,仪器设备也互通有无,使两系的学生都得到益处,提高了教学质量。"

这是北京师范大学生命科学学院网页中汪堃仁教授的一段自述节录。汪堃仁是中国组织化学和细胞生物学的开拓者之一,1934年毕业于北平师范大学,1939年至1946年任西北师范学院、西北大学合聘教授。1980年当选为中国科学院学部委员。

城固时期的二校门

城固时期的学生宿舍

城固时期法商学院的教室楼院

王耀东、谢似颜化装逃出北平

青年时期的王耀东

1937年7月28日早晨,北平街头,王耀东像往常一样照常起早去北平大学女子文理学院指导田径队练习,准备参加北平市大中学校田径运动会。

然而,这一天正是抗日战争中的北平沦陷日。王耀东像北平社会各阶层的许多人一样,对此浑然不知,根本就没有任何战争动员或者准备。人们哪里知道,这天早晨,守卫北平的宋哲元二十九军已经撤离,日本侵略者正在进城。

王耀东走到半路,发现街上行人很少,一个个面露惊恐,一打听才知道日本军队马上就要进城了。第二天,他就看见大批荷枪实弹、全副武装的日本军队在天安门前和东西长安街耀武扬威。大街小巷随处可见日本侵略者肆意打骂我国同胞。

得知政府在西安成立了包括北平大学

1921年北京高等师范学校赴远东运动会篮球代表队员(右起第二人为王耀东)

城固时期的法商学院学生宿舍

在内的国立西安临时大学,王耀东便与体育系主任谢似颜于10月间离开北平,绕道前往西安。临走那天,妻子齐志修悄悄来到谢先生家为丈夫送行,王耀东心情十分沉重,留下800元钱,让弱妻幼女稍待时日听候消息,随即化装成商人模样(日军严查军人和学生),并在医院取得防疫注射证(否则日本人要临时注射防疫),当即起程。

这可是一段凶险难料的旅程,他们连闯四关。

第一关,在布满日本军队的北平火车站,王耀东用行李遮挡住脸面,总算在持木棒列队而立的日本兵夹道中进了站,进站后才发现被人盗窃钱包,好在丢的是零钱,车票也还在。

第二关,到了天津,出站后在一小旅馆住下,眼见得日本宪兵扣留许多中国同胞,不敢贸然去车站取行李。后来只得硬着头皮去拿行李,却见行李就摆在站台上,尚未检查,还是车站服务员提醒他们说"趁日本人没来,还不拿走",二人这才上前提上箱子就跑。

第三关,因为各铁道线成为中日争夺的焦点,他们只好改海路从天津乘轮船往青岛。在天津港,日军盘查极严,逐个检查行李物品,好在两人没有露出破绽,船过大沽口,总算脱离虎口。

第四关,从中国军队控制的青岛换乘火车到徐州,凶险却依然伴随。火车刚进徐州站,日本飞机就开始低空扫射,站台上的人纷纷逃避,只有他们还留在站台上。直到旁边有人高喊"卧倒",他们才赶紧俯身倒地,随即一排机枪子弹扫射过来,所幸没有受伤。

一路心惊肉跳,两位体育精英终于在10月下旬到了大后方西安,双双任教于国立西安临时大学体育部。

三年后的1940年,王耀东的妻子齐志修才带着两个孩子,历经艰险,辗转数千里找到陕南城固,一家人终于团聚。

化学系在城固的制造与科研乐趣

1938年,西北联合大学化学系初到城固,鉴于当地物资缺乏,遂就地取材制造了不少具有特色的"校产土特产品",包括试制中药、进山调查制革原料五倍子、分析黑米、酿造芋头酒、绘制第一份汉中土壤成分图等,满足学校和地方的需要,为抗战和地方经济社会发展作出重要贡献。以下仅为其事迹之一二。

刘拓教授

刘拓造纸

1938年年初,在城固最紧缺的就是纸张。文理学院院长、化学系主任刘拓教授立即着手研究,派学生收集原料,发现陕南的构树纤维很长,可以造纸。于是,他们采集标本,分离粗皮,软化细皮,经蒸煮之后制成的白纸质地洁白平滑。刘拓教授还据此撰成论文,在美国《化学工程》杂志发表。

二朱制蜡

朱有宣教授

西北联合大学初到城固,没有电灯照明,全靠蜡烛。但蜡烛熔点甚低,亮度欠佳,气味难闻,夏天点用极易弯曲。为此,化学系朱有宣、朱汝复两位教授悉心研究,予以改良,使得蜡烛硬度增强、灯蕊燃烧速度与蜡的消耗更合理,而且外形美观,气味芬芳,大受欢迎。

城固时期的校舍

助糖坊制糖

汉中盛产甘蔗，西北联合大学驻地有糖坊一所，制造粗砂糖。某年忽然早霜，糖坊所制糖浆不能结晶。眼看其一年心血将付诸东流，东家焦急万分，遂至化学系求救。化学系学生在刘拓教授的指导下前往糖坊调查分析，发现脱色方法落后，转化糖过多，漏盆中温度过低，致使结晶与母液不能分离。遂"对症下药，手到病除"。刘拓教授还据此撰成《糖液中加石棉粉过滤之效果》一文，发表于美国《化学工程》杂志。

谈"七"色变

汉中巴山之阴的西乡、秦岭之阳的洋县一带均产漆树，遂进入化学系的研究视野。结果，凡是接触的学生都满身红肿，刘拓教授认为是异蛋白质反应，校医温大夫也束手无策，后来请教木工，才知"七木打了，八木治"！蒙赐八木片，煮水洗伤，不久痊愈。然而，此后学生们连与"漆"谐音的"七"都不敢谈，"谈七色变"，无人再敢与"漆"有染。

裂化桐油造汽油

学生们"谈七色变"，不敢染"漆"，遂又研究起桐油来。陕南桐树漫山遍野，桐油输出，为一大财源，但抗战时期出口停顿，货弃于地，非常可惜。学生们遂在朱老师的指导下，进行各种试验，以裂化桐油制造汽油，获得成功。

自酿芋头酒

陕南盛产芋头，学校食堂整日水煮芋头，倒尽胃口，但芋头与山药炒成的二泥，又当别论。化学系试验室自酿成"芋头酒"，味道极为醇美，也很有开发价值。数十年过去，田岁成校友在台北回想起来，仍然回味无穷，不禁勾起酒瘾来。

黎锦熙与齐白石弟子孙竹青

抗战年代的汉中,一下子迁来那么多学校、机关、工厂,物资匮乏的程度难以想象,西北联大消耗量最大的纸张、蜡烛等日用品,不得不由文理学院化学系的教授们自己制造,以供所需。而印刷厂常用的油墨和平时书写使用的墨汁,竟然是由校园边的一位20来岁的弱女子通过西北联大黎锦熙教授介绍,在化学教授的指导下生产制造的。她就是齐白石的女弟子孙竹青。

孙竹青1920年生于河北固安,从小就表现出非凡的绘画才能:9岁可在扇面上作画;13岁时即拜齐白石为师;15岁整夜临摹王梦白的花鸟画都不觉倦困;17岁画了一幅花鸟画,齐白石好生喜欢,顺手在画上题写:"竹青女公子,年小笔超殊",足见才气。

七七事变中,孙竹青的父亲参加了卢沟桥保卫战,不幸被日军毒气弹所伤,双目失明,回到固安老家休养。北平沦陷后,孙竹青看着70多岁的老祖母、双目失明的父亲、久病在床的母亲,以及三个未成年的弟妹,如何度日,何去何从?17岁的她毅然挑起"家长"的重担,决定带领全家老小开始南迁流亡。她从家乡到涿县,再乘火车到潼关,然后雇了一辆小车,推着年迈的祖母和年幼的小弟,她自己则背着小妹,历经艰辛,终于在1937年秋天到达西安。当时,适逢政府举行赈济难民的画展,她作画十幅参展,不到三日即被抢购一空。靠着卖画的收入,一家人总算落脚西安。然而,日寇逼近西安东大门潼关,不得不随逃难的人群

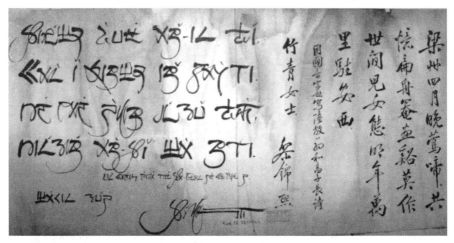

1939年11月25日,黎锦熙为流落城固的齐白石弟子孙竹青女士的题赠注音

孙竹青《翠鸟图》(现藏汉中市博物馆)

再流落到陕西西部的宝鸡。为了等车到汉中,她们一家在道路边席地而卧达月余,又到宝鸡城南15里的茹家庄,才搭车到了南郑城(今汉中市)。

在南郑城,孙竹青把一家人安顿住下,便立即拾起画笔,开始作画。1938年的一个夏天,孙竹青正在与几位画家闲谈,偶然与从城固到汉中办事的西北联大教授黎锦熙相遇,而且黎锦熙和齐白石同乡,又是好友,黎锦熙的夫人贺澹江与孙竹青皆为齐门弟子。孙竹青早年在齐白石家学画时就见过黎锦熙,因而在汉中相遇,大家皆很意外也特别感到亲切。黎锦熙看到她画的《辛夷玉鸟图》,颇为欣赏,便乘兴在其画作上方题下"神超墨外"四个字。

然而,孙竹青仅靠父亲每个月领到的一点生活费和她卖画所得维持家用,实在难以为继。于是,黎锦熙便建议她学习化学工艺,自制油墨、墨汁供应内迁城固和汉中各校。不久,黎锦熙介绍孙竹青到城固,就住在黎锦熙家,跟随西北联大化学系的教授学习制作油墨、墨汁的工艺。在此期间,她同黎夫人贺澹江也结下了深厚的友谊。学成之后回到南郑城内,孙竹青在自家后院办起了油墨和墨汁手工作坊,经过一个月的不断试验,她终于制成了第一批产品,送往南郑各印刷厂和学校试用,她和各用户皆很满意。黎锦熙给她生产的油墨取名为"竹青"牌,黎锦熙的名气、齐白石弟子的名气,与这油墨、墨汁伴着书香,竟然一下子火了起来。1940年,就连书界大腕于右任也为她题写了"天行健,君子以自强不息"的条幅,予以褒奖。

黎锦熙撰《挽孙竹青女士》碑(近处可见"湖南湘潭黎锦熙",现藏汉中市博物馆)

创办全国最早的两个考古学科之一

1938年5月,西北联大成立考古委员会,开展对张骞墓的发掘维护,标志着国立西北大学考古学科的创立。至战后,西北大学历史系考古学科已经有了较大发展。"自联大迁至城固,即大量搜集陕南文物,成立考古室,近年来在甘、青、新等省所获史料亦多,曾公开展览数次,1945年春,教部复将西北艺术文物考察团累年所得文物资料,全部拨归学校整理研究,成立西北文物研究室,将原有考古处并入,并拟成立永久性之西北文物馆,以资长期陈列,先以原有文物为基础,然后就西北特有之文物资料逐渐扩充,务使各类文物均能独有一时代系统,以发挥其在教育上之价值。"

当时,其保存的文物已有:史前石器、铜器、陶器、砖瓦、佛像、钱币、写经、藏画等实物;陵墓雕刻、佛教雕刻、碑刻等模型;碑碣、墓志、造像、花纹图案等拓片;壁画摹绘、风俗写生、史迹名胜等图画;建筑、雕刻、壁画、风俗、史迹名胜等照片。共计5大类,100种,2000余件。

黄文弼和徐炳昶同为我国最早的两个高等学校考古专业——北京大学考古学科和西北联大—西北大学考古学科的奠基人,这也许是一个历史的巧合。以同出一源的北平大学—北平研究院—西北联大为契

黄文弼教授　　　斯文·赫定

机,两支高校考古力量实现了一次历史性交集。1924年北京大学国学门考古室的建立和1927年夏天徐炳昶、黄文弼(后均为北平大学—北平研究院历史研究所主要成员)作为中方代表与斯文·赫定第一次随西北科学考察团出发,标志着北京大学考古学科的重要发展。1929年9月9日,国民政府行政院以北平大学的研究机构为基础组建成立国立北平研究院,研究人员具有北平大学教授和北平研究院研究员双重身份,李煜瀛任院长。研究院隶属于教育部,下分行政事务与研究机构两部分。1937年7月抗日战争爆发后,国民政府令与北平大学、北平师范大学、北洋工学院、河北女子师范学院合组为国立西安临时大学,旋改为国立西北联合大学,但实际上仅有历史、生物等学科的少数教授并入西北联大。

1938年5月西北联大成立考古委员会，建立文物陈列室，并以北平大学—北平研究院驻西安碑林研究员徐炳昶为指导，黄文弼等具体参与实施张骞墓发掘，他主导的一系列西北科学考察和考古发掘，标志着西北联大—西北大学考古学科的诞生和重要发展。扎根西北的我国第一个大学考古学科由此建立，并培育了西北最早的一批科学考古人才。

张骞墓

西北联大在发掘维护张骞墓后所立的碑

西北联合大学发掘张骞墓轶事

1938年7月3日至9月2日,正值七七事变爆发的第二年,由西安迁至汉中城固不到半年的国立西北联合大学历史系考古委员会主持对汉博望侯张骞墓实施了发掘和增修。8月24日,西北联大师生已经发掘到墓冢东侧墓道东耳室,据说已经看见铁链所系的悬挂状棺木,但尚未进入墓室时,散居墓周数村的千余村民胸带"张氏后裔"红布佩条,群情激昂,扛着锄头、扁担,蜂拥至发掘现场,围住陵墓,要与掘其祖墓者决一生死,一场群殴瞬间蓄势待发。发掘遂中止,双方协商,遂改墓室发掘为墓道增修,退出墓道并回填墓冢封土,竖碑留念,纷争遂平息。

其实,西北联合大学校常委徐诵明、李蒸及许寿裳、黎锦熙等教授调查汉中著名

西北联大师生发现张骞墓门

发掘张骞墓

古迹之后,曾提出张骞墓发掘和增修的详尽计划。为此,学校事先商准各级政府,也曾与张骞后裔协商并获同意,一起参与发掘和增修工程。主持此次发掘的是西北联合大学历史系的陈士骥和周国亭两位教师以及张循祖、杨贻等二十余位学生。许寿裳、李季谷、陆懋德、许重远、黄文弼等历史系教授亦为主要参与者和研究者。县政府保安队陈思礼、联保主任朱秀峰(代表严维馨)、保长饶胜五、甲长饶文明等13人协助。然未与"张氏后裔"有效沟通,遂险遭殴祸。

墓道增修竣工后,陈士骥、周国亭发表发掘报告。次年由西北联合大学在墓前刻立"增修汉博望侯张公骞墓碑记",其上有书:"国立西北联合大学讲师吴世昌谨撰;国立西北联合大学教授黎锦熙书丹;国立西北联合大学常务委员会李蒸、徐诵明、胡庶华谨立;中华民国二十八年五月吉日,田鸿玉刻石立。"

1939年4月6日,西北联合大学全校师生员工1400余人为纪念"民族扫墓节",提倡民族精神,整队赴汉博望侯张骞墓举行祭扫活动。

1939年8月13日至14日,刚由西北联合大学改为西北大学的学校考古室举办了张骞墓出土古物展览。先后有时在学校的教育部次长顾毓琇教授,学校常委李蒸、徐诵明、胡庶华教授,学校秘书主任黎锦熙教授以及师生数百人参观。1942年,国民政府监察院院长于右任在国立西北大学视察后,也到张骞墓拜谒。

这是迄今对张骞墓唯一一次未完成的正式科学发掘。但通过已发现的"博望侯"封泥等,已确认为张骞墓无疑,其相关资料在中国外交史、对外开放史、文化交流史和"丝绸之路"研究方面均具有重要意义。

"瘦骨一撮不胜衣"的黄文弼教授

黄文弼(1893—1966),字仲良,湖北汉川人,著名考古学家,西北史地学家。他于1918年毕业于北京大学哲学系,后留校任教。1935年,黄文弼受聘为国民政府中央古物保管委员会委员,派驻西安任办事处主任,负责修整西安碑林。1937年10月至1947年9月,黄文弼先后任国立西安临时大学—国立西北联合大学—国立西北大学历史学系讲师、教授兼主任,边政学系教授兼主任。

黄文弼一生曾四次深入亚洲腹地新疆进行科学考察,行程38300公里,前后历时近六年,他的考查范围包括内蒙古与甘肃西部,新疆北起阿勒泰、布尔津、南至和田,东起罗布泊,西至喀什。他勘查大小遗址数百处,重点发掘数十处,踏遍绿洲,深入沙漠,特别是在吐鲁番盆地、罗布泊、塔里木盆地获得了丰硕成果,是最先进入新疆专门从事考古工作的唯一一位中国学者。

在晚清至民国早期,辽阔的大西北是外国探险者的天地,这一时期我国有大批文物被盗取。黄文弼对此感到非常气愤,因此,在1927年斯文·赫定率大型远征队第五次来华拟往西北考察时,他与其他学者一起强烈反对,最后达成由中国和瑞典联合组成中国西北科学考察团,斯文·赫定、

黄文弼在科考途中

徐炳昶任团长,采集品全归中国所有的协议。黄文弼随团前往,这也是他首次赴新疆考察。在1930年去楼兰遗迹考察时,斯文·赫定竟将瑞典的国旗插在沙丘上,黄文弼当场提出严正抗议:"这是中国的国土,不许插外国国旗!"他一边说着一边拔掉瑞典国旗,插上了中国国旗。1934年,在以修筑西安到新疆的公路和黄文弼考察新疆教育为由的第二次科考过程中,因为斯文·赫定在新疆盗掘文物,黄文弼报告给教育部,二人发生了激烈冲突。按斯文·赫定的说法,中国铁道部、新疆地方政府、南京国民政府,还有一些中国学者最终都向他妥协了,

只有一个人绝不妥协,那就是黄文弼。他几乎是在进行"一个人的战争",顽强地坚持着自己的原则。此事的结果虽然不尽如人意,但我们看到了黄文弼维护国家利益的高大形象。尽管如此,在国际合作考古中,黄文弼却以严谨、扎实的工作赢得了合作者的尊重。后来,斯文·赫定在他出版的《长征记》中对黄文弼特别敬佩和赞赏。中瑞科学考察团双方友好合作,取得了许多重要成果,成为中国近代史上第一个中外合作的成功典范。

1943年,在国立西北大学派出的第三次新疆考察途中,黄文弼在镇西(今巴里坤)患上痢疾,但他不顾旅途劳顿,仍然拖着病体拓印汉碑。他白天拉着骆驼行进在戈壁滩上,晚上写考察记录到深夜,甚至连年旅行而不习惯于定居,回到城固后常常秉烛至凌晨两三点,一生笔耕不辍,著作达数百万字,真可谓行万里路,写万卷书。刘半农曾经这样评价黄文弼:"此公傻","瘦骨一撮不胜衣","身披一身老羊皮","不看江南之绿杨,而探绝漠之红柳,天炎饮绝沙如焚,人驮平等匍匐走,幸而当晚得水头,不然傻公今何有"。

黄文弼不仅在考古事业上成就斐然,作为教授的他也赢得了学生的赞誉。据他的西北联大历史系学生向玉梅1969年教师节前夕在台北回忆:"黄文弼教授,一身中山装,不知穿了多少年,两袖发亮,肘下裂缝,我们望着他的衣服,常常联想到博物馆的陈列品。黄教授教的是边疆史,我们这些缺德鬼,常说教授的衣服没有边疆。他上课从来不说闲话,讲授材料之丰富,治学态度之严肃缜密,令人由衷敬佩,他口才虽不佳,声音又低,可是我们上他老先生的课,却是全神贯注,肃静无声。"

在陕西的12年,占黄文弼40年学术生涯的近1/3,是其自1927年开始西北科学考古以来最重要的一个历史阶段。他在民国期间共出版了50篇(本)论著,其中有24篇(本)论著是在这个时期完成并出版的。他的《罗布淖尔考古记》是我国第一部符合现代考古学体例的考古报告,是我国考古学演变的标志之一,实现了晚清民初以来中国学术传统向现代学术形制的转变。黄文弼教授不愧为我国西北考古第一人、科学考古第一人,国际合作科学研究第一人。

黄文弼与西北大学历史系1944届毕业生合影

苦中作乐的学生生活

因物价波动,抗战时期西北联大的学生吃饭时经常是八个人围着一小盆白菜汤,菜里很少看到油星、尝到肉渣。正如1939年3月一位学生在一篇名为《饭厅》的作文中所描述的:"像吃宴席似的,八个人一桌、一桌、一桌……水煮的白菜连盐都没有!'有警报'(没有饭的术语)!打游击(乘机多盛一碗)!倒霉(吃一口沙子)!这是敌人送给我们的!这是磨炼我们的功课:'水煮白菜'和'沙子'。"

在住宿方面,初期散居在旧庙宇、教堂和祠堂改建的教室里,睡地铺、通铺。即便后来改建了部分临时住房,也是十几人甚至几十人的大通间,也有到附近农家几人合伙租一间农舍的。

学习条件方面,除了汉中平原上自然美丽的农村风光、大城市少有的清新空气、清澈的汉江流水、神仙村秋季红果满山的橘林……这些大自然赐予的优越条件之外,可以说别的一无所有。偌大的联大图书馆,起初只有两千多册图书。其他学习条件方面的困难更多,如晚上自习用油灯照明,不但光度不足,而且油烟使人窒息。学习必备的文具纸张也缺乏到了极点,就连《国立西北大学校刊》《西北学术》这样的一校之刊,也不得不在1938年第10期以后由新闻纸改用地方黄土纸印刷,化学系的教授不得不自己动手自制黄土纸、蜡烛等用品。尽管如此,学生们的生活仍然丰富

国立西北联合大学时期使用过的铜钟(现藏城固县博物馆)

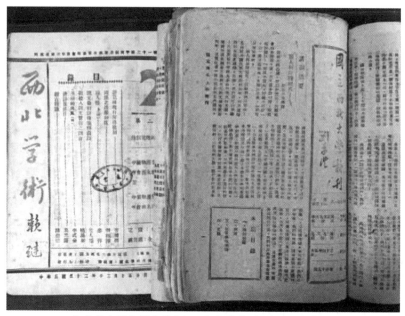

自造黄土纸印刷的《国立西北大学校刊》和《西北学术》

多彩,积极学习和参加各种抗日救亡活动。

那时候,医学院的学生虽全部为公费,但也只能顾到伙食,其他墨、纸、灯油费,均需自备。学生的服装,中西装皆有,有什么穿什么,校方也无法统一。

夏天,学生大多身穿短裤,足蹬草鞋。当时,"学生多会自己缝制,取布一块,上边挖洞便是夏季背心,长裤膝部臀部磨破了,从膝部剪去下腿,补之于臀部,便是短裤。风尚如此,皆不以为陋"。然而,大家"在精神上却很愉快,读书风气之盛,超过任何时期,虽说身穿短裤,足蹬草鞋,但手不释卷,乐趣盎然"。

至于照明,常常使用一种"桐油烛",汉中山区盛产一种桐树,学校以桐油制成蜡烛,开始发给学生,后来自备,用于夜间自习,燃烧时发出一种轧轧声,其外壳不易溶化,故需要时时剥皮。"此物虽非上品,但多年相守,久伴情生也。"

课外体育运动方面,当时盛行的是板羽球,因战时物资缺乏,足球、排球、网球算是珍品,不知哪位高人,发明了这种板羽球:用三鸡毛,根部缠以橡皮条,性能超过现时之羽毛球,球拍为木制,比现在的乒乓球拍大,场中挂球网,可单打,可双打,玩时十分紧张,亦可充分发挥技术。"此种经济玩意,胜利后已不复见了",这已成为那个时代课外运动的象征之一。

1939年国立各院校统一招生简章

西北联大经济系1941届毕业班师生合影(校友黄流珍藏)

警报声中的西北联合大学武装考试

1939年日军轰炸汉中后的情景

抗战时的汉中，西北联合大学的师生们常常听到警报声，频频遭遇日机轰炸。

1938年11月4日，在汉中南郑县集训地，西北联合大学为期两月（自1938年9月8日开始）的军训——陕西省学生集训队陕南支队受训结束，并迎来考试之日。然而，谁也没有想到的是，模拟军事训练竟然迎来了一次携带枪支、刺刀、子弹袋的实战武装考试。

考试的前一天晚上，军训总队部已经通知：除了免戴钢盔以外，其他武器均要随身佩戴。卫万瑞同学在其《集训日记》中说："这种考试在我一生考试中，算是破题儿第一次。"

考试当日，军训教官还没有将考试题目写完，警报钟声即起，教官掷下粉笔夺门而出。武装考试的学生们也一窝蜂似地扛起枪来，撒腿跑向城外。卫万瑞与一位周姓同学躲在一片树林的两个墓冢之间。

不一会儿，8架、9架……相继有26架日机在汉中城上空盘旋。嗒嗒嗒……我方高射机枪开始射击，日机炸弹爆炸。同时，汉中西关机场我方飞机应声而起迎击。一团团黑烟由地而起，弥漫天空。卫万瑞清晰地看见我三中队的飞机在头顶盘绕飞过。

《西北联合大学校刊·集训专号》

1938年,西北联大医学院迁移汉中,租用汉中联立中学校舍办学

1939年,附属诊所迁至东郊文家庙,建重伤医院,更名为西北联合大学医学院附属医院

为抗日卧轨三天三夜的韩幽桐

九一八事变后的1931年12月4日，寒风凛冽的北平火车站，一位身段苗条、眉目清秀的年轻女子作为北平学生抗日联合会的负责人之一，带领300余名南下示威团的学生，静卧于北平火车站，要求北京当局立即发车南京，允许学生南下抗日请愿。但当局拒不发车，学生们遂在车站卧轨三天三夜，宁可被冻死、被火车压死，也坚决要到南京找蒋介石要求发兵抗日。最后，学生们的抗日救国热情赢得各界同情和声援，当局不得不放行。这位女子就是当时的北平大学法商学院学生会负责人、后来的西安临大、西北联大法商学院法律系副教授韩幽桐（1908—1985）。

学生们在韩幽桐等学生领袖的带领下抵达南京。在记者招待会上，韩幽桐慷慨激昂地阐述了南下请愿、要求政府出兵抗日的目的，随即在游行进发途中遭到军警水龙、警棍、大刀的镇压。在暴力面前，韩幽桐等同学愈发群情激愤。在与军警的搏斗中，

1938年4月10日，韩幽桐在《大团结》杂志（国立西安临时大学法商学院商学系讲师陈建晨主办）上发表文章

多名同学受伤或被扔进水塘，大家一怒之下砸了国民党中央党部，继而又砸了颠倒黑白的《中央日报》社。但最终，手无寸铁的学生寡不敌众，被全副武装的军警强行押上火车送回北平，关入监牢。韩幽桐在同学的掩护下逃出了南京，却已被通缉，当她回到北平次日一大早，就被守候在北平大学法商学院门口的便衣侦探逮捕入狱。后来在党的营救下，被保释出狱。

韩幽桐，原名韩桂琴，回族。1926年加入中国共产党。1932年从北平大学法商学院毕业，旋与张友渔一同赴日留学，1933年与张友渔结婚。婚后张友渔回国任北平《世界日报》总主笔，韩幽桐则继续留日学习，并翻译了她的导师横田喜三郎的《平时国际法》（商务印书馆，1936出版）。在她的第一部译著出版的那一年，她在东京帝国大学法学院研究生毕业，是该校的第一位女研究生。1937年回国，在北平参加抗日救国运动，最迟1938年1月31日之前开始任西安临大法商学院法律系和政治经济系讲师。1938年4月，随校南迁，改为西北联大后升任副教授，主讲国际法和日本问题。1938年10月，因在课堂上传播拥护共产党、反对国民党、团结抗日的言论被罗织罪名。在1938年11月30日举行的国立西北联大常委会上，列席的西北联大校务委员会新任委员张北海促请解聘了教授刘及辰、副教授韩幽桐、讲师张云青。1939年春，韩幽桐离开西北联大至重庆，董必武安排

张友渔先生

韩幽桐著作

她任全国救国会常委，复往香港任中共主办的《青年知识》编委，1943年，任重庆美国新闻处日文部翻译。1949年，后相继任天津市教育局局长、教育部中等教育司副司长、最高人民法院华北分院副院长、宁夏回族自治区最高法院首任院长，是第一、二、三届全国人大代表，第五届全国政协常委。

国立西北联合大学改名国立西北大学

1939年8月,国民政府行政院决定,国立西北联合大学改为国立西北大学,任命胡庶华为校长,学校设文、理、法商3个学院共12系,继承西北联大的教学体制,仍为西北地区唯一之大学和高等学府。同时,将该校原有之师范学院和医学院独立设置,分别改为国立西北师范学院和国立西北医学院。按《国立西北大学组织规程》规定:"本大学根据中华民国教育宗旨及其实施方针,以研究高深学术、陶铸健全品格、培养专门人才为职责。"

此一时期,陕南顿成全国文化中心之一,尤以教授方面成就甚宏。

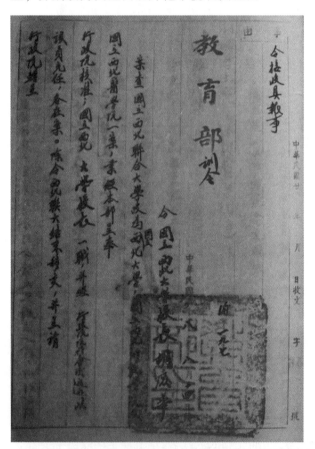

国民政府教育部关于西北联大改为西北大学的训令(1939)

国立西北大学校徽

国立西北大学校旗

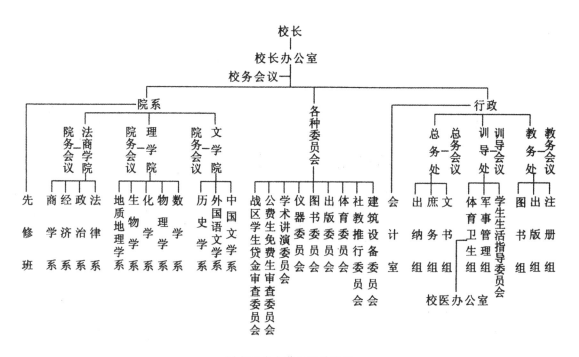

国立西北大学组织系统图

城固时期国立西北大学正门(1939)

1941年9月《西北学报》创刊号介绍的国立西北大学教授部分研究成果

著　作	作　者
《中华民国民法论》	刘鸿渐
《民法总则》	李宜琛
《民法概要》	
《亲属法与继承法大意》	
《民事诉讼法》	刘毓文
《土地法》	
《破产法》	
《强制执法法》	
《法院组织法》	
《中国财政问题与立法》	曹国卿
《日文文法》	于鸣冬
《信用合作社》（译著）	
《东方的战祸》	徐褐夫
《航空字典》	
《统计学》	孙宗钰
《中国地方政府》	许兴凯
《中国政府》	
《陕西建省沿革史》	
《三民主义教程》	贾晰光
《中国外交史》	
《由地理上认识西北》	殷祖英
《吐鲁番古代之文化与宗教》	黄文弼
《建设西北应理解之两问题》	王季平

国立西北大学时期来校视察与交流的部分名流

1939年1月9日，国民政府教育部次长顾毓琇来校视察并作讲演。

1940年6月，国民政府教育部部长陈立夫来校视察。

1945年4月，国民政府军委会汉中行营主任李宗仁来校讲演。

1945年9月15日，英国著名科学家李约瑟博士来访，并作"科学与民主主义"的学术报告，还以英文书刊数百册赠与校图书馆。

1947年6月和10月，著名地质学家、北京大学教授裴文中应邀来校，作"关于北京猿人"及"渭河、洮河流域古代人类文化之新发现"的学术报告。

1948年1月10日，著名文学家郑伯奇应邀来校作"我的文学经历"的报告。

1948年4月6日，国学大师吴宓应邀来校作"大学之起源与理想"的学术报告，并讲授"世界文学史""文学概论"及"中国小说"。

1948年11月18日，国立清华大学教授陈梦家应邀来校作题为"文史研究与现代科学"的学术报告。

西北大学的京陕两源

1941年9月1日,《西北学报》创刊号在陕南城固出版。其中刊载的《西北最高学府的风光》一文中写道:"西北大学是大西北的司令台,它的使命很大,民国以来,西北大学之名数见,因政局未能统一,故屡兴屡废,至民国十六年以后,遂寂然无闻。今西北大学再生于抗战建国大时代中……"短短的一段话里,却包含着极其丰富的信息。首先强调和确定了西北大学在西北地区的地位与肩负的使命;其次,文中反复强调了"西北大学之名数见""西北大学再生",显然已注意到存于不同时期的西北大学。

无独有偶,在1942年6月22日出版的《中央日报》上,刊登了张辛南(毓桂)撰写的《追忆鲁迅先生在西安》。文中括注指出:"当时国立西北大学(西北大学共有三次,张翔初先生督陕时所办之西北大学为第一次,刘雪亚先生督陕时所办之国立西北大学为第二次,现在之西北大学为第三次)已告成立……"张辛南20世纪20年代曾任西北大学讲师,兼任陕西省长公署秘书。1924年鲁迅来西北大学讲学时,正是由张辛南至陕州接迎。在文章中,张辛南清楚明晰地指出"西北大学共有三次",而这三次西北大学也应连为一体。《西北学报》是当时西北地区大学共同参与的西北学会的机关刊物,《中央日报》也是当时极其重要的报纸,能够刊载这两篇文章,表明当时就已确认,西北大学虽历经坎坷,校名几度重现,但是这些存在于不同时期的西北大学,实际上连为一体,同根同源。

西北大学的历史源头可以追溯至1902年,而且应该有"陕源"和"京源"两个历史源头:"陕源"即为清光绪二十八年(1902)正月在西安创建的陕西大学堂;"京源"即为抗战时期迁陕后为西北大学所承袭的北平大学法商学院的前身——清光绪二十八年京师

京师大学堂原址

大学堂恢复后始设的速成科仕学馆和预备政科。

清光绪二十七年(1901)十月,护理陕西巡抚李绍棻奏请慈禧太后和光绪帝成立关中大学堂,并拨款建造堂所,购置设备,聘请总教习,派充总办、提调各员。次年正月,陕西巡抚升允奏准开办陕西大学堂,三月二十五日开学。1905年陕西大学堂改为陕西高等学堂,并于1912年与陕西法政学堂、陕西农业学堂、陕西实业学堂等合组为西北大学,1915年春改为陕西法政专门学校,1923年8月改为国立西北大学,1927年1月改为西安中山学院,1928年3月改为西安中山大学,一度中辍。

1937年,卢沟桥事变爆发后不到一个月的时间,北平、天津相继失陷。国立北平师范大学数理学院和文学院分别成为日军的警备司令部和空军司令部。南开大学的校舍在日军的残酷轰炸中悉数尽毁,北洋工学院也被日军占驻。不甘受辱、不愿做亡国奴的师生自动离校,到处颠沛流离。一些爱国学者、教授提出"教育为民族复兴之基本",纷纷要求内迁。

1937年9月10日,南京国民政府决定以北京大学、清华大学、南开大学和中央研究院的师资设备为基干,成立长沙临时大学(长沙临时大学随后再迁云南,改称西南联合大学);以北平大学、北平师范大学、北洋工学院和北平研究院等院校为基干,成立西安临时大学。

北平大学校长徐诵明、北平师范大学校长李蒸、北洋工学院院长李书田和教育部特派员陈剑翛被教育部指定为西安临时大学筹备委员会常务委员,共同商决校务。临大下设文理、法商、教育、工、农、医六大学院,共23个系。学校分别在城隍庙后街四号、小南门外东北大学(即今天西北大学

西安中山大学校园

西安中山大学礼堂

所在地)和北大街通济坊三处授课。

陕西省政府主席邵力子首议北平大学、北洋工学院迁陕"易名西北大学"或"为西北大学之基本",向"西北陕甘一带移布"。1938年3月,国民政府作出决定,将西安临时大学迁往汉中。3月16日,全校师生员工按照行军编制,在徐诵明的带领下,从西安坐火车到宝鸡,然后徒步南行500多里到达汉中。1938年4月3日,教育部令国立西安临时大学更名为国立西北联合大学,1939年8月令改国立西北联合大学为国立西北大学,指定西安为永久校址。抗日战争结束后,1946年5月,西北大学告别寓居了8年的城固,全部迁回西安,复校并发展至今。

北平大学法商学院的前身是1902年京师大学堂恢复后始设的速成科仕学馆和预备政科,其1905年改为(北京)法律学堂,1906年改为(北京)法政学堂,这两个学堂与财政学堂(设立于1909年)于1912年5月合组为北京法政专门学校,1923年改为国立北京法政大学,1927年7月与京师9所国立学校合组为国立京师大学校,1928年9月改为国立北平大学,1937年9月与国立北平师范大学、国立北洋工学院迁西安合组为国立西安临时大学,1939年8月改为国立西北大学时,主干即是北平大学的文、理、法商等学院。

因此,即将迎来120周年华诞的西北大学有"陕源"和"京源"两个历史源头。

2001年5月27日,由陕西省教育厅主持,在西北大学召开了西北大学创建时间的专家论证会。与会专家一致认为,西北大学的历史源头应该溯至1902年,其实就在当时,人们就已经将从"京源"形成的西北大学溯至"陕源"。

1938年,国立西北联合大学曾经推请国文系主任黎锦熙和法商学院院长许寿裳撰写校歌,初稿写成后,经联大常务委员会讨论通过。歌词首先回顾了西北联大的由来。组成西北联大的北平大学、北平师范大学和北洋工学院都创立于光绪末年,到

国立西安临时大学师生翻越秦岭迁徙途中　　　　三校合组、南渡最早的英文记载

1938年都有了40年左右的历史。抗日战争爆发后，因形势所迫不得不联为一体，暂别平津，西迁来陕，又从西安转移汉中。既然校名为西北，自然要负起领导西北文化、创建新文化的责任。《礼记·中庸》云："君子之道，譬如远行，必自迩；譬如登高，必自卑。"志存高远者，必须脚踏实地，从小事做起，所以说"天山万仞自卑隆"。接着细数了组成联大的院系。国立西北联合大学最初成立时设文理学院、法商学院、教育学院、农学院、工学院和医学院6个院，共23系，其规模甚至已经超过了远在昆明的西南联大。最后阐明了学校的使命和目标所在。黑格尔说："只有知识是唯一的救星……唯有知识才能使我们不致认为国运之盛衰、国脉之绝续仅系于一城一堡之被外兵占领与否……"绵延四千年的华夏雄风岂能摧折于暴敌之手？西北联大师生就是要戮力同心，在大西北借助教育学术的力量，振兴民族，发扬国光。

1944年5月，黎锦熙以校歌为纲，将每句歌词作为一个小标题，撰写了一部简明的《国立西北大学校史》。在《国立西北大学校史》中，黎锦熙表述陕源："西周京都在陕，辟雍、成均即三千年前之国立大学，今西北大学正可承其绪"，以及"辛亥革命"发起之"西北大学"；表述京源"具有四十年之历史之平津国立三校院合组而成之""西安临时大学""西北联合大学"，并溯源于北平大学法商学院的前身京师大学堂速成科仕学馆。

西北大学的"陕源"和"京源"分别发源37年之久，以1939年8月8日国民政府行政院决定将国立西北联合大学改为国立西北大学作为标志，终于合流。没有"陕源"，西北大学就不会有周秦汉唐文化的底蕴，就不会有西安的校址、根基和以广袤的大西北为依托的立足之地，当然也不会有承纳"京源"的避难港湾。没有"京源"，时断时续的"陕源"就难以再生于抗战之中。

城固时期国立西北大学礼堂

我国病理学的奠基人徐诵明

徐诵明（1890—1991），字轼游，浙江新昌人，1906年入浙江高等学堂预科，1908年赴日留学，同年加入同盟会。辛亥革命爆发后，他毅然回国参加革命军，后再赴日本留学，1918年毕业于日本九州帝国大学医学院。

回国后，徐诵明受聘于国立北京医学专门学校（北京大学医学部前身），在此成立了中国第一个病理学教研室，并任主任、教授。他与胡正祥等老一辈病理学家作出了开拓性的贡献，冲破封建迷信的观念，力主尸体解剖，积累标本。他还翻译了一批病理学专著作为学生学习教材，并主持审定了病理学的中文名词。在教学中，他融合多国诸学派之长，授课内容翔实，为国家培养了一大批著名的病理学家。他有着病理学的深厚造诣，也有着丰富的医学教育管理实践，相继任国立北平大学医学院院长，国立北平大学代理校长、校长，国立西安临时大学校常委，国立西北联合大学校常委，一度兼代西安临时大学医学院院长。西安临大—西北联大医学院传承了徐先生开创的病理学科。1939年后，他出任教育部医学教育委员会常务委员，负责全国医学院规章制度建设，后在全国多所医学院任院长。

徐诵明教授

1949年，他拒绝出任台湾大学校长，后历任卫生部教育处处长、人民卫生出版社社长、中华医学会编辑部主任兼《中华医学杂志》总编辑，以及全国政协第三、五届委员。1983年任九三学社中央委员会顾问。1985年被推举为西北大学北京校友会名誉会长。1991年8月26日在北京逝世。

中华人民共和国成立后，徐诵明主持出版和重版了一批中医经典著作和俄文版高等医学教科书，他的译著主要有：《病理学》（上、下册，木村哲二日文原著，日本同仁会，1934；新医书局，1950）；《论广岛原子弹爆炸及危害性》（译自英文，北京：人民卫生出版社，1953）等，被誉为中国病理学科的开山鼻祖。

陆懋德与我国第一部《史学方法大纲》

陆懋德(1888—1965)是清华大学历史系的首任系主任，还是"甲骨文"概念的提出者，在中国史学界有很高威望。他在1937年至1943年期间历任国立西安临时大学、国立西北联合大学、国立西北大学历史系教授、系主任。1938年7月至9月，西北联合大学历史系考古委员会在何士骥、周国亭的主持下，组织了对张骞墓、樊哙墓等的调查和发掘，陆懋德、许寿裳等人参与了对张骞墓的发掘与研究工作，发现"博望侯印"封泥和绿釉陶器座等一批珍贵文物，并发表了《发掘张骞墓前石刻报告书》。1939年，国立西北大学历史系成立考古室，组织师生对汉中地区的文物古迹进行调查。陆懋德先后发表了《汉中各县诸葛武侯遗迹考》和《汉中地区的史前文化》等论文。1940年年初，在顾颉刚主持下，陆懋德、吕思勉、何炳松、蒙文

陆懋德教授

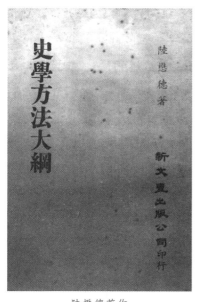

陆懋德著作

张骞墓出土封泥

陆懋德在《西北联大校刊》上发表的文章

通等七十余人发起创办了齐鲁大学国学研究所的《史学季刊》。1944年，陕西省立师范专科学校成立，应校长郝耀东之邀，陆懋德出任陕西省立师专史地科教授，主要讲授中国上古史、中国中古史、考古学、历史教材教法等课程。抗战胜利后，陆懋德随北平师范大学迁回北平。

陆懋德是中国现代著名史学家，研究领域甚广，包括教育学、法学、哲学史、历史学，而在历史学方面贡献尤多。他的《中国上古史》于1941年获国民政府教育部著作发明三等奖。他的《周秦哲学史》首次提出并实践了文化史的理论，被认为是最早对胡适的哲学体系提出挑战的重要学术著作。他曾参与《古史辨》论战，其论文《评顾颉刚古史辨》注重理论研究，中肯的评价为人称道，被广泛引用。

陆懋德关于史学"无所谓中西，但取其长而求其是"的观点，主要表现在他对中国古代史学方法成就的评述上。在他看来，中国史学发展悠久，有着辉煌的成就。自《尚书》起，中国史学进入了重要的发展阶段。在春秋战国时代，第一部私人撰述的史著《春秋》出现，"以政治的眼光判断各种问题"，"这自为上古史学中一大进步"。这一观点，既看到中国古代史学的优点和缺点，又指出了中西史学的联系和区别，这就避免了二者的优劣比较，进而为中西史学的交融提供了一种可供选择的途径。他的《史学方法大纲》撰成于1937至1939年间，出版于1945年，是我国第一部研究史学方法的著作，并获国民政府教育部著作发明二等奖。该著作的出版，有力地推动了当时反思近代史学思潮的发展。

第一部中国逻辑思想通史的著作者汪奠基

汪奠基先生年近花甲之时仍受命独自完成第一部中国逻辑思想通史,可谓老骥伏枥,志在千里。汪先生研究中国逻辑史,艰辛苦难不寻常,终于在 1961 年撰成《中国逻辑思想史》,铅印成册以作为教材,之后曾多次修改。1979 年 6 月写《后记》时,他的身体状况已不允许继续修改补充。他于 1979 年 8 月逝世,书于 9 月正式出版,终未见书。

汪奠基生于晚清,1920 年赴法国留学,攻读哲学和数理逻辑,先后获巴黎大学数学学士学位、哲学硕士学位和里昂大学哲学硕士学位,1925 年归国后任北平大学文理学院教授。1937 年七七事变爆发后,北平大学迁入西安,与其他各校合并为西安临时大学,1938 年迁至汉中,改名为西北联合大学,汪奠基一直担任共同科目和文理学院教授。1949 年后任中国科学院哲学研究所研究员兼学术委员会

汪奠基教授

委员、中国社会科学院哲学研究所逻辑研究室顾问等。他的著作有《逻辑与数学逻辑论》《科学方法》《哲学与科学》《现代逻辑》《理则学》《老子朴素辩证的逻辑思想——无名论》《中国逻辑思想史料分析》《逻辑通俗讲话》(与金岳霖等合著)、《中国逻辑思想史》等。

汪奠基著作

城固时期的法商学院外景组图

毛泽东称他为"人民的哲学家"

沈志远教授

1951年,在北京怀仁堂的晚会上,毛泽东握其手道:"你是人民的哲学家。"这个人就是从1937年起先后任国立西安临时大学、国立西北联合大学法商学院教授的沈志远。

沈志远(1902—1965),浙江萧山人,早年在苏联莫斯科中国劳动大学留学。留学期间,他参加了《列宁选集》的中文翻译和出版工作,因此接触到马克思主义哲学。

1931年毕业后,他于次年回国。1936年8月,受李达之邀,到北平大学法商学院任经济系主任。抗日战争爆发后,转赴西安临时大学、西北联合大学法商学院任教。他在校期间主要讲授社会科学方法论等课程,以李达的《社会学大纲》为教材,注重以马克思主义理论分析我国半殖民地半封建社会的性质,论证抗日救国的历史任务,颇受青年学生的欢迎。他还指导学生成立了社会科学研究会,并经常为之作学术演讲。

1939年因反对学校解聘许寿裳,发出快邮代电而遭解聘。

任职期间,沈志远从未停止过对马克思主义的学习和探索,相继撰著了《新经济学大纲》《社会科学基础》《新民主主义经济概论》。

沈志远还翻译了米汀70万字的《辩证唯物论》与《历史唯物论》(上册,商务印书馆,1936)。全书34万多字,共分6章34节。该书对马克思主义哲学在中国的传播起到了重要的推动作用,受到了毛泽东等中共领导人的重视和肯定。在1937年7月以前,毛泽东仔细研读了这本书,同时作了2600余字的批注。

沈志远著作

毛泽东的批注主要集中在"社会的实践为认识底标度""对立体一致底法则"和"量变质和质变量底法则"等章节,明确提出了"实践是真理标准""实践高于认识""正确的理论积极地指导着实践""实践是发展的,理论也应是发展的",以及"对立统一规律""外因通过内因并被曲折才能发展""不废除外因,但内因是主导的;不明内因,即无从了解发展""任何现象自身的矛盾性引起了事物发展,这是唯物辩证法的发展观的基本要素""运动就是矛盾,即是连续和中断的一致"等重要观点。由此来看,这部译著对毛泽东写作《实践论》《矛盾论》产生了重要影响,也说明毛泽东研读《辩证唯物论与历史唯物论》(上册),是为他写作哲学著作作准备的。

沈志远为人耿直,对国家的兴旺发达怀有强烈的责任感,他把马列主义与中国实际相结合的经济学观点,在建设社会主义市场经济的今天仍有着重要的参考价值。他于1955年当选为中国科学院哲学社会科学部学部委员。

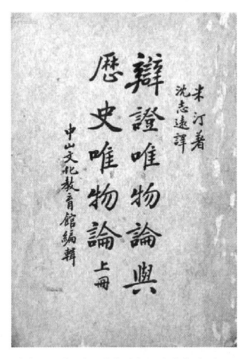

沈志远译著《辩证唯物论与历史唯物论》上册

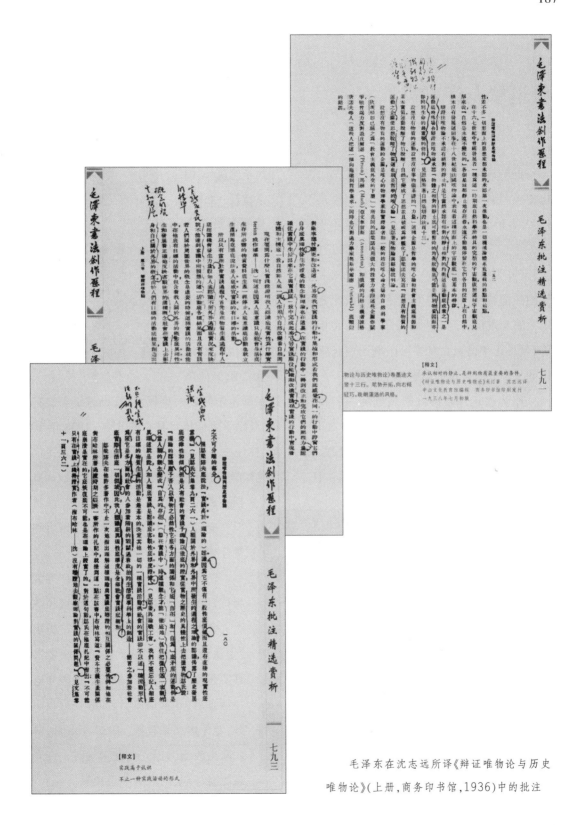

毛泽东在沈志远所译《辩证唯物论与历史唯物论》(上册,商务印书馆,1936)中的批注

鲁迅挚友许寿裳

提到许寿裳，必定绕不开中国现代文化史上最伟大的文学家鲁迅先生，两人于1902年相识于日本弘文学院，又同拜章太炎先生门下学习，作为同处异国的绍兴老乡，又同为挽救民族危亡而走出国门探求新知的热血青年，相同的生活经历让彼此之间的距离和友情得到进一步升华。许寿裳相继著有《鲁迅年谱》《亡友鲁迅印象记》《我所认识的鲁迅》和《鲁迅的思想与生活》等。

作为鲁迅挚友的许寿裳更是一名教育家，他曾在北京大学、北京高等师范学校、中山大学、台湾大学等十余所高等院校任教，并任西安临时大学、西北联合大学史学系主任、法商学院院长、国文系教授，西北联大建筑委员会主席等职。

抗日战争时期，许寿裳坚守教育战线，来到西安临大、西北联大任职，他坚持在师生中开展国难教育，宣扬越王勾践精神，激励学生们抗日救亡的斗志。1938年10月，在任法商学院院长期间，他与国文系主任黎锦熙教授共同撰写校歌歌词，这首歌词概括了西北联大的组建历程和院系状况，充分表达了其对育人的忠诚感和责任感。

然而，1938年11月，就在许寿裳为抗日摇旗呐喊时，新任教育部长陈立夫密电西北联大常务委员会，提出"主法商院长须超然而接近中央者"，其实是不让许寿裳当院长。他得知这一消息后，非常愤慨，当即辞去行政职务，专任国文系教授。1939年8月，西北联大改组为国立西北大学时，许寿裳决意辞职，与友人一道离陕。

许寿裳教授

鲁迅和许寿裳等人合影

许寿裳赠鲁迅诗　　　　　　鲁迅《自题小像》

1938年国立西北联合大学法商学院教职员合影，前排左五为时任法商学院院长的许寿裳

"给起义的奴隶偷运军火"的俄苏文学巨匠曹靖华

曹靖华教授

"这时月明如昼。月光把全世界都变成了一块天青色的冰块……一个裸体女人在通往广场的路上跑着。不,她不是在跑,她是向前欠着身子,吃力地迈着小步,蹒跚着。她的大肚子在月光下看得分外清楚。一个德国士兵在她后边跟着。他的步枪的刺刀尖,闪着亮晶晶的寒光。每当女人稍停一下,枪刺就照她脊背上刺去。士兵吆喝着,他的两个同伴吼叫着,怀孕的女人又拼着力气向前走,弯着身子……这就是她,娥琳娜。"

这是曹靖华所译苏联小说《虹》中的一段,这凄清而华美的译笔令多少读者印象深刻,无论过去多少岁月,这场景总难以从记忆中抹去。据说,江姐、丁佑君都曾和女友一道买过、读过、讨论过曹靖华翻译的这本书,都为书中娥琳娜落难受辱而始终不屈的形象所震撼,并以娥琳娜为榜样。他的很多俄苏文学作品激励了一代又一代热血青年。著名作家孙犁1949年在《苏联文学怎样教育了我们》一文中指出,"中国大革命前后的一代青年学生,常常因为喜好文学,接近了革命。他们从苏联的革命文学作品里,受到激动,怀着反抗的意志,走上征途……那一时期在中国影响最大的,要算绥拉菲莫维奇的《铁流》和法捷耶夫的《毁灭》"。林伯渠也回忆:"延安有一个很大的印刷厂,把《铁流》一类的书不知印了多少版,印了多少份。参加长征的老干部很少有没看过这类书的。它成了激励人民、打击敌人的武器了……"由此可见一斑。

他还有很多俄苏文学译作,仅仅20世纪40年代以前就有《三姊妹》(剧本,俄国契诃夫著,商务印书馆,1925)、《白茶》(独幕剧集,俄国班南柯等著,未名社,1927)、《蠢货》(独幕剧集,俄国契诃夫等著,未名社,1927)、《烟袋》(短篇小说,苏联爱伦堡等著,未名社,1928)等二十多部。

曹靖华与瞿秋白结识于莫斯科东方大学，曹靖华的第一篇译作即经瞿秋白推荐发表于《新青年》。他与鲁迅结识于翻译俄苏文学的工作，鲁迅把这项工作比作"给起义的奴隶偷运军火"和"普罗米修斯取天火给人类"。曹靖华在1923年即旁听鲁迅在北大的课程，1924年即参加鲁迅组织的未名社，二人一直保持友谊。20世纪30年代初，鲁迅主持一套新俄文艺作品，选了10部作品，其中《铁流》便特约当时在列宁格勒的曹靖华任译者，但待到全书译毕时，国内局势骤变，反动当局对进步文学实施打压，原出版社废约，其他各书店也都不敢承印。于是，鲁迅就自己出1000大洋，以一个实际上并不存在的"三闲书屋"的名义出版了《毁灭》《铁流》《士敏土之图》。这"三闲"即指鲁迅（《铁流》的编校者）、瞿秋白（《铁流》俄文版长篇序言的译者）和曹靖华（《铁流》的译者）。

曹靖华于1937年11月任西安临时大学文理学院国文系副教授，住西安北京饭店2号。1938年3月，随校南迁，任西北联大法商学院商学系俄文教授。1939年2月离校前往重庆。在西安临大、西北联大虽然只有不到两年的时间，却也是他终身难忘的一段经历。

时隔43年之后的1981年6月14日，他与鲁迅之子周海婴等应西北大学之邀到西安参加鲁迅先生诞辰100周年学术讨论会。他坚决拒绝会议派车送，说参观旧居是

曹靖华翻译的苏联文学作品《铁流》，封面由鲁迅设计

私事，不能乘公车。他站在"一楼的一间不到8平方米的临界小屋里，十分感慨地回忆起自己在西安临时大学的经历"：那时，曹靖华先生拖儿带女，辗转来到西安，任西安临大文理学院国文系副教授，每天跑十几公里，在城隍庙、通济坊等处上课。1938年3月复随校南迁，与部分教师乘坐烧木炭的敞篷汽车，走走停停，颠簸了十几天才到城固。1938年9月，在法商学院院长许寿裳的任免事件中，他与沈志远等教授力挺许寿裳，极力反对张北海的任命，向全国发出快邮代电，学生亦予声援。当局却以西北联大讲授马列观点、开设俄文课、引进共产党学说为由逮捕学生，并将12名教员解聘，在1938年11月30日的西北联大第51

曹靖华常去上课的西安临大第三院——西安通济坊（1936年以驻有通济信托公司而得名，位于今西安市新城区北大街中段东侧，有通济中坊、南坊、北坊三条东西巷）

次常委会议上将曹靖华由教授改聘为文理学院国文系讲师，复于1939年2月1日准辞。曹靖华遂于1939年暑假离校至重庆，面见董必武、周恩来，在周的安排下任中苏友好协会常务理事，与王炳南、郭沫若、老舍等一起工作。1945年8月，毛泽东在重庆谈判期间，参观曹靖华工作的中苏文化协会，并在临时住所桂园约见了曹靖华、巴金等。

1949年后，曹靖华任北京大学俄语系教授兼系主任，历任第一、二、三届全国人民代表大会代表，中国文学艺术界联合会第三届委员，中国人民政治协商会议第五、六届全国委员会委员，中国作协书记处书记、顾问，国务院学位委员会委员等。1987年获苏联列宁格勒大学荣誉博士学位。同年8月，获苏联最高苏维埃主席团授予各国人民友谊勋章。1985年3月31日，在西北大学北京校友会成立大会上，被推为会长。1987年9月8日在京逝世。

曹靖华为西北大学北京校友会成立大会题词的相关报道

解聘 12 位教员的风波

部分被解聘的教授(沈志远、彭迪先、寸树声、章友江、刘及辰)

1938年11月30日上午11时,国立西北联合大学常务委员会第51次会议,在李蒸、徐诵明两位常委缺席,仅余胡庶华一名常委参会的情况下,仍在城固校本部会议室举行。会议通过了:法商学院政经系教授沈志远先生函请辞职案;拟请政经系教授章友江先生担任研究抗战政治问题案,决议章教授准予给假一年研究抗战政治问题;拟改聘曹靖华先生为文理学院国文系讲师案;法商学院张北海函请解聘教授刘及辰先生、副教授韩幽桐先生、讲师张云青先生案;等等。这是西北联大历史上的一次重要会议,也是新增校务委员张北海列席的唯一一次常委会议,并且牵涉几位被"放假"、降职、解聘的主要教师。

1938年夏,国民党反动势力对西北联大以中共党组织为代表的进步势力的活动严加防范,进步教授的授课内容和进步学生的活动受到严密监视。为了加强对西北联大的控制,1938年7月,教育部下令改组国立西北联合大学校务委员会,先后增聘胡庶华、张北海为校务委员,胡并任常务委员。胡到校后,还兼任国民党陕西省党部委员,一身二任,实际上从此掌握了全校的实权。张北海在任校务委员之前,以教育部督学名义常驻学校,责任是对学校行政进行监督。他的来校,负有特殊使命,并随带一名"秘书",实为精于拳术的保镖,曾是大汉奸褚民谊练拳的助手。这一仆一主在联大的现身,给夏日的校园带来一丝丝寒意。

1938年9月2日,新学期开学时,校常务委员兼法商学院院长徐诵明请辞代院长职务,并经联大第38次常务委员会议追认,聘请历史系主任许寿裳继任法商学院院长。此任命被进步势力拍手称快,反动势力却大为不满。在欢迎许寿裳教授履新大会上,一些三青团成员首先发难,对许先生进行无理攻击,而进步同学则起而驳斥,据理力争,双方各不相让,差一点发生肢体冲突。在此背景下,许寿裳既无法到院办公,复感于"士可杀而不可辱",遂使法商学院院长一职空悬。

教育部对徐诵明聘许寿裳先生为法商学院院长一事,罕见地以重新任命张北海为法商学院院长来表达立场。张北海的上任,激起全校进步师生的强烈反对。校内外对此反应激烈,学生们立即提出了"反对张北海接任法商学院院长","要求教育部收回成命"的口号。同时,张北海与复兴社杨立奎、军事教官李在冰等人联合对抗师生,并出动特务学生对为首的进步师生跟踪监视、威胁、刁难、围攻。1938年年底,教育部又下令禁止商学系学生学俄文,同时要求解聘法商学院俄文课教授曹靖华等12人。1939年春天,曹靖华、章友江、沈志远、韩幽桐、彭迪先、黄觉非、寸树声、刘及辰、李绍鹏、方铭竹、吴英荃、夏慧文、张云青等一批进步教师先后被解聘、低聘或给假架空。与此同时,教育部又通令全国各院校:解聘教授,他校一律不准再予聘任。

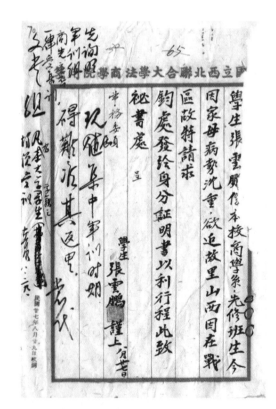 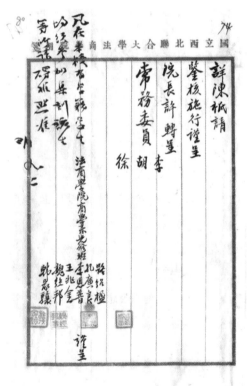

许寿裳在法商学院院长任上用笺(此用笺上有1938年8月29日"现届集中军训时期碍难准其返里,裳代"和1938年9月2日"院长许转呈常务委员"字样)

 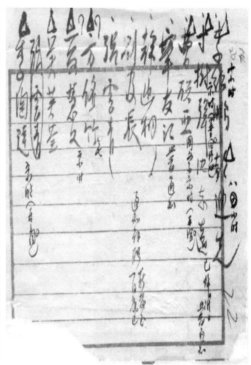

西北联大常委会有关解聘12位教员的文件。左为解聘刘及辰、韩幽桐、张云青的文件；右为一张会议草稿，自右至左书有李绍鹏、彭迪先、寸树声、沈志远、曹联亚（曹靖华原名）、章友江、韩幽桐、刘及辰、张云青、方铭竹、夏慧文、吴英荃、季陶达（幸免）的姓名。

这激起了师生们的极大愤慨。法商学院推举曹靖华、彭迪先二人作为被迫害教授的代表，前往校本部抗议，当面质问为什么要撤换院长？为什么要解聘进步教授？两位代表拍案怒斥道："不遵守聘约，不讲信义，不讲民主，迫害教师，就是摧残教育！"彭迪先教授年方31岁，更是怒不可遏，与校常委胡庶华展开了激烈的辩论。在中共联大地下党支部的领导下，一场面向教育部和校方的请愿斗争展开了。法商学院学生李昌伦出面组织群众200余人签名请愿；桂奕仙执笔起草了谴责反动派摧残高等教育、倒行逆施的石印传单，被迫害教授们还以快邮代电方式向全国大专院校散发请求声援。

1939年1月9日，教育部部长陈立夫指派学者型的教育部政务次长顾毓琇到西北联大平息事态。徐诵明常委愤然辞职到了重庆，后任教育部医学教育委员会驻会常务委员虚职。后来他与冯玉祥、邵力子等会面时，也曾谈及对此事的愤愤不平。

解聘与反解聘虽然以当局的高压了结，但西北联大按照周恩来等人的指示，仍然保存了一部分进步教授的力量，保存了西北联大地下党组织，抗日的、进步的革命火种并未熄灭。

龚人放与老师曹靖华

曹靖华教授

曾是西北联大学生的龚人放教授

龚人放生于1915年,吉林双阳人,满族。九一八事变后,他中学毕业考入以苏联人为主的哈尔滨工业大学预科学习,奠定了良好的俄语口语基础。1935年,他只身入关,复入东北大学学习,参加过一二·九学生运动,加入中华民族解放先锋队,并在此时结识了在北平大学女子文理学院、中国大学和北平东北大学任教的著名俄国文学翻译家曹靖华教授,从而影响和奠定了其一生的研究方向——俄罗斯语言文学。

七七事变爆发后,龚人放于1938年入西北联合大学,复与在此任教的恩师曹靖华相遇,并在老师遭遇教育部无理解聘时联名上书要求收回成命,因此虽然成绩优异,却在1941年于国立西北大学商学系毕业时,不能留校,只能在汉中中国银行谋得职业。在一次从西安往汉中押运现钞的车上,他与前往西北大学的马师儒教授相识,遂得于1946年任国立西北大学讲师,从事俄语教学工作。

1948年春,龚人放拟赴解放区,遂经南京与曹靖华老师同去北平。曹靖华任清华大学教授,推荐龚人放任清华大学讲师,兼任北京师范大学外语系副教授,与其一起教授俄语。1949年12月,龚人放任北京人民广播电台"俄语广播讲座"主持人。1950年秋,龚人放开始在曹靖华任系主任的北京大学西语系(1951年分出俄罗斯语言文学系)任教,一直工作到1985年离休。

龚人放编写了我国第一部俄语广播教科书和

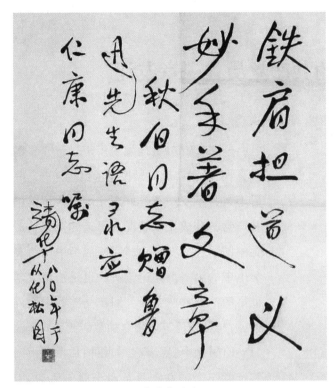

曹靖华手迹

龚人放著作

第一部中国人编写的俄语语法书。他先后翻译了剧本《云雀在歌唱》(苏联,科拉比瓦著)、《深入勘探》《最后笑的人》(苏联,克朗著)、《绿街》(苏联,苏洛夫著)、《嫁妆》(苏联,吉亚科诺夫著),电影长诗《南极洲的发现》(苏联,杜甫仁科著),报告文学《天涯海角》《执行法院判决》(苏联,高尔基著)等。专著有《俄语语法》《俄语语法词法》等。主编有《俄汉文学翻译词典》《俄语百日入门》等。

他与老师曹靖华在北平大学、西北联合大学、西北大学、清华大学、北京大学数度别离,又数度重逢,一起开拓了我国俄罗斯文学研究的新纪元。

中国留美学生中最早的共产党员之一章友江

章友江教授

章友江（1901—1976）的一生可谓命运多舛，充满传奇色彩。同时，他也是西北联大兼容并包，吸纳各种党派、各种信仰、各类英才的一个典型。1901年1月，他出生于江西省南昌县向塘镇一个殷实的绸缎商人家庭。10岁始，到外婆家寄宿读书。14岁考取清华大学前身的清华学堂，结交了一批志同道合的青少年朋友，并一起投入进步运动。次年初，章友江与施滉、冀朝鼎等同学发起组建了清华"唯真学会"。

1925年初秋，章友江赴美留学，与早一年赴美留学的施滉、梅汝璈、冀朝鼎等聚会，决定支持改组的国民党、支持"联俄、联共、扶助工农"的三大政策。他先后在斯坦福大学、芝加哥大学攻读经济学。1927年，"四·一二"政变后，他发表了声讨蒋介石的宣言，明确宣布反对国民党的倒行逆施。其后不久，章友江及其好友先后加入了美国共产党，并成立以施滉为书记的美国共产党中国局，受美共中央领导，成为中国留美学生中的第一批共产党员，也是清华大学最早的一批共产党员。同年受美共中国局指派，与冀朝鼎等回国参加革命武装斗争。

回国途中，冀、章二人在柏林参加中国共产党纪念苏联十月革命十周年活动，中共临时决定冀、章二人留在莫斯科工作，二人遂入莫斯科中山大学。

1930年，章友江从苏联回到上海，得知因其在美国多次参与发表声讨蒋介石的宣言和组织反蒋活动，受到国民党当局的通缉，遂转抵北平。一年后，任国立北平大学法学院经济系讲师、商学院政治系讲师，次年升任北平大学法商学院教授。在此期间，曾被国民党当局拘禁十日，经取保获释。

1936年在北平大学法商学院举行的北平文化界救国会成立大会上，章友江等150余位北平文化界人士发出"北平文化界救国会第一次宣言"，投入抗日救亡、反对弊政的斗争中。

抗战全面爆发后，章友江又成为日寇

的搜捕对象,遂携妻女离开北平回江西南昌避难。在听说西安临时大学成立后,他离开南昌只身赶赴西安,与北平大学法商学院的师生会合,开始了在国立西安临时大学—国立西北联合大学执教的经历,在校讲授政治学、比较宪法等课程。

他暗中支持进步学生活动,发动全校的抗日救国运动,沿袭北平大学法商学院的传统,讲授马列主义观点。1938年教育部下令禁止商学系学生学俄文,同时要求解聘法商学院俄文课教授曹靖华等12人,章友江也牵连其中,被准一年学术休假,实际上被架空。章友江到重庆八路军办事处面见周恩来,按其指示返回学校,又在城固居住了一段时间,指导学生的抗议活动,进行反迫害斗争,并介绍了不少联大教师或进步学生到重庆工作。后遭通缉而离开,到重庆从事党的工作。

1946年年底,章友江在沈阳秘密参加了"中国民主革命同盟"。1951年年初,任政务院人民监察委员会第一厅副厅长,同年任"民革中央"团结委员会委员、组织部副部长。1956年任国务院参事。

1976年1月,周恩来总理去世,章友江十分悲痛。他立即致信邓颖超同志,表示悼念。在周恩来总理的遗体告别仪式上,他泣不成声。后又以"工农兵各界代表"的身份参加了在人民大会堂举行的周恩来总理的追悼会。

1976年5月19日,章友江因胃癌晚期和先天性心脏病谢世,走完了他75年的人生之旅,骨灰被安放进八宝山革命公墓。

1924年章友江与清华同学的毕业合影(坐一排右一为章友江,左一为梅汝璈;站一排左一为冀朝鼎,左四为施滉)

获第一届鲁迅文学奖的俄文翻译家刘辽逸

刘辽逸（1915—2001）师从曹靖华教授，长期从事俄罗斯文学翻译。译著有长篇小说《远离莫斯科的地方》（苏联，阿札耶夫著，与谢素台合译）、《战争与和平》《歌萨克》《哈吉穆拉特》（均为列夫·托尔斯泰著），剧本《前线》（苏联，柯涅楚克著），中篇报告文学《绞索套着脖子时的报告》（捷克，伏契克著）、《狡猾的寡妇》（意大利，歌尔多尼著），儿童中篇小说《太阳的宝库》等。其代表性译作《战争与和平》于1989年出版，1994年荣获第一届鲁迅文学奖翻译奖。学界认为刘辽逸所译的《战争与和平》是目前最好的一个中文译本。

刘辽逸的女儿刘克阳回忆：

爸爸在高中时代就接触了苏俄文学，非常喜欢普希金、托尔斯泰、高尔基的作品，对十月革命后的苏联十分向往。这样，他选择了学俄语，决心从事翻译苏联文学作品和俄国古典文学作品的工作。他考上北平大学俄文商学系，这是当时全国学俄文的唯一的地方，著名翻译家曹靖华就是爸爸的大学老师之一。1939年春天，国民党教育部下令解聘包括曹靖华在内的十多位

在1939年的反解聘斗争中，刘辽逸被捕后在汉中监狱院子与同学的合影（刘克阳女士珍藏）

刘克阳(中)与父母

进步教授学者。西北联大学生在党支部的领导下,开展反解聘斗争。3月5日深夜,爸爸与两名学生党员被特务分别逮捕,并于次日押解到汉中国民党陕南党务督导专员办事处肃反组关押审问。事发后,西北联大进步师生群情激愤,一些教授多次奔波于城固、汉中之间,呼吁营救。远在重庆生活书店的邹韬奋先生也以国民党参政员的身份发出呼吁,要求国民党立法院院长孙科主持公道,电令陕南当局释放被捕的无辜学生。……经过三个月的营救斗争,国民党汉中当局迫于社会舆论的压力,加之爸爸他们三个党员拒不吐露实情,当局抓不住把柄,只好将他们释放。

1941年爸爸在新疆工作时买了苏联版本的《哈吉·穆拉特》,浏览后认定这部小说是托翁的上乘之作。直到1943年爸爸在广西桂林教书时才有时间开始翻译。安稳的日子不到一年,1944年夏天,日军节节突破,桂林眼看就要失守,兵荒马乱中父母偕同外婆离校南逃。随身的行李是两个小包袱和一个旧箱笼。其中就有那10万多字的《哈吉·穆拉特》的译稿、原书和一本《露和字典》(俄日字典)……爸爸妈妈又长途跋涉,几经周折,在广西苍梧县李济深先生办的中山中学教书,才算暂时安定了下来,在教书的闲暇,爸爸得以重译了最后一章,完成《哈吉·穆拉特》译作。此后,爸爸妈妈又随广东东江纵队北撤,路经广州、香港、烟台、大连、北京等地,《哈吉·穆拉特》的译稿也随之"南征北战"。

锯掉脚趾变大脚的传奇女教授王非曼

王非曼教授

1922年，齐鲁医院外科来了一位二十多岁的女子，要求做双脚放开矫正手术，将六岁裹起的三寸金莲放开。但因她的脚骨已经定型，无法放开，需要每只脚锯掉三个脚趾才行。她二话不说就上了手术床。手术获得成功，终于可以穿上定做的皮鞋了，双脚获得了自由，年轻的心也获得了解放。她就是一代奇女子王非曼。

王非曼，幼名王淑静。她出身教育世家，酷爱读书，在奉行女子无才便是德的时代，犹如一个异类被全村人侧目。她仅用三年时间，就完成了从初小到高中的学业，1923年，以全优成绩被录取为山东全公费赴美留学生。她是当年仅录的两名女生

1942年西北师范学院家政系附设保育室师生合影（后排中为主任王非曼）

1931年，王非曼回国后与家人合影（坐者为其父母王祝晨与刘氏夫人及三弟王浩，立者为王非曼及二弟王谔）

王非曼、慈冰如夫妇晚年在美合影

之一，也是中国最早的公费女留学生之一。

1931年，王非曼获得哥伦比亚大学师范学院家政学系硕士学位。回国后她先是在河北省立女子师范学院任教，是开风气之先的女教授之一。后因1937年七七事变爆发，随校西迁内地，经历了八年多颠沛流离的文化苦旅，先后执教于西安临时大学、西北联合大学、西北师范学院。

王非曼不仅喜欢读书和教书，还有难以忘怀的革命情结。1942年暑假期间随团访问延安近40天的经历，给她留下深刻的印象。她曾有个赴法勤工俭学的恋人，回国后因参加革命而牺牲，对她的思想也产生了影响。

王非曼在社会动荡的旧中国，勇破传统，追求新知，教书育人，时刻关注着祖国命运，用她那双为追求自由而克服巨大痛苦争取来的大脚丈量着天地四方，在家政学教育领域留下了不可磨灭的深深足迹。

皈依佛门的张纯一教授

张纯一教授

张纯一教授修行的缙云山寺

张纯一（1871—1955），字仲如，法号觉义、证理，湖北汉阳人。少时中秀才，喜读先秦诸子书，也曾博览新学。早年在家设馆教学。1903年，任武昌文华书院国文教习。次年赴日本入弘文书院习教育伦理科。1906年回国，执教于武昌文华书院。后发起参与革命团体日知会，创作军歌激励青年从军报国。1908年，任温州师范学堂伦理教习。曾在上海广学会任编纂，兼办《大同报》。辛亥革命后曾任西北边防督办高等顾问，后应聘至武昌中华大学、文华大学，天津南开大学，北平燕京大学，上海法政大学任教。1928年，曾任湖北感化院院长、汉口佛教正信会理事长。

七七事变爆发后，他任国立西北联合大学教授。执教后不久，他开始潜心研究佛教，并于1941年入居重庆缙云山寺，专心研究佛学。章太炎、黄侃、蔡元培、梁启超及佛教界太虚法师、虚云法师等都曾与他论学。他一生致力于宗教哲学研究，所著《耶教与佛教》得到中国佛教协会会长、中国佛教整理委员会主任太虚法师称赞。章太炎曾为他的《增订墨子闲诂笺》作序。此后，他又完成了《先正典型》《墨子闲话笺》《融通各教谈道书》《基督立教大纲》《晏子春秋校注》《墨学与景教》《墨学分科》《佛学之根本伦理》《伦理学》《老子通释》等著作。

中国生物统计学的主要创始人汪厥明教授

汪厥明教授

生物统计学的开设是生物遗传学科突飞猛进的重要成果,汪厥明(1897—1978)是中国生物统计学的创始人。汪厥明,字叔伦,浙江省金华县(现为金华市)人。1924年,在日本东京帝国大学获硕士学位,回国后任北平大学农学院教授兼系主任。1936年,他奉派赴欧洲考察,并在英国剑桥大学农学院进修,专攻生物统计学。1937年,他在西安临时大学、西北联合大学农学院任教授兼农艺系主任。1938年年初,他赴广西大学农学院任教授兼农艺系主任。20世纪40年代,他完成了题为《动差、新动差、乘积动差及其相互关系》的著作。抗日战争胜利后,他任国立云南大学农学院教授。1946年,任台湾大学农学院教授兼农艺系主任。1959年4月,在台湾当选为第三届"中央研究院"院士。1973年7月退休后,他仍致力于生物统计学研究,撰写了多篇有价值的论著。

在西北联合大学任教期间,汪厥明主讲麦作学、育种学、生物统计学及田间试验技术等课程,是国内最早开设生物统计学课程的教授之一。汪厥明对生物统计学有独特的研究和见地。当英国的生物统计学权威费歇教授的变量分析法(后称方差分析)在欧美初露头角时,他便在国立北平农业大学开始讲授。他开了中国试验研究应用统计和放射率测定之质疑的先河,其论著均有精辟、独到的见解。

汪厥明教授(前排中)与同事合影

受到斯大林接见的徐褐夫教授

徐褐夫（1903—1978），江西修水人，原名徐作圣，为中共做地下工作时别名王立才、胡良方，1926年在苏联学习、工作时取名"徐褐夫"（俄文音译）。他于1923年加入共青团，曾任南昌地方工作委员会团委书记，1928年加入苏联共产党。他毕业于莫斯科东方大学，因反对机会主义，曾受第三国际及苏共中央奖励，斯大林接见他时称赞他为"中国人民的好儿子"。

1931年徐褐夫回国，任上海外论编辑社的翻译，继而执教于多所大学，专心从事教学研究活动，其中在西安临时大学、西北联合大

徐褐夫教授

徐褐夫手迹

西北联大部分教员合影

学、西北大学任教时间最长,从 1937 年至 1946 年整整 9 年时间一直担任法商学院商学系的教授。因俄语功底深厚,他执教期间长期从事俄语教学工作,讲授过俄文会话、俄文讲读、俄文作业、俄文翻译、俄文文法和俄文报章选读等课程,同时也为青年教师讲授俄语,教学工作成绩显著。当年商学系的毕业生就业率远远领先于其他院系,大部分学生都服务于西北地区的金融财政等行业。中华人民共和国成立之初,他曾任西北军政委员会文教委员会委员、兰州大学接管委员会副主任兼校务委员会副主任、副校长、甘肃省政协委员等。1951 年之后,徐褐夫担任西北师范学院副院长及教授,继续为西北地区的教育事业做贡献。

徐褐夫通晓英、俄等五国语言,出版的译著有《东方的战祸》《日德意集团》《考古学》等,其中《日德意集团》(1937)一书便是在西北联大任教期间完成的。此外,他还著有《苏联哲学》和《中国文学史》等。

中国冶金物理化学学科的创始人之一魏寿昆院士

2006年,中国科学院资深院士魏寿昆度过了自己的百岁生日。这位生于清光绪年间的百岁老人,从事了近80年高等教育工作。从中国的第一所大学——北洋大学,到抗战时期的西北联合大学,再到中华人民共和国成立院系调整后的第一批大学,魏寿昆院士见证了中国高等教育的百年沧桑。

魏寿昆1929年从北洋大学矿冶工程系毕业后留校任助教,后又留学德国,1936年获工学博士学位后回国,任北洋工学院矿冶工程系教授。1937年七七事变爆发,北洋大学西迁合组为西安临时大学,后又更名西北联合大学。魏寿昆一直任矿冶工程系主任及教授。1937年,他与张伯声教授带队前往安康考察和勘测金矿,作出了很有价值的报告,首开西安临大为地方工业建设作贡献的先河。1938年,西北工学院从西北联大分出后,魏寿昆任矿冶系教授及工科研究所矿冶研究部主任。1939年,随李书田赴西康创办西康技艺专科学校,任矿冶科主任、化工科主任及教授。之后的六十余年里,魏寿昆先后在贵州农工学院、重庆大学、唐山交通大学、天津大学、北京钢铁学院、北京科技大学担任教授,从事冶金学研究近六十年,其中约有三分之二的时间从事冶金热力学的研究,是中国冶金物理化学学科的创始人之一。

2014年6月30日,魏寿昆院士在北京逝世。

魏寿昆院士

魏寿昆的《本大学安康探矿队报告》(载于《西安临大校刊》第12期)

城固时期国立西北大学的藏书楼尊经阁

中国西医皮肤性病学的奠基人之一蹇先器教授

七七事变爆发后,北平大学医学院困在北平,大家商议未来前途与命运时,有吴祥凤、王同观、王晨、蹇先器四位教授当场签名——逃出北平,奔赴西安临时大学。其中,蹇先器(1893—1945),字孟涵,贵州遵义人,毕业于日本千叶医科大学。1929年至1936年,任北平大学医学院附属医院院长。1935年到德国考察皮肤花柳病一年。1937年,他怀着强烈的爱国心,保持民族气节,不甘奴化教育,拒绝出任伪职而奔赴西安,参与组建国立西安临时大学医学院。1938年至1939年,任国立西北联合大学医学院院长兼皮肤花柳科主任,在国难时期克服极端困难为抗战军民服务。他翻译日本土肥章司的《皮肤及性病学》作为讲义,1933年正式出版,1948年增订再版,此书是民国时期主要的中文皮肤花柳病学教材。1939年8月,他因不满国民政府的反动政策以及打击进步人士的行为愤而离开医学院。1940年,到福建省立医学院任教授。蹇先器教授一生著译甚丰,译有日本《泌尿科学》《内科学》等多部著作。

蹇先器教授

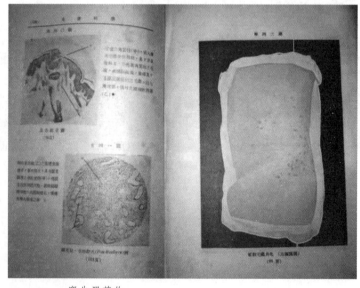

蹇先器著作

中国现代法医学的创始人林几教授

林几教授

林几教授生活照

中华民族的法医学历史源远流长,也曾经有过古代的辉煌。然而,说到我国现代法医学的奠基,就不得不谈及林几。

林几毕业于柏林大学,获医学博士学位后回国,受北平大学医学院之聘,筹建法医教研室。由于当时法医人才匮乏,虽然法律为法医学的发展奠定了基础,但在司法实践中,许多案件仍由仵作(旧时官府检验命案死尸的吏役)承担,以《洗冤集录》为指导的旧法验尸依然盛行于全中国。1924年,林几发表《收回领事裁判权与法医学之关系》一文,提出改良法医应为司法革新目标之一。林几坚决提倡废除旧法验尸,改为尸体解剖,培养法医人才改变法医队伍,以现代法医学知识为武器解决与法律有关的医学问题。抗战爆发后,林几随北平大学西迁,任西安临时大学和西北联合大学医学院教授,继续从事法医学研究和教学工作,并尽可能地添置了许多实验仪器,为中国培养了第一批现代法医学人才。林几一向以室所为家,事必躬亲,终因长年日夜操劳,致使消化道旧病加剧,于1951年11月20日逝世,终年仅54岁。

我国现代法医学奠基人林几教授,使得依靠《洗冤集录》断案的时代成为历史。

中国遗体捐献的发起人严镜清教授

2005年的一个凌晨,一位99岁的耄耋老人安详地走了。他的家人根据他生前的夙愿,将其遗体无记名、无条件地捐献给了首都医科大学用于医学研究。他在遗嘱中这样写道:"当我在医院去世时,只要临床医师宣布我已经死亡,就在同一时刻,我的遗体就捐献给国家,就归国家所有,不再是我的,是无名氏的。此时,要紧的具体行动是从速将遗体送入太平间冰冻,以减少死后变化。"这位令人肃然起敬的老人,就是我国著名的公共卫生学家和国内遗体捐献项目发起人之一严镜清教授。

严镜清1906年出生于浙江宁波,1932年毕业于北平协和医学院,获美国纽约州立大学医学博士学位。回国后,曾任北平大学医学院教授,1937年随北平大学医学院西迁,任国立西安临时大学医学院、国立西北联合大学医学院教授,从事公共卫生学的教学和研究工作,对城市卫生管理经验尤其丰富,著有《工业卫生学》。1999年,已经93岁高龄的他立下遗嘱,死后把遗体捐献给国家,用于医学教学工作。2003年,严老以97岁高龄加入中国共产党。2005年9月6日,严镜清因老年性肺炎医治无效,在首都医科大学附属北京友谊医院病逝。

严镜清生前说,无论是谁,你给别人的少,别人给你的多;捐献遗体有两大好处,一是完全彻底,二是不让后代有负担。每个人的病都不一样,因此每一次解剖都有意义。

严镜清老人(轮椅中)与其长子严天南

颜守民开创我国儿科学

颜守民（1898—1991），字逢钦，浙江温岭人，著名医学教育家、儿科学家，一级教授。1920年自国立北京医学专门学校毕业后，即留校任儿科助教，后赴德国柏林大学，专攻儿科学。1926年回国，任国立北平大学医学院教授。他于1929年在北平大学医学院创建我国第一个现代儿科学教研室，并出任主任，将儿科由内科分出，开设儿科门诊，建立儿科病房，这是我国现代西医儿科学创建的标志。1937年七七事变爆发后，颜守民先后任国立西安临时大学医学院—国立西北联大医学院儿科教授、五年级导师。1939年5月，任西北联大医学院附属医院院长。在院长任内，他日门诊量达300人次，新建了三排能容纳60张病床的平房，开设内、外、妇、儿、眼、耳鼻喉、皮肤等科室以及检验室、调剂室等，并为河南大学医学院、南通医学院等医学院教学提供临床实习基地。他曾对小儿伤寒、黑热病等有较多研究。1938年，发现母乳中的初乳小体。著有《哺乳儿养育法》《乳儿营养与看护》《小儿解剖生理概要》《小儿体表病态诊断学》《简要小儿科学》等。

抗战胜利后，颜守民历任西北大学医学院教授兼附属医院院长、沈阳医学院儿

颜守民教授

科学教授、江苏医学院儿科学教授及儿科主任等。20世纪50年代末期，他以儿童肾脏病作为科研主攻方向，创建小儿肾脏病研究小组，建立儿科实验室。1978年，接受卫生部下达的"小儿肾炎和肾病的防治研究"课题，在南京医科大学第二附属医院儿科建立了首批国家博士学位点。1991年，在南京逝世。

紧随其后的西北大学医学院教授兼小儿科主任隋式棠继承了颜守民的儿科学，在《中华医学》《中华儿科》杂志发表有《百日咳的链霉素疗法》《乙型脑炎病例分析》《乳婴铁缺乏性贫血》等论文，对西北儿科学事业的发展贡献殊伟。

侯宗濂开辟"针感生理学"新领域

侯宗濂教授

侯宗濂（1900—1992），字希颐，辽宁海城人，中国近现代生理学家和医学教育家，一级教授。他于1920年毕业于沈阳南满医学堂（后改为满洲医科大学），后留校任生理学助教。1922年至1924年在日本京都大学学习，归国后任南满医学堂讲师，1926年晋升为副教授。其间他曾作为中国生理学界的代表，出席了在日本东京举行的热带医学会议，并宣读论文。1930年至1931年先后在奥地利因斯布鲁克大学、德国莱比锡大学学习。留学期间，他在自己的研究论文中，对当时已被世界生理学界公认的由法国科学院院士拉皮克（Lapicqe）提出的"时值"理论，提出了质疑，并首先提出要找到一个新的确实反映兴奋性的指标来取代拉氏"时值"。论文在德国《生理学杂志》以教授名义发表后，引起了国际生理学界的关注。1937年7月，侯宗濂创建福建医学院，任院长兼生理学系主任、生理学教授。1944年起，先后任西北医学院、西北大学医学院院长。1972年，他开始进行针刺镇痛原理的研究，把针刺穴位的生理功能与结构统一起来，开辟了新的"针感生理学"研究领域。他论证了Fick氏间隙的本质是阳极抑制，提出短时通电两极兴奋、两极抑制学说；研究了兴奋性及其指标问题，论证结果能正确反映兴奋性的指标；研究过针感生理，论证了不同穴位的针感感受器和针感传入纤维。其指导的"针麻原理—穴位针感研究"和"肌肉神经一般生理学——应激、兴奋、抑制及适应"两项课题，于1978年获全国科学大会奖和部、省一级成果奖。

除了在医学领域和教育领域的卓越贡献，侯宗濂还历任全国和陕西省人大代表、省人大常委会副主任、全国及陕西省政协委员、省政协副主席、中国科协委员、陕西省科协主席、名誉主席等多种职务。1992年，于西安逝世。

侯宗濂的西北医学院院长聘书

李赋京发现"李氏钉螺"

李赋京(1900—1988),陕西蒲城人,一级教授、寄生虫学家、教授、著名解剖学家、组织胚胎学家、钉螺研究专家、医学教育家。他早年毕业于同济中学德文医工学堂,后赴德国格丁根大学医学院学习,并获医学博士学位。回国后在南京任卫生部技正,兼东南大学病理学教授、上海中央卫生试验所病理科主任。1939年,任西北联大病理解剖学教授。1940年至1942年任陕西省立医学专科学校校长兼教授。抗战胜利后,他随省立医专并入西北大学医学院,任西北大学医学院教授。之后在台湾大学医学院、上海同济大学医学院任病理学、解剖学教授等。1988年,在武汉逝世。

李赋京主要从事对血吸虫的中间宿主钉螺的生理、生态、解剖分类的研究工作,是我国最早研究钉螺的专家之一。为了获取第一手资料,他长期在江苏、浙江、江西、安徽、湖北、湖南等省的湖汊、沟渠、沼泽地带,躬身出没于芦苇、草丛中寻找钉螺,观察其生活习性、生态环境等并作详细记录。抗战时期,他在逃亡途中也不忘收集钉螺标本,在颠簸的火车上他就将装有钉螺的水桶抱在怀里。他将采集的钉螺带回实验室继续深入细致地观察,绘制了大量精美逼真的形态图和发生图,并先后发表了《钉螺的解剖》《钉螺的治后发生》《日本血吸虫的中间宿主》《钉螺的解剖、生活习性和种的鉴别》

李赋京教授

等文章。1936年,他在安徽省发现一个钉螺新种,并首次在《中国动物学杂志》上发表了这一发现。同年该种经正式鉴定并命名为 Oncomelania Anhuinensis Lii(李氏安徽钉螺)。

他在西北大学医学院和陕西省立医专工作期间,仍不忘从事血吸虫的研究,相继在《中国动物学杂志》《中华医学杂志》等刊发表了《日本血吸虫中间宿主》(1939)、《陕西西安黑热病之调查》(德文,1945)、《几种平卷螺的比较解剖》(1948)、《中国日本血吸虫病及其管制》(1948)等文章,并著有《医学昆虫学》《普通解剖生理学》等。

毛鸿志首倡我国防癌立法

毛鸿志教授

毛鸿志（1901—1978），字抟风，江西广丰人。1923年毕业于北京医学专门学校。北伐时期曾任广州大本营陆军医院医师、第六军医务主任、江右军野战医院院长。北伐胜利后入北平大学医学院病理教研室工作，在徐诵明教授指导下做病理学助教。1935年，赴日本九州帝国大学病理科进修并任研究员。1937年归国，先后任西安临时大学医学院副教授、西北联合大学医学院教授、西北医学院教授兼总务主任。他于1942年1月实施了陕西第一例临床法医学尸检。至当年年底，已实施法医病理尸检30例，并出具鉴定报告。1946年，毛鸿志被教育部选派赴加拿大多伦多大学医学院病理科进修和研究。1948年归国后，任西北大学医学院教授兼理总务。1949年9月，他在《西大医刊》发表了《恶性瘤病之管理与医教》一文，这是他赴加进修期间对美国、加拿大等国考察的报告之一。在该文中，他首次提出对我国癌症防治立法的建议。1950年，毛鸿志参加了全国第一次卫生工作会议，受到毛泽东同志的亲切接见。

毛鸿志发表于《西大医刊》的关于癌症防治立法的论文

参加过台儿庄会战的张同和教授

1937年在台儿庄抗日战场,一支医疗队不顾危险,活跃在前线,其队长即为胸脑外科专家、中国神经外科的创始人之一张同和教授。

张同和(1902—1966),字喜平,清光绪二十八年(1902)生于山东潍坊。1928年毕业于北平协和医科大学,留校工作。1937年抗日战争爆发后,在武汉组建中国红十字会第28医疗队,任队长,并参加台儿庄会战。1941年任军医学校西安第一分校外科主任。1946年赴美留学,专攻胸外科和脑外科。1947年归国,任西北大学医学院教授兼附属医院外科主任。1966年1月3日去世。他的心脏标本今存于西北大学分出的西安交通大学医学院。抗日战争时期,他在台儿庄会战中带领医疗

张同和教授

1948年11月3日国立西北大学医学院附设医院由汉中迁西安重建周年纪念合影(前排自左至右:张时、陈庆魁、马载坤、李星全、霍炳蔚、张同和、王立础、岳劼恒、李之琳、刘因哲、宋汉节、谢景奎、章尔仓、王树梓、靳连仲)

战斗中的台儿庄

队建立手术室,抢救了大批伤病员,直至台儿庄失守前两天才与伤员携器材一起撤出,为此受到中国红十字总会及战地指挥部嘉奖,获国际红十字勋章。在西北大学医学院期间,他建立健全了外科医师查房、术前讨论、死亡病案讨论等项制度,并积极送出教师到京津一带医疗机构深造,为陕西培养了第一代外科专家。1948年,他和万福恩教授一起,在校医院首先开展了脊髓神经鞘瘤切除术,又开展了前额叶切除术治疗精神分裂症,推动了陕西神经外科的发展。他的著作有《脑瘤的诊断》《脑瘤的诊断及治疗与神经外科患者的处理》,译著有《贺门氏外科学各论》《实用神经外科学基础》等。

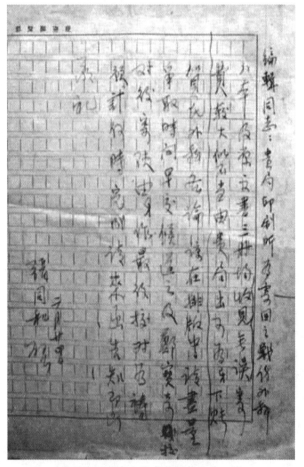

张同和写给商务印书馆钢笔信札一页

张同和译著《贺门氏外科学各论》

西北联合大学的美籍体育教授沙博格

1936年,第11届奥林匹克运动会在德国柏林举行,中国除了派代表团参赛外,还派出了一个"赴欧体育考察团"前往柏林观摩比赛。后来担任西北联合大学体育系主任的袁敦礼是考察团成员之一,他对获得体操全能第七名的美国选手沙博格(B.F. Schaberg,1912— ？)青睐有加,遂与其签约,邀其来华担任体育教授。奥运会结束后,沙博格即与其弟史密斯(在辅仁大学任教)一起来华任教。

沙博格擅长双杠、吊环。在双杠上可以做前后空翻挂臂和后回环挂臂;在吊环上可以做倒立;在单杠上可以做向前、向后大回环及转体;自由体操可以做前、后空翻和连续后手翻。沙博格动作示范准确,姿势漂亮,教学要求严格,特别是腿部、脚尖的姿态。经常听他在操场上喊:"Knees straight, toes pointed!(膝盖伸直,脚尖绷紧)"他的教学容量虽然很大,但是教学方法很好,引起同学们对体操的浓厚兴趣,在他的带动下,本来很冷清的体操课活跃起来。

沙博格与另一外籍教授克顿一起随西安临时大学的千余师生徒步翻越秦岭,到达陕西城固,继续担任改名后的西北联合大学教授。

在城固初期,没有体育活动场地和器械,沙博格就带领学生动手建立了体操场地并制造了体操器械。当时沙博格只有26岁,他一天到晚和学生们泡在体操场上,在西北联大形成了一股"体操热"。当时的青年教师徐英超也擅长器械体操,他和沙博格一起组织学生练习和表演。1939年,沙博格奉命回国后,西北联大的体操教学活动就由徐英超来领导。

沙博格还是学校里教师垒球队的队员,常常与王耀东、刘同林、董守义、刘汝强等教授在一起进行垒球比赛。所用的垒球,竟然是教授们利用制革厂的边角废料、用棉纱缠成的线团,让修鞋匠用皮子缝起来的特制球。

1938年3月16日,国立西安临时大学—国立西北联合大学校务委员会常委李蒸教授与美籍体育教授沙博格迁往汉中前在宝鸡火车站留影

哥廷根学派在中国的传人——曾炯教授

曾炯教授

哥廷根代数学派在近世数学的发展中长期占有主导地位,著名科学家高斯、爱因斯坦、冯·诺依曼、埃米·诺特等均出自其中。国立西安临时大学、国立西北联合大学数学系曾炯教授就是哥廷根学派抽象代数奠基人之一埃米·诺特的弟子,因此他是这一学派在中国的传人。

他也是我国第一个研究抽象代数的人。1934年获哥廷根大学哲学博士学位后,由于他在传世的三篇论文中提出著名的以其名字命名的"曾定理"和"曾层次"等重要定理和概念,哥廷根大学曾挽留他留校工作,但曾炯怀着一颗报效祖国之心,毅然于1935年7月返回了祖国。1937年暑假后,他任教于北洋工学院。后随北洋工学院迁至西安,任西安临时大学、西北联合大学数学系教授。1939年,他受原北洋工学院院长、著名水利专家李书田之邀,参与创立国立西康技艺专科学校。该校位于西康省西昌市郊区,以郊区沪山一带寺庙为校舍,绵延十余里,教学与生活条件极为艰苦,但曾炯仍坚持讲授高等数学。1940年11月,长年的奔波加之医疗条件的恶劣致使曾炯胃疾加重,终因胃穿孔而殒命,享年43岁。

1937年4月浙江大学数学系全体师生合影(前排右四为曾炯,左五为苏步青)

罗章龙在西大

罗章龙曾经是中共早期重要的领导人,杰出的政治活动家,中共初创时期最早的五十余名党员之一。1931年,他因公开反对被王明把持的六届四中全会制定的极"左"纲领,犯了"分裂党"的错误,被开除党籍。离开火焰熊熊的革命营垒后,理论根基深厚的罗章龙,泛舟学海,化名罗仲言,成为一名经济学教授,1938年至1947年任教于国立西北联合大学(1939年8月改称国立西北大学)。据说他1938年来西北联大任教是由时任国民政府教育部长的陈立夫介绍的,陈于1931年曾在上海保释他出狱。

罗章龙曾任西北大学经济系主任,作为教授,主讲中国经济史、经济政策、经济学等课程。在西大期间,他曾介绍沈筱宋来校教书。除从事教学外,罗章龙"伏案奋笔,刻苦攻读",完成了教科书《中国国民经济史》的撰著。1944年,该书由商务印书

罗章龙教授

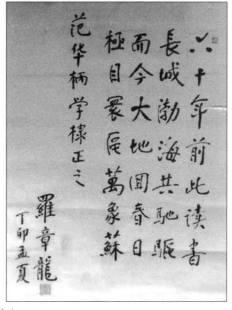

罗章龙手迹

罗章龙著作

1947年罗章龙在西北大学时的全家合影

馆出版,学界给予高度评价,被国民政府教育部列入大学丛书,并获教育部学术审议会奖金。

1949年8月,他在致毛泽东信中谈到他离开党后的从教生涯,其中写道,"抗战期内,武汉撤守,复应西北联合大学之聘,在西大任教10年(1938—1947)",此前曾在河南大学、湖南大学两校任教,三校任教时间共15年。"15年来,'磨血'著书,授徒自给,备受反动派排挤,然犹不顾一切,早作夜思,锲而不舍,先后成书10种,约250万言。"谈到父亲时,儿子罗海平说:"那烛光里的背影是他留给我最深刻的印象。"

罗章龙自述"惟平生行谊不慕势力,不事剥削,不背阶级,不出卖同志,不残害人民,不投机取巧,尽心竭力,为祖国为人民服务,则有事实可验,差堪告慰"。1978年,他在中国革命博物馆任职,举家迁往京城。

罗章龙曾连任五、六、七、八届全国政协委员。耄耋之年,为抢救和搜集整理党的历史资料工作,他作出了巨大努力。1995年2月,这位令人崇敬的学者、革命老人与世长辞,享年99岁。有副挽联概括了他的一生:章龙文虎有道亢斋一支笔,浪起潮落无愧椿园百岁翁。

毛泽东在陕北接见回乡省亲的马师儒

1942年4月,西北大学文学院院长马师儒教授回陕北米脂奔父丧期间,毛泽东在范文澜的陪同下接见并宴请了马师儒。毛主席宴请他时,介绍了国共两党建立抗日民族统一战线的过程,介绍了自己的家庭和革命经历,同时也询问了西北大学和陕南大学教育的情况。分别时,毛主席还特别请他回陕南后,向其早年的老师黎锦熙先生问好。

在陕北两个月期间,马师儒参观了延安的学校、工厂、农村,并在米脂、绥德以及延安抗日军政大学发表演讲。他眼见延安新气象,兴奋地说:"耳闻不如目见,信然,信然!"他赞扬边区是"国家民族新的生机",指出国民党的报刊宣传是"传闻掩盖了事实,误解埋没了真相"。在辞别时,他坦率地说:"边区虽小,有新气象,就像咱陕北所说的新发展;反过来,重庆摊子虽大,但有死气,倒像一个破落户。毛主席体大思精,所望群策群力,中国大事已定,共产党必胜。"

他回到陕南西北大学后,不但鼓励女儿马昭信参加学生运动,奔赴延安,而且在一次"总理纪念周"演讲会上,讲到了毛主席问候黎锦熙的事,引起国民党、三青团的注意。随后,国民政府教育部部长陈立夫立即致电西北大学:"身为文学院长,在陕北公开讲演,公开赞扬异党

马师儒教授

政治,应予警告!"同时,教育部训导委员会也密令西北大学指责马师儒"为奸党大肆宣传"。不久,赖琏校长宣布免去其文学院院长职务,并放风说要对其"痛下毒手"。马师儒闻知,书写文天祥的《正气歌》,准备应付不测。

然而,当时毕竟还在国共合作时期,接连两位校长任内学潮不断,甚至被学生占领校长办公室、夺枪、夺印,在全国声援西大学潮、各大报纸纷纷揭露真相的情况下,马师儒作为两方面都能接受的政治开明人士,于1947年10月到1948年9月担任西北大学校长。

延安

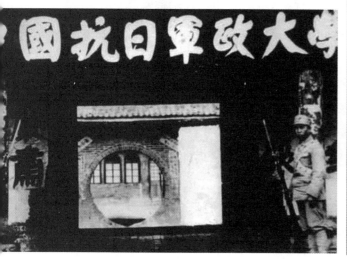

延安中国抗日军政大学

《解放日报》关于毛泽东接见马师儒的报道

体育教授谢似颜轶事

1939年,西北联合大学学生在城固汉江上游泳课

据说,西北联合大学体育系教授谢似颜(1895—1960)留学日本东京高等师范学校时,有一次在运动场上做练习,突然,对面投来一支标枪,躲闪不及的他被标枪击中前额,霎时血流如注,倒地昏迷,后经医师施行手术,一个月后竟完全康复。

1925年谢似颜回国后,先后任春晖中学、浙江省立第四中学、浙江体育专门学校体育教师,浙江体育场场长;1929年8月,北上任北平师范大学体育系理论课教授,兼授女子文理学院游戏原理课程;1931年12月,任北平私立民国大学体育系主任,兼授体育理论课;1933年1月,应徐诵明校长邀请,全面主持北平大学体育行政工作。七七事变后,谢似颜来到西安临时大学,分管学校体育行政工作,将北平师范大学体育系、北平大学女子文理学院体育系、河北省立女子师范学院体育科合并为西安临时大学体育系。1938年年初,西安临时大学迁往汉中,谢似颜和原北平大学教授王耀东被编入第一大队，率领学生先行翻越秦岭山脉到达城固县。由于长途步行，又因风餐露宿而受寒，谢似颜染上风湿性关节炎，痛苦不堪，也为其日后仙逝埋下病因。1939年，国立西北联合大学的各个院系纷纷独立，他曾与许寿裳先生诗一首，排遣胸中的郁闷和对日寇的憎恨：

莫因座随叹无衣，心镜平明造化机。
我志读书秉蜡烛，君能闻到早知非。
满门桃李人生乐，万里烽烟俗事稀。
东望海空龙战猛，究凶日寇已残晖。

谢似颜是中国现代体育史上的知名学者，是许寿裳先生的学弟和好友，许寿裳在《吾友鲁迅印象记》里写到"吾友谢似颜"，并有多封写给他的信。当年北平的几所体育科系，都有他教学的足迹，他从国家民族前途发展出发，着重提高国民身体素质，洗刷"东亚病夫"耻辱以与列强竞争并存，为我国体育专业人才培养作出了重要贡献。他的著作有《奥林匹克沧桑录》《田径赛的理论与实际》《西洋体育史》等。

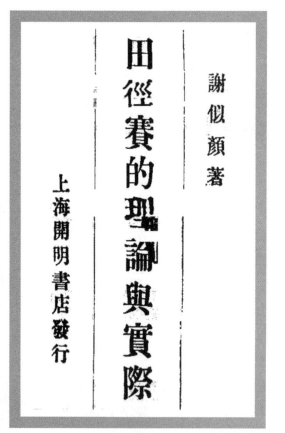

谢似颜著作　　　　　　谢似颜著《民族主义与道德》(载于西北联大校刊第13期)

民国时期的西安西大街

赖琏校长"走马上任"

赖琏校长

1942年5月21日,赖琏被任命为国立西北大学校长,其时他正担任着西北工学院院长。

赖琏早年赴美留学,在伊利诺大学学习机械工程,1925年入康奈尔大学研究院研究机械工程和工商管理,获得工学硕士学位。回国后历任《中央日报》总编辑、南京市政府秘书长、国民党湖南省党部主任委员、西北工学院院长、国民党中央海外部副部长等职。1945年5月,赖琏当选为国民党第六届中央执行委员,1946年当选为国民党中央执行委员会常务委员。1948年赖琏赴美,后任联合国秘书处中文部主任、华美日报社社长。1978年定居台湾。他虽然是工科出身,但一生中的工作始终围绕着办党、办报和办学,被誉为国民党中不可多得的"三办"人才。

刚接到西北大学校长的任命,赖琏心中充满畏难情绪。西北大学多年的学潮让他"一想起就心悸",再加之前两任校长胡庶华和陈石珍(代理校长)的黯然离去,都让他心存疑虑。赖琏甚至不惜不告而别,携妻离开城固,在西安附近游玩盘桓了几周。

赖琏就任西北大学校长的当天上午,即召开全体学生大会,提出"安定第一、纪律至上",要求大家"树立严格的校风,倡导学术精神,加强读书空气,要使西大称为名副其实的西北最高学府"。下午,他以茶会的方式招待全体教职员,勉励大家"远观周秦汉唐之兴盛,环视大西北区域之雄伟,人人应以恢复旧的光荣,建设新的文化为己任,为最高理想",并强调自己来西大"非教人,乃来领教;非役人,乃役于人"。

赖琏的住处距西北大学校本部有十多里的距离,他在《一个最愉快的回忆》一文中提到,当日赴任既非徒步,也没有乘坐滑竿,而是向附近一位退休的将军借了一匹壮马,"走马上任"。这位将军,就是曾于1923年创办国立西北大学的刘镇华。

国立西北大学第一届毕业同学及全体教职员合影

蒋介石为国立西北大学第一届毕业生题词
（他为一至六届学生题词的内容相同）

赖琏校长为国立西北大学
第七届毕业生题词

创办全国两个最早的边政学系之一

西北大学向来重视西北边疆人才的培养。1923年的陕源国立西北大学即设有蒙藏专修科，主任为黄成珑教授。西北联大时期，边疆教育被正式纳入国家计划。黄文弼教授早在1933年10月初旬即以教育部特派员的身份，随视察新绥路汽车路线之斯文·赫定等一行赴新疆考察教育。他于1941年起，任教育部第二、四、五届边疆教育委员会委员，与顾颉刚等作为历史学界代表，利用多次边疆考察所得经验，为边疆教育的发展作出了积极贡献。1941年6月，他赴重庆出席教育部边疆教育委员会期间，得知在西南、西北各大学内，拟设置有关边疆问题的课程或科系，遂积极参与了国立西北大学边政学系的筹备。国立西北大学的边政学系于1943年夏经教育部批准正式成立，与国立中央大学成为全国两个最早设立边政学系的国立大学。

1945年，西北大学边政学系正式开学，聘任教育部第二届边疆教育委员会秘书、第四、五、六届委员王文萱为主任、教授。当年11月，黄文弼辞去历史系主任，接任边政学系主任。在培养目标方面，黄文弼勉励边政系同学"步武马伏波（马援），效法班定远（班超）为边疆服务之精神"，"以传教师之精神，传播中原文化，造福边疆人民"。在技术方面，他要求同学要会骑马术、游泳术、摄影术、绘画术等，系方专门从第一战区长官部借来蒙古高头骏马上骑术课，练习野外调查本领。学校每年6月前后都要安排学生们前往甘、青、新等省实习，"深入蒙、藏、维三族集中之区域，作实际调查与研究，俾达学以致用之目的"。1947年6月16日即为该系三年级学生出发实习之日，学生早在图书馆、阅览室、自修室作了资料预研准备，"系方早就准备妥了旅费、车辆、服装、药品、照相机等"，在"晨光熹微中乘长车直向甘、青、新等省而去"。至1947年，边政学系已有87名学生，除部分统考录取者外，几乎全部为复员青年军，按教育部规定在战后重新回到原校学习。他们毕业后，大部分扎根于西北地区，成为西北地区最早的一批接受过高等教育的边疆干部。

1952年，全国高校院系调整时，西北大学边政学系和兰州大学边疆语文学系均并入西北民族学院。

西北文化月刊 （30）

學園剪影

西北大學邊政系素描

陳 充

《西北通讯》1947 年 6 期发表的

《西北大学边政系素描》

（33） 第六期

西北大學的邊政系

——西安通訊——

習 之

學習語文最困難

「冷門」的發紅

樣樣要會包羅萬象

爲眞理而爭辯

《西北文化》1947 年第 1 卷第 6

期发表的《西北大学的边政系》

中国穆斯林史学家杨兆钧教授

杨兆钧译著

《西北学术》第 2 期刊载杨兆钧的论文

杨兆钧(1909—2003),字涤新,经名萨迪,出生于北京市牛街一户回族家庭。1926年年初,他于北京尚志中学毕业后做过职员和小学教员,同时加入牛街"穆友社",并与他人创办"追求学会"。曾任《穆友月报》《正道》《新绿》《晨燕》月刊等回族刊物编辑。

1933 年至 1936 年,他在南京《晨熹》月刊社任编辑期间,师从土耳其学者赖义夫先生学习土耳其语。1936 年 8 月,赴土耳其安卡拉大学法学院留学,专攻伊斯兰教及土耳其史。1941 年后,他受聘担任国立西北大学历史系教授,参与创办西北大学边政学系并担任该系教授。1949 年至 1953 年,任西北大学历史系教授。

在西北大学的教学和研究生涯中,他讲授了世界史、伊斯兰教史、伊斯兰教概论、土耳其史、突厥简史和回族史等课程,在伊斯兰教史、土耳其史、回族史、撒拉族史、突厥学等领域翻译了大量著作,他的译著有《克拉维约东使记》《突厥学纲要》《土耳其共和国史》等,著作《维汉字典》《土耳其现代史》等促进了中土两国文化交流。他于 1988 年曾应聘为土耳其共和国阿塔图尔克文化历史最高委员会委员。

擦皮鞋维持留学生计的马宏道教授

马宏道（1899—1968）出身于阿訇世家，其父马魁林为牛街著名阿訇。自幼诵习经文与古汉语，及长，复负笈天津、长春、丹东，师从王静斋、于少斋、李廷相等习阿拉伯文、波斯文与伊斯兰经典。1920年，与家人在北京创办《清真周刊》，任主编。1922年3月，随师父王静斋赴麦加朝觐，因途中丢失钱财，师徒二人只好一路乞讨到了麦加。马宏道初到土耳其时生活十分艰苦，他买了个擦皮鞋的箱子，靠课余时间给人擦皮鞋赚点钱来维持生计。1933年在伊斯坦布尔大学毕业，获文学学士学位(一说获哲学硕士学位)。1933年秋回国，向国民政府建议与土耳其建交，并在边疆学校开设土耳其文班，被采纳建交建议后，任参谋本部边务组少将专门委员。翌年奉派为中央宣导回民特派员，赴直、鲁、豫各省回民聚居区，宣传土耳其改革情况。1935年年初，中土建交后任中国驻土使馆秘书。

1940年，回国后的马宏道任西北大学边政学系教授，主讲比较宗教学等课程，同时在新疆师范学院、甘肃临夏师范、兰州西北中学、陕甘各地清真寺当开学阿訇，并遍访西北各省清真寺及道堂，宣传抗日救国，在西北颇有影响。抗美援朝时期，马宏道因一口流利的阿拉伯语和曾在土耳其读研和工作的经历，而被中国人民志愿军彭德怀司令员特邀赴朝作土耳其俘虏的思想工作。

马宏道教授

由于马宏道教授渊博的学识和真诚的为人，故不仅结识了青海省主席马步芳、宁夏省主席马鸿逵等，也与中共地下党杨静仁有联系。1949年8月26日兰州解放后，马宏道教授在彭德怀司令员召集的"兰州各族各界人士座谈会"上发言阐述了只有共产党才能救中国的道理。此后，彭总经常找马宏道商讨民族事务以及和平解放宁夏等事务，拟派一些知名人士到宁夏疏通，然后再进行正式谈判。马宏道遂自告奋勇报名参加了由郭南浦率领的赴宁夏和谈代表团。疏通工作虽然不顺利，但马宏道对新中国的热情和期盼还是非常真诚的，之后不久即被调赴北京，任中央民委二司阿位伯语翻译。

西北大学青年远征军从军题名榜

　　1944年,国民政府配合世界反法西斯战争,决定在中国战区组建高素质的武装部队,成立中国青年远征军。此一时期,国立西北大学50位学子从军,他们的名字被深深地烙在了青年远征军的历史上。他们是:

李穆三	段新民	张　韡	陆伯铮	郭光前	蒋震方	方正御	唐尧天
张汝霖	安九鼎	吴十英	陶享樾	刘绵第	高启伟	吕新吾	张恩庆
唐若愚	袁　衡	王沛然	傅　维	李逸君	李海涛	郭　锋	陈乐哉
马焕乡	程东孚	魏　劼	高　骏	田际明	张存棋	柳毓钟	孙继儒

国立西北大学师生欢送抗日从军学生

国立西北大学校刊上的报名从军师生有336名

顾绳　杨昭忠　武启昌　薛之时　杨保国　田树柽　尤冠雄　何培松　秦冠绍　常伦厚　黄仲祥　关永谦　史美荣　张学儒　武德宁　陈久阳　王怀成　任和春　另有先修班(即预科)学生4名(均佚名)。

其中文学院7人,理学院17人,法商学院26人;一年级8人,二年级20人,三年级11人,四年级11人。

先期已经有熊朝阳、王鸿业两位同学于1944年11月中旬赴渝,参加远征军政工干部训练;张学儒、任和声、吴鲁文、冯梦英4名同学于1944年11月25日赴南郑远征军教导团受训;第二批齐矗华、赵铭渠、薛汉鼎等4人于1944年12月20日赴南郑远征军教导团受训;地质地理系二年级学生、河南淅川人盛良瑞,生物系三年级学生、陕西洋县人黄安,经济系三年级学生、河北望都人王耀等3名同学投效空军,并于1944年12月先入空军军官学校受训;1945年3月28日,又有外文系三年级桂诗晶、李秀华2位女学生从军,赴西安集中。

据此,自1944年11月1日西北大学成立全国知识青年志愿从军征集委员会以来,截至1944年年底,先后有校长刘季洪、教授郁士元等56名教职员工,李金锡等234名学生,

远征军战士在整理汽车

远征军在战场

丁安世等46名工警报名,全校共报名336人。合格和实际成行并见刊者只有郁士元1名教授和66名青年学生。

1944年12月5日,学校举行隆重的欢送大会。黄仲祥代表从军同学致答词,宣誓:"不见功,即成仁,歼灭敌寇,光复失土",激昂慷慨,气撼山河。

1945年2月8日,从军学生程东孚、柳毓钟、杨保国、马焕乡、高启伟、魏劼、顾绳7位同学致函学校:除李穆三、陈乐哉先行离去,武启昌因病去昆,秦冠绍因眼疾留团外,其余52名同学已于1月19日抵曲靖入营,皆膺选赴印度受训。2月9日,学校收到杨保国等同学来信,称48名同学飞抵印度,之后均编入汽车兵团,受命接收美军汽车。齐矗华、单励、赵铭渠三同学飞滇,被编入炮连。张韡被编入云南曲靖二○七师六一九团迫击炮连,亦曾飞往印度受训。

1946年5月,按照国民政府教育部知识青年从军优待办法,有200余名未完成学业者分发本校。截至1946年10月,已有半数以上到校。

教授从军第一人郁士元

1944年秋,国际反法西斯战争转入战略反攻阶段,国民政府为了在中国战区储备反攻力量,号召全国知识青年从军,组建一支以知识青年为主体的、高素质、能够操纵飞机、汽车、坦克、大炮等现代武器装备的武装部队——青年远征军,简称青年军。

时年43岁的国立西北大学地质地理系教授郁士元就是在此背景下,决定放弃教授职务而报名从军的。他不顾家人和孩子们的阻拦,向汉中师管区正式申请入伍。

同年,由张治中将军引领陪同,郁士元到达重庆,受到蒋介石的接见慰勉,特授予少将军衔,安排在蒋经国中将领导下的重庆青年军总部受训。

一时间,这成为各报的一大新闻。1944年8月20日的《大公报》即报道:"各方闻讯,极表敬崇。先军政部已核定郁氏入驻陕之教导团充任同校级之政治指导员。自知

郁士元教授与龙凤胎儿女

郁士元教授和妻儿

识分子从军运动成为风尚后,大学教授之申请入伍者,此为第一人。"

之后,郁士元调任驻防汉中的青年军二〇六师少将视导,身着军服,负责部队的抗战宣传,随时准备待命开赴前线。因为部队工作不是很多,郁士元一边在军中工作,一边又回西北大学兼课,每周各半。常见他每周乘坐木炭班车往返汉中、城固两地。1945年抗战胜利后,郁士元谢辞蒋经国的挽留,复员返校。内战爆发后,他不满国民党的腐朽统治,拟申请脱党,恰逢国民党在1948年进行重新登记,遂选择不去登记,波澜不惊地退出国民党,迎接新西大。

郁士元与胡乔木

郁士元和胡乔木均为江苏盐城人,两家亦为世交。胡乔木的父亲胡启东比郁士元大 12 岁,而郁士元又比胡乔木大 12 岁。追随孙中山的胡启东介绍郁士元加入国民党。郁士元上大学时,胡乔木还在上小学。每年寒暑假,郁士元都要带这个邻家小弟玩耍。后来,郁士元做了北京大学的副教授,胡乔木却在清华大学历史系上学,常到郁家,郁夫人廖秉珩总是呼着胡乔木的本名"鼎新",做些好吃的家乡饭菜热情招待。

1931 年,九一八事变的突发震撼了中华大地,激起了全国人民的抗日怒潮。胡乔木于当年 8 月调任共青团北平市委委员、宣传部长,亲自参与并领导北平学生的抗日救亡活动。然而,由于当时王明的路线在共产党内占着上风,胡乔木等团市委领导很不赞成这些脱离实际的"左"倾思想,为此共青团北平市委被解散。胡乔木因所谓"同情托派分子"而被"挂"了起来。他的名字"胡鼎新"同时也上了北平市警察局要抓捕的黑名单!

于是,这年寒假,胡乔木没有返回盐城,而是隐藏在郁士元家继续从事革命活动,直到后来父亲至北平带其返乡。胡乔木每次给家里写信,都会写明"北京大学地质系郁士元转"。郁士元对胡乔木的事完全心知肚明,但从不过问,只是感叹鼎新走了另一条道路,不知何时得见。

"文革"开始,胡乔木被半点名批判。就这样郁士元也被牵连进了秦城监狱,而且郁士元曾被蒋介石接见,

晚年的郁士元教授(1980)

中年胡乔木

1975年冬,郁士元父子与胡乔木(中)在胡乔木家楼下合影

胡乔木又曾躲在郁士元家,郁士元到北京胡乔木都亲自接送,胡乔木到西安请郁士元到西北局见面,这一系列的串联遐思成为郁士元是特务、胡乔木是叛徒的"合理"猜测。这为郁士元家带来一系列灾难。郁士元被关7年之久。直到1975年胡乔木随邓小平复出,郁士元方才回到西安的西北大学新村,而老伴已经先他而去。

回到西北大学后,郁士元给胡乔木写了一封信航空寄出,胡乔木对郁士元入狱毫无所知,很快回复信函表示歉疚。后来郁士元在女儿的陪同下,在胡乔木家住了半月余,还在北京看望了原西北大学教授黎锦熙等。粉碎"四人帮"后,郁士元获得彻底平反。

陈寅恪的弟子周传儒

周传儒在回忆他的学生时代时,总结了对其后来影响深远的几点——"优良的时代、优越的环境、优异的良师益友",这些都是一个人成才的重要因素,而"优异的良师益友"这一点对他来说尤为重要,其中最重要的一位老师即是我国国学泰斗之一——陈寅恪。

周传儒(1900—1988),号书舱,四川江安人,我国当代历史学家。1925年,他以全国前十名的成绩考入清华研究院国学门,1927年毕业,1938年起先后担任西北联合大学、西北大学历史系教授。任教期间,他主要从事世界近现代史、中国近代史的教学和科研工作,曾讲授中国上古史、中国通史、世界史、世界近代史、中西外交史和意大利史等课程。他发表过数篇学术论文,包括《兰亭序的真实性与中国书法发展问题》《论梁启超与王国维》《六十年来中国史学界变迁发展史》等。

周传儒为学一生,执教三十余年,为史学界培养了大批英才,于万难之中,锲而不舍,著作等身,功名卓著。其重要的著作有《中国古代史》《书院制度考》《甲骨文字与殷商制度》《西北利亚开发史》等。

周传儒教授

周传儒著作

天作之合的王子云与何正璜

王子云教授

何正璜女士

抗战时期的1940年8月,一位年轻美丽的女孩正与父亲在小城恩施避难。一天,她在江边洗衣服时,偶然见水中漂着一张《大公报》,其上一则教育部招聘西北文物考察团团员的启事吸引了这位美术专业出身的女子。她随即赶赴重庆应聘,并如愿成为西北文物考察团的核心成员之一,而且与这个考察团的团长成就了一对美好的天作之合。

她叫何正璜,别名玉子,1914年生于湖北汉川,1934年毕业于湖北武昌美术专科学校。1934年赴日本东京多摩川高等美术学校留学。七七事变之后毅然回国。

他叫王子云,原名青路,光绪二十三年(1897)生于江苏徐州府萧县(今属安徽)。1931年赴法入巴黎高等美术学校。1937年回国,初任杭州美术专科学校教授,旋奉命组织西北文物考察团,并开始招募团员,先后于1940年8月3、4、5日在《大公报》上刊登广告招聘启事。这就是何正璜看到的那张报纸。

何正璜参加王子云的面试时,二人一见钟情,1940年12月1日便宣布结婚。婚后,二人即与团员奔赴河南、陕西、甘肃、宁夏、青海、新疆等省考察艺术文物,本以两年为期,

王子云与何正璜夫妇

后延至1945年8月抗战胜利前夕。在近五年的时间里,王子云夫妇与西北文物考察团的团员一起,辛勤工作,足迹遍布西北各省,先后发现、整理数百处(件)各类文物遗址及艺术文物,收集了超过两千件珍贵的艺术文物和不同时代的石刻艺术拓本,绘制了一千余幅各类艺术文物速写图、写生图及相关地区的艺术文物分布图、艺术文物遗迹实测图,摄制了一千余张各类艺术文物题材的照片,拓印了上千套(张)各类石刻艺术拓本。

1945年8月,教育部令西北艺术文物考察团并入国立西北大学,王子云夫妇遂一起任教于西北大学,王子云开始担任国立西北大学历史系教授,兼任西北文物研究室主任。考察团历年考察所得的文物数千件,也大部分捐给西北大学(保存在今西北大学博物馆)。之后,王子云成为我国现代美术运动最早的倡导者和参加者,以及中国艺术考古的拓荒者。何正璜先后在西北大学、陕西省历史博物馆、西安碑林博物馆工作,是我国文博事业的先驱,为文物保护和博物馆建设作出了杰出贡献。

王子云写生作品

改造中国古地理学的先驱黄国璋

1926 年,黄国璋(1896—1966)怀着振兴中国地理科学、改进中国地理教学的志向,辞去教师职务,毅然踏上赴美留学之路,成为我国出国学习经济地理第一人。在轮船上,他望着浩瀚无边的海洋,经受着滔天巨浪的颠簸,心潮澎湃,思绪万千,恨不得马上进入美国的大学课堂,接受那些认识海洋、高山、平原、湖泊、河流,认识大千世界的地理学知识。他早在 20 世纪 20 年代即成为我国传播西方地理科学思想的先驱者之一,特别对 30 年代前后尚存的记述性中国古地理学的改造发挥过重要作用。

1928 年年底,他满怀报国图强之志,带着丰硕的学习成果回到了祖国。他先后在多所学校任教,是我国参与创建大学地理系最多的人之一。与胡焕庸并称为"南胡北黄"。

黄国璋教授

1936 年,黄国璋被聘为北平师范大学地理系教授兼主任。七七事变后随校西迁西安,任西安临时大学、西北联合大学地理系主任及教授。1944 年年底,与许德珩等发起民主科学座谈会,次年为纪念抗日战争胜利更名为九三学社。在国家艰危、烽火连年的岁月里,他克服重重困难,日夜奔波操劳,使地理系在短时间内筹备就绪并及时开课。黄国璋先后主讲世界地理、北美地理、中国经济地理、地理学原理、地理教学法及英语等课程。他的讲授内容充实,语言风趣,引发学生对地理科学的浓厚兴趣。他在教学中不断吸收科学新成果,充实教材内容。

黄国璋所著的《汉中地理志》被国家地方志指导小组作为地理志的范本推广;《渭水河流域报告》《陕西经济地图》等著作都是他在西北联合大学执教期间完成的,对陕西经济的发展起到了积极作用。

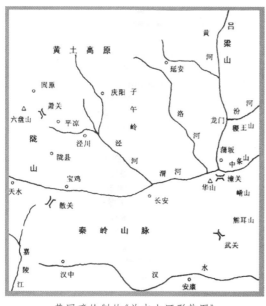

黄国璋绘制的《关中山河形势图》

毛泽东与高亨

高亨教授

1963年11月，在中国社会科学院哲学社会科学部第四次委员会(扩大会议)即将闭幕时，高亨先生与其他九位先生一起受到毛泽东主席小范围的接见，毛主席对高先生的研究工作多加鼓励。返校后，高先生把自己的《周易古经今注》《诸子新笺》等六种著作寄呈毛主席。毛主席在回信中称赞高先生的著作"高文典册，我很爱读"。1963年12月，人民文学出版社出版新版《毛主席诗词》之后，高亨赋词《水调歌头》一首和之。高亨将此词连同一封贺年短函一并寄呈毛主席，一个月后即收到毛主席的回信(见下图)。

高亨(1900—1986)，又名晋生，初名仙翘，吉林双阳人。他是我国当代著名的古文字学家、先秦文化史研究的著名学者和古籍校勘考据的专家。1926年夏，高亨先生从清华大学研

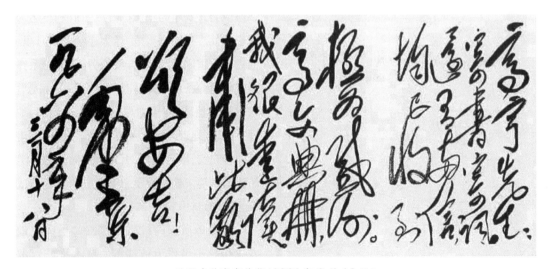

毛泽东给高亨的信(1964年3月18日)

信的内容："高亨先生：寄书寄词，还有两信，均已收到，极为感谢。高文典册，我很爱读。肃此。敬颂安吉！毛泽东 一九六四年三月十八日。"这封信在"文革"中成了高亨的护身符

究院毕业后开始任教。初任吉林省立法政专门学校教授兼第一师范学校教员。1929年,任沈阳东北大学教育学院国文专修科教授。九一八事变后,随东北大学迁至北平。之后曾在多所大学任教。1939年起,高亨任国立西北大学文学院中国文学系教授。1953年起,任山东大学教授,1957年受中国科学院哲学研究所之聘,兼研究员。1967年以后不再任教,调至北京,专门从事古代学术研究工作。"文革"

高亨著作

期间,高亨教授曾来西北大学寻访探望,晤单演义教授,并在其家小住。

遥相呼应的钟鼓楼。钟楼东现东大街皇城豪门酒店是原西北大学工科及陕西省水利道路专门学校的旧址,鼓楼北现北院门莲湖区政府大院是原西安中山军事学校旧址

陈寅恪的托命之人蒋天枢教授

蒋天枢教授

蒋天枢著作

蒋天枢（1903—1988）青年时期就读于无锡国学专修馆，1927年考入清华研究院，师从陈寅恪、梁启超学习文史，1929年毕业，曾任东北大学教授，1946年8月起任西北大学教授，后调任复旦大学教授。

陈寅恪晚年，在病榻上将编定的著作整理出版事宜全权授予蒋天枢，这被后辈学人视为他一生学问事业的"性命之托"。蒋天枢虽是陈寅恪早年在清华国学研究院的学生，但1949年后，十余年间两人只见过两次面。

蒋天枢配得上这份信赖。1958年，他在其履历表"主要社会关系"一栏中写道："陈寅恪，69岁，师生关系，无党派。生平最敬重之师长，常通信问业。此外，无重大社会关系，朋友很少，多久不通信。"

当年，批判资产阶级史学权威的政治运动正如火如荼，蒋天枢在这种只会带来麻烦而不会有任何好处的"社会关系"中，丝毫不掩饰对陈寅恪的敬重之情，足见其为人之笃忠执着。他也确实没有辜负这份重托。晚年，他放弃整理自己的学术成果，全力校订、编辑陈寅恪遗稿，终于在1981年出版了300余万言的《陈寅恪文集》，基本保持了陈寅恪生前所编定的著作原貌，作为附录还出版了他编撰的《陈寅恪先生编年事辑》。这大概是"陈寅恪"这个名字在中国大陆重新浮现之始。

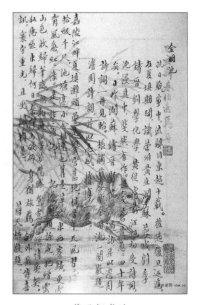

蒋天枢书法

缥缈无踪影的"魔鬼诗人"于赓虞

20世纪二三十年代的中国诗坛群星闪耀,有一位诗人宛如流星,瞬间划过,留下灿烂的光芒后便悄然隐去。他就是被人们遗忘了近80年的诗人——于赓虞。

于赓虞(1902—1963),名舜卿,以字行世,河南西平人,中国现代著名诗人、翻译家,著有《晨曦之前》《魔鬼的舞蹈》《骷髅上的蔷薇》《孤灵》等。早年在河南省立第一师范学校、天津南开中学、汇文学校读书。在汇文学校读书期间,与赵景深、焦菊隐、万曼等人创办"绿波社"和《绿波周刊》,发表大量新诗。1924年后在燕京大学国文系读书,在此期间结识徐志摩、闻一多等,并一同创办《诗镌》。1926年因经济困难,从燕京大学退学,但一直坚持文学创作,与胡也频、沈从文、焦菊隐等人创办"无须社"。1935至1937年赴英国留学,其间翻译了但丁《神曲·地狱》和七十余首英诗,著有《英国文学史》等。七七事变后,于赓虞回国任教于河南大学文学院。1942年受时任西北大学文学院院长焦菊隐之约,赴陕西城固任教于西北大学外文系,后任文学院院长,同时兼任西北师范学院教授。于赓虞在西北大学任教期间,除正常授课外,也教学生创作诗歌,与师生研讨诗艺,对西北大学师生的文学创作起到了推动作用。1963年8月14日,病逝于开封家中。

于赓虞教授

于庚虞著作

于赓虞的诗风大都诡异凄凉,诗作充满忧伤绝望的情调。他深受法国著名颓废派诗人波德莱尔的影响,逐渐形成了一种阴郁的"透着森森鬼气"的个人诗作之风格。他的诗集《骷髅上的蔷薇》与波德莱尔的《恶之花》也正契合这一独特诗风。因而,于赓虞在当代文坛上被称为"魔鬼诗人"。

于赓虞是以发掘自我的生命体验为基石进行诗歌创作的,并始终忠于表达自我的情感与体验。于赓虞认定"诗是生命的艺术的创造",在其12篇诗论中对此多有阐述,如:"诗之所以为独立的艺术,即诗乃诗人个人生命之表白","诗是从生活苦汁中压榨出来的",等等。于赓虞是一位为生命歌咏的诗人,他通过独特的情调,完成了其艺术即生命之理想,也阐释了其对诗歌与生命的追求。

中国第一部新式《清代通史》的著者萧一山教授

萧一山教授

萧一山著作

有人说萧一山是个奇人,这句话并没有夸张之嫌。王家范教授说:"凭一己之力撰写而成,中国第一部体系完整的新式清代通史,始出于北京大学三年级的学生,年方22岁;而全书杀青,三卷联袂问世,竟在40年之后,算得上是近世学术的一件奇闻轶事。"梁启超评价他说:"萧子之于史,非直识力精越,乃其技术也罕见也……萧子之学,未见其止……吾将于萧子焉有望也。"

1944年7月至1947年10月,刘季洪任西北大学校长,萧一山继于赓虞接任西北大学文学院院长兼历史系教授。

萧一山一生的事业始终与清史研究相关联。他在清史研究方面的主要贡献是写出了一部规模宏大、包罗万象的《清代通史》。学人将他与孟森并称为中国清史研究的两大奠基者。此外,他还搜集了不少有关太平天国及秘密会党的史料,编成《太平天国丛书》《太平天国诏谕》《太平天国书翰》《中国近代秘密社会史料》等书,在史料研究上为太平天国的历史增添了不少有价值的线索,为廓清这一举国范围内的农民运动与清廷镇压提供了相当数量的、极其珍贵的历史依据。因此,他与简又文、郭廷以又被称作著名的当代太平天国史专家。20世纪30年代,萧一山哀于国势日蹙,积极提倡"经世致用"之学,以求挽救国家。他发起成立经世学社,刊印了《经世半月刊》《经世季刊》及《经世丛书》等。

1949年,萧一山去台湾继续潜心研究清史。1978年,在台湾"清史档案研讨会"期间,萧一山因心脏病突发,于同年7月4日逝世,享年77岁。

在世界上首先发现高等植物中收缩蛋白的阎隆飞

即便是在冰天雪地的隆冬,你只要一走进阎隆飞(1921—2001)先生的家中,便会突然感觉到一片春意盎然,好似走入了一个绿色王国。那一盆一盆的绿色植物,一直伴随着这位植物学家探索植物世界的秘密。

他于1940年入燕京大学生物系学习。1941年入国立西北大学理学院生物学系,1945年6月毕业。时任校长刘季洪、理学院院长赵进义,生物系主任刘汝强教授,为其代课的教授还有董爽秋、郑勉、嵇联晋等,李中宪副教授、吴养曾助教亦在其时任教。与其同时毕业于生物系的学生仅有刘绵第(参加青年远征军)、朱家骝、毛寿先(赴台从事生物研究)共4人。阎隆飞自西北大学毕业后,复于1946年夏考取清华大学研究院,1949年毕业,获理学硕士学位。1950年起在北京农业大学任教。

他于1947年在植物叶绿体中发现碳酸酐酶的存在,被美国宇航局内部报告NASA SP-188(1969)所引用,美国宇航局曾将植物碳酸酐酶用于宇航舱中作为生命保障系统,维持气体平衡。1963年,他在世界上首先发现高等植物中存在类似骨骼肌的收缩蛋白,1965年在《中国科学》上发表的《高等植物中的收缩蛋白》一文是高等植物中存在细胞骨架的首次发现和第一个证据,是国际上高等植物细胞骨架研究的一个里

阎隆飞教授与其在《中国植物学杂志》1950年5卷1期发表的论文《绿叶色素的分立》

程碑,并使中国植物收缩蛋白研究从空白跨入世界先进行列。20世纪80年代后,他证明花粉、卷须中普遍存在肌动蛋白和肌球蛋白,并证明玉米花粉的肌动蛋白的分子量、氨基酸组成、C末端、圆二色谱均与脊椎动物骨骼肌肌动蛋白极为相似,并能聚合成肌动蛋白丝。他还首次提出在植物细胞膜上存在膜骨架系统。著有《分子生物学》等。先后荣获国家自然科学奖二等奖、国家教委科技进步甲类二等奖(两次)、中华农业科教奖、何梁何利基金"科学与技术进步奖"。

阎隆飞,曾用名龙飞,河北涞水人,满族。1991年当选为中国科学院生物学部委员,兼任国务院学位委员会委员和学科评议组召集人,中国博士后科学基金会理事,全国博士后管委会专家组成员。

医学三师

潘作新教授

眼科教授潘作新(1903—1983),长得一表人才,衣着时尚,蓄有美髯当胸,令人望而起敬。同学们背后皆称其为"潘髯子"。其口才似不如其外表。然而,其改良眼睑内翻手术,却一向享有盛誉。他主要从事眼科病理学研究,主要论著有《眼内恶性色素瘤眼外蔓延二例》《睫状体上皮细胞增生及睫状良体上皮细胞瘤的组织学观察》《虹膜色素瘤》等。1948年在国内首创切断睑板校正内翻术,被称为"潘氏手术"长期应用。

1983年2月3日,对海阳县农民韩某来说,是一个特别的日子。这一天,他被推进了手术室,接受了角膜移植手术。从此,他重新迎来了光明,迎来了阔别多年的清晰世界,迎来了治愈眼疾的惊喜与感怀,迎来了家人的道贺与关爱。他哪里知道,这片来之不易的角膜,就来自刚刚身故的著名眼科专家潘作新教授。遵照潘教授的遗嘱,不仅角膜移植给了一位青年农民,其眼球也被制作成教学科研标本。

潘作新,山东掖县人,一级教授。1930年自北京协和医学院毕业后,留院任眼科医师、主治医师。1936年赴奥地利维也纳大学医学院进修,任研究员。回国后,历任中国红十字会救护总队第十一中队队长、西北医学院教授。

细菌学教授汪美先,浙江衢县人。长得英俊潇洒,讲课时两小时一口气下来,不折不扣,亦无半句闲话,算是标准的少壮派。其讲课的语调,好似名角唱戏,不但声音洪亮,字字贯耳,而且常常出口成章,句逗井然,似乎事先作过加工一般。

汪美先(1914—1993)于1935年9月读完四年级,开始了一年的实习医生生活。不久,一场由细菌引起的猩红热症险些使他丧生,年方21岁的汪美先硬是凭自身的抵抗力死里逃生。这场意外的劫难,成为他与细菌生物学结缘的一个直接原因。实习生活圆满结束后，汪美先获得河南大学医学学士学位，留校任《医学周刊》主编。1944年始任西北医学院教授。新中国成立后，历任第四军医大学科研部部长、医学微生物学教研室主任、教授，总后勤部卫生部医学科技委员会委员，国务院学位委员会第一届学科评议组成员，陕西省科协副主席，陕西省微生物学会理事长。著有《免疫学基础》《防疫检验手册》等。

汪美先教授

殷培璞，陕西汉中人。1948年从国立西北大学医学院5年学习毕业，后被派往芜湖弋矶山医院实习，解放战争渡江战役开始后留院救治大批解放军伤员，1949年留校任附属医院外科助教，一年即任骨科主治医师，改进脊柱结核手术，在西北地区最先应用人工关节。他于20世纪50年代后期开始研究大骨节病，选定驻地最偏僻、发病最严重、村民居住最分散的崔木乡杨家堡村作为工作基地，自己起灶做饭，下沟挑水，挨家挨户进行调查，将防病和育人相结合，创办杨家堡防病育才学校，日供一顿黄豆海带汤，定期服用多种维生素。三年间当地大骨节病患病率下降了33.84%。他走遍全省大骨节病区的沟沟壑壑、峁峁梁梁，行程数万公里，治疗患者万余例，创编了系统的大骨节病矫形手术治疗法，完成晚期患者手术1000余例。他提出的"吃杂、改水、讲卫生"的综合防治措施，在永寿试行成效显著，由卫生部向全国推广，使儿童发病率大幅度下降。

2005年9月16日，在殷教授逝世一周年之际，麟游县人民政府按其遗嘱将骨灰安葬在页梁山，立碑永志纪念。

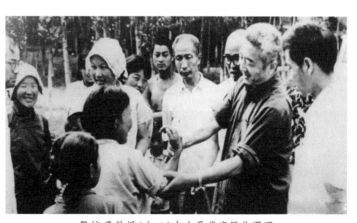

殷培璞教授（右二）在大骨节病区作调研

负笈数百册越过封锁线到西安临时大学的傅种孙教授

傅种孙教授

1937年七七事变爆发,北平师范大学西迁,合组并入国立西安临时大学。从沦陷区到后方,必须穿过敌军的封锁线,行路万分困难。逃出来的教员,几乎没人带书出来。有一位数学教授不惜运费,不怕风险,带来几百册外文书籍,因此他在西安和陕南的卧室就成了西北联合大学数学系的书库。他就是西北联合大学数学系教授傅种孙。

傅种孙(1898—1962),1917年在北京高等师范学校参与创办数理学会,编辑《数理杂志》。1920年毕业于北京高等师范学校数理部。1928年起任北平师范大学数学系教授,兼任北平女子师范大学、北平女子文理学院、北平大学、私立辅仁大学教授。1935年

西北联合大学数学系师生合影(后排戴帽右起:赵进义 杨永芳 傅种孙 刘亦珩 赵桢)

当选为中国数学会评议委员。1937年随北平师范大学迁至西安,历任西安临时大学、西北联合大学、西北大学数学系教授。1945年至1947年被西北大学派赴英国考察,归国后任北平师范大学数学系主任、教授会主席。他的著作《大衍(求一术)》是用现代数学方法研究中国古算的创举。中算史开拓者李俨先生曾说,由于这篇论文的启发,自己才对中国古算研究发生了兴趣,并决心把中国数学史整理出来。

他在西北大学任教期间培养了一大批数学人才,调离后仍和西北大学师生保持着密切的联系。

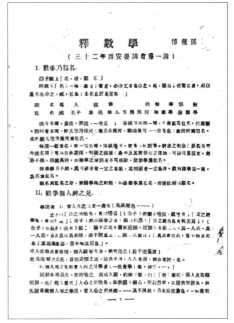

《西北学术》第4期刊载傅种孙的论文

西安东门内的东岳庙大殿

张贻惠、张贻侗兄弟教授

西北联合大学时期的张贻惠教授

在西北联合大学有一对兄弟教授——张贻惠（1885—1945）、张贻侗（1890—1950），专攻数学、物理学和化学，相得益彰。

张贻惠早年赴日本留学，1922年赴美国芝加哥大学研究院进修，次年游历英、法、德诸国。留学回国后，张贻惠很想在学术上作出贡献，但当时各大学设备不齐，既没有良好的实验室，也没有完备的图书馆，他感到很难在实验室里做实验，或著书立说、在理论研究中实现自己的夙愿，遂将一腔热情倾注于教育之中，历任北平师范大学校长、数理系主任。七七事变后，他只身离平赴陕，先后任西安临时大学、西北联合大学、西北大学教授、教务长兼物理系主任。在西北大学期间，他以提倡学术风气、培育优秀师资为志向，除训练专门技术外，尤重学生人格道德的培养。他在国内高校首开原子构造（即原子物理学）课程，并指导学生从事原子物理学论文写作。在教学中，他自编讲义并进行实验，以加强直观性；在讲课中，他经常介绍国外新理论如相对论，为将国外的现代物理知识介绍到国内作出了贡献。当时国内科技图书缺乏，图书馆藏书也很少，他与弟弟张贻侗教授将自藏的一批科技图书无偿献给学校。1945年7月12日，张贻惠教授在赴冀、热、察视察时因飞机失事遇难。

前西北工学院院长所撰挽联云：

为救国生，为建国死，浩气凌云霄，事业勋名成一现；

以游学始，以讲学终，公门遍桃李，文章道德已千秋。

张贻侗挽云：

毕生致学，半生讲学，桃李遍寰区，次日同悲耆旧谢；

爱弟则友，诲弟则师，仪型思往昔，人

张贻惠、张贻侗曾经任教的北平师范大学

间赖有父兄贤。

张贻侗早年留学英国,师从诺贝尔化学奖获得者拉姆塞,归国后历任北京大学、北平大学和北平师范大学理学院化学系主任等。1937 年随其兄长来到西安,历任西安临时大学、西北联合大学、西北工学院、西北师范学院和西北大学教务长及校务委员会委员,中国化学会陕西分会理事长。在西北大学期间,他尽心竭力培育后学,延揽人才,增置图书,扩充设备,曾讲授理论化学、高等理论化学、化学热力学、电化学、定量分析化学等。他重视适应社会需要,多方联系工厂,安排学生参观实习,并增开化工原理、制革、造纸、实用化学等选修课。1945 年,西北大学庆祝他连续执教 25 周年时,他利用教育部颁发给他的一等奖奖金 5 万元(法币)及各方筹款,在西北大学设立了"小涵先生奖学金"。1950 年他去世后,西北大学隆重举行追悼会,时中央人民政府教育部马叙伦部长挽幛赞其为"教师楷模",以悼巨人,而励后学。

张贻惠著有《高等力学》《几何光学》《宇宙及进化》等。张贻侗发表《原子弹问题》《偶极矩与分子结构》等论文,临终前译注《理论化学大纲》,受到国内著名学者称赞,说其"质量之佳,时人莫及"。

首创土壤热力学的虞宏正教授

虞宏正教授

中华人民共和国成立初期，有一位教授奔波于西安、咸阳、武功，在西北大学、西北工学院、西北农学院这三所西北联合大学的子体院校分别开课，并兼任西北大学仪器委员会主任，但从未领取过兼课费，他就是虞宏正教授。

虞宏正（1897—1966）于1916年考入北京大学化学系，并参加了五四运动。抗日战争时期，正在英国伦敦大学物理化学部进修考察的虞宏正毅然于1937年10月回国，相继任西安临时大学、西北联合大学农学院教授以及西北农学院教授。此后直至抗战胜利的八年岁月中，他除了出色完成繁重的教学任务外，还开展了热力学和胶体化学的研究工作。抗战胜利后，虞宏正赴英国剑桥大学胶体科学部进修，后由英国赴美国，在美国布鲁克林高分子研究所、美国加州理工大学化学部进修考察。1947年春回国后，他深感西北地区十分缺乏专业人才，急需培养物理、化学教师，遂仍留任西北农学院，承担了多门课程的教学任务，并多年为西北联合大学在陕西的几所子体院校兼课。20世纪50年代后期，他就高瞻远瞩地指出："当前国际上土壤科学发展迅速，数学、物理、化学都渗透到土壤科学，形势需要我们向边缘学科迈进。"于是，他建立一个新的分支学科——土壤热力学。1955年他当选为中国科学院学部委员。1956年，他亲自创建中国科学院西北生物土壤研究所，即现在的西北水土保持研究所，并担任首任所长。在他的亲自主持下，该所1959年就建起设备先进的、可应用于工、农、医的同位素实验室，培养出一支以水土保持为中心的从事资源环境研究的科技队伍，取得了多项重要科技成果。1962年陕西电影公司为他拍摄了《辛勤教学40年》新闻纪录影片。

虞宏正在生命垂危之际，仍念念不忘祖国科学教育事业的发展，他将收藏的近千册国内外珍贵图书资料捐献给国家，将多年积攒的七万元作为党费交给了党组织。

吴宓在西北大学讲学：《大学之起源与理想》

国学大师吴宓与西北大学渊源颇深。吴宓先生在清华学校留美预备班读书时，一次学潮中，他和大多数同学都屈服了，唯有后来被荐至西北大学任教授的吴芳吉以气节自命，坚不低头，最后丧失了清华学籍。吴宓钦敬吴芳吉的人品志节，也倾慕他的诗才。1925年，吴宓担任清华学校国学研究院主任，学术声誉日隆，许多大学委托他代为聘任教授，吴宓便力荐吴芳吉，然均以其未得大学文凭而拒绝。后来，吴宓亲往北京石驸马大街的太平湖饭店造访西北大学校长李仪祉，"为碧柳教职故也"。李仪祉和吴宓是世交，又在用

吴宓教授

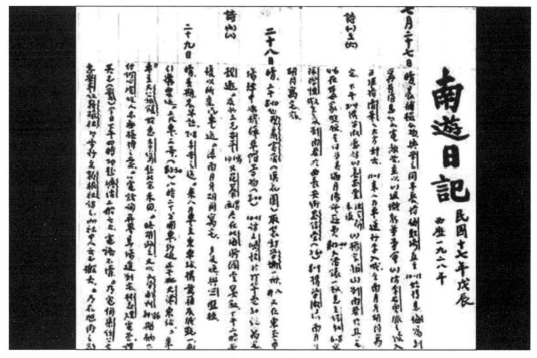

吴宓先生1928年日记手迹

人之际,一说便通。同年9月4日,吴宓送吴芳吉赴西安,当日有诗:"重逢乍别此京华,十载劳生未有涯。照眼兵烽轻险阻,填胸浩气辟龙蛇。荣枯易地同兹梦,秦蜀连疆何处家。"吴芳吉到西北大学后,马上被聘为国学专修科主任、教授。

1940年1月29日,就在吴宓先生对他执教多年的清华萌生去意之际,他突然收到西北大学校长胡庶华和教育部次长顾毓琇的电报,敦请他担任西北大学文学院院长。胡庶华与吴宓不熟,与顾毓琇却是老朋友。顾毓琇电称:"国立西北大学胡校长,拟聘吾兄担任文学院院长,面嘱代为促驾。尚祈惠允。俾为西北学术文化建树基础,无任盼祷。盼即首途,并先复电。"作为中国当代杰出教育家的顾毓琇先生,特别以"西北学术文化建树"嘱望于吴宓先生。

吴宓得此两电后,未多思谋,第二天便匆匆复电顾次长并转胡校长"敬谢雅命"。吴宓虽终未能应西北大学之聘,但此番经历,也给他留下了难忘的记忆,甚至有些遗憾和自责。当年8月4日他致函胡庶华校长再次辞聘后,即在日记中写道:"语颇激昂,一以自占身份;二为不使西北教职员中之清华校友陕西同乡,认宓为胡之私党也。"及至1948年春天,吴宓回陕省亲,在西北大学作了《大学之起源与理想》的学术报告,又为中文、外语、历史三系学生分别举办了世界文学、文学概论及中国小说的专题讲座,时间虽短,终于使西大学子亲承謦欬。对于吴宓先生来说,也聊可谓负笈远游之后有益家邦的一点安慰吧。

马师儒请吴宓讲学电文

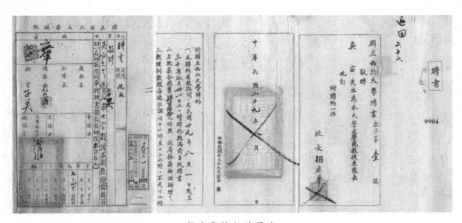

胡庶华校长聘吴宓

于右任与西北大学及其七留墨宝

于右任(1879—1964)与西北大学有数次联系:一是宣统元年(1909)与邵力子在上海主办的《民吁日报》遭到查封后,介绍邵力子赴陕到西北大学前身陕西高等学堂担任法文和西洋史教习;二是在上海会见辛亥革命前夕回国的陕西高等学堂留日学生马步云、张蔚森,安排其到普陀山为陕西起义军筹款购买军火,并作为四位陕西代表之一出席中华民国临时大总统选举和临时大总统孙中山就职典礼;三是1927年年初任国民革命军援陕总司令期间与共产党合作,主持将国立西北大学改为西安中山学院;四是在视察西北回渝途中,于1941年12月6日应国立西北大学代理校长陈石珍之邀,在陕南城固西北大学法商学院作《标准草书》的学术演讲,开始其首倡标准草书之旅,并出席晚间在汉滨大戏院由陈石珍校长主持的茶话会;五是在西北大学回迁西安之后的1948年年底,委托西北大学历史系文物研究室的王子云教授代为整理鸳鸯七志斋藏石,包括魏、晋、隋、唐各代墓志铭300余种,表明对西北大学文物考古功力的认同和信任;六是曾于1940、1941、1942、1943、1944年,先后五次为西北大学应届毕业生编辑的同学录题词,还为《西北大学陕西同学会会刊》题写了刊名,这些题词内容包括"以学报国""知难行易""学作完人"等;七是20世纪60年代在台北,曾为西北大学台湾校友会编印的通讯录题写"国立西北大学旅台校友通讯录",并在其去世的前一年(1963)为西北大学台湾校友会负责人李鸿超题字:"以三省思过,以百忍容人,以万夫不当之勇创业。"

青年时期的于右任

于右任曾在国立西北大学做关于"标准草书"的学术讲座

不識南塘路今知弟五橋名園依綠水野
竹上青霄谷口舊相得濠梁同見招平
生為幽興未惜馬蹄遙少陵

不同先生正之
于右任

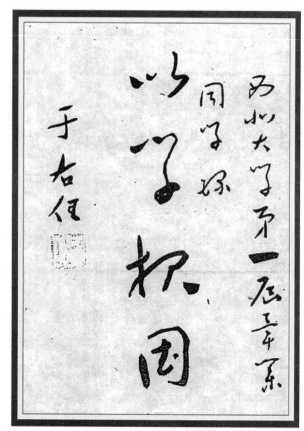

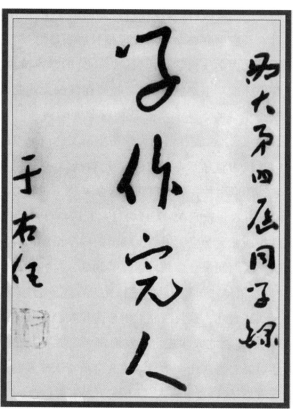

言犹在耳的教授题赠

殷祖英(1895—1966)教授虽专长于地理学,但对书法、国画、诗歌、治印等均有较深造诣,还善京剧,工余派老生,常登台演出,深获赞许。他待人宽厚,同事、同学、同乡有困难时,常慷慨解囊相助,深受学生爱戴。

殷祖英教授不仅仅是对个别学生呵护备至,他还一度成为平津一带校友围绕的中心。1948年春,殷祖英任河北省政府委员兼教育厅厅长,西北大学校友李英才、王佩琨、李金西以及于书绅等遂积聚其周围,无形中在平津校友中形成"殷师为一重心,其爱护校友之情,更加殷切,调兵遣将,则以我校友率先以赴,用以示范","尤以党国元老张继先生,及母校代校长马师儒先生先后莅平访问,我西大校友曾在北京饭店及王府井大街东兴楼分别设宴欢迎,均由殷师主持其事"。

殷祖英,号伯西,河北房山人。1934年赴英国伦敦大学攻研地理学。1937年抗日战争爆发后,随北平师范大学入陕,历任西安临时大学文理学院地理系教授,西北联合大学、西北大学理学院地质地理系教授兼主任,西北师范学院教授。他长期从事地理教学与研究。1942年春,在西北大学期间,曾奉命参加西北科学考察团,深入甘、宁、青、新实地考察。同年冬返校并数度举行学术讲演,详细介绍边疆物产、民族特性、油矿资源等,并测绘出有关地图。著有《初级中学教本世界史》《世界地理》《世界历史》《欧洲地理》等十余种。

殷祖英著作

中共隐蔽战线"后三杰"之一申健

在中共隐蔽战线斗争史上,有前后"三杰"之称,"前三杰"指的是李克农、钱壮飞、胡底,"后三杰"指的是熊向晖、陈忠经、申健。这是中共隐蔽战线的领导人周恩来以及熊向晖的说法。

申健(1915—1992),化名申振民(刘少奇在一张任命书上改其名为"申健")。1937年至1939年在国立西安临时大学和国立西北联合大学法商学院经济系学习。1938年5月,西北联合大学共产党地下组织以杨剑秋为介绍人,发展申健以化名陈松严正式加入中国共产党。1938年10月,杨剑秋向申健传达党组织决定,指示申健去胡宗南

青年时期的申健

1977年金日成和申健会谈

申健与熊友榛夫妇

的战时干部第四训练团（在今西北大学太白校区）受训，并打入敌人内部。受训毕业后，申健任三青团西安市分团部干事长、书记，兼任宝鸡工合事务所主任。1945年任胡宗南总司令部党政处上校参议。抗战胜利后，申健与熊向晖的三姐熊友榛（原名熊汇苓）结婚。1947年，经周恩来副主席同意，申健赴美国西保大学留学，1949年6月回国。中华人民共和国成立后，申健历任中央社会部、中央军委联络部科长，驻印度使馆参赞，外交部美澳司司长，中国外交学会副会长，驻古巴大使，中共中央对外联络部副部长（主持工作），第五届全国政协常委，第六、七届全国政协委员等。

1950年，申健以中国驻印使馆政务参赞的身份在印度参与了和平解放西藏的工作。1955年，参加亚非会议的中国代表团租用的印度国际航空公司"克什米尔公主号"飞机被台湾特务机关炸毁，申健被派到新加坡处理遇难人员的善后事宜，随后又到万隆参与了周恩来的保卫工作。1960年12月，申健出任中国首任驻古巴大使。"文化大革命"期间，申健以中共中央联络部副部长的身份主持中联部工作，为动荡时期维持党对外的正常交往作出了很大贡献。"文化大革命"后，申健出使印度，出任中国驻印度特命全权大使，为恢复中印友好关系又做了很多有益的工作。其后，他担任中国现代国际关系研究所高级研究员，从事对外关系研究工作。1987年任西北大学北京校友会会长。

苏共地下工作者王敦瑛

西北大学教授中有一位充满传奇色彩的"红色间谍",他就是受苏共中央情报部直接领导的"西安通讯组"(即西安军事情报组)组长王敦瑛。

王敦瑛又名伯刚、岳翰,清光绪三十一年(1905)生于山东黄县。1925年考入哈尔滨俄文法政大学,中间因家庭经济困难休学两年,休学期间在驻苏联远东地区的大城市哈巴罗夫斯克(伯力)中国领事馆做译员工作。1930年大学毕业。1933年在哈尔滨加入第三国际组织,同时加入苏联共产党,成为苏共党员。1934年8月被派往莫斯科参加谍报工作训练。回国后在东北各地搜集日军情报。1937年至1943年在国民政府从事俄文翻译工作。1943年至1948年任国民革命军第一战区司令部上校副官、绥靖公署资料组组长、黄埔军校西安王曲第七分校俄文教官。1949年后相继任西北大学副教授、教授,兼任中苏友好协会理事。1950年8月加入中国共产党。1952年至1954年参与创办西北俄文专科学校(今西安外国语大学),任校长、教授。1979年病逝于西安。

王敦瑛长期从事地下工作,1935年起即在苏联情报人员米列尔的领导下,在中

王敦瑛教授

国为共产国际做情报工作。1940年国民革命军洛阳军事会议期间,他曾为八路军朱德总司令做俄文翻译。1943年春,苏联政府出于国内反法西斯战争的需要,撤出了驻华苏联军事顾问团。王敦瑛奉苏联驻重庆大使馆武官罗申的指令留在西安,成立"西安通讯组"并担任组长,搜集国民党及日军方面的情报,直接向苏联情报机关报告。当时通讯组的主要成员还有夏中和、钱瑾、李儒珍和张自刚。其中夏中和、钱瑾夫妇均为中共党员,由周恩来同志应罗申的请求派往西安。为便于王敦瑛开展工作,周恩来还把西北民盟的创始人杜斌丞以及中共地下党员杨明轩、蒙定军介绍给王敦瑛,与之交换情报。

西安解放前夕，国民党党政军机关纷纷逃往汉中，王敦瑛悄然留在西安。西安甫一解放，他就和1947年撤往延安、时任中国人民解放军西安警备司令部参谋长的蒙定军取得联系，在身份未公开前协助警备司令部秘密做肃清敌特、维护西安秩序的工作，为中国革命作出了卓越贡献。

"西安通讯组"联络图

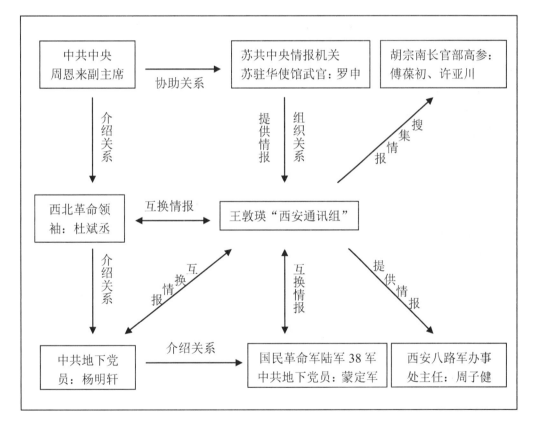

"西安通讯组"成立于1943年，是隶属于苏共中央的情报机关，在中国境内受苏联驻华使馆直接领导，王敦瑛任组长，联络点和电台设在西安建国路玄风桥34号。当时中共协助苏共情报机关在西安开展工作，并互换情报。（制作人：王敦瑛之子王涛）

西北大学抗战远征军老兵高启伟

高启伟先生

高启伟与孙慰琳夫妇

1944年9月16日，蒋介石提出"一寸山河一寸血，十万青年十万军"的口号。为此，中国政府组成一支入缅作战部队，史称中国远征军，其中有一支远征军被派往印度接受汽车驾驶等技术培训，高启伟就是其中一员。

高启伟，1919年生于陕西泾阳县，辛亥名人高又明为其伯父。他于1941年入国立西北大学理学院地质地理系学习。1944年参加抗日青年远征军，加入新编103师（总司令为杜聿明）在云南曲靖整训，旋飞印度阿姆加，在蓝伽汽车学校（校长为美军少将毛士瑞）培训。自蓝伽汽车学校毕业后赴加尔各答城，加入以美制十轮大卡车（GMC）为装备的运输团（团长为简立）。之后，他奉命驾驶大卡车开回国内，至柳州时，日本宣布投降，运输团学生军遂复原回原校继续学习。高启伟于1945年在西北大学毕业，退休于中国标准缝纫机公司五分厂，2014年在西安逝世。老伴孙慰琳是低一年级的同系校友，2006年去世。西北大学校长刘季洪曾为他们证婚。

这位抗战老兵唯一不能释怀的就是他这段经历在有生之年不能被人理解。

行进中的青年远征军

高启伟先生保存的"蓝伽汽车学校"毕业证正反两面

高启伟先生保存的《国立西北大学第六届毕业同学纪念册》彩封

曾任中国驻苏联大使的杨守正

杨守正大使

1964年毛泽东主席接见中国驻外大使
(第三排左一为杨守正大使)

杨守正,曾用名田冲、田大聪,浙江上虞谢塘人。1935年曾就读于北平大学,后肄业,参加过一二·九学生运动。1937年入国立西安临时大学学习,同年加入中华民族解放先锋队,次年加入中国共产党。

1938年,西安临时大学南迁前,他北上抵延安,入延安抗日军政大学学习。1940年起历任八路军一二〇师支队(三五九旅补充团)政治教员、支队政治处副主任、团政治处代主任、湖南人民救国军三支队政治部主任、中原军区后勤部政治部主任、吉林工业专科学校校长。1949年起,历任东北工业部设计处处长、重工业部设计司司长、国家计委设计计划局副局长、国家建委标准定额局局长、辽宁省化工石油厅厅长、中共辽宁省委副秘书长。1964年起,历任中国驻索马里、苏丹、埃塞俄比亚、莫桑比克、苏联大使。1985年后,任中国人民大学经济系教授,外交学院、解放军外语学院等院校兼职教授。1991年被选为世界生产力科学院院士。

1946年冬日的西北大学教职员住宅区一瞥

1945年李约瑟第一次访问西北大学

著名中国科技史专家、中英科学合作馆馆长李约瑟博士以英国驻华科学使团团长身份于1945年9月15日上午由南郑抵达城固,开始第一次对西北大学的访问。

西北大学教务长杜元载负责全程接待,并邀理学院院长赵进义及张贻侗、岳劼恒、刘汝强、殷祖英、刘亦珩诸先生与之座谈交流,交换了中英科学合作的意见。中午,学校在大礼堂举行宴会款待李约瑟博士,并在席间继续交流。杜元载教务长以一份英文备忘录赠予李约瑟博士。备忘录内容包括西北大学校史、现状以及理学院各系情形,李约瑟对此一再示谢。下午,李约瑟参观了学校图书馆、各个实验室,并主动提出极愿意对今后标本、仪器的购置、补充予以协助,直至下午4时方才返回驻地南郑。

9月18日下午,李约瑟再至城固,在西北大学大礼堂作了题为《科学与民主主义》的演讲。教育系高文源教授做翻译。李约瑟先生对科学与民主之关系、科学研究应具之精神、中国现代科学不发达之原因以及今后世界科学之展望均加论列。演讲结束后,以英文书刊数百册赠予西北大学图书馆。晚8时离校遄返汉中。

李约瑟博士

道德楷模龚全珍

龚全珍,1923年生,山东烟台人。父亲早逝,学生时代的她在兄长供养下读书,初中毕业后成了一名小学教师。当时的烟台已经沦陷,见惯敌人的暴行及奴化教育的阴险,她和一位同学遂相约逃离敌区南下。两位姑娘辗转到了河南,继续高中学业,同时帮助未考上初中的教师子女补习。时过不久,日寇的铁蹄又踏进了河南,学校被迫西迁,搬到了秦巴山间盆地的陕西城固,和城固中学合并,龚全珍也最终在此完成了高中学业,随后如愿以偿地考入了旁边的国立西北大学教育系,成为一名公费大学生。

民国卅四年十月九日(1945年10月9日),龚全珍办完注册手续,成为位于陕西城固的国立西北大学文学院教育系(1945年教育部特令增设)招收的第一届学生,也是全班23名同学中少有的6名女生之一。在新生调查表上,龚全珍写下"希望以教育作精神的寄托,作终身事业",并"希望国家能树立一个真正为人民福利着想的政府,希望提高教育标准"。

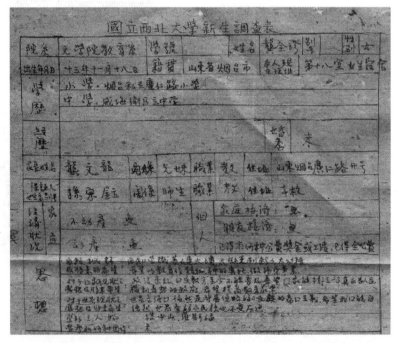

龚全珍填写的《国立西北大学新生调查表》(现存陕西省档案馆)

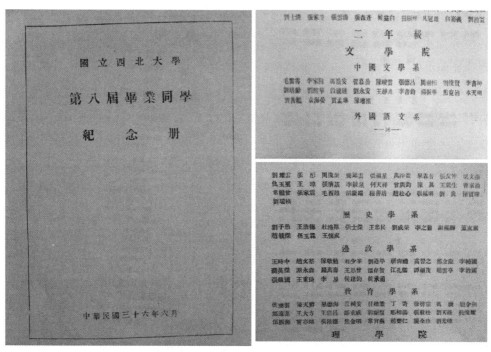

《国立西北大学第八届毕业同学纪念册》上的龚全珍（文学院教育学系第三行右起第二名）

当时，西北大学的校长是刘季洪，马师儒任文学院院长，高文源任教育系主任。全系必修课有教育概论、中国教育史、西洋教育史、教育心理学等18门，选修课有教育学论、近代教育思潮学等，最后还有毕业实习和毕业论文。入学后，按教育部规定，先进行一周的新生训练。训练前两天，校长刘季洪、教务长杜元载、训导长蓝文征以及各位教授相继作出训示，教导学生爱国并养成健全人格、良好习惯，同时指导了新生各学科的学习方法及应具备之条件。龚全珍对孙宗钰教授所讲的"优良习惯的养成"和许兴凯教授所讲的"中华民族之精神"印象深刻，她在"受训感言"中指出："有高深的见解，可以做每个青年的警钟。每个青年都应当有彻底的觉悟，首先训练自己，养成优良的习惯，再抓住我们中华民族博大、宽厚、义气、忠信的优点，除去表面柔弱、内心阴险的缺点，才能使我们的国家走上强国的路子。""各处的负责先生及各系的系主任，对我们都有明白清晰的训示，使我们更深切地了解了西北大学的内情，更深深地敬爱西北大学的伟大，使我们立定了一个坚定的目标，为爱护西北大学而努力。"（龚全珍的"受训感言"引自国立西北大学教育系学生自传及调查表，现存于陕西省档案馆。）

在西北大学读书期间，龚全珍与学长赵传礼结婚。婚后，她渐渐发现与丈夫理想抱负不同，深感难以继续共同生活，便于

1950年报名参军,到了新疆迪化(今乌鲁木齐),被分配在军区子弟学校当教师,并担任教导处副主任,实现了自己从事教育的理想。1952年,龚全珍与赵传礼离婚。之后,在与老红军甘祖昌的接触中,龚全珍被他的谦虚、大度和坦诚深深吸引,两人遂于1953年3月结合。

1957年,龚全珍随甘祖昌回到了其故乡江西省莲花县坊楼镇沿背村。此后,她在乡村教师的平凡岗位上几十年如一日,兢兢业业,教书育人。离休后,她传承甘祖昌将军"不求名利、矢志为民"的精神,积极开展革命传统教育和理想信念教育,倾力捐资助学、扶贫济困,还开办了"龚全珍工作室"服务社区、服务群众,办了许多实事、解了不少难事、做了很多好事,赢得了当地干部群众的交口称赞。2013年,龚全珍荣获"全国道德模范助人为乐模范""全国三八红旗手标兵"荣誉称号。当年9月26日,习近平总书记在接见第四届全国道德模范及提名奖获得者时说:"半个多世纪过去了,龚全珍同志始终保持艰苦奋斗精神,并当选了全国道德模范,出席我们今天的会议,我感到很欣慰。我向龚全珍同志致以崇高的敬意。我们要把艰苦奋斗精神一代一代传承下去。"

同时,西北大学校党委也发出了学习龚全珍同志先进事迹的号召,并指出,她身

习近平总书记于2013年9月26日接见第四届全国道德模范、西北大学教育系校友龚全珍

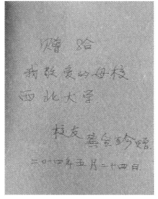

龚全珍向母校赠书

上表现出来的崇高精神和优秀品质也是我校底蕴深厚的大学文化的综合体现。要通过学习活动,坚持正确的价值取向,进一步弘扬我校的大学精神的优良传统,把龚全珍同志的精神和事迹作为宝贵资源渗透到教书育人、管理育人、服务育人的全过程,融入到校园文化建设中,结合文明校园创建、教风学风作风建设和教育实践活动开展,深入开展校园文明道德大讨论活动、师德师风建设大讨论活动,组织开展主题志愿服务和社会实践活动,不断提升思想道德修养和精神境界,推动知荣辱、讲正气、作奉献、促和谐的校园文明风尚形成。

2016年4月,西北大学党委常委、纪委书记李邦邦与学校相关部门负责人一同前往江西省莲花县看望龚全珍校友,并授予她首届"西北大学玉兰奖章"。2016年5月24日,龚全珍校友将她撰写的《我和老伴甘祖昌》《龚全珍日记选》通过西北大学党委宣传部负责人赠送给母校,并在扉页题写"赠给我敬爱的母校西北大学——校友龚全珍敬赠"语句,表达对母校的感念尊敬之情。

反内战、争民主的城固学生运动

抗日战争胜利后,国民党当局撕毁旧政协决议,发动反共、反苏游行,积极准备内战,妄图实行独裁统治。1946年春,国立西北大学广大师生在中共地下组织的领导下,反内战、争民主,掀起了闻名全国的城固学生运动,遭到国民党当局的镇压,120名进步师生被逮捕、记过、开除和解聘。后在全国各界人士的支持和声援下,被捕师生获释。

卫佐臣徒步走出秦岭深山

卫佐臣,1920年生于陕西韩城。1938年加入中国共产党。1946年毕业于西北大学法商学院政治系。在校时任西北大学学生自治会主席,毕业前夕按照中共地下组织的指示在城固发起学运。在斗争日益严峻之时,地下组织负责人李敷仁同志指示学生党员妥善撤退。卫佐臣遂通过主席团会议和全体学生大会宣布学生自治会自动解散,拟迁回西安后再战,并安排学生自治会领导成员连夜撤离城固。

同年4月23日夜,卫佐臣与主席团另一成员卢永福每人穿一件大衣,大衣内藏垒球棒,打算若智取不成,就棒打敌人冲出城固城门。哪知二人假装便衣特务,一路高喊乱骂,唬住了七八名荷枪实弹的守城大兵,竟然大摇大摆地出了城。黎明时分到达

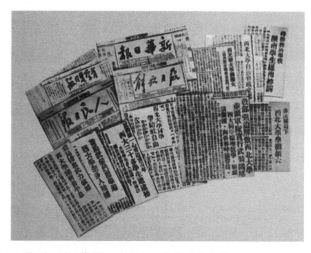

1946年5月18日,《解放日报》等报刊对西北大学学运的报道

洋县县城,他们进城买了些草鞋、大米、食盐、干卷馍背上,复经华阳镇进入秦岭。

这是一条深山古道,行人极少,两旁怪石嶙峋,二人却不畏艰辛,风雨无阻地前行。有时大雨滂沱,人在云雾中,于山腰处伸手不见五指,爬到山顶,只见足下一片云海。

临出山前,迎面看见一个山寨,里面驻有国民党军队,二人遂绕道而行,不想却在半山坡迎头碰见刚刚抢了老百姓鸡鸭粮食的两名国民党士兵。士兵见二人身着大衣,以为是当官的来收拾他们,竟然躲在草丛中让他们通过。

出山不远,二人即进了盩厔(今周至)县城,准备填饱肚子,不料一进城就见墙上贴有《西京日报》刊载的通缉卫佐臣、卢永福等的通缉令。二人复出城赶至普集镇火车站,乘火车连夜赶至西安寻找地下组织接头。

二人本拟直奔延安,但西安局势日益

国立西安临时大学、国立西北联合大学、国立西北大学中共地下组织部分负责人
左上起:余士铭、孙济,左下起:卫佐臣、刘辽逸

恶化，与西北大学单线联系的中共地下组织成员李敷仁已先被营救去了延安。他们仅见到了杜斌丞先生，而杜家很快被监视，阴差阳错，好多时日没有找到去延安的组织关系。最后，卫佐臣只好向北平转移，耗时月余于5月23日才到达北平，次年才找到了北平地下组织，从此开始了他在北平的上层统战生涯。

梅枫等20位同学的汉中监狱生活

梅枫，原名陈世庄，1923年生于山东平原县。1946年4月25日起，正在西北大学法商学院读书的梅枫等20位同学因发动学运而在城固的国民政府汉中第二监狱度过了35天难忘的狱中生活。梅枫等18位同学被判处有期徒刑三年，缓刑假释，还受到了学校记过和开除学籍的处分。

据梅枫回忆，进入监狱大门，通过九道铁门才进入男同学住的牢房。监狱中有一幢二层小楼，用来监视全狱。楼下面为看守长及狱卒所在地。以小楼为中心，向四周展开，形成六个院落。向南伸展的那个院落是九道铁门及女监，其他五个院落是仁、义、礼、智、信五个男监。被囚的14个男同学分别住在"智"字狱的两间牢房中。夜里7点以后延至9点，所有狱门便落锁密闭，大小便全在牢房中的一个木桶内。房子、墙壁都涂上了灰色。牢房土炕对面的门上有两个小洞，是夜里狱卒来检点人数和观测活动的。土炕上铺了点乱草，草丛中聚集了数不清的跳蚤。牢房里到处都是蚊子苍蝇。牢狱屋顶漏雨，土炕潮湿不堪，被窝冰凉，难以入睡。刚一入狱的头几天，同学们吃的全都是糙米，菜是发苦的咸水汤，没有油星。直到允许探望后，才吃到了同学们每日两次送进的饭菜。

在狱中，同学们自然地唱起高尔基所写的《囚徒之歌》：

太阳出来又落山啦，
监狱永远是黑暗，
守望的狱卒不分昼和夜，
嗒咳号咳号，
挣不脱千斤锁链！

其他学生不断到监狱探望这20位同学，视其为光荣的斗士，数百名学生联名要求学校撤销对他们的起诉，教授们大多也认为学校对学生的处理太过分。在各方压力下，4月27日至5月28日，15位同学陆续保释候审，5月29日，梅枫等最后5位同学重获自由。

魏庚人掩护齐越脱险记

魏庚人,河北安国人,著名数学教育家。七七事变爆发后,他携全家离开北平来到西安,在西安临时大学高中部任教。迁陕南后,复在西北联大附中任教。1944年起先后任西北大学数学系副教授、教授。魏庚人与夫人陈荣第二人均极具正义感,在陕南任教时与进步学生,特别是任教过的北师大附中学生、河北同乡齐越等多有往来。

1980年8月魏庚人教授(右)和齐越的合影

齐越又名齐斌濡。1942年至1946年在国立西北大学外文系(俄文组)读书。1945年春参加"流火社",1946年因参加学运被校方开除并遭到通缉。1946年10月到达晋冀鲁豫解放区,在《人民日报》社工作。1947年起担任新华广播电台、中央人民广播电台播音员、播音艺术指导等。1949年10月1日担任开国大典现场播音。齐越的妻子杨沙林又名杨淑贞。太平洋战

1944年秋齐越与杨沙林在城固的结婚照

争爆发后,她与几个同学秘密穿越封锁线,几经辗转于1942年考入了国立西北大学,在外文系(英文组)读书。1945年春参加"流火社",1946年因参加学运被勒令退学。1946年8月至1948年10月在河北遵化解放区工作。1949年7月起先后在中央人民广播电台英语播

齐越与西北大学外文系俄文组师生的合影

音部、新华社对外部、新华社图书馆工作。

1946年3月,西大三青团煽动学生进行反苏游行,齐越、杨沙林夫妇所在的进步社团遂向校方提出"学生自己的事自己办",并要求成立西北大学学生自治会,校方予以拒绝。之后,校方与学生矛盾激化,齐越等近千名学生发起爱国大游行、全校罢课。校方随后动用地方军队相威胁,并指使特务挥舞大棒行凶,导致局势剧变。校方与军方实施大逮捕,齐越等人遭到通缉,并被开除学籍,夫人杨沙林也被勒令退学。

事发当天凌晨,齐越来到与魏庚人副教授住同院(城固王家巷1号)的薛子福同学家探听消息,不料被特务跟踪,遂翻墙跳进魏家躲避。魏夫人慌忙把他藏在一间堆杂物的黑房子里,才得以逃脱搜捕。在魏庚人夫妇的掩护下,齐越化妆逃出城固,撤往西安。他的夫人杨沙林离开汉中到了西安,几经辗转才见到了隐蔽在郊外一所学校的齐越。她说:"这是我和齐越自从相识结婚后第一次痛苦的离别。当他突然出现在我面前时,我哭了,这是我们共同生活以来,我第一次在他面前痛哭。"之后,齐越与杨沙林回到河北老家,分别进入解放区。

"文革"期间,魏庚人夫妇遭到诬陷,说他们当年掩护的是一个"特务学生",甚至连自己的孩子大学毕业分配都受到牵连。1980年8月,齐越访问延安,路过西安时,特意拜访魏庚人教授,表达了自己的感激之情,魏庚人却淡淡地笑着说:"这是微不足道的。"

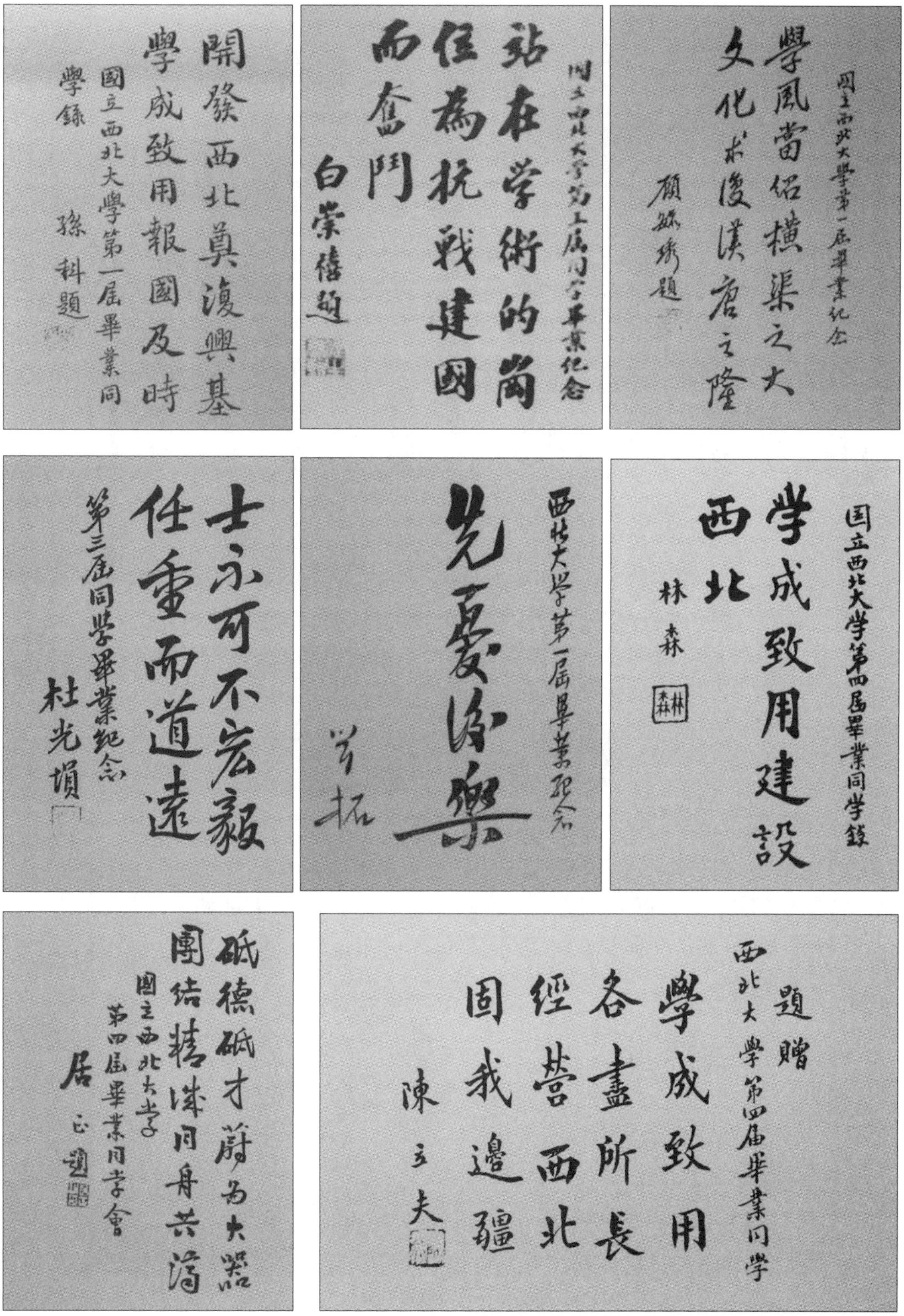

国立西北大学第一届毕业纪念
学风当绍横渠之大
文化术俊汉唐之隆
顾毓琇题

国立西北大学第上届同学毕业纪念
站在学术的岗
位为抗战建国
而奋门
白崇禧题

开发西北奠复兴基
学成致用报国及时
国立西北大学第一届毕业同
学录　孙科题

第三届同学毕业纪念
士不可不宏毅
任重而道远
杜光埙

西北大学第一届毕业纪念
先忧后乐
学拙

国立西北大学第四届毕业同学录
学成致用建设
西北
林森

国立西北大学
第四届毕业同学会
砥德砥才蔚为大器
团结精诚日月共潜
居正

题赠
西北大学第四届毕业同学
学成致用
各尽所长
经营西北
固我边疆
陈立夫

各界名流为国立西北大学毕业生题词

国立西北大学毕业证书

复员迁校，告别乐城

1940 年 4 月，国民政府教育部令指定西安为西北大学永久校址，但碍于战事，学校一直未能回迁。抗战胜利后，1945 年 8 月，全校即成立迁建委员会，全面开始迁校准备工作。

1946 年 5 月，国立西北大学复员西安，校址在今西北大学太白校区。学校设文、理、法商、医 4 个学院 15 个系，各学院的规模与之前相比没有大的变化。

为了纪念国立西北大学侨寓城固(号称乐城)的八载往事，学校决定在全校师生告别乐城前夕，于校本部讲舍旧址勒碑留念。碑文《国立西北大学侨寓城固记》由中国文学系主任高明教授撰写，校长刘季洪于 1946 年 4 月 30 日立石。

昔周有狄人之亂，不定于邰，轉徙其族。公劉率而之豳，亶父至于岐下，王季文武繼之，緕其德音，而文教遂東，浸漬于齊魯，蔚爲有周一代八百年之盛。晉爲五胡所逼，幽燕失守，河洛爲墟，衣冠南渡，集于江左，揮新亭之痛泪，振玉塵之風流，而三吴文教遂丕著于中國。宋因女真爲患，長江天塹，不能限北人之馬足；臨安帝都，不能庇奔至于播越；避寇之士，南進益深；而文教乃廣被于七閩。蓋我華族，每遘外禍，輒于士類流離之時，開文教更新之運，稽諸往史，歷驗不爽。老子曰『禍兮福之所倚，福兮禍之所伏』。豈不然哉！邇者東夷扇毒，猾亂華夏：首據關東勢勝之地，續騁兵家譎詐之謀；陷冀魯，取吴越，蠶食中原，鯨吞南國；名城盡下，海内騷然！于是，北雍學者，右學諸生，痛夫蕃衛之失，耻與非類爲伍；或驅車崄路，或徒步荒原；或褰裳涉水，或策杖攀崖，餐風宿露，戴月披星，載饑載渴，載馳載奔，以莅止于陝西之城固。喘息未定，父老來集；勞之以酒食，慰之以語言，蔭之以宇捨。于是弦歌不復輟響，絳帳于焉重開，問學之士，聞風而至，咸以志道，據德、依仁、游藝、相與期勉，彬彬乎一時稱盛！城固者，北憑秦嶺，南倚巴山，中通漢水，號爲樂城。壘垣險塞，敵騎望之而不前；平疇沃野，民食資之以不匱。正業居學，藏焉、修焉、息焉、游焉于其間，此誠所謂亂世之桃源也。益以吊張騫之故裏，可以發鑿空之遐思；展李固之荒塋，可以礪忠貞之亮節；望湑水之奔流，知賢者之澤遠；頌桔林之榮茂，想騷人之行潔；登樊噲之臺，思鴻門之宴，對子房之山，慕赤鬆之游。蓋進而經綸天下，退而保養性真，無不可供學者之取資焉。惟是大學莅止，風氣聿開；平章世事，則讜論出于鴻儒；講誦道藝，則名言繹于碩學；談宇宙之玄秘，則極深而研幾；論文辭之奥窔，則發微而抉隱。他如搜奇考古，則西北文物燦然備陳；格物致知，則陝南花木紛焉入覽。于是村童野叟，擴其見聞；田父蠶姑，益其神智。蚩蚩群氓，乃睹冠冕之盛；濟濟多士，益見宫墻之美。文教溥被，迴邁尋常。豈非姬周晉宋故事之重演，所謂因禍而得福也哉！今敵酋成禽，寇軍解體，日月重光，典制漸復。國家定百年之大計，將遷校于西安；師弟懷八載之深情，輒縈思乎城固。爰就講捨舊址，鳩工相石，鐫辭銘念。後之考世運之興替，文教之盛衰者，其有取于斯文！

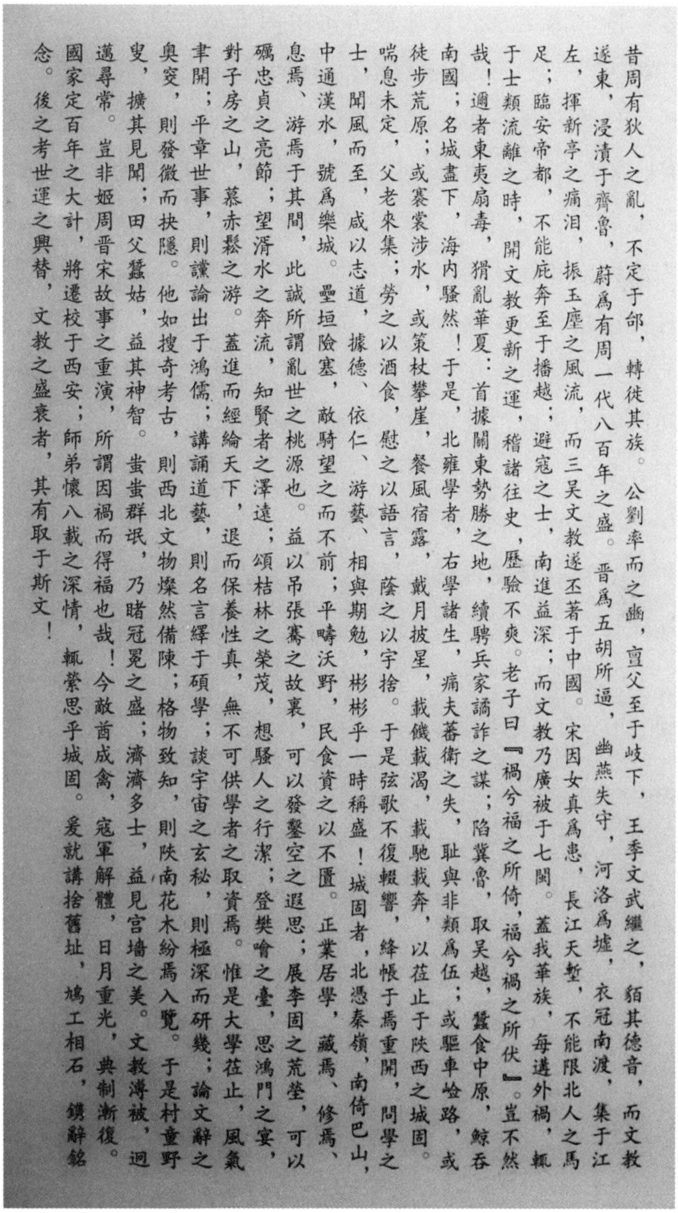

《国立西北大学侨寓城固记》碑文

西北大学最阔绰的一次 12 亿元国库拨款

西北大学永久校址被指定为西安后，1943 年冬，赖琏校长曾致电教育部请迁，并成立迁校计划委员会，着手准备。1945 年 2 月，刘季洪校长出席全国青年志愿从军指导委员会会议期间，曾面见蒋介石，蒋介石主动询问和确认西大永久校址。1945 年 8 月，以校长刘季洪为主任委员的国立西北大学迁建委员会正式成立，开始与陕西省和西安市军政首脑接洽和选址，并提出如下方案：

一是暂以东北大学西安校址为过渡；

二是以西安古都风景区之城南五里勘地建校；

三是战区司令长官胡宗南、省主席祝绍周、西安市长陆翰芹、省政府秘书长王捷三相继建议，将建国公园让与西大，在灞桥、韦曲、未央宫三处择地建造，规模宜求宏达；

四是拟在临潼"总裁蒙难地"建造西北大学，将来可在乌鲁木齐设分校，以与美国西北大学东西辉映，云云。

总之，所需经费颇巨，经教育部派沈亦珍督学到校视察，刘季洪校长出席国民党六届二中全会期间，复与行政院、教育部接洽，提出 20 亿元的预算，最后落实法币 10.5 亿元的迁校经费（含医学院 2 亿元修建费），实际分三批拨款 10.083 亿元，在校长和各院长联名呼吁下，又增拨 2 亿元，总计 12 亿余元。按到西安后教授 101 人，副教授、讲师 91 人，助教、职员 193 人计，旅费及膳食费约计 4000 万元以上。1946 年西北大学的全年经费仅 8000 余万元，而此次西大搬迁费用是其 15 倍以上。

与此同时，联合国总部及教育部另拨赠病床设备 X 光机等 100 套、药品 60 箱，美国红十字会捐赠药械 3 卡车，教育部增拨医疗器械经费 3000 美元。

以此为基础，西北大学进入了稳定发展时期。

国立西北大学北门

国立西北大学地质学系成立及迎新大会合影(1947)

地质学系师生毕业合影(1948)

国立西北大学1947—1948年学术讲演一览表

时　间	主讲教授	讲　题	举办单位
1947年			
2月17日	黄川谷	英语学习法	
2月21日	黄文弼	洮河流域考察之观感	边政学会
2月22日	吴澄华	纵论当前国家紧急经济措施	经三级会
3月15日	周传儒	国际干涉	史二级会
3月22日	马宏道	宗教与人生之关系	边政学会
4月7日	赵进义	宇宙射线	总理纪念周
4月26日	郑资约	西南沙群岛问题	地理学会
5月4日	赵进义	神秘的宇宙——星云	科学月报社
5月10日	马师儒	复员期间我国高等教育所急需之补救办法	教育学会
5月17日	冯永轩	中国货币之沿革	考古学会
5月20日	郑资约	地理的野外工作	地理学会
5月26日	许兴凯	假使我管理中华民国	政治学会
12月19日	吴澄华	从美苏对立看世界局势和中国局势	训导处
1948年			
3月17日	傅种孙	中英对照	学生自治会
3月25日	高元白	一个人生观	学生自治会
3月29日	王立础	动乱时期之心理健康	课外活动组
4月3日	傅种孙	数学之万法归宗	数学学会
4月23日	秦佩珩	通货到哪里去	课外活动组
5月4日	虞叔毅	物理的五四运动	科学月报社
5月17日	田炯锦	现代政治之趋势与当前吾国政治问题	政治学会
6月1日	杨炳炎	省之法律地位	法学研究会
6月7日	孙道升	心电感应论的理蕴和功能	学生自治会医学分会
11月11日	林冠一	帝国与民国	学生自治会
11月12日	初大告	英国大学之学生生活	课外活动组
11月19日	董绍良	如何寻求世界和平	课外活动组
11月20日	马师儒	现今中国教育改进上之重要问题	学生自治会
11月25日	赵和民	美苏关系与中国	学生自治会
12月3日	袁若愚	民主制度之演进	学生自治会
12月9日	傅庚生	文学的风格	课外活动组
12月11日	张光祖	中国往哪里去	学生自治会
12月18日	杨钟健	从中国现有版图看中国边疆问题	学生自治会

回迁西安三日后过世的传教士教授贾韫玉

在汉中城固时，西北大学外国语文学系有一位传教士出身的教授，他的名字叫贾韫玉（1871—1946）。可惜的是，他在学校回迁西安（今西北大学太白校区）三日后竟不幸去世。

贾韫玉，原名 Charies Carwarine，1871 年生于英国西部巴斯。清光绪年间来华，在陕南城固一带传教。1931 年收贾梅瑞为养女，甚珍爱之。1934 年曾返国。1936 年秋复返陕南城固，与内地教会脱离关系，遂创设小礼拜堂和英语补习学校，以授课为生。1938 年起被聘为西北联合大学外国语文学系教授，复任西北大学教授，在校任教八年。其平日热心教学，服务认真。学校自陕南回迁西安的第三天即 1946 年 9 月 28 日，贾韫玉突患心脏衰弱症，二十余分钟后即不治而逝，遂安葬于西安南门外的英国教会协同义园墓地。学校于 10 月 2 日举行了隆重肃穆的追悼会，刘季洪校长等百余人到会悼念。

随后，学校专门责成外国语文学系妥善处理善后事宜，将其遗产二十多万元转到其养女贾梅瑞名下，代为保管，并送其在西安上中学。

《国立西北大学校刊》中关于贾韫玉去世的报道

1946 年夏，国立西北大学迁回西安

激流勇退的蒋介石侍从副官刘持生教授

刘持生教授

蒋介石在1927年至1949年的22年间,更换了许多侍从秘书和侍从副官,大多数人以此为晋升之阶,唯有一人不贪恋富贵荣华,以年少新进,淡于名利,激流勇退。他就是在目睹长沙战役和黄河花园口决堤后,心灰意冷,毅然辞去侍从副官职务回大学任教的刘持生。

1939年,刘持生毕业于南京前中央大学并留校任教。在读期间,校长罗家伦、文学院长胡小石,力荐他为蒋介石侍从室特别侍从,跟随蒋一起辗转抗战。后相继在大夏大学、南京临时大学、东北吉林大学执教,曾兼任吉林大学文学院院长。1948年后任西北大学中文系教授,并兼任西北大学学术委员会委员,1980年任

刘持生夫妇

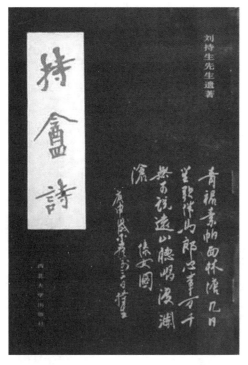 

刘持生著作

陕西省学衔委员会委员，直至1984年11月17日逝世，享年70岁。

在西北大学期间，刘持生先生讲授先秦两汉文学、古典文学等课程。他告诫学生，学习古代文学是为了学应世的本领。任职期间，中文系的师生都对他十分敬重。他文章虽不多，但均为精品，如刊于《西北大学学报》1957年第2期的《"风""雅""颂"分类的时代意义》，刊于《人文杂志》1959年第2期的《陶渊明及其诗》等。刘先生辞世后，其遗著《先秦两汉文学史稿》由西北大学出版社出版。家人将其诗作《持盦诗》出版，一些诗界行家读后大为惊叹。

20世纪80年代郭琦任西北大学校长时曾说，刘持生教授是中文系考据派的代表人物。在西北大学中文系的学人眼中，他是一位古典文学名家。

李俨教授与西北大学

李俨,又名乐之、乐知,中国科学院哲学社会科学部学部委员。他于1917年开始发表数学史论文,是中国科学史事业的开拓者,是中国科学院自然科学史研究所的首任掌门人。

早在1937年,李俨在陇海铁路局工作时,即与西北大学的前身国立西安临时大学发生联系。据《西安临时大学校刊》记载:1937年12月29日,西安临时大学工学院为适应抗战工程需要,假东北大学礼堂(即今西北大学太白校区礼堂),"敦请陇海铁路西段工程局副局长兼副总工程师李乐知作《隧道工程》的学术演讲",并且还拟请李乐知作《铁道定线之实际技术》的演讲。

1938年3月23日,西安临时大学翻越秦岭,南迁汉中,途中行李车发生故障,第二中队队长刘德润前往时驻秦岭隘门关之宝成铁路测量队接洽借车。时任测量队队长的李俨慨然允诺,测量队汽车一直载行李随队5天,直到故障于留凤关。

据《西北联大校刊》第一期报道:1938年6月27日,李俨以陇海路工程局工程师兼宝成公路测量队队长身份再次应邀访问已经由西安临时大学改名的西北联合大

李俨教授

学,由理学院院长刘拓教授主持,请其在西北联合大学礼堂作了《中算故事》的演讲。

李俨于1950年在《中国科学》第一期所发表的《中算家之平方零约术》一文的署名单位有两个:一为"西北铁路干线工程局",一为"西北大学数学系"。这表明他至少在1950年已被聘为西北大学兼职教授,并经常参加西北大学举行的学术与教学活动。1950年6月30日李俨致严敦杰的信中写道:"最近西安西北大学数学系亦拟于暑期添设数学史,并拟约俨帮忙。如路局可以说通,则拟以新编之《中国数学史》作为讲

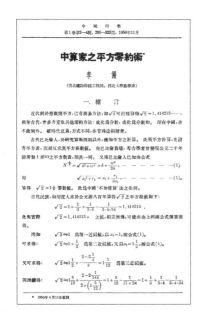

数学史家李俨署名西北大学数学系的论文

义,每星期说一二小时。"

自1956年开始,他还指导西北大学数学系教师李培业研究《算经十书》和宋元数学,并将其1957年在《西北大学校刊》发表的《清季陕西数学史料之补充》一文引入其《中国数学史大纲》。

李俨20世纪30至50年代在陇海铁路局和西北大学的研究工作以及李约瑟访问西大,是现在西北大学科学史事业筚路蓝缕、演化发展的一个重要起点。

西北大学校门

"老太婆"许兴凯教授

"老太婆"本名许兴凯,号志平,是一位男性教授,北京人,1900年出生。1938年来西北联合大学任教授,学校改名后又任西北大学教授,直到1952年病故,他始终没有离开西北大学。

来西北大学前,许兴凯的经历颇具传奇色彩。他曾与李大钊密切交往,自称两人是"半师生半朋友",经李大钊介绍作过北京《晨报》记者,参与过《新青年》杂志的具体事务,还在中国劳动组合书记部短期工作过,与邓中夏、罗章龙、楚图南相熟。他在自传中坦言:李大钊牺牲后,"本人因胆小,退出实际政治运动,而走专门教书著作之路"。从政治转向教书治学,他与罗章龙相似。但是,就政治表现看,罗章龙是"烈火",他只是"荧火";而且罗章龙是被迫退出,他是自动离开。随后他又靠拢张学良,担任了张学良支持的沈阳《新民晚报》的主笔,因敢骂日本人,销路很广。他写了一本名为《日帝国主义与东三省》的书,被译为日文,影响极大,成为日本问题专家,被请到庐山讲演,并受到蒋介石接见,得到赴日留学的机会。从日本回来后,他做过一年河南滑县县长。滑县沦陷后,他到程潜、商震、沈鸿烈处任过"参议"闲职,之后来到西北大学任教。

1951年西北大学历史系师生合影(二排左一林冠一、左二许兴凯、左三陈直、左六陈登原、左八侯外庐、右五岳劼恒)

 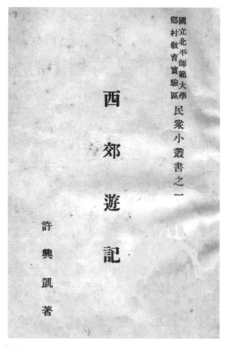

许兴凯著作

许兴凯在北京师范大学上学时学的是理化,后来却讲授政治和历史,先后开过中国政治制度史、日本史、中国经济史等课程。他经历丰富,思想活跃,讲课很随便,笑话、掌故、段子随口而出,妙趣横生,令人绝倒。数十年后,一些学生犹能原原本本说出他在课堂上讲的那些"奇谈怪论"。他不但能说,更能写。他在陕担任过几家报纸的总编辑,笔耕不辍,文章不断,还有作品连载。最著名的是在《大公报》上连载的长篇小说《县太爷》。发表这些作品时大多署名"老太婆",从此许教授便以此笔名闻名于世了。此公虽然才华出众,却绝非"才貌双全","他的长相不敢恭维,生就矮胖身材,满脸麻子,几茎鼠须,又不修边幅,穿着宽袍大褂,袖子如同理发店里的荡刀布,脚蹬'空前绝后'鞋,走起路来像鸭子一样摇摇摆摆",这段描述出自台湾校友的回忆。还有校友作诗调侃他:"生成子羽相,却富无盐才。疯语满乐城,自称摩登来。"(孔子弟子澹台灭明字子羽,貌丑而品行端正。齐宣王后钟离春号无盐,貌丑而贤慧多才。乐城即城固。老摩登是许的另一笔名。)由此可见一斑。

由于早年有过一段"红色"历史,刚解放时他曾得意一时,宣称"我的时代来了",一度在西北大学历史系主讲马列主义理论课。但是,在随后开展的思想改造运动中,他成为批判帮助的重点对象。正当蝉蜕新生之际,"老太婆"倒下去了,逝于突发的脑溢血,终年52岁。

袁敦礼、董守义首倡申办奥运

2008年,第29届夏季奥运会在北京成功举办,圆了中国人民"百年奥运"的梦想。而早在1945年,我国第一位国际奥委会委员王正廷,著名教育家、体育工作者袁敦礼及中华全国体育协进会总干事董守义等,就曾在中华全国体育协进会第二届理监事会上提出"第15届世界运动大会(1952)在我国举行案"。决议虽获通过,但由于时局急转直下,最终流于一纸空文,成为中国最早提出申办奥运会的提议。而袁敦礼、董守义当时均为体育界的"五大泰斗"之一。

袁敦礼,祖籍河北徐水县。1923年赴美国留学深造,回国后任北平师范大学教务长兼体育系系主任。抗战期间曾任国立西安临时大学体育系系主任等职,1946年担任北平师范大学校长。全国解放时,袁先生受周恩来书信的劝导,毅然决定留在祖国继续为教育、体育事业服务。他先后任西安临时大学、西北联合大学、西北大学、西北师范学院体育系教授、系主任,兰州体育学院副院长、甘肃师范大学副校长等职。

董守义学生时代即酷爱篮球运动,被青年会推荐到美国麻省斯普林菲尔德市的春田学院进修时,证明了黄皮肤的中国人并非"东亚病夫"。他归国后即训练出了当时闻名全国的"南开五虎"篮球队。后曾在北平师范大学、北平民国大学、北平女子文理学院、西安临时大学、西北联合大学、西北大学与西北师范学院、浙江大学等校体育系任教授。撰写了《篮球术》《田径赛术》《最新篮球术》《篮球训练法》《足球术》《国际奥林匹克》等7部体育著作和150多篇文章。1947年被选为国际奥林匹克委员会委员,为中国奥林匹克运动的发展作出了重要贡献。

袁敦礼教授

董守义教授

南开大学赠予"中国篮球之父"董守义的奖章

第14届奥运会中国篮球队义赛获赠的锦旗

参加第11届奥运会的中国篮球队,董守义(中排左三)任教练

中国奥运的"传世国宝"——1936年奥运药箱

获得远东运动会中长跑冠军的生物系教授郭毓彬

郭毓彬（左一）参加远东运动会

1915年，在上海举行的第二届远东运动会上，郭毓彬（1892—1981）独得一英里和半英里两项中长跑冠军，为中国队取得径赛锦标立下了汗马功劳。学生时期，他每天早晨五点就起床，在校门前的操场上进行训练，人送绰号"飞毛腿"。远东运动会夺金后，曾为南开学校同学的周恩来曾率同学手持锦旗在校门口迎接，并多次说过："不要忘记历史，郭毓彬先生在体育上是有贡献的。"郭毓彬临终时嘱咐家属，将珍藏66年的在第二届远东运动会上获得的两枚金牌献给了国家。殊不知，这位中长跑冠军，也是西北联合大学时期著名的生物学教授。

郭毓彬大学毕业后留学美国。时值第一次世界大战，他所在大学体育系停办。1918至1922年，他先后在葛林乃尔学院和依林诺斯大学攻读生物学，获博士学位后回国，历任北平师范大学、西安临时大学、西北联合大学、西北大学与西北师范学院生物系教授，并于1935—1950年任生物系主任，讲授比较解剖学。学生曾这样评价他："郭教授以达尔文的进化论为纲，不仅以纲带目，且以目证纲，纲目分明，丝丝入扣——那绝对是一种精神享受，那份豁然开朗、那份美丽，怎么形容也不过分！"

在体育与生物两个相去甚远的领域均取得如此成就，在西北大学120年历史上，恐无出其右者。

五四运动前毛泽东给杨钟健的信

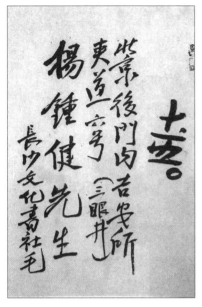

毛泽东给杨钟健的原信手迹

杨钟健校长

杨钟健先生是我国现代著名地质学家、教育家和中国古脊椎动物学的奠基人，是中国恐龙研究的开创人，中国自然博物馆事业的筹备和创建者，也是早期公众科普理念的提出者和科普教育的实践者。他早年毕业于西北大学前身之一——三秦公学，曾相继在北京大学、重庆大学任教。早在 20 世纪 30 年代，就兼任西北大学教授，1948 年 9 月 8 日至 1949 年 12 月任国立西北大学校长。他是近代中国自然科学界著述最多的学者之一，终生为古脊椎动物学、古人类学研究呕心沥血。

杨钟健先生在五四运动前曾与毛泽东、李大钊有过接触，并与毛泽东有过书信往来。"文革"期间，杨钟健被打成反动学术权威。一次，红卫兵去他家抄家，结果却抄出了当年毛泽东给杨钟健的信。书信内容如下：

钟健先生：

前几天接到通告，知先生当选执行部主任。今日又接来示，嘱补填入会志愿书，今已照填并粘附小照奉上。惟介绍人系王君光祈为我邀集五人，我现在只能记得三人，余二人要问王君才能知道。以后赐示，请寄长沙潮宗街文化书社为荷！

弟泽东

二十九日

由于落款写的"弟泽东"，此后便再也没有人来抄家了。

曾拟行刺张作霖为李大钊复仇的教授卿汝楫

卿汝楫著作

1927年4月6日出席李大钊在俄国驻华使馆召集的会议人员中,有位年方25岁的青年卿汝楫,因中途离场返校故幸免被捕,而李大钊与其余7人被张作霖逮捕,三周后遇害。卿汝楫对此悲愤交加,曾参与谋划刺杀张作霖。1941年至1944年间他曾任西北大学文学院历史学系教授。

卿汝楫(1902—1976),清光绪二十八年(1902)生于湖南隆回。1919年肄业于长沙湖南高等工业学校,曾参与毛泽东领导的湖南"驱张运动"。1922年入燕京大学教育系,曾追随李大钊参加国民革命。在燕京大学期间,创办《协进月刊》,参与五卅运动和组织五卅惨案后援会、罢课斗争。1924年加入中国共产党,后以个人名义加入国民党,任国民党北平西部区党部常委。1932年冬获洛克菲勒基金会资助,先后入美国普林斯顿大学、加利福尼亚大学、斯坦福大学、芝加哥大学求学,此时开始在美国国会图书馆等处搜集资料并撰写《美国侵华史》。在芝加哥大学求学期间,他与黄圣祖、黄川谷等发起组织中国留学生和华侨抗日救国会,创办《留美学生月刊》,组织华侨上街游行示威,开展抗日救国宣传。1936年年底,亲蒋分子唆使洛克菲勒基金会将他驱逐出美国。1938年2月他回国前,又在参加抗日救国宣传活动中被亲蒋分子以"是共产党"为名,援引美国移民法逮捕入狱。同年经爱国华侨保释回国,后于1941年在西北大学任教。1945年1月在魏德迈将军的美军驻华总司令部机要室任中文秘书厅秘书长,兼马歇尔使团翻译室主任秘书。1946年6月底调任国防部新闻局中将副局长。1947年4月20日,卿汝楫率55人组成的中外记者团经西安飞延安参观采访胡宗南占领后的延安。中华人民共和国成立后,先

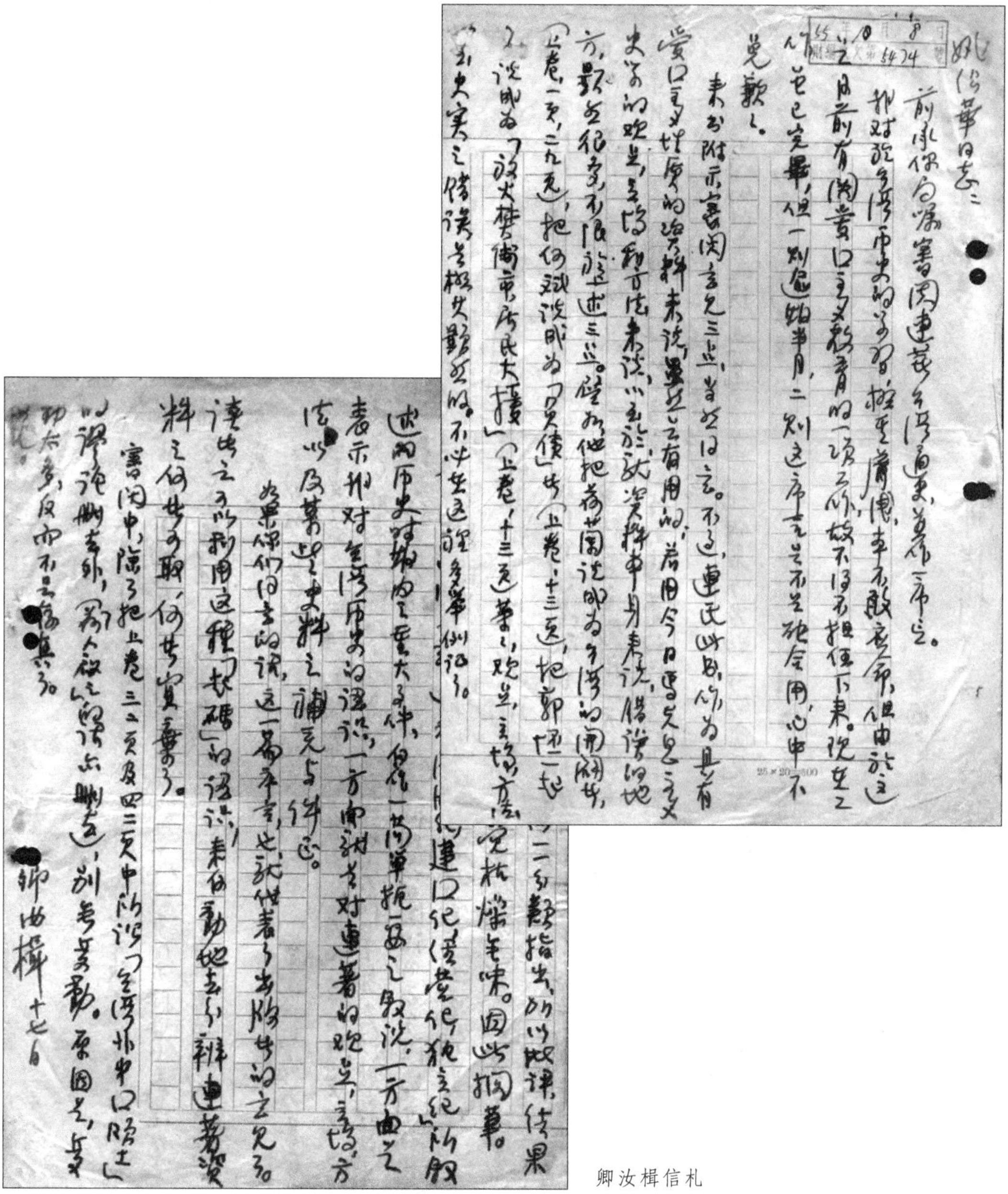

卿汝楫信札

任燕京大学教授，此时完成了多部著作，复任高教部参事室参事。1976年逝世于北京。著有《美国侵华史》《美蒋阴谋秘闻》《美国侵略台湾史》；译著有《中国对外贸易史》等。

受中国史学家、美国普林斯顿大学讲座教授余英时先生的误导，人们曾一度将同为燕京大学学生的卿汝楫与黄华（1913—2010，曾用名"王汝梅"，曾任副总理）混为一谈。

代表国民政府接收南海诸岛的郑资约教授

郑资约教授

1946年12月15日是一个值得纪念的日子。这一天,国民政府内政部接收专员郑资约参加了在太平岛举行的接收南沙群岛升旗典礼,并树立界碑,宣布国民政府按照二战后的《开罗宣言》及《波茨坦公告》正式接收南海诸岛。

郑资约(1901—1981)与学生曹照孟于1946年10月23日搭太平舰从南京出航,次日在黄浦江口与中业、中建、永兴三舰会合。10月26日,四舰在吴淞口外齐集航往广东,次日在珠江虎门口锚泊,等待广东省政府接收团队及物资上船。11月6日,一切物资准备就绪,舰队驶离虎门口。11月8日,舰队抵海南岛榆林港,待命出发前往南沙群岛。11月30日,舰队西沙群岛接收人员在竖立国疆石碑及完成接收工作之后,分别搭乘中建舰及永兴舰返回

接收南沙群岛专门委员会部分成员于太平舰的合影(后排右二为郑资约)

中华民国海军南沙舰队、中央各部视察、广东省政府接收南沙群岛升旗典礼合影[1946年12月15日于太平岛,前排左四为内政部接收专员郑资约,前排左五为南沙舰队指挥官林遵(林则徐侄孙),前排右四为广东省政府接收专员麦蕴瑜]

榆林港。1946年12月12日清晨,南沙舰队驶进太平岛外海,在离岛7海里处下锚,并在舰上用望远镜观察岛上动静。在不确定岛上是否有外军驻守的情况下,两舰缓缓驶近太平岛,在距岛岸1000米处,派武装士兵两组,分乘两艘登陆小艇缓缓靠近太平岛。海上舰只亦作好战斗准备,随时支援。登陆士兵迅速抢滩,搜索后未发现外国驻军,乃发信号报告岛上情况,中业舰遂驶近太平岛,在距岛200码处锚泊,接收人员及物资分批乘小艇登上太平岛。中业舰陆续卸载运来的器材及物资,于12月14日卸载完毕。在此期间,广东省政府属下的水泥石技术人员铸成了两座水泥石碑。1946年12月15日,接收人员在太平岛举行升旗典礼。太平舰在海面鸣炮,庆祝国土收复,并拍照留念。石碑上所刻记的"中华民国三十五年十二月十二日"乃指南沙舰队登上太平岛的日子。接收工作自1946年10月23日开始,至12月26日完成,经两月余,行程2000海里。

代表国民政府内政部参加这次接收的郑资约,又名郑励俭,抗日战争结束后,从西北大学地理系被借调到国民政府内政部方域司,主理接收中国南海岛屿及滇西地区的日据失土。他的聘函是蒋中正具名的,委任为内政部专门委员,负责参与国界的划定以及整理南海水域的岛屿、礁石群及沙滩名称的工作。随从赴任的还有郑资约从西北大学带去的 4 位学生。郑资约回到内陆后,即与内政部方域司同人整理实测资料,绘制中国南海地图,并向行政院呈请核准颁布一系列地图,其中包括内政部绘制南海诸岛位置图、西沙群岛图、中沙群岛

1946 年 11 月,接收人员在太平岛测量地形

内政部嘉奖令

1946 年 11 月,太平舰泊榆林港

内政部接收专员郑资约(右)在国测地标前

郑资约著作

图、南沙群岛图、太平岛图、永兴岛—石岛图等以及《南海诸岛新旧名称对照表》。这次接收活动结束后的1947年2月，郑资约仍旧回到西北大学地理系任主任、教授。他著有《南海诸岛地理志略》（系傅角今主编的内政部方域丛书之一，商务印书馆1947年出版）一书。该书附录有内政部颁布的《南海诸岛名称对照表》，系首次对外发表，奠定了我国南海岛屿统一名称的基础。该书记载了南海诸岛地质地形、各群岛地体构造、地形特征、气象气候、风向、台风、海流、岛屿滩险志要、动植物、水产、鸟粪、地位价值、历史回顾、作者本人的考察经历等，并有大量地质构造、气象气候等分布图。至此，南海诸岛各自的名称已经修改并确定，地图上也完整地标绘了东沙群岛、西沙群岛、中沙群岛和南沙群岛。我国政府在岛上举行接收仪式，立碑纪念，派兵驻守，并将其再度划归广东省管辖。一度被外国非法侵占的我国南海诸岛又重新归于中国政府管辖。郑资约在该书中指出："其地原野肥美，田连阡陌，经济的价值诚高矣，然未必具有地位的重要。反之，荒山小岛其物产无足言也，然其地位之重要，往往一国之安危，一战之胜败系之。"郑资约在国民政府接收南海诸岛之时，还告诫国人"应趁机继续建议，力求发展，一以兴本国利源，一以免外人觊觎也"。如今，南中国海被称为"第二个波斯湾"，被赋予中国能源未来的希望之地，已被列为国家十大油气战略选区之一。

郑资约于清光绪二十八年（1902）生于河北衡水，毕业于北平师范大学史地系，曾留学于日本东京文理科大学地理研究所。归国后，历任东北大学（三台）史地系主任、教授，西北大学地理系主任、教授，四川大学地理系教授，台湾师范大学、美国威斯康辛大学、新加坡南洋大学教授。1981年在美国洛杉矶去世。

1946年11月，中业舰锚泊榆林港

黄定与张琳的京剧生涯

黄定（1920—1994），1944年入国立西北大学法商学院政治学系，1947年毕业，新中国成立后为中国戏曲学校教师、民革中国戏曲学校支部主委，陕西省第一届政协委员。

20世纪40年代初，黄定于国立西北大学读书之际，京剧很普及，学校专门成立有国剧社团，黄定以"逸之楼主"（字逸之）为艺名，是新生剧团的主角之一。

黄定在西北大学的京剧演出活动中，结识了同样喜爱京剧的女同学张琳，曾经同台演出。二人门第相当，又有共同的兴趣，遂在西北大学毕业后结为连理。

张琳在国立西北大学文学院外国语文学系读书期间，是西北大学新生剧团的台柱子，曾与外国语文学系的齐越同台演出过话剧《雷雨》，张琳饰演繁漪，齐越饰演鲁大海。毕业后张琳到北京工作，为中国戏剧家协会副译审。20世纪七八十年代，张琳与齐越皆为北京市政协委员，来往较多，张琳还曾在开会时特地前往齐越家看望。

1948年，黄定拜姜妙香先生为师，得到姜先生的亲自传授。他十分尊敬老师，刻苦钻研学习，得姜派小生艺术的真传。1949年

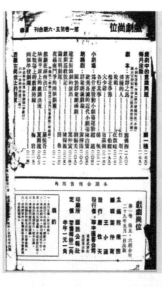
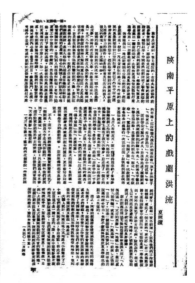

《戏剧岗位》1940年1卷5-6期合刊发表的《陕南平原上的戏剧洪流》

黄定《群英会》周瑜剧照（左）和《岳家庄》岳云剧照（右）

（左起）黄定、梅兰芳、王少亭、姜妙香合演《奇双会》

20世纪50年代黄定与梅葆玖先生(右)合影

起先后为华北平剧院、中国京剧院、中国人民解放军总政文工团京剧团演员,后来因患无脉症脱离舞台,专门从事教学和学术研究,成为姜妙香的助手。《姜妙香戏曲艺术散论》中几乎所有的文章都由黄定代笔。黄定于姜妙香,犹如许姬传、魏莲芳之于梅兰芳。1962年黄定调至中国戏曲学校,1984年11月退休。从20世纪60年代起,黄定为姜妙香先生整理和代笔起草了数十篇文章,如《追忆往事》《谈梅兰芳的〈洛神〉》《梅派〈奇双会·哭监〉的艺术造诣》《京剧现代戏大有可为》等。1994年12月7日病逝于北京。在"黄定先生追思会"上,其生前友好梅葆玖、梅葆玥、梅绍武、朱家溍、吴小如、刘雪涛、萧润德、钱江、孔嗣伯等近百人出席。黄定的老同学朱霖(原文化部部长黄镇先生的夫人)发言说:"以当年黄定的家境和地位来说,他如果想从政,可以做大官;他如果想经商,可以赚大钱,可他偏偏将一生全部奉献给中国京剧艺术!"可以说,朱霖用最简练的语言准确地概括了黄定的一生。

在总政京剧团时期的黄定

寸树声的最后一堂课

我勉强走上了讲台去对他们说："时局的情形你们都已知道了，我们以为不能来到腾冲的敌人已经只离我们三四十里了。我只恨我们没有自卫的力量，恨我不能保护你们，领导你们！学校从今天起只有停课。将来总有一天学校又能开学上课，但是那时在这里上课讲授的人是不是我，是不是你们就不知道了……平时对你们所说的话希望你们不要忘记，你们要在艰苦的环境里磨练你们的精神，在斗争里发展你们的力量……我相信每一个黄帝的子孙，是不会当顺民的，不甘心做奴隶的！"……我呆站在讲台上，只觉得鼻酸喉哽，不能再继续下去。台下的女生们已经歔欷地在哭泣着，男生都低垂着头，直立不动。似乎经过了很长的时间之后，我鼓着勇气说了一声："同学们，再见吧！"就踉跄地走下讲台了。

这是 1942 年 5 月 8 日家乡腾冲沦陷前几日，寸树声（1896—1978）在自己所创益群中学校长任上最后一堂课上所讲的话，充满了对祖国、对家乡命运的忧思。他对家乡即将沦陷深感耻辱，对"我们没有自卫的力量""不能保护"自己的学生和学校充满怨恨和自责，他相信学生"不会当顺民的，不甘心做

寸树声教授

奴隶"！然后，只好宣布下课！

两天后，腾冲沦陷。寸树声先后流亡到重庆和昆明。

寸树声原为北平大学法商学院经济系副教授，1937 年起任西安临大、西北联大法商学院商学系教授兼主任。在 1938 年法商学院院长事件中，因支持许寿裳，联名发出代邮通电，反对张北海任法商学院院长，加之平时同情进步学生，被列入利用课堂宣传马列之列，1939 年 11 月被教育部指示解聘。今见有：寸树声 1937 年 9 月在西安时住通济中坊金城公寓，复迁北京饭店的记

法商学院商学系主任寸树声教授1938年7月25日给学生沈吉开具的成绩单

教育部高等教育司为寸树声、夏慧文、彭迪先等被解聘事给国立西北大学的函

录;被任命为阅卷委员,参加1937年12月4日"党义"阅卷的档案;作为商学系主任于1938年7月15日给学生沈吉开具的成绩单;1939年12月14日教育部高等教育司就要求填报寸树声等被裁事给国立西北大学的公函,等等。1938年1月10日到校报到的俄文助教李毓珍(余振)曾回忆:"商学系主任寸树声先生,是我的老师。"之后,寸树声返回家乡,开辟了我国极边地区乡村教育的一片新天地。

成都解放当日壮烈牺牲的刘骏达

刘骏达清宣统二年(1910)出生于四川遂宁县仁里乡罗家桥一个世代务农的家庭。1926年就读于成都大成中学。1935年考入北平辅仁大学读书，参加一二·九学生运动。1936年加入中华民族解放先锋队。1937年按照中共地下党安排，参加大学二年级学生军训，在西苑的29军受训。七七事变后，他搭乘火车，穿越封锁线，流亡到山东烟台，参加平津流亡同学会工作，任山东滨县动员委员会副主任。后因韩复榘不战而走，山东沦陷，滨县县长兼动员委员会主任逃走，身陷敌后，只

刘骏达烈士

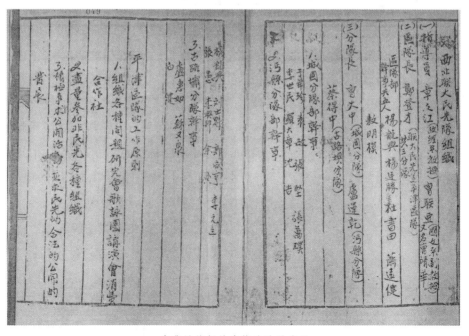

中华民族解放先锋队队员名册

得化装潜行，长途跋涉，通过一道道封锁线，于1938年2月回到四川万县。1938年7月，与在四川大学的中共地下党员刘国瑞取得联系，经刘国瑞介绍（中共川康特委批准），加入中国共产党。1938年，经中共地下党组织允许，转学国立西北联合大学。1939年3月任陕南学委负责人。

他于1938年秋，从四川抵达陕南城固，由北平辅仁大学历史学系转入国立西北联合大学文理学院历史学系。在校期间，他与许寿裳教授交往较多，1939年9月16日许寿裳教授由城固至成都后，刘骏达常去许寿裳住处请益交流。他在校期间也收获了甜蜜的爱情，与同班同学马力可成为恋人和亲密战友。马力可（1914—1988），曾用名马洛林，河南杞县人。1939年7月加入中国共产党。1941年毕业于国立西北大学文学院历史学系。新中国成立后历任成都市人民委员会副秘书长、成都市教育局副局长、全国政协委员、第七届全国人大代表、成都市政协第八届副主席、民进中央委员兼四川省副主任委员、民进成都市主任委员等。

1939年3月，中共西北联大支部书记刘长崧、支委郑登材、党员李昌伦被捕，刘骏达临危受命为中共陕南学委负责人，多方设法营救被捕同学，沉着镇静地应付险恶局面。同时，他还负责领导洋县国立七中、城固南乐中学、文治中学、建议师范学校党组织的活动。1939年冬末，陕西驻军祝绍周加紧了对共产党组织的破坏，形势十分险恶，中共地下党汉中工委确定党员毕业后可以不要毕业证的办法，提前离开西北联大。刘骏达遂于1940年离校回到成都，考入成都的金陵大学文化研究所，后获硕士研究生学位，任该所助理研究

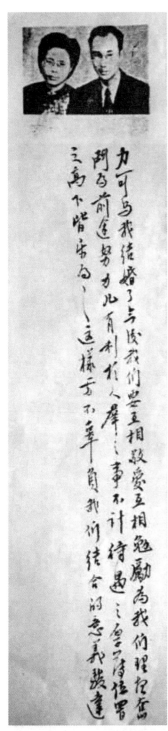

刘骏达在与马力可结婚合照上的题词

成都十二桥烈士殉难地

刘骏达曾经任教的石室中学师生每年都要到十二桥祭奠刘骏达等英烈

员,在原西北联大教授丁山,以及清华教授陈寅恪、钱穆指导下从事史学研究。在此期间刘骏达与马力可结婚。1944年8月在成都石室中学任教。1948年10月积极组织成都教师罢教,开展反内战、反迫害、反饥饿斗争。1949年4月20日在组织成都教师罢教斗争中,被推为首席代表,因叛徒告密,夫妇双双被捕(稍后,马力可小产狱中,经进步人士营救,保释就医)。刘骏达在狱中忍受酷刑,坚贞不屈。1949年12月7日在成都十二桥英勇就义。

中国民俗学运动和理论建设的奠基者江绍原

当有人看到书名中"发""须""爪",以及"老宅""古堡"这些字眼,与《聊斋》中的鬼怪故事一联系,多少会有一些阴森恐怖感,我们称此为迷信,即人对事物的一种痴迷信任状态、迷惘地相信,更指盲目的相信、不理解的相信。而我们这则故事的主人公江绍原对迷信的定义是:"一切和近代科学相冲突的意念、信念以及与它们并存的行止,我们皆称为迷信。"别看这样简单的一句话,他凝结了民俗学家和比较宗教学家江绍原与众不同的认识与一生的探索。正是由于这些颇具特色的研究,他被称为我国最早引进外国社会学,较系统、科学地研究迷信的学者,被认为是20世纪中国民俗学界成就最为突出的核心人物之一,是中国民俗学运动的领导者和理论建设的奠基者。

江绍原,安徽旌德人,早年就读于上海沪江大学预科,不久赴美到加利福尼亚求学。1920年再次赴美留学,入芝加哥大学攻读比较宗教学,1922年毕业后又在意林诺大学研究哲学一年。1923年归国,任北京大学文学院教授。1948年任国立西北大学文学院教授。他主要从事民俗学与比较宗教

江绍原代表作《发须爪——关于它们的迷信》

旌德江村老宅

学研究,与顾颉刚、周作人、钟敬文、娄子匡合称为20世纪中国民俗学界核心领袖人物。其研究细腻广泛,仅"迷信"一例,举凡姓名、身体、性爱、医药、祭祀、谣言、赌博等莫不给予学理层面的追溯剖析。

抗战胜利后,江绍原在北平中山公园音乐堂参加了反对国大代表选举的一个集会,会议尚未开始,陈瑾琨教授即被前来捣乱的特务打伤,江绍原义愤填膺,在当时的《解放日报》上发表了《拼死争自由》一文,因此被列入黑名单,遭到打压,遂经友人介绍,辞别妻女五口,到西安的国立西北大学任教。1948年在马师儒二度任文学院院长期间,被聘为国立西北大学文学院教授,兼西北文联副主席。其间,在《国立西北大学校刊》1948年第40期发表有长达6页的长

江绍原教授

篇论文《周易邇卦解》,并继续其民俗学研究。在校期间,因拒绝为胡宗南部队举办演讲会,再次遭到当地驻军的警告。直至北平解放后,才回到北平,与妻儿团聚。另说江绍原曾于1924年陪同鲁迅到过陕源国立西北大学作暑期演讲。

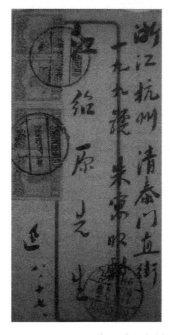 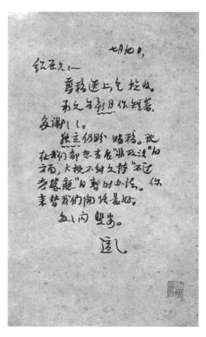

鲁迅致江绍原和胡适致江绍原书信

"三不主义"者陈恭禄教授

陈恭禄(1900—1966)少年时就读于教会中学,21岁考入金陵大学,先读化学,次读农科,再读历史,26岁获文学学士,在此期间即撰成《日本全史》和《印度通史大纲》,填补了高校教学参考书的空白。1934年又完成60万字的《中国近代史》,被列入大学丛书,抗战前后再版8次,产生了较大影响。抗战中,他随母校迁皖南,复流离成都,战后又绕道西北,于1946年就任国立西北大学历史系教授,主要讲授中国古代史、中国近代史、日本史等课程。在颠沛流离中,他目睹国破家亡,饱尝艰辛。他在西大教中国近代史,满口江浙官腔,讲起满清官员的愚昧来有声有色。他的课从不考试,历来都是让学生自找题目写一篇论文。论文的要求是"三不主义",即论文不列参考书的"不看";参考书列得少的"不看";论文中所引用的资料,如与所列参考书不相符的"不给分"。

陈恭禄是中国近代史学科草创时期重要的先驱者之一。著有《中国上古史史料之评论》《甲午战后庚子乱前中国变法运动之研究》《近代中国史料评论》《曾国藩与海军》《中国近代史》《中国通史》《日本全史》《中国近百年史》《中国近代史资料概述》等。1956年在南京大学时被评为二级教授,曾任南京市第二、三届政协委员。

陈恭禄教授与其代表作《中国近百年史》

听刘北茂演奏二胡曲

1937年抗战全面爆发后，刘北茂(1903—1981)应许寿裳先生之邀，绕道香港、云南等地，次年辗转到陕南城固西北联合大学文理学院外国语文学系英语组任教。1939年改为国立西北大学时，他仍在外国语文学系任讲师，1940年晋升为副教授。1942年夏，刘北茂应位于重庆青木关的国立音乐学院院长杨仲子邀请，赴重庆专事音乐教育与创作。

刘北茂教授与他的《二胡创作曲集》

在西大任教期间，他除教英文以外，还兼任国乐指导，经常在校内外举行演奏活动，这既活跃了学校和城固的文化生活，也带给他创作灵感，并催生了他的第一批二胡曲作品。闻名于世的《汉江潮》《前进操》和《漂泊者之歌》等都是这一时期创作的。1942年，在由陕南迁蜀途中创作的《乘风破浪》二胡曲反映了他的远大抱负和信念。

他为刘半农、刘天华之胞弟，在其兄影响下，自幼酷爱诗词、音乐。为继承二哥刘天华"改进国乐"的遗志，刻苦钻研二胡、琵琶演奏技巧，从事民乐曲的创作实践。他的创作灵感大多是陕南城固这片土地赋予的，处女作《汉江潮》曲就是这样谱写的。1940年的一个秋日，日落西山，他在汉江边只见秋水连天，草木零落，但听得江潮滚滚，拍击着两岸的声响。联想到已经仙逝的两位兄长，自己孤身一人流落他乡；联想到山河破碎、战火连天的抗战潮涌，他只觉天籁雄浑、壮怀激烈，积聚已久的国恨家仇齐上心头，顿有撕心裂肺之感，遂引发强烈的创作冲动。于是他乘着乐思泉涌，连忙回到住处，彻夜挥笔，写成《汉江潮》二胡曲。乐曲以颤弓与颤音的手法和悲愤激昂的旋律，再现汹涌澎湃的汉江潮声，与自己的心潮融为一体，淋漓尽致地表达了作者的爱恨情仇。

于右任听了刘北茂的演奏后说："来到西北，各处一片乱糟糟，唯听刘君的演奏令人振奋，使人耳目一新"，并当场挥毫题词相赠。

"一架活动留声机"季陶达教授

季陶达教授

法商学院经济系1940级学生张鸿春回忆：季陶达（1904—1989）教授主讲经济思想史和货币银行课程，"他上课甚少带讲义课本，像是一架活动留声机，把他的讲义一句一字地背给我们听，同学们无不埋首伏案，手不停息地振笔疾书，所以上他的课，大家都感到紧张吃力，而且乏味。我们法商学院的学术风气，因承袭平大之绪，可以说是相当开放与自由，就拿季先生为例，他采的学术观点虽然有点偏激，但仍能为学校所容忍。……记得有一次讲到'利息'，他说利息完全是剥削而来，利息源于资本，而资本为货币形态，它既不是生物，怎么会由大货币生产出小货币呢？他的背书能力，我们不能不佩服，但他的学术立论，则殊不敢恭维"。

然而，学生们也有不同的看法。与张鸿春同系的刘存仁就认为："季陶达教授讲授的货币学、价值论、西洋经济史、李嘉图的地租论等，敢用马克思《资本论》的观点进行讲解，很受同学们欢迎，选他的课的同学很多"。法商学院商学系1944届毕业生穆嘉琨就回忆："教货币银行学的季陶达教授，他上课的内容是马克思的剩余价值论，上课不带粉笔或纸片，娓娓而谈，出口成章，且引人入胜。"

季陶达，又名陶达、青弟、流泉、外芳、达才等。浙江义乌人。1926年冬参加国民革命军，1984年加入中国共产党。1927年10月至1930年在苏联东方大学、中山大学学习。1935年在北平大学女子文理学院任副教授。1937年北平沦陷后，于10月自浙江义乌老家启程赴西安。1938年秋始在西安临时大学、西北联合大学、西北大学、西北农学院任教授。1946年因与徐褐夫等6人联名在西安《工商报》发表反对学校当局煽动反苏而被解聘。

"听了他的一句话,我热泪满眼"

"从事任何活动都要有一个崇高的目的。"这是法商学院王守礼(1907—？)教授说给法商学院政治系1941级学生赵毅的一句话。这句话,让赴台的赵毅在18年后回忆起来,仍然难以忘怀。

那是1942年赵毅在大一时的一段经历,赵毅作为政治系学生选修了王守礼教授的社会学课程,他回忆:"第一天上课,由于他的特殊风格与雄辩式的授课方式给了我太深的印象。老实话,在学校四年读的科目最受益的也算这一门课了。"然而,大一过后,赵毅却因练习戏剧写作而深深地喜好上了戏剧演出。有一天,在上演《赛金花》的前夕,赵毅为了表示他对王守礼先生的崇敬,带了两张戏票送到了桂花巷王先生的府上。刚告辞走出大门,就被王先生叫住了。

先生说:"我有几句话想告诉你……"
赵毅说:"请老师多指教。"

先生接着说:"那么,我问你,你为什么演剧?为了出风头?为了学习?听说你有时为了筹演新剧,还向县银行借了高利贷……"

赵毅说:"老师,我因为爱好戏剧,而且我还在练习写剧本,为了得到舞台经验,所以才走上舞台的……"

先生听毕,似松了一口气地说:"那么,我放心了。"他扬扬手说:"勇敢地做吧!年青人,从事任何活动都要有一个崇高的目的。"

赵毅听罢先生的话,不觉满眼热泪,再也没说什么,径直走出院子,奔向戏院后台。那一夜,赵毅心中充满了力与热,更充满了对王守礼先生的感恩。

此后,赵毅常到先生家里做客,畅谈艺术,畅谈哲学。转眼到大四时,在王守礼教授的指导下也确定了毕业论文,并在先生评阅论文之后,被邀到家庆祝。老师举杯说:"原先人们以为你只会演剧,今天,看到了你的另一面,我要你更珍惜!""18年来,以恩师的警语作我生活工作的指标,今后我仍然无违长者的训言。"

王守礼,浙江诸暨人。1942年时为国立西北大学法商学院政治学系副教授,至迟在1945年晋升为教授。著译有《西洋社会思想史》《新经济地理学》《边疆公教社会事业》等。

王守礼译著

不凡的老校友李琴

李琴（此图为中国记者协会成立70周年纪念报道时人民网配图）

1945年毕业于西北大学英语系的李琴，一生经历不凡。新华社高级记者张继民忆念她的文章，标题就是《李琴，不凡的新闻前辈》，这里沿用了"不凡"二字。

李琴，原名赵希平，河南汝南人，出生于1923年9月28日。西北大学毕业后，曾在联合国救济署任翻译。1947年年底到解放区，进入中央军委总后勤部工作。1948年7月，淮海战役在即，解放军总后杨立三部长奉周恩来之命，率一小组赴华东前线，协调后勤支前工作，李琴为小组成员。在这段共同工作过程中，李琴与杨立三建立了感情。淮海战役胜利结束，他们完成任务回到西柏坡，就在1949年元旦结婚了。杨立三是人民军队后勤工作的创始人、奠基人和卓越领导人，被公认为军事财务专家、全军红管家。长期艰苦繁杂的工作，使他积劳成疾。1954年11月28日，杨立三病情恶化，终告不治，年仅54岁。

中央为这位早逝的功臣良将举行了隆重的葬礼。去往八宝山的路上，周总理和彭老总等五位元帅以及彭真等多位国家领导人为逝者扶棺执绋，直到陵园。值得一提的是周总理和杨立三特殊的同志情缘。长征过草地是最艰苦的一段路程，周恩来却重病染身，杨立三安排担架亲自抬了六天六夜，才过了草地。如此生死情谊，周总理铭刻于心，他一再表示，一定要亲自扶棺执绋，把自己的救命恩人杨立三送到八宝山。周总理兑现了自己的诺言。未亡人李琴怀着深厚的情感，为丈夫立传，把他的丰功伟绩诉诸文字，出版了一部《杨立三传略》。

早在1949年，李琴就离开了总后勤部，调到新华社，在对外部担任编辑、记者，后任外事组组长,党的核心小组成员、副总编辑。她的特殊身份,使她具有"通天"的能量,多年来有机会直接采访党和国家主要领导人毛泽东、周恩来、邓小平、华国锋等,并曾参与采访尼克松访华等重要外事活动。1963年3月,毛主席在人民大会堂接见李琴,进行了亲切的交谈。1975年,"四人帮"加紧篡党夺权的步伐,江青去大寨批《水浒传》,胡乱讲"路线斗争",矛头直指复出搞整顿的邓小平,并影射周总理。得知这些情况,人们忧心忡忡,穆青提出应向毛主席报告,他和朱穆之联名写了一份情况反映,志同道合的李琴也签了个名,并经她的手交王海容上呈毛主席,被称为"朱、穆、李事件"。此前,她还利用采访的机会,把这一情况透露给邓小平同志。结果,江青的倒行逆施受到毛主席的严厉斥责,而朱、穆、李琴仍被打成"反革命",停职检查,受到迫害。

为了适应国家经济发展形势,1981年7月,新华社创办的《经济参考》问世,李琴担任总编

李琴著作

辑。1990年改名《经济参考报》,李琴请邓小平同志题写了报名。更为不凡的是,1978年10月20日,李琴采访邓小平视察活动时,自主邀请邓小平计划行程外"顺便"到访了新华社。

2008年汶川大地震,李琴心系灾区,把她和丈夫杨立三收藏的齐白石画作《玉簪花》《荔枝》《葡萄》拍卖,所得善款290万捐给灾区。

2014年2月,李琴不凡的人生画上了句号,享年91岁。杨李夫妇没有亲生子女,但有收养的孩子。李达上将就把自己的两个孩子交由杨李抚养。近年有报道,称李琴养女李曼雪向杨立三故居捐赠53件遗物、17本书籍。杨李后继有人!

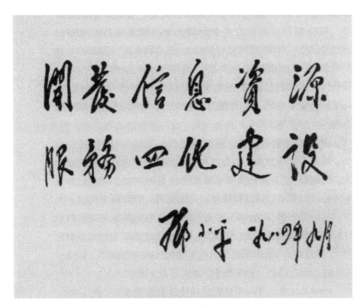

邓小平为《经济参考报》题词

结缘于城固仁义村的一段钻石婚传奇

在城固西门外有一个小村庄叫"仁义村",当年是刘养桐、张治平、马介云、余士铭等同学的租住处,也是西北联大地下党外围组织"自励社""展望社"的诞生地。法商学院经济系的伍诗绥和文理学院历史系的陆玉菊两位同级同学即相识、相爱于此,相继在此加入中国共产党,一起在此参加"自励社"的活动,并最终成就一段恩爱60余年的钻石婚传奇。

故事的男主人公伍诗绥,又名张容林。1917年生于广西全州县城一个小手工业家庭。伍诗绥在桂林读高中时即接受进步思想,阅读过马列著作,故毕业后即考入北平大学法商学院经济系,1937年抗战全面爆发后随校转入西安临大法商学院经济系。伍诗绥到校报到后,一边学习,一边积极投入抗日救亡活动。因为日寇迫近西安东大门潼关,1938年三四月间随校迁陕南。伍诗绥在中共地下党以及外围组织的影响下,开展阅读进步书报、建立近千册藏书的图书室、举行时事讨论会、出版墙报、下乡慰问宣传、在仁义村开办农民夜校教农民识字和宣传抗战救国等活动,思想觉悟有了很大提高。1938年9月,伍诗绥在西北联大第一批加入中国共产党(同时入党的还有余士铭、马介云、李昌伦、桂奕仙等)。1941年毕业后任陕甘宁边区关中师范学校秘书兼教员,1944年8月任关中地委统战部干事。1946年7月任东北解放区绥阳县、东宁县土改副大队长。1947年任松江省东宁县县长。1948年任松江省民政厅干部科长。1949年广州解放,任广州市洪德区军事代表。1949年12月后历任中共广西贵县县委书记,玉林地区、梧州地区任民建部长,秘书长,地委副书记,书记,专员等。

故事的女主人公陆玉菊,又名里林、马迦,1920年生于山东临沂。1939年8月在西北联大加入中国共产党(同时入党的还有陈越平、王佐才、周锡贤、祁东海等)。1941年毕业于西北大学文学院历史系。1943年入延安大学学习。她与伍诗绥相识于仁义村,并一起参加了大量抗战宣传工作,毕业后又与伍诗绥到了陕甘宁边区,曾任中共关中地委干事、东北绥阳县委组织

国立西北大学法商学院

1940年6月5日,西北大学中共地下党领导的进步学生组织自励社在陕西省城固县仁义村郊游合影(后排右四为伍诗绥,前排右四为陆玉菊)

部部长、松江省委办公厅秘书。1946年7月任东北解放区东宁县土改大队秘书等。

在校期间,陆玉菊历任西北大学中华民族解放先锋队负责人、学校地下党支部妇女委员。因为在校从事革命活动,他们早已被汉中警备司令部列入"不写保证书,不接受逐个谈话,就不发毕业文凭"的黑名单。1941年毕业考试的第二天,为防止反动当局的迫害,他们即在中共陕西省委特派员的接应下冲破敌人围捕,进入陕甘宁边区,等到敌人发现时,他们已经全部撤离学校。

同年,这对扮成省政府职员送家眷回乡的"假夫妻"终成真夫妻。从此,夫妻二人在陕甘宁边区马栏二师一同执教,在树荫下上课,适应了徒步行军、挖窑洞、开荒、抢季节种菜、养猪,等等。在关中地委、专署一同工作期间,参加了大生产运动,手上磨出了血泡,破了、化脓了,就用破布一扎再继续干。在大生产运动中,他们不仅学会了种粮、种菜、砍柴、烧木炭,还学会了打草鞋、捻毛线。在延安整风运动中,他们还一同听过毛主席的报告。

从1941年二人结婚,直到伍诗绥于2003年3月26日在南宁逝世,二人度过了63年的恩爱生活和出生入死的革命生涯,15年后的2018年1月16日,小伍诗绥3岁的陆玉菊也在南宁逝世。

国立西北大学学生首次调查城固物价

城固近五年日用物品零售价格指数表

年	月	食物类	衣着类	燃料类	杂项类	一般物价指数
26	6	100	100	100	100	100
27	6	121·68	143·42	186·27	229·50	165·2
28	6	301·09	300·87	410·89	437·43	357·1
29	6	846·93	988·29	1158·88	443·22	809·5
30	1	969·23	1821·66	1225·72	799·58	1058·3
30	2	917·19	1557·72	1233·84	804·34	1091·4
30	3	1005·10	1676·01	1230·10	878·14	1161·3
30	4	1005·10	1896·11	1308·87	1177·25	1308·3
30	5	1104·63	1487·07	1308·87	1422·48	1322·2
30	6	1173·27	1632·65	1323·10	1465·15	1383·6
30	7	1441·06	1996·25	1436·50	1791·66	1649·5
30	8	1720·06	2059·81	1560·18	1959·26	1809·2
30	9	1528·52	2075·40	1646·99	2295·78	1861·1
30	10	1853·82	2103·54	1916·66	2376·16	2041·6
30	11	1692·56	2092·50	2009·25	2626·80	2216·2

国立西北大学法商学院经济系四年级学生熊运森制作的城固近五年日用物品零售价格指数表

这张表格看似简单，但又确实不简单。它是城固历史上公开发表的第一份物价指数，是由国立西北大学法商学院经济系四年级学生熊运森调查制作的。熊运森的这篇研究报告连载发表在1942年1月16日和3月1日出版的《国立西北大学校刊》第5、6期的头版头条。作为一份战时西北最高学府主办的机关报，在头版头条发表学生的研究报告，仅此一例。

它表明这篇调查报告对揭示战时物价规律和分析物价飞涨的原因有重要参考价值。该文与《西大、西师、西工三校院教职员电请提高待遇》同期刊载，表明已将此调查研究报告作为向教育部反映师生生活困窘的重要依据。

调查研究报告认为形成物价飞涨的原因：一是由于后方人口的骤增；二是由于沿海各口岸沦陷，造成外货入口困难；三是由于交通线沦于敌手，运输不易；四是由于货币数量的增加；五是由于信用膨胀；六是由于商人操纵；七是战时人民肆意眼前享受的变态心理；八是前方士卒愈多，后方生产人口愈少；九是军需的扩大；十是战时肥沃土地多已沦丧，土地总面积缩减，造成后方一般物价上涨；等等。对于城固历年食物、燃料、杂项等物价的增长，季节变化，丰歉变化等，也作了有意义的分析，从而为地方治理提供了科学依据。

尽管物价飞涨，但仍难以阻止师生对美食的向往。"春来汉江鲤鱼肥，秋去乐城鹿肉香，青年食堂吃甲鱼，老乡亲炖牛肉汤。"被枚子校友写进诗里的这个"老乡亲炖牛肉汤"，就是联大师生的一个美味早点。

城固北街的"老乡亲牛肉泡馍"早点，开在大学巷里，距离文理学院最近。这个馆子的老板是平津一带人，以牛肉泡馍出名，生意兴隆，尤其是秋冬之际，天气寒冷，同学们三五成群，泡一碗热气腾腾的泡馍，吃得热乎乎的，以驱赶寒气。这个馆子太小，常常需要等候，但大家仍然趋之若鹜。

另外，还有两家"白水羊肉"早点，让学子们常常难以忘怀。这"白水羊肉"店，没有招牌，却很红火。张鸿文校友甚至到二三十年以后在台北回想起这味道，还"不自禁地流出口水"。

在城固，醪糟蛋到处都是。有的开店经营，有的挑担叫卖。酿制而成的江米醪糟，有一种淡淡的酒味，大概有两三度酒精，因此将米过滤后仅余米汁，也可当米酒食用，特别是夏天饮一勺原汁原味的醪糟汁，真是沁人心脾。更常见的做法是，待开水煮沸以后，将一勺酿好的醪糟放入锅中烧沸，打入一个荷包蛋，等蛋熟，盛入碗中，必要时可放入白砂糖，即可食之。有的开店经营，有的挑担叫卖。

城固簧学巷里有一家老板长得像高尔基的小店，醪糟蛋卖得最好。

城固簧学巷牌楼

这家小店的老板是一位老者，蓄八字胡两撇，隆鼻子浓眉，相貌与俄罗斯文学家高尔基相似，因此大家干脆叫这家店为"高尔基'醪糟蛋'"。每当晚自习以后，特别是冬天的晚自习后，同学们结伴前往食之，人一多，连小巷子口都给塞住了。不过，大家仍然不减兴致，好像不为填饱肚子，只为一睹高尔基的神似。

熊运森的城固物价调查报告连载发表在《国立西北大学校刊》第5、6期的头版头条

抗战时期的戏剧事业

从西安临时大学到西北联合大学，再到国立西北大学，最为活跃的校园戏剧团体莫过于西安临时大学话剧团、西北联合大学剧团、新生剧团、振中国剧社和西大国剧社了。各剧团百家争鸣，共同撑起了战时西大的戏剧事业。

在西安时，国立西安临时大学话剧团非常活跃，剧团不过几十人，但围绕剧团活动的人有一二百，还聘请过贺绿汀到校教唱革命歌曲。法商学院法律系的学生刘治国一度任团长，曾利用节假日组成小型宣传队到西安郊区农村宣传抗日救国。大概所演剧目有"左倾"表现，话剧团在西安时被胡宗南解散，刘治国大概也因此未到陕南。学校迁城固后，中共西北联大地下党支部委员袁敏组织民先队员、原临大剧团成员李昌伦出面，重组国立西北联合大学剧团，由李昌伦担任团长，田泽芝、桂奕仙、陈恕人等担任剧务、总务，有马介云、余士铭、伍诗绥、唐义慧等骨干力量。西北联大改为西北大学后，剧团团长由中共地下党员梁在均接任负责。

联大剧团下设有歌咏队，由孟子奇、朱经兰、张克勤等十余名民先队员组成，还有口琴队。剧团的男演员王禄贞(由南开大学转来法商学院的学生)和女演员王文琦(原北师大教育系学生)，表情逼真，双目有神，一口流利的普通话，深受大家欢迎。除上演临大剧团传统的抗日剧目外，联大剧团还及时创作了一些内容新颖的节目。剧团的第一个剧目《放下你的鞭子》就是新创作的，排练就在李昌伦等四名同学合住的屋后小空地进行，由王禄贞饰关东老汉，江树森饰小伙计，瞿国成饰青年工人，王文琦饰香姑娘。

新生剧团成立于1938年学校南迁城固之后的西北联大时期，初由法商学院政治经济系学生尹雪曼发起成立新生社，后发展为以话剧为主并得到学校的支持，故装备器材等皆优于其他剧团。1939年后改为国立西北大学新生剧团。

《雷雨》是我国20世纪最优秀的剧作之一，曾于1935年8月17日由天津市立师范学校孤松剧团在本校大礼堂首次公演。事过6年之后的1941年7月11日，这部话剧由国立西北大学新生剧团在陕南城固汉滨戏院再一次公演，从"观众答以热烈的鼓掌"的演出效果来看，它显然已经触动了观众，并产生了某种共鸣。

继这次成功的演出后，新生剧团又于

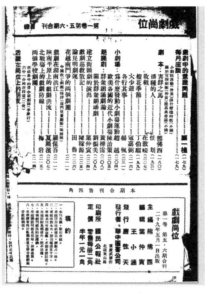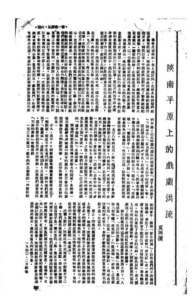

《戏剧岗位》1940年1卷5-6期合刊发表的《陕南平原上的戏剧洪流》

1941年7月17日至7月21日在汉中航空总站向航空部队官兵，特别是刚从新疆赶来的一批飞行员，连续5天演出4场，观众达千余人。1941年8月9日，新生剧团又转场宝鸡演出《雷雨》，复与日本兄弟反侵略剧团同台演出，新生剧团演出话剧《人约黄昏》与《人与傀儡》，日本兄弟反侵略剧团演出《醒醒吧同志》及《浪人浪事》，并歌唱《义勇军进行曲》《大刀进行曲》等，当时台上台下连成一气，场面尤其热烈。其间，在宝鸡演出《雷雨》第四幕时，剧场内突然停电，预留的三盏汽灯也坏了两盏，但观众在此情形下却没有丝毫的嚷乱，直到谢幕，说明演员高超的演技和观众的情绪已经融为一体，已经融入《雷雨》中的雨夜，与剧中的角色同呼吸，故对停电毫无知觉。

学生们通过演出与社会接触，在转场中遭遇暴风雨、山洪、断路、翻车、汽车撞山、轮胎爆胎等种种艰险，磨炼了他们的意志。在宝鸡与日本兄弟反侵略剧团的接触中，起初"身上不由得打了一个寒噤，肌肉随起了一阵的痉挛"，复感到"只有日本军阀才是两国人民大众的仇人"，继而聚餐、合影与同台演出。当台上台下融为一体，观众报以热烈的掌声之际，他们的抗战报国之心也由此得到洗礼和升华。

学校迁陕南后的西北联大时期，与新生剧团同时成立了一个振中国剧社，意为振兴中华国剧(亦称京剧)，主要由白希安(负责对外联络和办理一般事务)、袁式鉴(负责道具、行头、化妆品及前后台，并饰演旦角)、陆松年(负责平时排练，陆懋德教授的哲嗣)三人发起并负责，吸收本校教职员参加。历史系陆懋德教授为顾问指导。教师演员中，地理系殷祖英教授、体育系张光涛讲师饰演须生，数学系教授张德馨与城固邮局职员郭君一起操胡琴。学生演员中,有饰演小生的陆松年,饰演花衫的郎定一(山东戏剧学校毕业),饰演黑头的化学系学生杜士俊,饰演老旦的邢铸经(亦操胡琴),饰演老生的周怡、李国英、章恩潜、青来藻,饰演青衣的生物系学生刘杏影等。

该社成立后,曾到城固、汉中等地演出。其中以1939年寒假期间在西安的劳军演出为高潮,这场演出连续五天,剧目包括《奇双会》《得意缘》《红鸾禧》《群英会》《宝莲灯》《牧虎关》《托兆碰碑》《辕门斩子》《搜孤救孤》《坐宫》《六月雪》《上天台》等。此后,西北大学国剧在后方大专院校中名声大振。

稍后,又以学生为主成立了西大国剧社,尤以于书绅出力最多。演员有饰演须生的陈槃、李国英、柯经藩、姜希濂、田盛雯、刘继良等;饰演旦角的王建国(王佩琨)、王金铭、李宏寿、水启宁等;饰演花旦的丁蕙原;饰演花旦兼小生的袁式鉴。振中国剧社的陆松年、刘杏影等也常来客串。

西大国剧社一反以往只排练折子戏的传统,相继推出诸如全本《凤还巢》《四进士》《貂蝉》《贩马记》《红鬃烈马》等名剧。在话剧方面,先后推出《日出》《原野》《塞上风云》《黑字二十八》等大型剧目。

这两个剧团在城固、汉中、西安等地的演出,每场座无虚席,盛况空前,以致当地城固邮局的职员也加入为琴师,票款收入用为劳军捐款。于书绅认为,其"演出水准,均远超过今日的许多职业剧团","水准高于一般国剧组织,故对西北地区剧坛有示范推演之功"。

于书绅回忆"时城固娱乐甚少",刘继良也认为"当时陕南职业性京剧团仅有刘砚琴领导之汉中剧团,间或有一二外地剧团来陕南演出"。因此,西北联大与后继者西北大学的剧团便成为陕南最大的演出团体,而其推出的话剧《日出》《原野》等均为首次演出。另外,迁此的高校原来自北平,以河北学生居多,故有深厚的评剧、京剧基础,因此能够连续推出全本重头戏者,也唯有西北联大—西北大学的剧团。这不能不说是现当代我国话剧艺术和京剧艺术在大西北最大规模的传播,应该载入戏剧艺术传播的史册。

国立西北联合大学振中国剧社成员在城固考院校本部门前的合影

西大的体育传统

这支球队老厉害啦！它有150余名队员，包括了西大文、理、法商各学院的同学，分为足球、篮球、排球、垒球、羽毛球五个队，队员个个极具"反抗精神""破坏行为"，动不动就爱"修理人"，都是好"打"的主儿。"因为法商学院是由北平大学法学院蜕变的，其表现也承受了前身的精神，在知识、学术方面领导全国，在体能运动方面也是各大学之冠。"他们相继夺得1940年国立西北大学男子足球冠军、男子垒球冠军、男子排球冠军，以后连续数年，1942年又夺得陕西省运动会陕南赛区冠军。

1942年10月10日在南郑县（今汉中市南郑区）北教场举行了陕西省运动会陕南分会，西北师院和西北大学合聘教授袁敦礼为大会总裁判长，王耀东教授为大会副总裁判长兼西北大学总领队。当时，西北大学派出了田径代表队、女子排球表演队、国术表演队，共有30多名运动员参加，以李海清为代表的30人还为大会进行了国术表演。在

1940年6月西北大学足、排、垒球锦标队合影（余先达校友珍藏，二排左三为龚人放，三排左一为孙绳武）

1942年的陕南区足球赛冠军队——西北大学足球队（朱裕民校友珍藏）

国术表演中,李海清获得了大会冠军。

除此之外,以陕南高校为主组成的汉中体育协进会还主办有"城(固)洋(县)区冬季运动会"。如1942年1月,西北大学即组成篮球队(赵登英等10人)、足球队(戴保平、王珵等15人)、踢毽队(董福寿等5人)、女子篮球队(金维萱领队等12人)参加。

1943年,西大教职员也成立了球队,包括足球、篮球、垒球、墙球、排球、鸡毛球、德国手球等球队,常常与学生进行观摩比赛。

城固位于秦巴山地之间,长江支流汉江自西向东,缓缓流过。每到夏季,江水悠悠,清澈见底,成了天然游泳池。学校的体育课,便自然地改到江中上游泳课。江边茂密的芦苇荡是同学们天然的更衣室。上游泳课的罗老师整天泡在水里,一班接着一班地上。

外国语文系(俄文组)的龚人放回忆:

平时在运动场上体育课,大热天的时候到汉江游泳。一位四川同学游泳很好,每次上体育课,她总是从三米多高的公路桥上跳下,作跳水示范,然后站在岸边沙滩上,给大家讲跳水的要点,帮助大家掌握跳水技巧。北方学生多半从头学起。

自西安临大—西北联大,再到国立西北五校并立时期,一直有体育系、体育委员会、课外运动委员会、校内比赛竞赛委员会和体育设备委员会等组织机构,负责校内外体育活动的组织开展。其体育系由北平师范大学体育系和省立河北女子师范学院体育系合并组建而成。其中北平师大的前身北京高等师范学校早在1917年即成立有体育专修科,1923年改为体育系,是我国开设最早的体育学科,

美籍体育教授沙博格在西北联大城固校区上体育课

拥有"十项"冠军金岩、男子铁饼冠军齐沛霖、第五届远东运动会篮球冠军(王耀东等),而篮球冠军王耀东和长跑冠军郭毓彬均成为国立西北大学教授。1939年西北联大分出的西北师院在城固城东之校场坝修建了一个运动场,早操、体育课、课外活动、运动会均在此进行。美籍沙博格教授、王耀东教授自己制作了手球、垒球、双杠等很多体育器械或用品;还有一位体育教师发明了一种板球;董守义教授在此构思我国第一次申报奥林匹克运动会的方案,有人将此称为我国现代体育的发祥地之一。其中,特别是由西北大学、西北师院受委托在南郑县城(今汉中市)组织的陕西省运动会陕南分会,属于陕南历史上的首次大型赛事,当日开幕式竟有数万民众前往观看,这无疑加深了陕南民众对现代体育的印象,移风易俗,推动了陕南社会进步。

喜好城固城墙上花砖的刘朴父子

城固的城墙已经不复存在,要想知道它的来龙去脉,恐怕只能从杜学知的考证和刘朴父子的收藏中去寻觅了。

据西大校友、古典文学家杜学知先生考证,城固城垣形成于明正德七年(1512),当时仅仅墙砖就用了120多万块;明嘉靖六年(1527)加开小东门和小西门;清康熙四十六年(1707)修复因汉南大水而崩塌的城墙。

这城墙因为修筑于不同时代,墙砖上会有几何形、动物图像等不同的花纹,且经历代修筑,旧砖会被重复使用,故错落嵌在墙上。这引起国学根底深厚、曾与汤用彤、吴宓、闻一多在清华同学的中国文学系刘朴(1894—?)教授的极大兴趣。在西大读历史系一年级的他的儿子刘梧,便与杜学知等同学利用休息日一同去拓印这些花纹,经过数月,竟然将环城的墙砖花纹,能够得着的全部拓完了,只余较高处的无法拓印。遗憾的是,他们想找到一块有字的砖的愿望却一直未能实现。

民国时期城固城墙与大西门(赵同和校长珍藏)

徐褐夫教授也是一位文物爱好者,收藏有在城固新出土的新莽钱范,内有大泉五十钱形四个,背有隶书大利二字。

具体主持过张骞墓发掘的何士骥先生,得岐山出土铜器拓片,内有"征淮夷""执讯折首""俘戎器作旅盨"及"百男百女千孙永宝"等文。何士骥还藏有宝鸡出土镜铭拓片,内有"王氏作镜四夷服""多贺新家人民息""胡虏殄灭天下复"等句。

另有一位中国文学系教授易忠箓,素好收藏,尤善摹拓古钟、古砖,据说武昌城拆除时,他将城墙上有字的砖全部收买了,可谓古砖收藏大家。他是否在城固收藏到有字的城墙砖,就不得而知了。

西北大学学子奔赴延安的故事

烽火连天的抗战年代,延安犹如北斗,导引千千万万的青年冲破一道道封锁线前来寻找光明。

护送西大学子北上延安的联络站点

1938年下半年起,为了阻挡爱国青年,国民党反动派在从西安到延安的300多公里路途中设置了7道关卡,一些被拦截下来的青年甚至被送往集中营监禁杀害。无论是在西安还是在秦巴山地办学的西北大学,都不乏奔赴延安、投身革命的爱国青年。

当时,为了护送青年学生赴延安,党组织在沿途专设有多个联络站。诸如段文燕同学的伯父在宝鸡开办的秦昌火柴公司和他的西安办事处,以及他在西安的家,西大去陕北的同学如余士铭、马介云、陈志立、胡宗瑜、陶建昌(女)都去住过。孟培华在宝鸡的父母家,伍诗绥、陆玉菊就去住过,并由她父亲的勤务兵送他们到火车站转赴西安。

当然,也不是每一次护送转运都是成功的。中共陕西省委交通员张忠同志,带领陈志立、岳邦珣等三位同学乘火车去耀县转往陕北,在接近封锁线时,发现国民党保安队巡逻严密,难以偷越而撤回。

抗战时期的延安

2007年，93岁的陈志立仍笔耕不辍

省委又临时改派1933年入党的老交通员王国同志打扮成国民党军队的副官，按省委组织部杨克同志告知的接头地点、人名、暗号，在西安西关国民党军重迫击炮三团留守处找到孟培华，缩小队伍，安排白诗甫、孟达元、祁东海和孙家箴等尚未毕业的同学，先回校完成学业，下一批再赴边区，而安排其他同学顺利通过封锁线。

其中转运西北大学学生最多的是西安联络站的王豫成、王淑英和王建成三兄姐。输送革命同志进边区是与国民党反动派的一场尖锐的斗争，为西北大学学生奔赴边区作出了重要贡献。王建成的哥哥王豫成是铁路职工，收入微薄，因二姐王淑英守寡，还要负担二姐及其子女的生活费用。当时王建成大学毕业后尚无工作，家里生活十分艰苦。但他们对来往的同学都热情服务，伙食开不出来，他姐姐便暗地里卖掉一只金戒指。1942年3月间，余士铭就落脚在王建成家，王的二姐为余将家中蚊帐改成被褥面，照顾余的生活，让余在白区养病。王建成在1946年转到西安陇海铁路管理局会计处工作时，又继续帮助林路和杨康二同志进入陕北。

潘汉年夫人董慧原为西安临大医学院学生

董慧（1918—1979），原名凤然（一名奉然）。祖籍广东，出身于香港名门，父亲董仲伟是道亨银行创办人。1935年参加一二·九运动，点燃了她的爱国激情。1937年，董慧于香港中学毕业，考入国立西安临时大学医学院（次年改为国立西北联合大学医学院）。这段短暂的学历，成为以后与潘汉年一起从事秘密工作后的对外公开学历。

实际上，董慧于1937年在广州培道

1987年，伍诗绥（右三）、陆玉菊（右四）夫妇重返东宁县时的合影

潘汉年董慧夫妇

中学毕业后,即往北平报考大学。恰遇七七事变,便随着流亡学生一起到了西安,考入国立西安临时大学医学院(次年改为国立西北联合大学医学院)。她在西安临大只待了两个月,就主动找到八路军驻西安办事处,要求报考延安的革命学校,经过考试被录取。

刚满19岁的董慧到了延安后,于1937年11月入延安抗日军政大学。1938年1月加入中国共产党。7月,再入延安马列主义学院学习。同年毕业派到中央社会部工作,当时潘汉年任副部长。1939年中共中央派潘汉年到香港工作,董慧稍后也调到香港。组织上考虑到董慧的父亲是银行家,可取得合法身份周旋于香港上流社会,于是派董慧回到香港,将电台秘密设置在其家中,与潘汉年共同在香港工作。因此,就有了一个是西北联大教授、一个是西北联大学生的那段隐瞒实情的介绍。

然而,革命工作常使二人天各一方,离多聚少,直到1944年11月,董慧与潘汉年才在延安团聚,正式婚礼则到1947年才在香港正式补办。此时,董慧已经29岁。

董慧协助丈夫在香港搜集情报,负责从香港运送急需物资到解放区,做了大量工作。党组织的大量情报经费就来自以董慧的名义建立的银行账户。她还经常往来于沪港之间传递重要材料(包括请示和指示文件),在5年多的时间里,她保管的秘密经费、传递的秘密文件,以及她公开的职员身份,从无任何闪失。太平洋战争爆发时,香港沦陷,在经费不足的紧要关头,她动用了自己的积蓄乃至董家私款。她一心为公的行为受到战友们的敬重。中华人民共和国成立后,董慧任中共中央华东局统战部秘书科科长、工商处副处长。

余士铭奔赴边区

七七事变爆发的当年夏天,余士铭高中毕业,投考了北平大学法商学院。

余士铭拿到录取通知书时,平津已经沦陷,遂赶往西安,入国立西安临时大学法商学院。1938年潼关吃紧,学校又南赴秦岭,在陕南城固改为国立西北联合大学。1939年8月,学校又改为国立西北大学。正式开课后,余士铭相继听过沈志远教授讲授的社会科学方法论(即辩证唯物主义)、

爱国青年奔赴延安

社会学（即历史唯物主义）、经济思想史，季陶达教授讲授的政治经济学、经济思想史，章友江教授讲授的政治学、比较宪法，彭迪先教授讲授的世界经济史，曹靖华教授讲授的俄文，韩幽桐副教授讲授的国际法、苏联政治等课程。在这些用马克思主义观点讲学的教授影响下，余士铭的思想深处发生了很大变化。他在校期间积极参加抗日救亡活动、反对反动当局解聘进步教授的斗争，并与中共地下党组织取得了联系，1939年1月在校正式加入中国共产党。

1941年夏，余士铭移交了所担负的中共西北大学党支部书记工作，开始撰写毕业论文《正统学派的价值理论》，导师是季陶达教授，故与季先生有了更多的接触。在闲谈毕业后的去向时，季先生劝同学们去敌后抗日根据地。不久，党组织传达省委意见，要求余士铭等应届毕业生根据自己的具体情况和意愿考虑是留在国统区大后方，还是去陕甘宁边区。如去边区，省委可派人到三原县接应，须走小路偷越封锁线。余士铭、马介云、伍诗绥、陈志立等决定毕业后即去边区。

余士铭等到达西安后，党组织经研究决定：除陈志立、马介云同志暂留西安等待与后续同志会合，并和段文燕一起暂住段家外（段因准备去重庆章友江老师处就业并拟赴美留学），余士铭和伍诗绥、陆玉菊以及分途前来西安的苏农观（党员，商学系，后任伍修权、叶季壮同志的秘书）等七人同赴三原，暂住在事先联系好的住所，由省委派来的交通员张忠同志引路，一起徒步沿着隐蔽小路进入陕甘宁边区关中分区。

1981年，余士铭（右一）和父母在广州

黄流回忆母校与延安

黄流,因家居黄河之阳,河阳是其家乡:"过潼关而坐息,窥黄流之奔猛",故有"黄流"之名。他于1937年秋天考入西安临时大学法商学院。他在校期间,听了进步教授讲的社会科学方法论等课程,如饥似渴地学习辩证唯物主义与历史唯物主义、政治经济学、社会学大纲等,茅塞顿开,越来越向往革命圣地延安。

1938年春节,他与同班同学商量去延安,不幸家里沦为战区,年幼的侄儿要由他照顾,计划未能实现,无奈随校南迁城固。此时,同班余士铭(西大地下党支部书记)、马介云、伍诗绥、陈志立等同学共商成立了"展望社",学习马列主义、毛主席的著作,阅读《新华日报》《群众》等报刊,分析抗战形势,进行抗日救亡宣传。大家学习热情很高,黄流还被选为组长,对校方的倒行逆施展开了顽强英勇的斗争。

黄流与余士铭、马介云、陈志立都十分希望毕业后到陕甘宁边区去。对此,学校地下党与中共陕西省委联系,作了周详的筹划和安排。在准备北上延安的这段时间里,黄流一方面心情激动,一方面也提防国民党的动向。

1941年8月9日下午,王国同志带领黄流等九位同学到了陕甘宁边区照金。早有"南有瑞金,北有照金"之说,这里是中共陕西省委所在地,对外称"团部"。他们住的招待所是个小庙,史所长是从马列学院学习回来的,讲起"战略与策略"来头头是道。中共陕西省委领导汪锋同志十分亲切地接见了这些历尽艰险来到革命根据地的大学生。

黄流等同学先后在关中师范(边区第二师范)、新宁县政府工作,在延安行政学院、延安大学学习,在抗日军政大学第七分校、联防军步兵学校工作。1948年春,黄流随步校东渡黄河,接受新的战斗任务。

1985年5月2日,陈志立与黄流相聚于西安,想起1944年在西北大学一起被列入反动当局的黑名单,又一起奔赴边区照金的岁月,陈志立不由得感慨万千,特地作诗一首赠予黄流:

城固转移四四冬,长安重聚忆逝踪。
历经沧桑人健在,共锤丹心化彩虹。

1985年,黄流(中)与父母在西安

图说 西北大学百廿年历史

七十余载路漫漫

与时代发展同步伐，为国家强盛作贡献，是西北大学一以贯之的光荣传统。共和国建立特别是改革开放以来，西北大学获得新生，百事俱兴，锐意改革，蓬勃发展，进入了一个全面、协调、持续发展的新阶段。在中华人民共和国成立初期的院系调整中，西大为陕西和西北高等教育格局的形成奠定了基础。由部属改为省属之后，学校服务地方经济社会发展和西部大开发的自觉性更强，贡献更多更大。20世纪70年代后期，拨乱反正，正本清源，教学科研重新步入了正常轨道，被教育部确定为全国重点大学。80年代中期，率先开展联合办学，打破条块分割束缚，找到了一条地方院校的兴校强校之路。90年代中期，苦练内功自强其身，学科专业建设与改革全面推进，迈入了"211工程"建设行列。进入新世纪后，相继成为一省一校国家重点支持院校、教育部与陕西省共建高校、双一流建设高校。学校在人才培养、科学研究、服务社会、文化传承诸方面取得了一系列重大标志性成果，站在了新的发展平台上。立足陕西，面向全国，放眼世界科学前沿，西北大学正在向有特色、高水平、研究型综合性大学的奋斗目标阔步迈进。

黎明前的暗战

教育是国家建设的基石，人才是民族振兴的希望。所有的党派和政府，无论政见有多么不同，对于人才的重要性却都有相同的认识。中华人民共和国成立前夕，西安各院校的学生成了国共两党积极争取的对象。在西北大学看似平静的校园里，一场"迁校"与"反迁校"的暗战悄然上演……

西北大学反迁校的斗争开始于1948年冬天。当时，西北野战军在彭德怀将军的指挥下已进入关中和陇东。国民政府明白西安已不可保，图谋将西北大学等国立院校再次南迁。杨钟健校长接到了国民政府教育部勒令学校迁往成都的密函。

此时的西北大学，在校长杨钟健就任之后，各项工作皆大有起色，学校里学术氛围浓厚，学生社团活动也异常活跃。

校长杨钟健公开不主张迁校，他在对学生的讲话中说："不管哪党哪派，都需要大学，高级学府应该独立，不应让任何政治变动影响学府，大学教育应求在安全中完成。"学生中反迁校的也占了大多数，在中共地下党团的领导下，进步学生和主张迁校的一部分青年军学生、少数敌特学生，在学校的"民主墙"上展开了激烈的笔战。

1949年春，蒋介石决定放弃西安，胡宗南下令西北大学随军迁往四川。为强迫西北大学迁校，国民政府教育部甚至企图在南京绑架杨钟健的家人。为了应付局面，杨钟健校长决定在表面上成立一个"迁校委员会"，他向当局提出："学校不到万不得已绝不迁。如果要迁，教育部必须提供充足的经费。"在西安解放前两个月，杨钟健干脆借口迁校经费不足，飞往南京。

听说学校派代表前往四川勘寻校址，并且已经开始整理打包各种文书档案和图书器材，进步学生马上发动反迁校签名，以各种名义组织时局讨论会，向学生们说明"留则存，迁则亡"的道理。为了让广大学生了解解放战争的大好形

时任西安军政委员会主任贺龙签发的接管西北大学的命令

当时的西北大学校园中心区

势,进步学生组织在一夜之间就把延安新华广播电台播发的毛泽东主席的新年献词《将革命进行到底》和北平和平解放的新闻稿贴遍校园。

据统计,中华人民共和国成立前夕西安各院校的学生至少有5000名,但是,最后在1949年5月18日跟随国民党迁往汉中的只有一两千人。据时任国民党西安市市长的王友直回忆,在行进途中,不时有学生从队伍中出来,借口拉肚子、系鞋带落在队伍后面,看着大队越走越远,立即一溜烟跑走了……到达汉中后,原本一两千人的队伍,只剩下四五百人。

1949年5月20日,西安解放。5月27日,509名西北大学学生返校,是当时西安各高等院校中返校学生最多的。5月30日,国立西北大学复课——这所古老的高等学府终于进入了一个崭新的历史阶段。

1948年,杨钟健(第二排左三)出席中央研究院第一次院士会议合影

岳劼恒代理校务

岳劼恒是新旧政权交替过渡时期西北大学的当家人。在西安解放前两个月,杨钟健去了南京,岳劼恒代行校长职责。出发之前,杨钟健嘱托岳劼恒继续坚持反迁校斗争。他不负重托,将西北大学完整地保护下来。解放之初,西安军管会主任贺龙任命岳劼恒为西北大学校务委员会委员兼代主任委员,主持学校工作,后毛泽东主席又任命岳劼恒为西北军政委员会文化教育委员会委员。

岳劼恒早年留学法国,曾在居里夫人所在的巴黎大学研究室从事物理学研究。1937年,岳劼恒开始在西安临时大学任教,从此,他再也没有离开西北大学。

岳劼恒代理校长

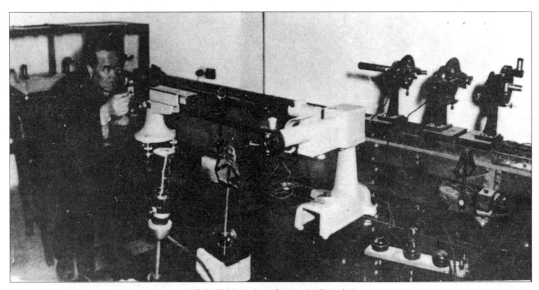

岳劼恒教授调试法布里-珀罗干涉仪

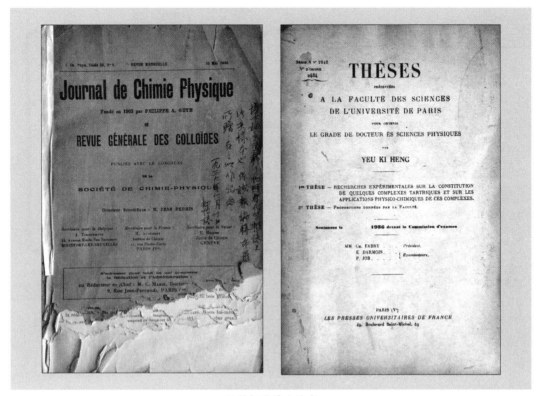

岳劼恒的博士论文

中华人民共和国成立后，因为国家建设的需要，很多青年学生都选择了工科。岳劼恒认为，人才培养应该兼顾国家建设的眼前利益和长远利益。他在文章中这样写道："对于各种科学，应一体重视……不反对多数的青年研究自然科学，必须提倡同样多数的青年研究社会科学；赞成大多数对自然科学有兴趣的青年研究应用科学，但必须保留一部分意志坚定、脑筋清楚的青年学习理论科学。为国家前途百年计，非如此不可。"

正是基于这样的思想，在1952年开始的全国高校院系调整工作中，当教育部打算将西北大学的文、史、财经、地理等系并入其他大学时，岳劼恒提出了不同意见。他认为考虑到综合大学的地位和作用，西北大学应保留文、史、财经等系科和专业；考虑到西北方面水土保持与根治黄河的任务以及西安市的位置，学校的地理系有存在的必要。高等教育部最后同意了他的意见，西北大学的主干学科专业才没被调整出去。在对西北地区特别是陕西省的情况作了具体分析后，岳劼恒随后在生物系设置了植物学专业，在地理系设置了自然地理专业，在地质系设置了石油地质专业。在他的全面规划下，西北大学保持了综合大学的基础规模，为日后的发展打下了坚实的基础。

在物理系，岳劼恒则以"凡是"出名：凡

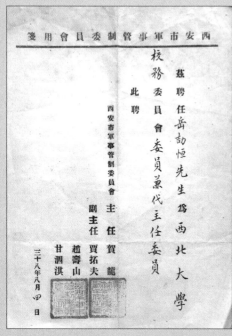

西北大学校务委员会委员兼代主任委员聘书

物理系主任聘书

中央人民政府任命通知书

教授证书

中华民国教育部颁发的奖状

1941年9月21日，国立西北大学日蚀观测队合影留念，中排站立者右起第五人为岳劼恒教授

国立西北大学物理系1940班师生合影（前排右三为岳劼恒，右六为胡庶华）

是物理类课程都能讲授，凡是没有人能讲授的课程都由他承担，凡是他讲授的课程都由他自己亲自编写教材。他先后讲授了14门课程，为物理系编写了十几种讲义。

侯外庐校长到任后，岳劼恒改任西北大学教务长，后任副校长。1956年被评为一级教授。

1961年年初，岳劼恒被诊断出患有严重的心血管疾病，但是他仍抱病坚持工作。5月24日，岳劼恒在西北大学校务委员扩大会议上讲话时，不幸突发脑溢血，溘然长逝。著名物理学家、时任北京大学副校长的周培源教授在唁电中称，岳劼恒的逝世是"教育界和物理学界的极大损失"。

2011年物理系师生举行纪念岳劼恒活动

贺 龙

张治中

杨明轩 江隆基

1949年后,西北军政委员会贺龙、张治中、杨明轩、江隆基等领导多次来西北大学作报告和指导工作。

侯外庐治校

从 1950 年到 1958 年,侯外庐在西北大学做校长的日子不到十年,但是在西大人的心目中,他始终是可亲可敬的老校长。

1950 年 3 月 10 日,周恩来总理亲自签署了政令字第 52 号中央人民政府政务院令,任命侯外庐为西北大学校长。《光明日报》就侯外庐出任西北大学校长发表评论说:"侯外庐先生出掌西北大学,不仅给西北大学师生员工带来欢欣,就是整个西北的人民,也会为西北最高学府领导得人而高兴。"

刚到西北大学,侯外庐就提出了"新三风",即师生互动、教学相长的新校风,实事求是、严肃工作的新学风,理论与实际相结合的新研究风。

侯外庐校长

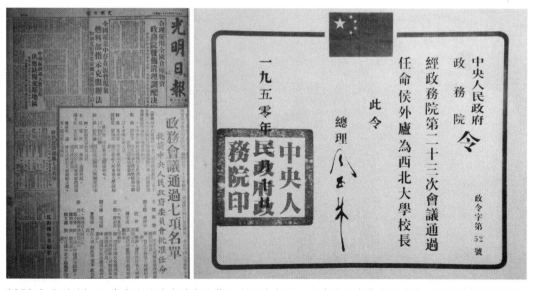

1950 年 3 月 10 日,中央人民政府政务院第二十三次会议任命著名历史学家侯外庐教授为西北大学校长

1948年11月3日,乘"华中"号客轮由香港赴东北解放区时侯外庐与郭沫若合影

20世纪50年代侯外庐校长(左二)陪同外宾参观西北大学

1950年9月16日，侯外庐为《新西大学习报》第一期撰写代发刊词《新三风》，倡导树立新校风、新学风、新研究风

侯外庐提出"一切为了教学，一切围绕教学，一切归到教学"，他认为教师是学校的主体，是整个工作过程的枢纽。在西北大学工作期间，他花大力气建设教师队伍，一方面千方百计聘请学有专长的专家学者来校任教，一方面加紧对青年教师的培养。他要求青年教师能"下水游泳"，将教学实践和科学研究紧密结合起来，并且在工作中"层层加码"："我看你们刚刚能肩负50斤，我立即加码到60斤；你能挑60斤的担子，我立即让你挑70斤的……"

在侯外庐的魅力感召下，一时间，西北大学俊彦荟萃，名师云集，形成了强大的师资阵容。侯外庐还利用自己在学界深广的人脉，请顾颉刚、华罗庚、翁文灏、尹达、唐兰、陈梦家、千家驹等学术大家来校作报告，令西大的师生广受教益，眼界大开。

作为中华人民共和国成立后西北大学的首任校长，侯外庐为西北大学日后的发展开了个精彩的好头。学校得到了快速的发展，办学质量和水平均居全国高校前列。1951年，教育部召集北京中等专业以上学校开会，副部长钱俊瑞在题为《用爱国主义克服客观主义》的报告中说："前派人赴各地视察，所得结果，以西北大学情形为最好，进步为最快"，并号召"各校向西北大学看齐"。

西北大学抗美援朝爱国运动

西北大学生逢八国联军肆虐的庚子国难之际,复经日本帝国主义屠戮中华和14年浴血奋战,向具强烈民族精神和爱国精神!中华人民共和国成立后,这一爱国传统得到继承发扬。1950年6月25日晚,朝鲜战争爆发,美帝国主义打到了家门口。1950年10月,中国人民志愿军赴朝参战,抗美援朝开始,西大人再次彰显民族精神和家国情怀。

1950年3月5日,国立西北大学学生会发表声明,拥护世界和平理事会关于缔结和平公约的宣言,表示:正当美帝疯狂侵略朝鲜,侵略我国台湾,并武装西德和日本,企图把全世界人民拖向另一次世界大战的今天,我们西大一千多名学生坚决拥护这个宣言。

1950年11月16日,西北大学全体学生上书毛主席、朱总司令,表示:由于美帝国主义发动侵朝战争,全体同学"听候政府动员,愿贡献一切力量",抗美援朝,保家卫国。

同时,西北大学教育工会发表《抗美援朝宣言》,表示:为了保卫祖国,为了争取世界和平,随时准备贡献我们的一切!

1951年2月1日,西北大学响应西北军政委员会教育部号召,慰问志愿军并救济朝鲜难民,开展募集资金和写慰问信活动。西大女生参加西安各界反对美帝武装日本示威游行。

在这场伟大的正义之战过程中,无论是在国内的宣传动员,还是捐款捐物捐飞机大炮,西北大学都走在前列,为我志愿军战士送去了深情惦念和精神支持,并再次彰显民族存亡之际西大人的血性和精神。

1951年1月15日,中国人民抗美援朝总会决定在全国发起大规模募集慰劳品、救济品运动,慰劳在冰天雪地中艰苦作战的中朝军队,救济困难的朝鲜老百姓。西北大学立即响应,上至校长,下至普通教职员工,无不响应号召,踊跃捐献。

著名史学家侯外庐校长带头捐出自己

侯外庐校长

张伯声教授

的版税 100 万元(旧币,下同),并将在随后半年内所得稿费全部捐献。

理学院院长张伯声教授把山西工矿研究所赞助他的研究费 80 万元,以及在实习调查中所节省的膳费共计 100 万元,全部捐献,不足部分由随后五个月的薪水中扣除。另外,黄河水利委员会给他的三个月的车马费 105.3 万元也全部捐献,总计 205.3 万元。稍后,张伯声又送子参军,投身国防。

课业组主任贾则复教授把西安市政府给他的教学钟点费 9.2 万元,以及之后的稿费、校外钟点费全部捐献。

其他教员在半年内捐款 1000 万元,其中工资占 25%,增产捐款占 75%。

财经学院捐献 710 万元。

外文系英文组捐献 400 万元。

西北大学、西安师院的同学还兼做家庭教师,用家教的收入捐献。

综上所述,西北大学教职员工在活动之初即捐献 2400 余万元。

1951 年 6 月 8 日起,西北大学文工团在西安城内新中国影剧院演出四幕话剧《前进,美国的人民》。共演出 6 场,观众达 5000 余人。除必要开支外,这次演出的全部收入捐献,用于购买飞机大炮。

1951 年 9 月,西北人民广播电台直播了西北大学文工团抗美援朝题材的话剧《到处都是狙击手》。

西北大学全体师生组织了 1700 人的宣传队上街,进行抗美援朝宣传。他们分成四个队,采取讲演、拉洋片、漫画、街头剧、快板、相声、霸王鞭、活报剧等方式进行生动活泼的宣传,收到极好效果。他们还组织同学给志愿军和志愿军家属写慰问信,给予心理疏导和安慰。

在志愿军入朝作战 8 个月后,西北大学外国语文系主任亢心哉教授参加中国人民赴朝慰问团,到了朝鲜前方。在一个半月里,亢心哉教授接触了很多祖国的英雄和功臣。

抗美援朝伊始,西北大学以及 1950 年 4 月刚刚从西北大学医学院分出的西北医学院的同学志愿组织了输血队,把自己的热血献给志愿军伤病员。院方发给同学们的输血费,他们都婉言谢绝。他们都为自己能给抗美援朝、保家卫国的神圣事业贡献一点力量而感到无比自豪和无上光荣。

除此之外,还有汤泽光、万福恩、李佩琳、尚天裕等教授或直接参加战地救护,或在后方从事为抗美援朝服务的医药研究。

汤泽光教授

中华人民共和国成立后,汤泽光教授支持在岭南大学读书的长子参加抗美援朝战争,又把女儿送去部队。同时,他选择了抗美援朝战场急需的实用性和理论性很强的课题。其中"在输血输液条件未备时延长失血性休克动物生存时间一些办法的研究",是战伤和临床都迫切需要解决的课题。他带领团队做了数百例动物试验,采用统计学方法,用手摇计算器作了大量的数据处理,得出了详尽反映机体规律的定量的回归式,并找到在战伤、工伤情况下,输血条件未具备时延长休克可救治时间的方法和药物,达到世界先进水平,从而抢救了朝鲜战场上大批中国人民志愿军伤员。

新中国成立前夕,年仅19岁的侯伯宇满怀一腔热血,放弃了在台湾大学的学业,也放弃了出国的机会,辗转回到北京。刚刚在清华大学安顿好,抗美援朝战争就爆发了。侯伯宇毅然放弃学业,投笔从戎,并将父亲给他的四年大学的学费、生活费1000美元倾囊捐出。

侯伯宇教授

侯伯宇和他的同学们被送往东北师范大学,这里聚集了来自全国各高校的数百名学生。在大年三十的春节联欢会上,学生们有的朗诵抗美援朝的诗歌,有的唱《志愿军进行曲》,几位特邀的俄语系学生则唱起了《喀秋莎》。

后来,侯伯宇积极响应号召,进入军事干部学校,献身国防,直到1957年才来到西北大学物理系继续学业。而西北大学也于1951年6月28日专门成立军干校学生保送委员会,积极向国家推荐优秀学生献身国防。

抗美援朝战争爆发后,万福恩教授赴朝参战,任抗美援朝医疗队第一大队队长,奔赴前线

万福恩教授

为中朝将士服务。同时,他在天津志愿医疗队时撰写的《头部战伤的处理》被作为范本列入《抗美援朝战伤处理文集》。其内容包括颅顶盖创伤、颅骨骨折、颅内创伤、颅内出血、脑创伤、脑脓肿等手术处理的检查、运输、解剖生理、临床症状、手术方法、处理常规、急救处理、术后处理、治疗等具体内容,是他多年的经验结晶,在伤病员处理中发挥了重要指导作用。

美帝国主义在侵略朝鲜的战争中,冒天下之大不韪,发动了灭绝人性的细菌战,把各种细菌武器投向朝鲜和中国的土地。为揭露美帝的罪行、消灭散布的细菌并救治受害的人民,在党和政府的领导下,李佩琳教授带领全系教工和其他医务人员积极参加反细菌战工作。用他的专业技术,鉴定是不是投来的细菌以及细菌种类,为治疗提供依据,为揭露美帝罪行提供科学证据,对受污染地区和人群进行防疫工作等。他参加病理学鉴定工作,并以一位著名医学科学家的名义,在中国政府揭露美帝国主义对中、朝人民发动细菌战争的"黑皮书"(国际科学委员会的报告书)上签上自己的名字,为争取抗美援朝、保家卫国反侵略战争的最后胜利,作出了应有的贡献。

1951年,尚天裕教授参加抗美援朝医疗队,赴朝参加战地救护。在7个月的艰苦环境和繁重的医疗工作中,他看到从前线

李佩琳教授

疫区的志愿军防疫部队人员

驻地附近的朝鲜居民接受疫苗注射

尚天裕自国立西北医学院毕业照

抬下来那么多伤肢断臂的伤员,恨不能长出三头六臂,为战士们解除病痛。战争非常激烈,伤员很多,医疗条件极其简陋,他想尽一切办法妥善处理和全力抢救伤员。他不怕苦,不怕累,夜以继日地手术,出色地完成了战地医院抢救伤员的各项任务,把医疗技术毫无保留地奉献给了最可爱的人,得到前线指战员们的赞扬,被授予"抗美援朝模范工作者"光荣称号。抗美援朝结束后,尚天裕被任命为天津人民医院骨科副主任。

1951年4月1日,西北大学邀请志愿军归国代表到校报告。这一天,全体师生在大学东路排成一里长的队伍,迎接志愿军代表莅临。

侯外庐校长在报告会上首先致辞说:"我们的志愿军在朝鲜战场上,把美国侵略军打得落花流水,创造了惊人的战绩和无数英雄故事,给近代史上写下了光辉灿烂的一页。志愿军的一行一动成了全世界爱好和平人们的模范,世界上亿万人的目光都集中在他们的身上。"

嵇炳前代表说:"当我们看到美帝的暴行,无不切齿痛恨,决心坚决打击!"他最后说:"胜利一定属于我们!希望大家继续开展抗美援朝运动,共同消灭美帝,保卫世界持久和平。"他的报告深深感染了西大师生,掌声雷动,经久不息。

西北大学学生会代表发言说:"我们听了志愿军代表的报告,深受感动。我们西大全体同学,要紧密团结在毛泽东的旗帜下,更进一步开展抗美援朝爱国运动,誓做你们的后盾!练好身体,搞好学习,随时准备响应祖国的号召,奔赴前线!"没有听到报告的同学,连午饭也顾不上吃,赶写了93封慰问信,交给嵇炳前代表,请他转交给朝鲜战场上最可爱的人。报告结束后,学校还宣布,授予嵇炳前、李维英、张甫三位志愿军归国代表"西北大学荣誉校友"称号,同学们都以与最可爱的人成为校友而感到无上荣光。

这场报告大大激励了同学们爱国热情,全校抗美援朝爱国运动达到高潮。

玉兰花开

张伯声创办矿产和石油地质专修科

张伯声教授

1952年,北京,全国高等学校院系调整会议。

正是在这次会议上,地质部向全国仅有的几所综合大学的地质学系提出了开办增招400人的矿产地质和石油地质专修科,为刚刚成立的中华人民共和国培养勘查开发地下资源和各类矿产的地质勘探人才。一时间举座寂然。静默良久之后,地质学家张伯声主动请缨,代表西北大学接受了这项任务。

张伯声给西北大学带回了一项无比艰巨的任务。要知道,中华人民共和国成立前西北大学的地质学系每年最多只招10名学生,1950年地质系扩招,石油地质专业也只招收了60名。一下子招400人进来,教学工作如何开展呢?张伯声说:"我也知道我们没有力量招这么多,但国家建设急需这方面的人才,

张伯声指导学生

太白校区校园内的张伯声雕像

我怎么能忍心说不招呢？我们总要想个办法嘛！"

急国家之所急，为祖国建设培养急需的人才，这正是高等教育的担当。可是在当时的情况下，由一个系承担400人的教学任务，这在全国也是罕见的。为了能集中力量培养专修科的学生，地质系不得不忍痛将辛勤培养的二、三、四年级学生在院系调整时转给了北京地质学院。

没有教学计划，自己订；没有教材，自己编；没有标本，结合实习组织学生到野外自己采；没有足够的教师，除了自己尽量多讲课以外，从外边想方设法聘请。为了编写讲义，张伯声翻译了大量的英、德、法文资料，年过半百的他甚至还突击学起了俄文。专修科学生在校的时间虽然只有两年，但是地质学系却为他们制定了严格的教学计划，最终将这些学生全部培养成地质技术人才。

1953年和1954年，地质学系又各招收了200名石油地质专业学生。到1956年，西北大学地质学系共为我国地质勘探队伍输送了1260名地质技术人才。新疆、东北、中原，从荒凉的戈壁大漠到辽阔的东南海域，中国哪里有油有气，哪里就活跃着西大学子的身影。20世纪80年代中期，在全国14个大油田中，一度有13个油田的局长或总地质师出自西北大学地质学系。

几十年里，西大学子用自己的青春和才智谱写了一曲壮丽的"中国石油之歌"，也为母校赢得了极高的声誉。西北大学被誉为"中华石油英才之母"，张伯声功不可没。

刘端棻主持校政

刘端棻校长

20世纪50年代西北大学的一把手，从侯外庐到刘端棻，有一个交叉接替的过程。刘端棻是1953年暑期调来西北大学的，先是协助侯外庐校长工作。1954年9月，侯外庐调京后，他实际主持学校工作，但仍称"刘副校长"。直到1959年2月，经中共中央批准，刘端棻出任西北大学党委第一书记、校长，取掉了"副"字。

刘端棻是来自延安的老教育家，有比较丰富的根据地办学经验。他在西北大学建立健全党的组织，加强党对学校的领导，贯彻党的教育方针等方面做了大量工作。他把延安时期重视德育、重视思想教育的优良传统和艰苦奋斗的思想作风带到西北大学。他在长期的教育实践中形成了艰苦朴素的工作作风，注意深入实际，调查研究，密切联系师生员工，平易近人，善于做扎实细致的思想工作。他重视教师队伍和干部队伍的建设，为学校培养了一批教学业务骨干和管理人员。在延安时期负责过教材编写工作的他格外重视基础课教学，因而学生一般专业底子扎实，有后劲。

1958年，在他的主持下，学校从中文系、数学系、物理系、化学系、生物系、政治课教研室、外语教研室、体育教研室等单位，抽调教师、干部约30人支援延安大学，协助延大拟定教学计划并为学生授课。有的教师后来留在延大工作。1960年，生物系陈宗岱教授以56岁的年龄，奉调支援筹建宁夏大学，并任宁大生物系主任。据统计，从1958年至1960年，西大为省内外60多所高等学校培养进修教师300多名。1958年，为了促进地方科研事业发展，西北大学还与中国科学院、中国科学院陕西分院联合建立了10个研究所、室。后来这些研究所、室划归中国科学院和陕西省有关科研单位。

1960年10月，刘端棻调省上工作，但仍兼任西北大学校长直到"文革"。他先后主持校政12年，平心而论，在那个政治动荡的非常时期，领导一所大学，苦苦支撑，上下应付，实属不易，工作的成绩是主要的。"文革"中，造反派赶他搬离西大，就很不得人心，引起大多数教职工不满。西大人仍然怀念这位清正廉洁、朴实忠厚的老校长。

1958年西北大学与中国科学院联办科研机构简况

名　称	隶属单位	负责人	发展去向
化学研究所	中国科学院	所　长　刘致和 副所长　常　滔	中国科学院青海盐湖研究所
半导体研究所	中国科学院	所　长　刘　端 副所长　王永瑜　余正龙	人员分散在天津半导体所、骊山微电子公司及东北科研单位
物理研究所	中国科学院陕西分院	所　长　姚洲陶	部分到西安光学精密机械研究所,部分到骊山微电子公司
核子物理研究所	中国科学院	负责人　张景勋	西安光学精密机械研究所
电子学研究所	中国科学院	负责人　岳　忏	西安分院电子所,后合并到兰州分院
计算数学研究室	中国科学院	主　任　肖克平 副主任　张　棣	航空航天部航空计算技术研究所
生物研究所	中国科学院陕西分院	所　长　曹　达 副所长　米秀山	陕西省生物地理研究所、动物研究所、植物园等
地理研究所	中国科学院陕西分院	所　长　王成敬	陕西省生物地理研究所
历史研究所	中国科学院陕西分院	所　长　郭绳武	陕西省社会科学院
考古研究所	中国科学院陕西分院	所　长　王家广	陕西省考古研究所

"文革"时期批斗刘端菜

反右斗争

张宣老人

劫后余生的霍力攻

1957年"反右"风暴在西北大学轰轰烈烈地展开。全校共定右派分子172人,其中教职工42人,学生130人,超额完成任务。中文系一年级60个学生定了8个右派,数学系三年级30个学生,定了4个右派,占13%。最初是共产党整风,鼓励和动员大家给党提意见,后来最高决策者认为有敌人(右派)乘整风之机向党进攻,于是转而反击右派。经济系教师中划右派的最多,当过系主任的邢润雨,著名人物刘不同,还有程元斟、钱祝钧均被划为右派。历史系二年级调干学生霍力攻勤于思考,党的"八大"召开之前,曾将自己写的关于经济问题的文稿寄送党中央,被转到《学习》杂志,受到审阅者的批评和嘲讽。鸣放中,他在"自由讲坛"上发表题为《共产党有无建设社会主义的诚意》的演说,题目耸人听闻,而内容不过是认为工农业产品价格剪刀差太大,要求提高农产品价格,维护农民利益。但仅凭这题目已足够给他戴上右派的帽子。政治课教师张宣在全校大会上批评霍力攻,说霍力攻的言论是托洛茨基主义的倒影。大家觉得张宣的批判尖锐深刻。不料几个月后,张宣也被当作右派揪出,大家又说:大水冲了龙王庙,一家人不识一家人。张宣原是一位资深老干部,1952年主持西北民族学院工作时受到错误处理,被开除党籍,此时揪出他表面上是翻老案,背后却是为了填补陕西高级干部中没有划为右派者的空白。

对右派的处理,有开除公职、学籍送去劳动教养的,有留在学校劳动改造的,也有仍留在工作学习岗位。数学系教师陈文福被下放干部带到岚皋改造,1959年在一次整风中被逼自杀。中文系教师刘思虹戴帽后到资料室工作,他原

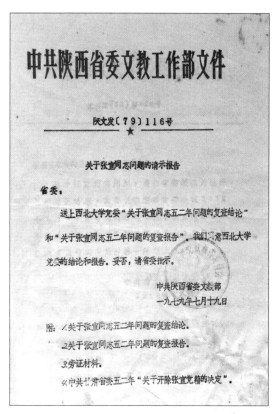

西北大学党委为老干部张宣同志平反

有肺炎，积郁病重而殁，其妻为家庭妇女，因夫亡精神失常，几个子女被送到孤儿院。1979年后，绝大多数右派都得到改正安排。霍力攻在"文革"中仍不甘寂寞，对两报一刊发表的"权威"文章《无产阶级专政与无产阶级文化大革命》公然进行批判，找出不少理论上的"硬伤"，又被戴上"现行反革命"的帽子，判处20年徒刑，差一点处死。"文革"结束后这一判决也得到改正，霍力攻从劳教处出来还没找到工作单位，反右时主持工作的西北大学党委书记刘端棻当时任陕西省社会科学院院长，把他要到院里做研究工作。这可以说是化干戈为玉帛，相逢一笑泯恩仇吧！1995年，霍力攻将几十年执着探索的理论成果汇成35万字的《商品论》一书出版，他没有忘记给"不打不成交"的张宣老师送去一本。遗憾的是老校长刘端棻已于3年前去世，没有看到他的心血之作。张宣的问题在胡耀邦同志的亲自过问下来了个"双平反"，既平反了1957年的"右派"错案，也平反了1952年的"反党"错案，并回到西北民族学院，书记、院长一肩挑，甩开膀子，大刀阔斧干了两年。他离休后仍回到西北大学，晚景尚称祥和如意。张宣老人2012年去世，高寿97岁，晚年出版回忆录3卷，自称"寿补蹉跎"。

"大跃进"热浪滚滚

1958年,全国"大跃进",西北大学也发烧。年初开始增温,到年中就已是高烧了。5月30日,在全校师生员工大会上,校党委书记刘端棻作了"大跃进"动员报告。8月7日,他又向全校报告"跃进规划纲要",提出要办"万人大学""共产主义大学"。9月5日,校党委扩大会议决定紧跟"公社化"热潮,奋战5天建成"西北大学人民公社"。11月3日,学校又提出一个响亮口号:"一风吹五浪",具体内容就是五个"大搞":大搞生产、大搞科研、大搞学术批判、大搞军体活动、大搞写作。在西北大学校园广为流传的"一个鸡一天下24个蛋"的笑话就发生在这个时候。当时生物系有人在全校跃进大会上介绍该系的跃进计划,其中有一项是让母鸡提高生蛋率,一天下2至4个蛋,人们误听成24个蛋,引起哄堂大笑。其实2至4个蛋也属浮夸吹牛,不可能实现。

"大跃进"时期的西北大学校刊

与此同时,"大炼钢铁"也少不了西北大学。从上到下,都要请"钢铁元帅升帐"。全国的目标是1070万吨,西北大学也要在1958年10月完成50吨的任务。为此学校成立了"钢铁指挥部",建起了"钢铁厂",修了36座土高炉,据统计炼出了6756公斤钢铁,当然多是废品。地质系的教师和学生这时下到地方都成了"神",这里指指,那里探探,说有矿,跟在后面的地方干部马上会叫来成百上千群众拿着铁锹开挖,闹了不少笑话。

这期间,打麻雀也被说成是一项重要的"政治任务"。后来又说麻雀是益鸟,不要再打了。

还有体育"大跃进",弄虚作假,实现百分之百"达标",还有莫名其妙的"扫舞盲",等等。

一些资深名教授躲过初一,躲不过十五,"反右"刚结束,在"大搞学术批判"中又成为靶子,中文系是张西堂、傅庚生,数学系是刘亦珩、杨永芳,生物系是张见石、李中宪、陈宗岱,历史系则大批"争稿费"的陈登原。当然这比起后来的"文革",只是"毛毛雨"了。

"大跃进"时期的宣传画

如此折腾,正常的教学秩序遭到破坏,教学工作基本处于停顿状态。

下放干部在岚皋

下放干部在劳动

岚皋风光

"巴山之下,岚河之滨,建了座水电站,电线杆排成一溜溜,电灯泡像个大鸡蛋。水电站,天天发电。"这是西北大学下放干部徐令德写的谐趣诗,歌颂西北大学在陕南岚皋县修水电站的事,当时流传甚广。1957年"反右"后,加强了对知识分子的改造,西北大学把许多教职员送到农村劳动锻炼,称为干部下放。从1958年到1961年,西北大学共下放了三批干部,约250人,另有带去劳改的右派约20人,地点在大巴山区岚皋县(有少数干部在西安郊区路家湾下放一年)。当时的岚皋非常落后闭塞,不通公路,不知车为何物,运输全靠背扛肩挑,自安康至岚皋90里,全是羊肠小道,要走两天。西北大学下放干部直接到农业社(后来是公社生产队)里,与农民同吃同住同劳动。当时正值"大跃进",大修水利(梯田)、大炼钢铁、种卫星田等活动,下放干部都参加了,挑灯夜战、大雨中干活也都亲历过。下放如何评价,亲历者看法也不一致。多数人认为:帮助岚皋经济文化建设是好的,如办岚皋大学、开识字班、田舍郎搜集民歌、孟昭燕给农

西北大学第一期下放岚皋干部合影

回忆录《岚皋岁月》

刘端棻校长到岚皋看望下放干部时和大家一块用餐

民看病、物理系办水电站、地理系搞测量、地质系找矿，受到当地政府群众欢迎。知识分子下到底层，体会到农民的淳厚保守、山区的原始落后、"大跃进"的荒谬后果，这就克服了脱离实际的弊病，认识了群众，认识了社会。下放中对知识分子的改造有些简单严苛。生物系教师张子健性格倔强内向，被认为不服改造，延长劳动一年，继而又在1959年补定右派、开除公职、劳动教养，这一惩罚过于粗暴。

归属心结（从部属到省属）

国立西北联合大学校门

不同时期的校徽

西北大学原为"国立"。中华人民共和国成立前，校名前总要加上"国立"二字，即"国立西北大学""国立西北联合大学"。1950年12月8日，中央人民政府教育部通知，全国公立学校概不加"国立""省立"或"公立"字样。从此，"国立西北大学"的称呼不复存在，直呼"西北大学"。虽然取消了"国立"二字，但西北大学仍是"部属"，学校的重要人事任免和院系设置等重大问题均由教育部决定。1954年8月，西北大学和兰州大学等校明确交由高等教育部直接领导。

1958年4月，情况有了变化。中央发出了一个关于下放高校和中技的文件，并召开教育工作会议予以传达贯彻。最终把大部分高等学校和中等专业技术学校下放地方，部属高校只保留了42所。就在这年7月，西北大学正式从"部属"变成"省属"。可以说，这一变化完全是中央的决定，怪不了省上，更怪不了时任校长刘端棻。

但是，两年后当中央决定增设一批全国重点高校时，名单本来列有西北大学，却因陕西省委不同意而取消。西大人对此殊难理解，成为一个心结。

下放后的西北大学，在投资强度、基本建设、专业设置、招生分配、吸引人才、科研课题、对外开放、发展规模等许多方面受到极大限制和影响，最明显的一个例子就是西大人引以自豪、给国家培养了大批急需人才的石油专业却因本省不需要而被迫下马。

后来，学校曾想把"省属"变回"部属"，做过许多努力，均无济于事，这个归属心结始终未能解开。

紫藤园雪景

太白校区西门

试行"高教六十条"

中共中央批转教育部"高教六十条"

西北大学党委贯彻"高教六十条"文件

"大跃进"热过头,全国进入三年困难时期,不得不冷静下来。这时就出了个纠偏的"高教六十条"。主要是纠正"三多":政治运动多,生产劳动多,社会活动多。"三多"的直接后果就是冲击学校正常的教学秩序,学生的学习时间得不到保证。这一时期由于吃不饱饭,营养不良,一些师生得了浮肿病,不得不强调劳逸结合、休养生息。

对于贯彻"高教六十条",校长刘端棻也是积极认真的。他首先召开党委扩大会议和校务委员会,学习文件,提高认识,总结经验,研究制订贯彻"高教六十条"的具体措施。在此基础上,学校着重抓专业设置的调整,加强基础课教学,开展科学研究,调动广大教师的积极性,下大力气提高教学质量,把学校的工作重心扳回到以教学为主的正常轨道上来。这时,各系开始重新制订教学计划,修订教学大纲,认真编写教材,大力加强"三基"即基础知识、基本理论、基本技能,并针对过去几年基础课削弱、基本训练太差的现状,对学生进行"回炉补课"。当时还明确规定了每周的时间安排:全校学生每周活动总量应控制在52学时以内,其中课堂教学和自习时间44学时,课外集体活动8学时。

"高教六十条"在西北大学的贯彻执行收到了较好的效果。

校园晨读

1962年校庆

20世纪40年代,西北大学校庆的届数是从1939年国立西北联合大学改名为西北大学算起的。1949年刚解放不久,学校依先例举行了第10届校庆。后觉不妥,又提前2年,从1937年国立西安临时大学成立算起,1957年应该是西北大学第20届大庆了,本应隆重操办,却因"反右"吃紧,无暇他顾。5年后,政治气氛有所缓和,随着"高教六十条"的贯彻,学校开始把学术研究提到日程上。这时正逢第25届校庆,学校遂决定以调动教师积极性、开展学术讨论为主题,举办校庆活动。

1962年11月25日,学校在大礼堂举行了庆祝大会,贵客盈门,济济一堂。刘端棻校长请来了西北局宣传部副部长陈舜瑶(宋平夫人)、省文教办副主任魏明中以及几位兄弟院校掌门。他们热烈祝贺,畅谈合作,共话发展,全场气氛十分活跃。与会师生皆兴致勃勃,情绪高涨。

大会前后,各系纷纷召开学术讨论会,众多教师踊跃提供论文,进行了广泛交流和深入探讨。据统计,大会期间提交的论文有246篇。张伯声教授就他的地壳镶嵌构造学说写了两篇论文,已故的岳劼恒教授生前的研究成果也被青年教师整理成两篇论文。此外,马长寿、郭绳武、傅庚生、吴养曾、张见石、冯师颜、沈石年等诸位先生都在自己的论文中发表了独特的学术见解。

校庆期间,老校长侯外庐从北京赶来,作了几场报告,还在文科教师座谈会上与大家亲切交谈,切磋感兴趣的学术问题,为这次校庆增色不少。

此外,校系两级还邀请了约30名校外专家名流来校讲学,进行学术交流。后来调到西北大学的高鸿院士当时就来校作了分析化学和波光谱方面的学术报告。

可以说,第25届校庆的学术活动是那个政治风云变幻无常的年代难得的一个亮点、一桩盛事。没过多久,政治气候就变了,以致《西北大学25周年校庆学术论文集》共9个分册编辑完成,即将付印,却最终未能和广大师生见面。《论文集》收入的傅庚生先生的文章《学古阐微》,因未留底稿,就如同王耀东那枚冠军奖章一样,再也找不到了。

后来政治气候多云转阴,黑云压城,终于在几年后酿成一场暴风雨——持续10年的"文革"浩劫。

20世纪60年代化学系学生在做实验

20世纪60年代地质系学生赴陕北实习途中

20世纪60年代地理系学生进行地形测量实习

校办农场

由于决策失误,我国农业生产自20世纪50年代起低迷徘徊了长达二十余年。1959年后,农产品严重短缺,有一年每人只发了一尺八寸布票,用来补旧衣。由于食品匮乏,营养不足,西北大学部分师生开始浮肿,小腿肚子一压就是个窝。为了改善师生膳食,西北大学自60年代开始自办农场,种粮养猪。先在周至、临潼、陕北办,为时不长,后来在大荔县沙苑办的农场持续了20多年。除专职人员和劳改的各类分子外,师生也轮流到这里劳动锻炼。农场对改善教职员工生活不无小补,如每年发半斤或一斤猪肉,对学生食堂的补助更多些。师生如到农场劳动,主副食的补助都较可观,食欲能大体满足,这在那个年代是很不易的。大荔盛产花生和红枣,教职员每到大荔劳动一次,总要买些带回,这是当时在西安买不到的食品。学校每年也给教职工发几斤花生。大荔城内的饭馆还有很丰盛的肉菜——带把肘子,更是西安饭馆所无,经济不太紧的人往往不惜由农场徒步15里,进大荔县城饱餐一顿。这个农场到"文化大革命"结束之后几年才停办。

西北大学师生在农场劳动

"文革"中的西北大学

"文革"是自上而下祸及全国的运动，高校是重灾区，西北大学概莫能外。

1966年7月，陕西省委工作队进校，取代校党委领导运动，但没多久就因"方向路线错误"黯然撤离。校党委瘫痪，学校出现无政府状态，师生员工分为两派。10月初，包括两派在内的大批师生有组织赴京，于18日接受毛主席检阅，两派后在北京地质学院发生冲突。

1967年1月，西北大学造反派夺取学校大权。6月间成立了"革委会"。但是，掌权后的革委会内部又出现分裂倾向，对被结合的资深老干部吴大羽（任第一副主任）的看法发生分歧，有了所谓"高派"和"金派"。到了9月，一些学生离开学校参加社会上的武斗，物理系有个学生失踪了，邻校还死了十几个学生。这期间，校园一片乱象，乱揪斗，乱抄家，给一些领导干部和老教授戴上高帽，挂上牌子，侮辱、殴打、游校，关进"牛棚"，有人竟高呼"触及皮肉才能触及灵魂""革命的打、砸、抢万岁"等恐怖口号。中文系一年级有个战斗队起名"铁扫帚"，扫遍全校，以打人凶狠著称。他们勒令傅庚生教授到学生宿舍，用点燃的烟头在其脸上乱烧。批斗老干部张宣时，他不愿低头弯腰，有个学生挥拳便打，张宣头上当即起了个大包。孟昭燕老师给学生们讲道理，却被打得遍体鳞伤，卧床数月。老校长刘端棻也横遭皮肉之苦，被中文系一年级一个姓倪的学生捅了一刀。还是中文系一年级，有个女生据说有小偷小摸行为，被她的同学拉到正在开饭的大食堂示众，脖子上挂了烂鞋破袜子，她承受不了，在学校附近的农村跳井自杀了。越是低年级，打人越厉害，少不更事的附中学生更是令女校长李鼎文吃

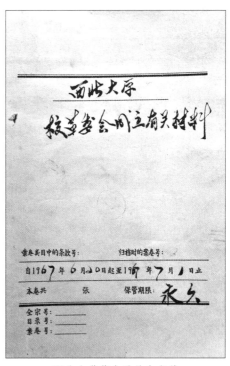

西北大学革命委员会文件

西北大学"文革"筹委会成立

尽苦头。这时,造反派内部的矛盾也有扩大和激化之势,眼看局面不可收拾。于是,上面又强调"大联合""三结合",但仍无法控制学校的混乱局面。

1968年8月,七百多人的工宣队浩浩荡荡进驻西北大学,领导"斗、批、改","清理阶级队伍"。虽然对无法无天的"小将"多少起了些制约作用,学生打老师的现象不多见了,但是许多教师干部无辜被"隔离",被以敌我矛盾对待,搞得人人自危。生物系有个教师,平日爱胡诌,自知难逃一劫,口里总是念叨:"怎么还不揪我?"被传为笑谈。物理系教师门甫曾经是"全国社会主义建设积极分子",这时却因莫须有的问题被关在三层楼上。他想不开,打开窗户跳了下来,恰好被楼下路过的玻璃工王保申看见接住了,救下一命。生物系党总支书记马腾雄被查出是"复兴社特务",而算算年龄,那时他只有9岁。原来在当年延安的"抢救"运动中,他的小学老师被逼乱招供,承认自己是特务,还要他交代发展了哪些人,他就把学生的名字都写出来交上,不曾想几十年后把工宣队引入了迷魂阵。为马腾雄的所谓"历史问题",驻生物系的工宣队队长

批判资产阶级反动路线进军大会

"活学活用毛泽东思想经验"报告大会

1970年学校干部与贫农教员合影

"文革"初期西北大学师生合影

西北大学师生进行政治学习

西北大学师生在毛泽东像前合影

和指导员争执不下,互相动手,打了起来。

生物系那位爱胡诌的教师倒说过一句大实话:"学校是老鼠尾巴,十棒槌也砸不出一滴油水来。"此话虽然作为抵制"清队"的消极言论上了《人民日报》,事实却证明花费大量人力、财力,派人跑遍全国到处外调的结果,只是瞎折腾,而对广大干部教师造成的伤害是深重的,久久难以平复。就这样,西北大学还被树为先进典型。北京有"六厂二校",陕西有"一厂一校"(国棉一厂和西北大学)。外单位纷纷来校取经,其实也没什么"真经"可传,就把特招到西大附中的速算能手史丰收叫来给客人进行速算表演,倒是皆大欢喜。想来那时大家都是虚应故事。史丰收后来成为驰名中外的名人。驻校工宣队一度热衷于出"经验",西北大学也被戏称为"经验大学",客观而言,这在解放使用干部中也多少有一些积极影响。如对原党委副书记张逊斌,专案组(以西大干部为主)总是揪住不放,工宣队却作为已解放的典型事例写入经验材料中,他们把材料送出去,中央人民广播电台播出了,《解放军报》发表了,专案组那几个人胳膊扭不过大腿,也只好认了。

原本毛泽东对中华人民共和国成立后17年来的教育现状早有不满,到了1971

"批林批孔"

学生们在排练节目

年,在张春桥、姚文元亲自修改定稿的《全国教育工作会议纪要》中就明确提出了"两个估计",即:教育战线基本上是资产阶级专了无产阶级的政,原有教师大多数是资产阶级知识分子。这个"紧箍咒"一念,广大教师就头疼了,真可谓雪上加霜。西北大学领导层紧跟着组织人力编写了《西北大学解放17年来两条路线斗争史》(又称"调查报告"),无非是全盘否定西北大学的过去,给广大教师的头上再扣个"屎盆子"。

1971年2月,西北大学召开第六次党代会,军宣队的刘永义任党委书记;此后,当过京官的苏贯之接任校党委书记。在那个"左"的年代、"无产阶级革命"的年代,他们免不了紧跟形势,在校内贯彻执行一些错误的做法。

1972年2月,多年未招生、停课闹革命的西北大学开始招生。5月2日,学校举行了首届工农兵学员开学典礼,682名学生入校,其中就有后来成名的贾平凹。虽然最高指示是说"大学还是要办的,我这里指的主要是理工科大学还要办",而实际上文科也招了,上面也默许了。此后又连招4届。5届工农兵学员总计2545名。尽管当时强调"上管改""开门办学""以社会为课堂,以阶级斗争为主课",教学极不规范,各种活动(拉练、挖防空洞、学军、学工、学农、学朝阳、教育革命、批林批孔之类)又占了大量时间,但是教师还是尽其可能教了一些东西,学生还是学到了一些有用的知识。这批学生毕业后,有的考研深造,有的走上工作岗位,成为专业和管理上的骨干力量。西大也择优选留了一些,补充到教师和干部队伍中,后来其中不少人进入校系领导岗位。

工宣队进校前后,学生分批分配离校,留下少数所谓"文革骨干",后来也走人了。学生逐渐淡出学校权力核心。随着学校党委领导功能的恢复,工宣队也逐渐边缘化,大批队员回厂,留下少数作为陪衬。这些人直到1977年以后才悄然离校。

粉碎"四人帮"后,经过拨乱反正,推翻了"两个估计",废除了那个《斗争史》(调查报告),恢复了高考,广大教师干部放下包袱,扬眉吐气,学校才走出长达十年的"文革"噩梦,步入正轨。

工农兵大学生入学

郭琦开创新局面

郭琦校长

郭琦曾经被西北大学人称作"花花公子",不过,这个"花"是"花花草草"的"花"。郭琦出任西大校长后,积极规划、美化校园,草坪、喷泉、木香园,特别是紫藤园,都是在他亲自过问下建起来的。当时有些老师对此不以为然,觉得学校在经历了"文革"破坏后,有那么多大事要抓,一个校长整天摆弄花花草草,简直就是不务正业。但是在郭琦看来,一所大学首先要有优美的环境、温润的气质,才能让身处其中的学生感受到文化的浸润,才有利于启发心智,有助于学生气质的养成、人格的完善。

1977年,当郭琦身负着拨乱反正、治理整顿的重任来到西北大学时,"文革"给他戴上的"反党反社会主义"的帽子还没有

郭琦校长与学者

郭琦率团访日

摘掉。正因为自己就是"左"的路线的受害者,郭琦深深了解正确的路线政策和稳定的社会局面对教育发展的重要性。在清查清理工作中,这位1937年入党的老布尔什维克始终保持着清醒的头脑,以自己丰富的经验和超人的工作魄力准确把握着政策执行的"度",很快打开了工作局面,赢得了西大教职工的信赖。

郭琦曾经有过一个著名的比喻:"文科这条腿太短",说的就是学校专业设置的情况,当时西北大学只有中文、历史两个文科系。在郭琦的建议和主导下,经济、哲学、外语、法律等系纷纷或恢复或增设,西北大学终于可以借助文理两条同样强健的"腿",甩开大步奔向光明的未来。

作为一位革命家,更作为一位教育家,郭琦一贯尊重知识,尊重人才。在西大期间,郭琦在重点学科的建设上下了很大力气,千方百计地扶植人才,培养学科带头人。对西北大学教师特别是文科教师的情况,郭琦了解得十分清楚,向其他人介绍起学校各系的科研情况和教师特长时,他总是如数家珍,头头是道。他曾说:"识别人才,当好伯乐,是大学校长的一项重要任务,如果做不到这点,就是失职。"

在郭琦校长任内,西北大学教学科研基础相对扎实、完善,特别是各学科的科学研究在1978年首次全国科学大会上表现突出。地质系、物理系、化学系、数学系及热化研究室受到大会表彰,有10项科研成果获全国科学大会奖,侯伯宇教授还获得了全国科学大会授予的"先进工作者"称号。

1978年全国科学大会西北大学获奖成果

获奖成果	获奖者
中国地壳的镶嵌构造和波浪运动	中国区域构造研究室张伯声等
西北黄土研究	地质系王永焱等
群论、角动量及规范场与磁单极的研究	物理系侯伯宇、张高有、王永康
环炉技术的研究	化学系分析化学教研室
高效低毒新农药的研制	西北大学五七化工厂
低温真空绝热量热斗的建立和常温下用绝热法测定液体、固体的真比热及溶解热	化学系热化学教研室
XWY-8型集成电路稳压电源	物理系半导体教研室
气体净化剂S2-1氧化锌脱硫剂和SH-2型钴钼有机硫加氢转化催化剂	化学系有机催化教研室
JKS-110小型多功能计算机及其在群控棉织提花机上的应用	数学系计算机教研室
多级火箭若干问题的探讨	数学系干丹岩、竺苗龙

侯伯宇教授获全国科学大会奖

20世纪30年代东北大学寄居西北大学时期修建的礼堂配楼

永远的"综合"

西北大学有百余年的历史，早期断断续续、停停办办（就"陕源"而言），1937年后则总是分分合合、出出进进。但是，万变不离其宗，综合大学的特色永远保持着。

中华人民共和国成立之初，西北大学是教育部直属的全国14所综合大学之一，共有文、理、医、师范、财经5个学院，20个系科。随后，根据社会需要陆续增设石油、地矿、财会、统计、贸易、银行、金融等一批专业和系科。陕西省立师范专科学校南郑分校也并入西北大学。

正当此时，却遭遇全国范围的院系大调整。

1952年9月，西北大学外文系俄文组和俄文专修科调整出去，与同样调整出去的兰州大学俄文系共同成立西北俄专（西安外国语大学前身）。

1954年8月，西北大学师范学院独立设置，成立西安师范学院（陕西师范大学前身）。

1958年9月，原中央政法干校西北分校与西北大学法律系合并，成立西北政法学院。

1960年9月，以西北大学经济系为基础成立陕西财贸学院（后改名陕西财经学院，现并入西安交通大学）。

如此一来，陕西多了几所高校，西北大学却掉了几大块"肉"。多亏西北大学作为根基深厚的老校，具有很强的再生能力。出去一个系，就再建一个系；缺一个专业，就补充一个专业。

1977年，政治经济学专业恢复招生，随后经济系恢复；1985年，西北大学经济管理学院正式挂牌。西大经济学从此生机勃勃，人才济济，迅猛发展，势头十足。

1979年，外语系恢复；2000年，西北大学外语学院成立，从单一的英语专业发展为英、日、俄、法、德5个语种。

1986年，法律系重建；2002年，西北大学法学院成立。依托法学院，2005年，学校成立了西部地区首家知识产权学院。

现在，西北大学已有24个院系，88个本科专业，成为一所文、史、哲、经、管、法、艺、理、工、医多学科协调发展的真正意义上的综合大学。

值得一提的是，在院系调整中，西北大学并非全是有出无进，一个例外就是1972年陕西工业大学解体，该校化工系并入西北大学，从此，西北大学有了正儿八经的工科。

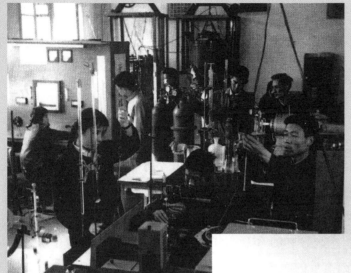

化学系学生在上实验课

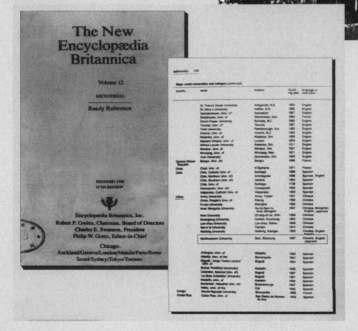

建于20世纪70年代的西北大学化工楼

1985年出版的《大英百科全书》中,西北大学被列为世界著名大学之一

"为钱正名"的风波

张维迎教授

"在商品生产下,钱就是社会的奖章,得到钱,意味着你对社会作出了贡献,你完成了社会分工所赋予你的任务,社会对你予以嘉奖……获得钱,类似荣获战场上的英雄纪念奖章。"

这是1983年作为经济系研究生的张维迎在《中国青年报》刊发的文章《为"钱"正名》中的一段话。这段话在今天读来算不了什么,可是在当时刚刚改革开放不久的中国,却实实在在刺激了社会的神经。《中国青年报》为此专门配发了编者按,欢迎大家讨论。

张维迎之所以要为"钱"正名,是因为作为一个未来有志于经济学研究的人,他觉得当时的社会对钱的认识有所偏颇。但是他完全没有想到,自己居然一夜成名:一个在读研究

引起风波的《为"钱"正名》

生的一篇文章会在全国引发了大讨论。随后，《光明日报》也加入进来，在"经济论坛"中刊登讨论文章。

更让张维迎没有想到的是，两三个月后，形势急转直下。这场关于《为"钱"正名》的讨论开始升级，学术思考变成了"自由化""精神污染"，学术讨论变成了一场铺天盖地的大批判，连张维迎远在陕北吴堡县的不识字的父母都被人告知："你家娃出事了。"

年轻的张维迎当时毕竟还没经过什么大风浪，在讨论中曾经主动向学校递交了《重视货币的功能 反对"一切向钱看"——对〈为"钱"正名〉一文的检查》。这时，一直关注着讨论的校党委书记郭琦却劝他不必急于作表态性检讨，特别是心口不一的违心检查。在郭琦的建议下，张维迎将文章副标题中的"检查"二字改为"再认识"。

张维迎的自我批评文章于当年12月底在《西北大学报》和《陕西日报》发表后，郭琦书记又提出，讨论会过多分散张维迎的精力，而他还要面临新学期繁重的学习任务，于是在寒假前将整个讨论告一段落。

在引发了一场轩然大波后，居然还能全身而退，继续完成自己的学业，张维迎能有这般令人不可思议的"好运气"，无疑得益于正值一个开始思想解放的好时代，更得益于身处崇尚学术精神自由的西北大学。在整个讨论过程中，郭琦一直坚持张维迎的文章只反映了作者由于马列主义理论修养不够而产生的一种片面认识，属于理论和学术的范畴。他反复强调，要将这次讨论按照"带学术性的认识问题"来对待，所有参与讨论的文章和发言都应该是"讲道理的，有充分说服力的"。

从西北大学毕业后，张维迎迅速显露锋芒。在中国经济学界，张维迎以性格直爽、言辞犀利著称，对中国经济社会中存在的种种问题和现象，张维迎总是放胆敢言，不时有观点引发社会争议。每当这个时候，人们总会忍不住回想起那个尚在西北大学读书的年轻的张维迎和他引发的那一场为"钱"正名的风波。

杂志封面上的张维迎

张维迎著作

轰动一时的大学生文学杂志《希望》

《希望》是西北大学中文系七七级学生于1978年年底发起创办的校内综合性文学杂志，由方兢担任主编，王晓安、陈学超等七位同学为各栏目编辑。《希望》虽然只出刊四期，仅存在了一年，但所引起的轰动效应却十分强烈，被誉为全国高校最具影响力的学生刊物之一，在西大校史上留下了不可磨灭的印记。

当时，正值思想解放、文学复苏的大潮澎湃涌动，改革开放的号角奏响，人心振奋，百废待兴，大家感觉前景无限光明，国家、民族以及新时期的大学生都大有希望，故以《希望》作为刊名。《希望》所刊作品体裁多样，举凡小说、诗歌、散文、报告文学、杂文、剧本、随笔、电影故事以及评论、译作、外国作家与作品评介等一应俱全。基于为同学们提供一个发表习作园地的办刊初衷，杂志以发表校内师生作品为主，同时少量发表外稿。中文系学生构成了作者主体，有20多名同学的作品在此发表，其他系的学生亦踊跃投稿并有作品刊登。中文系七七级杨挺创作的以文雨为笔名发表的中篇小说《斑竹泪》分期刊出后，很多读者翘首以待后续的连载，一些校外读者专程来校找作者面谈，还有一家省级人民出版社与作者约稿拟扩写成长篇小说出版。中文系

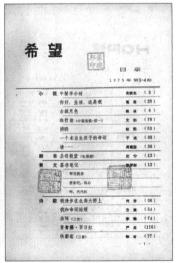

《希望》封面、目录及封底

著名教授刘持生、郝御风、杨春霖先生以及刘建军、张学仁、董丁诚、周健等老师欣然以诗文襄赞。已在文坛崭露头角的贾平凹、和谷等也主动投稿。后来成为著名作家的史铁生,其首次成为铅字的短篇小说《爱情的命运》就发表在《希望》创刊号,之后其《午餐半小时》又发表在三、四合刊上。

《希望》特别欢迎在思想上、艺术上突破"禁区"的作品,反映实现四个现代化这场革命中的新的矛盾、新的斗争的作品。其所刊作品体现了思想解放、尖锐泼辣、短小精悍的特点,甫一面世即引起社会的强烈反响和文学界的高度关注,并成为西安街谈巷议的话题。同学们上街卖杂志时往往被抢购一空,投稿者、邮购者、来信者、来访者多达三四千人,发行量远远超过了一些省级文学刊物。

《希望》的创办得到了学校党委和郭琦等学校领导的大力支持和充分信任,体现了开放宽松的办学氛围,展示了西大学子的实力和风采,也反映了鲜明的时代特色。由于未能申请获批为正式刊物等原因,《希望》于1980年年初停办。始料未及的是,《希望》三、四合刊能否发行和杂志是否能继续办下去,在校内引发了一场不大不小的风波。

《希望》合订本在西北大学图书馆有存,有兴趣者可前往一阅。

紫藤垂蔓

张岂之与联合办学

张岂之校长

新疆维吾尔族自治区科教代表团来校商谈联合办学事宜

西北大学与中石化联合办学

走出十年浩劫的同时,西北大学也走进了生命的低谷。经历了"文革"对中国高等教育的破坏,又从隶属教育部的"国字号"变成了隶属陕西省的"地方军",西北大学不免元气大伤。1978年,曾经拥有五大学院的西北大学只剩下了10个系、20个专业,在校学生只有两千多人。

就在这个时候,社会上一些急需人才的单位和部门来到西北大学,请学校帮他们培养计划外的专科生、本科生甚至是研究生。不久,生物系和国家医药局合办了药用植物专业,经济系和国家旅游局联合办起了旅游经济专业。这些合作实践解决了困扰学校已久的学生的招收、分配和学校的办学经费紧缺等问题,更让西大人认识到只要转变办学思想,冲破条块分割体制的束缚,积极开展横向联合办学,学校就能在服务社会中求得自身的发展,能够在改革中走出一条新的、充满希望的路。

30年前,西北大学曾经为中华人民共和国培养出了第一批石油地质人才;30年后,全国有13个大油田的局长或总地质师都是西北大学的毕业生,当得知母校要改革教育体制,开展联合办学时,校友们立刻行动起来,为母校牵线搭桥。单是中国石油化工总公

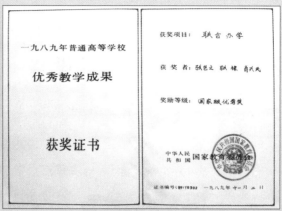

联合办学获奖证书

报纸关于联合办学的报道

司在1984年与西北大学达成的办学协议就为学校带来了1000多万元的基建经费。

在20世纪80年代,西北大学与石油部、中国石油化工总公司、国家旅游局、国家医药管理局等20多个部门开展联合办学。学校先后成立了石油化学化工学院、经济管理学院、文博学院,增设了石油地质、文物保护技术等专业,办学规模和层次都有了极大的发展和提高。1988年,西北大学被原国家教委列为全国6所综合改革试点院校之一,1989年被评为陕西省改革试点单位。

主持联合办学和综合改革的重担落到了时任校长张岂之肩上,他曾经在接受《光明日报》记者采访时说:"……只要把我国高等学校的领导体制理顺了,必然释放出很大的能量,这比新办多少所大学都合算。"改革仅仅进行了10年,西北大学的面貌就发生了可喜的变化,在校学生人数达到了6700人,专业发展到35个。校园里,一幢幢教学楼和宿舍楼拔地而起,到处是一片生机勃勃的景象。

中兴之路——"211工程"建设

学校领导与教授们共商学校发展大计

西北大学"211工程"建设顺利通过了省政府组织的立项专家论证

学校召开"211工程"部门预审动员大会

1978年,西北大学被国务院确定为全国重点大学,西大人看到了中兴的希望。通过联合办学,学校的基本办学条件和整体水平有了较大提升。进入20世纪90年代,学校发展又面临新的问题,联合办学开始萎缩,办学经费紧张,招生规模扩大了,教学条件跟不上,严重制约了学校的进一步发展。正当进退维谷之际,国家开始酝酿实施"211工程",面向21世纪重点建设100所高校和一批重点学科。也就是说,一旦进入"211工程",就能跻身全国高校百强之列,这对西北大学来说是一个难得的历史机遇。学校上下一致认为,兴衰在此一举。从1992年获知这一消息立即行动,到1996年10月通过部门预审,四年多的时间犹如一次艰难长征,像过雪山、草地那样,西北大学克服了一个又一个困难,跨越了一个又一个障碍。这个过程说来话长,其中有两件事值得一提,一个是白清才省长的现场办公会,一个是"教授哭谏"。

1993年7月14日,白清才省长带领数位厅局长来校视察,重点研究西北大学争取进入"211工程"建设工作。省长到学校现场办公,这在西大历史上是不多见的事情,学校也想抓住这个机会,争取得到省上的大力

《光明日报》2001年6月26日B3版刊登了西北大学"211工程"建设的报道

支持,特别是"211工程"的建设经费。建设方案学校已经过反复论证,目标是宏伟的,措施是切实可行的,就是经费盘子做多大?当时的学校领导是绞尽了脑汁。报得高了,怕吓着了省长,不批;报得低了,满足不了发展的需要,也怕错失了这千载难逢的机会。经过反复权衡,学校提出了一个1.7亿元的经费预算,想着领导砍一砍,如果能给上整数一个亿,也就很幸运了,当下的发展困境马上就能得到改观。当听完学校领导的汇报，白清才省长说话了。他说，建一所高水平的综合大学，一个多亿远远不够，至少要3个亿，这样才有可能进入全国的百强。此言一出，四座皆惊。省长的随行人员感觉到太多了，陕西财力这么紧张，一下就给西大3个亿？西大人也是面面相觑，不敢相信自己的耳朵。从此，西大"211工程"的建设经费就定格在了3个亿上，一期、二期、三期都基本维持在3个亿，四期本来也是3个亿，经过学校领导的据理力争，省上才增加到3.5亿。现在回头来看，正如许多人的感叹，白省长不但是一个政治家，也是一个教育家。

1995年下半年，正当西大人信心百倍争取进入"211工程"之时，传来了令人沮丧的消息。从国家教委和国家计委到省内相关部门都有人认为：陕西财政并不宽裕，拖欠中小学教师工资严重，"普九"又未达标，且陕西已有五所高校通过了部门预审，西北大学就没有必要再进"211工程"了。1996年6月4日上午，程安东省长、范肖梅副省长带领有关部门负责人来校现场办公。程省长的开场白意思很明白，关于"211工程"，西大要有思想准备，万一进不去怎么办？不论进与不进，我们省政府还是一如既往尽力支持西大，这点请你们放心。此言一出，如同炸雷，程省长这是"劝退"呀！西大人深知白省长（前任省长白清才）、程省长是全力支持西大进"211工程"的，现在他们也顶不住了，可见形势多么严峻！校领导有些目瞪口呆，与会的教授们坐不住了。何炼成教授首先表态："如果西大进不了'211'，我立即调离陕西省。"他并非虚声恐吓，而是实话实说，他的家乡湖南某高校一直许以优厚条件要挖他回去，他也有所考虑，正是"211工程"建设的美好前景稳住了他，这位经济学界的"西北王"还想创建自己的学派呢。再看前校长郝克刚，这位文质彬彬的计算机专家此时也红脖子涨脸，大声说"不"。承担秦岭大项目的张国伟教授激动了，他粗喉咙大嗓门，陈述己见，一口河南腔响彻会议室。薛祥煦教授发言了，说着说着，这位女强人竟然泣不成声。教授们发自内心的倾诉，使程省长、范副省长和在座的厅局长为之动容，程省长改变了口气，从"劝退"转为"力争"。此后，省上对西北大学进"211工程"的事一直态度坚决，行动积极。一次，程省长在北京开会，西大校领导也去北京，意欲敦请程省长一同去见国家教委主任朱开轩，谈西大的事，岂料程省长已在前一天去谈过了，令西大领导感激不已。1996年10月4日至6日，西北大学"211工程"部门预审顺利通过，历史翻开了新的一页。

"211工程"建设以来西北大学部分获奖科研成果

人文社会科学类

级别	成果名称	主要完成人	年度	所获奖项
部级	《英国俄国与中国西藏》	周伟洲等	2002	中国高校人文社会科学研究优秀成果奖一等奖
	《中国思想学说史》	张岂之	2009	高等学校人文社会科学研究优秀成果奖二等奖
	《中东国家通史》	彭树智	2009	高等学校人文社会科学研究优秀成果奖二等奖
	唐代三大地域文学士族研究（增订本）	李浩	2012	高等学校人文社会科学研究优秀成果奖二等奖
	以质量看待增长：对新中国经济增长质量的评价与反思	任保平	2012	高等学校人文社会科学研究优秀成果奖二等奖
	《经济增长质量的逻辑》	任保平	2019	高等学校人文社会科学研究优秀成果奖二等奖
	《中共中央在延安十三年史》	梁星亮、姚文琦、闫团结等	2019	高等学校人文社会科学研究优秀成果奖二等奖
	《中国历代长城发现与研究》	段清波、徐卫民	2019	高等学校人文社会科学研究优秀成果奖二等奖
	《20世纪"长安画派"及其影响研究》	屈健、殷梅青、张哲等	2019	高等学校人文社会科学研究优秀成果奖二等奖
省级	《陕西通史》（秦汉卷）	黄留珠	2000	陕西省哲学社会科学优秀成果奖一等奖
	《中国西部地区高等教育发展研究》	梁克荫	2000	陕西省哲学社会科学优秀成果奖一等奖
	唐代关中士族与文学	李浩	2005	陕西省哲学社会科学优秀成果奖一等奖
	《哲理数学基础——自然集合论及其应用》	孟凯韬	2005	陕西省哲学社会科学优秀成果奖一等奖
	十三经辞典《论语卷》《孝经卷》《孟子卷》《毛诗卷》《春秋谷梁传卷》	《十三经辞典》编纂委员会	2005	陕西省哲学社会科学优秀成果奖一等奖
	《二十世纪中东史》	彭树智、王铁铮、黄民兴等	2005	陕西省哲学社会科学优秀成果奖一等奖
	《对美国高等教育的十个认识误区》	张炜	2007	陕西省哲学社会科学优秀成果奖一等奖
	《中国共产党延安时期局部执政史论》	梁星亮等	2007	陕西省哲学社会科学优秀成果奖一等奖
	《华山志》	《华山志》编写委员会	2007	陕西省哲学社会科学优秀成果奖一等奖
	《执守·反拨·超越——七月派史论》	周燕芬	2007	陕西省哲学社会科学优秀成果奖一等奖
	《价值学说史》（修订版）	何炼成	2009	陕西省哲学社会科学优秀成果奖一等奖
	《唐代三大地域文学士族研究》	李浩	2009	陕西省哲学社会科学优秀成果奖一等奖
	《2007年中国西部区域经济发展综合竞争力分析报告》	姚慧琴、徐璋勇、王敏等	2009	陕西省哲学社会科学优秀成果奖一等奖

(续表)

级别	成果名称	主要完成人	年度	所获奖项
省级	《中东史》	彭树智、王铁铮、黄民兴	2011	陕西省哲学社会科学优秀成果奖一等奖
	《新中国经济学60年(1949-2009)》	白永秀、任保平	2011	陕西省哲学社会科学优秀成果奖一等奖
	《西部经济十年发展报告及2009年经济形势预测》	何炼成、姚慧琴、徐璋勇等	2011	陕西省哲学社会科学优秀成果奖一等奖
	《中国近代科技期刊源流》(1792-1949,上中下)	姚远、王睿、姚树峰	2011	陕西省哲学社会科学优秀成果奖一等奖
	《陕西省促进科学发展的"三位一体"考核制度研究》	任宗哲、李尧远、唐丽娜等	2011	陕西省哲学社会科学优秀成果奖一等奖
	《中国共产党经济思想90年》	白永秀、任保平、何爱平	2013	陕西省哲学社会科学优秀成果奖一等奖
	《中国经济增长质量的时序变化与地区差异分析》	钞小静、任保平	2013	陕西省哲学社会科学优秀成果奖一等奖
	《透视与身体——尼采后现代美学研究》	段建军、彭智	2013	陕西省哲学社会科学优秀成果奖一等奖
	《诚斋诗集笺证》	薛瑞生	2013	陕西省哲学社会科学优秀成果奖一等奖
	城乡统筹视角下我国城乡双向商贸流通体系研究	任保平、任宗哲等	2015	陕西省哲学社会科学优秀成果奖一等奖
	阿富汗问题的历史嬗变	黄民兴	2015	陕西省哲学社会科学优秀成果奖一等奖
	城乡收入差距、劳动力质量与中国经济增长	钞小静、沈坤荣	2015	陕西省哲学社会科学优秀成果奖一等奖
	陕西省农民市民化意愿调查报告	姚慧琴、曹璞、杨佩卿等	2015	陕西省哲学社会科学优秀成果奖一等奖
	《经济增长质量的逻辑》	任保平	2017	陕西省哲学社会科学优秀成果奖一等奖
	《高等教育管办评分离改革理论与实践研究报告》	郭立宏、姚聪莉、王正斌等	2019	陕西省哲学社会科学优秀成果奖一等奖
	《丝绸之路经济带研究》	白永秀等	2019	陕西省哲学社会科学优秀成果奖一等奖
	《改革开放四十年的城乡关系:历史脉络、阶段特征和未来展望》	吴丰华、韩文龙	2019	陕西省哲学社会科学优秀成果奖一等奖
	《改革开放40年中国特色扶贫道路的演进、特征与展望》	吴振磊、张可欣	2019	陕西省哲学社会科学优秀成果奖一等奖
	《数字化赋能及其在企业品牌内化中的作用——基于环意(北京)国际旅行社的案例研究》	李纯青、郭硕佳、曹丽	2019	陕西省哲学社会科学优秀成果奖一等奖
	《南北朝佛教编年》	李利安、崔峰	2019	陕西省哲学社会科学优秀成果奖一等奖
	《叙利亚发展报告2018》	王新刚、田文林、王晋	2019	陕西省哲学社会科学优秀成果奖一等奖
	《宋太祖朝的曲宴及其政治功用》	陈峰	2019	陕西省哲学社会科学优秀成果奖一等奖

(续表)

级别	成果名称	主要完成人	年度	所获奖项
省级	《唐代长安地区佛教造像的考古学研究》	冉万里	2019	陕西省哲学社会科学优秀成果奖一等奖
	《拟像、景观审美和当代文化创意产业》	高字民	2019	陕西省哲学社会科学优秀成果奖一等奖
	《〈白鹿原〉:文学经典及其"未完成性"》	周燕芬、马佳娜	2019	陕西省哲学社会科学优秀成果奖一等奖
	《作为事件与风景的〈解放日报·临时刊〉》	王春泉	2019	陕西省哲学社会科学优秀成果奖一等奖
	《哈贝马斯的"伦理之思":基本旨趣、哲学特质与方法论贡献》	胡军良	2019	陕西省哲学社会科学优秀成果奖一等奖
	《超越数量:质量经济学的范式与标准研究》	任保平、魏婕、郭晗等	2019	陕西省哲学社会科学优秀成果奖一等奖
	《中国地方营商法治环境实证研究》	赵海怡	2021	陕西省哲学社会科学优秀成果奖一等奖
	《参保行为与社会资本:嵌入机制》	吴玉锋	2021	陕西省哲学社会科学优秀成果奖一等奖
	《地方政府竞争、环境规制与绿色发展效率》	何爱平、安梦天	2021	陕西省哲学社会科学优秀成果奖一等奖
	《我来,我看见,我征服:旅游情境下社交媒体对虚拟文化适应的影响》	李纯青、郭硕佳等	2021	陕西省哲学社会科学优秀成果奖一等奖
	《上市公司随意停牌与投资者利益——来自中国资本市场的证据》	石阳、刘瑞明、王满仓	2021	陕西省哲学社会科学优秀成果奖一等奖
	《宋代世家个案研究》	王善军	2021	陕西省哲学社会科学优秀成果奖一等奖
	《话说延安精神》	马朝琦	2021	陕西省哲学社会科学优秀成果奖一等奖
	《延安时期中国共产党局部执政研究》	梁星亮	2021	陕西省哲学社会科学优秀成果奖一等奖
	《西周的"京官"与"康官"问题》	尹夏清、尹盛平	2021	陕西省哲学社会科学优秀成果奖一等奖
	《李梦阳集校笺(李梦阳集校笺)》	郝润华	2021	陕西省哲学社会科学优秀成果奖一等奖
	《中国当代文学理论的传统性问题》	谷鹏飞	2021	陕西省哲学社会科学优秀成果奖一等奖
	《陕西省黄河流域重大产业布局研究》	任保平、师博、郭晗等	2021	陕西省哲学社会科学优秀成果奖一等奖

自然科学类

级别	成果名称	主要完成人	年度	所获奖项
国家级	秦岭造山带岩石圈结构、演化及其成矿背景	张国伟、张本仁、袁学诚等	1999	国家自然科学奖二等奖
	《九章算术》及其刘徽注研究	李继闵	1999	国家科学技术进步奖三等奖
	澄江动物群与寒武纪大爆发	舒德干等	2003	国家自然科学奖一等奖
	文物虚拟修复和数字化保护技术的研究与应用	耿国华(参与)	2009	国家科学技术进步奖二等奖
	类人胶原蛋白生物材料的创制及应用	范代娣、马晓轩、朱晨辉等	2013	国家技术发明奖二等奖
	油气煤铀多种能源矿产同盆共存富集成藏理论与应用	刘池阳、任战利、李子颖等	2013	国家科学技术进步奖二等奖
	鄂尔多斯盆地中部延长组下组合找油突破的勘探理论与关键技术	张小莉(参与)	2013	国家科学技术进步奖二等奖
	地球动物树成型	张兴亮、舒德干、刘建妮等	2016	国家自然科学奖二等奖
	一种类人胶原蛋白及其生产方法	范代娣	2016	中国专利奖金奖
	干旱环境下土遗址保护关键技术研发与应用	孙满利(参与)	2017	国家科学技术进步奖二等奖
	重大工程黄土灾害机理、感知识别及防控关键技术	王家鼎	2020	国家科学技术进步奖二等奖
部级	综合地质物探化探多参数直接探测油气理论方法与效果	姜洪训、刘生福、苏江玉等	1996	国家教委科技进步奖二等奖
	驾鹿金矿床含氧金矿物及新矿物研究	周新春、刘良、王世忠等	1997	冶金工业部科技进步奖一等奖
	秦岭造山带岩石圈结构、演化及其成矿背景	张国伟、张本仁、袁学诚等	1998	教育部科技进步奖一等奖
	寒武纪生命大爆发	舒德干	2000	长江学者成就奖一等奖
	寒武大爆发及最古老脊椎动物研究	舒德干、张兴亮、陈苓等	2000	中国高校自然科学奖一等奖
	二氧化碳气藏形成的岩浆去气机制研究	赫英、朱兴国、王定一	2000	中国高校自然科学奖二等奖
	中国北方沉积盆地构造热演化史研究	任战利、刘池阳、吴汉宁等	2001	中国高校科学技术奖二等奖
	含油气盆地地质及油气系统综合研究	柳益群、李文厚、刘林玉等	2002	教育部提名国家科学技术奖(自然科学奖)二等奖
	数字头颅可视化技术研究与应用	周明全、耿国华、吕科等	2002	教育部提名国家科学技术奖(科技进步奖)二等奖
	植物分泌组织的解剖学研究	胡正海、吴鸿、刘文哲等	2003	教育部提名国家科学技术奖(自然科学奖)二等奖
	中国西部三趾马动物群生态序列与代序列	张云翔、岳乐平、薛祥煦等	2004	教育部提名国家科学技术奖(自然科学奖)二等奖
	文化遗产数字化与保护新技术的研究及应用	周明全、耿国华、朱恪孝等	2004	教育部提名国家科学技术奖(科技进步奖)二等奖
	泥岩异常压力的动力学研究及其油气地质意义	罗晓容、王震亮、陈荷立	2006	教育部高等学校科学研究优秀成果奖(自然科学奖)一等奖
	后生动物门类起源与早期演化研究	张兴亮、舒德干、韩健等	2008	教育部高等学校科学研究优秀成果奖(自然科学奖)一等奖
	蛋白折叠液相色谱法及应用	耿信笃、白泉、王骊丽等	2009	教育部高等学校科学研究优秀成果奖(自然科学奖)二等奖
	可积场论和格点模型:精确解、对称性及其应用	杨文力、侯伯宇、石康杰等	2010	教育部高等学校科学研究优秀成果奖(自然科学奖)二等奖

(续表)

级别	成果名称	主要完成人	年度	所获奖项
省级	液相色谱中溶质统一保留模型及生物大分子构象变化	耿信笃、时亚丽、边六交等	1997	陕西省科技进步奖一等奖
	杂环化学新反应和有机合成新方法研究	史 真、顾 焕、杨卫国等	1998	陕西省科学技术进步奖一等奖
	秦岭70Ma以来地层格架与时间标尺及生物、环境演化	薛祥煦、张云翔、岳乐平等	2000	陕西省科学技术进步奖一等奖
	多参考态电子相关理论的算法研究和应用	文振翼、王育彬、苏克和等	2003	陕西省科学技术奖一等奖
	绿色有机合成新反应和新方法研究	史 真、杨秉勤、白银娟等	2004	陕西省科学技术奖一等奖
	磁性复合微粒的合成及其应用研究	崔亚丽、陈 超、惠文利等	2004	陕西省科学技术奖一等奖
	计量置换理论及验证	耿信笃、卫引茂、白 泉等	2005	陕西省科学技术奖一等奖
	青藏高原构造特征、盆地演化和油气远景评价	刘池阳、杨兴科、赖绍聪等	2005	陕西省科学技术奖一等奖
	过程分析新方法及信号处理和控制的理论和应用研究	李 华、高 鸿、张四纯等	2006	陕西省科学技术奖一等奖
	高功率激光二极管阵列侧面泵浦的全固态脉冲绿光激光器	白晋涛、任兆玉、白 杨等	2006	陕西省科学技术奖一等奖
	多功能配位聚合物的构筑、性能、构效关系及应用研究	王尧宇、何水样、史启祯等	2008	陕西省科学技术奖一等奖
	青藏高原北部岩浆作用及其大陆动力学意义	赖绍聪、秦江锋、刘池阳等	2008	陕西省科学技术奖一等奖
	中国西部早古生代高压—超高压变质与大陆深俯冲作用及其动力学意义	刘 良、陈丹玲、孙 勇等	2009	陕西省科学技术奖一等奖
	秦岭川金丝猴种群稳定机制研究	李保国、郭松涛、齐晓光等	2009	陕西省科学技术奖一等奖
	非线性偏微分方程的对称、不变量和几何可积性	屈长征、张顺利、黄 晴等	2010	陕西省科学技术奖一等奖
	鄂尔多斯盆地演化—改造动力学与多种能源矿产共存成藏(矿)	刘池阳、任战利、王震亮等	2010	陕西省科学技术奖一等奖
	陕甘宁叠合盆地沉积构造热演化史恢复研究在油气田勘探中的应用	任战利、薛军民、崔军平等	2011	陕西省科学技术奖一等奖
	新型胶原蛋白生物材料关键生产技术与应用	范代娣、马晓迅、骆艳娥等	2011	陕西省科学技术奖一等奖

(续表)

级别	成果名称	主要完成人	年度	所获奖项
省级	低(超低)渗油田高效增产改造和提高采收率技术与产业化示范	张积耀、张宁生、孙卫等	2011	陕西省科学技术奖一等奖
	量子可积系统及其相关问题研究	杨文力、杨战营、侯伯宇	2012	陕西省科学技术奖一等奖
	基于河流健康的生态流量及其保障措施研究	宋进喜、李怀恩、曹明明等	2012	陕西省科学技术奖一等奖
	3D塔器技术开发	马晓迅	2013	陕西省科学技术奖一等奖
	秦岭古生代俯冲造山作用与演化过程	董云鹏	2013	陕西省科学技术奖一等奖
	君-使对药有效成分群辨识技术研究	郑晓晖	2014	陕西省科学技术奖一等奖
	公共信息资源安全服务关键技术	高岭	2014	陕西省科学技术奖一等奖
	超分子框架材料的构建、性质与应用研究	吴彪	2014	陕西省科学技术奖一等奖
	寒武纪叶足动物研究及其对于探索节肢动物起源的意义	刘建妮、蔡耀平、姚肖永	2015	陕西省科学技术奖一等奖
	黄土灾害机理、防控关键技术及其在铁路重大工程中的应用	王家鼎、谷天峰、谢婉丽等	2017	陕西省科学技术奖一等奖
	全长人胶原蛋白的发酵合成及应用	范代娣、马晓轩、惠俊峰等	2017	陕西省科学技术奖一等奖
	低渗透油田本源微生物采油技术研究与应用	陈富林、李红民、孙卫等	2017	陕西省科学技术奖一等奖
	药物个性化筛选和精准治疗关键技术研究	陈超、戴鹏高、王会娟	2017	陕西省科学技术奖一等奖
	空穴-粒子对称的图形酉群方法在组态相互作用理论中的应用	文振翼、索兵兵、王育彬等	2017	陕西省科学技术奖一等奖
	能源盆地后期改造与原盆恢复理论创新及其应用	刘池阳、赵俊峰、王建强等	2018	陕西省科学技术奖一等奖
	石墨烯基光电新能源材料的应用基础研究	白晋涛、王惠、冯宏剑等	2018	陕西省科学技术奖一等奖
	地质灾害风险识别和调控的理论与应用	王家鼎、谢婉丽、谷天峰	2019	陕西省科学技术奖一等奖
	中国西部特提斯构造域关键岩浆事件及其深部动力学意义	赖绍聪、秦江锋、朱韧之等	2019	陕西省科学技术奖一等奖
	新型杂化纳米生物功能材料应用基础研究	樊海明、彭明丽、李兴华等	2019	陕西省科学技术奖一等奖
	中药分子新药研发"合策略"的构建及基础应用	郑晓晖、赵新锋、李倩等	2019	陕西省科学技术奖一等奖
	光纤油气资源井中地震波勘测新技术	乔学光、荣强周、邵志华	2019	陕西省科学技术奖一等奖
	叠合盆地热演化史恢复理论创新及在油气勘探中的应用	任战利、王毅、崔军平等	2020	陕西省科学技术奖一等奖
	螺环构筑的策略与方法研究	栾新军、刘晶晶、白璐等	2020	陕西省科学技术奖一等奖
	特色营养健康食品研究开发与产业化	刘建书、邱多隆、邢连喜等	2020	陕西省科学技术奖一等奖
	功能超分子体系的设计构筑与性能研究	韩英锋、杨国平、曹利平等	2021	陕西省科学技术奖一等奖
	稀有人参皂苷的生物制造及其应用	范代娣、马晓轩、段志广等	2021	陕西省科学技术奖一等奖

长安校区文学院

进入西部大开发重点支持建设院校

1999年6月,江泽民总书记在西安系统地阐述了西部大开发战略构想,揭开了我国西部大开发的序幕。教育部为了响应党中央号召,启动了西部大开发重点支持建设高校计划,每个西部地区省份支持一所地方高校,每年给予一定额度的经费。条件必须是省属高校、综合大学、"211工程"院校、当地政府有明确的支持态度等。这几条西北大学均符合,申报工作在有条不紊地进行。作为陕西唯一符合全部条件的高校,西大感觉到非己莫属。

2001年5月的一天,一位校友告诉学校领导,西部大开发重点支持建设院校名单出来了,好像没有西大。听到这个消息,学校大吃一惊,四处打听,果真如此。这可怎么办?西大是西北地区创建最早的高校,在服务西部方面,始终走在全国的前列。能不能进入这个计划,既关系着学校未来的发展,也关系到对学校过去工作的肯定。西大进入不了,我们确实感觉到冤,但是这个时候要再挤进去谈何容易。学校经过研究,决定抱着一线希望,继续争取。一方面继续提请省政府争取,一方面约请是校友的《光明日报》驻陕记者撰写内参材料,力陈西北大学在西部大开发中的贡献和未来能做的工作,据理力争。争取工作还是很有成效的,教育部了解这一情况后很重视,据说一位中央领导看到了有关材料,也作出了重要批示,后来就顺利地增补进了这一名单,进入了西部大开发重点支持建设院校行列。这个过程曲折而又艰辛,知道的人并不多。在西北大学的历史上,我们确实应当永远记住,有一些关心学校的校友,在关键的时刻,为学校作出了重大贡献。

初建成的长安校区

百年大庆

世纪之交，国内各老校纷纷将校史溯源至清末学堂时期，一时成为潮流。顺应这一潮流，2002年，西北大学经过深入调研，充分论证，广泛征求意见，并咨询教育史专家，最终确定：西北大学的起根发苗应在1902年，2002年是西大百年华诞。《西安晚报》似乎有先见之明，未等西大校方作出决定，就已把"1902年第一家高等学府西北大学成立"列为20世纪西安十大历史事件，按时间顺序排在第二。

2002年10月15日，学校举行百年大庆，其规模、其隆重程度、其热烈氛围，特别是校友返校之多，在校史上都是空前的。江泽民总书记、李鹏委员长、政协主席李瑞环题词，中央政治局常委、国务院副总理李岚清发来贺信，李铁映、许嘉璐、蒋正华、杨汝岱、宋健、胡启立、任建新、经叔平、罗豪才、路甬祥、徐匡迪等纷纷题词或发来贺信。校庆前后几天，西安市的各主要干道悬挂的都是西大校庆的横幅标语；当天的西大校园，车水马龙，热闹非凡。全国政协副主席任建新、原全国政协副主席马文瑞、省长贾治邦等到校祝贺，百岁老人王耀东登台讲话，歌唱家李双江用陕西话动情地高呼："西大，我爱你！"当晚，学校邀请新疆歌舞团演出，并燃放烟花，前来祝贺的来宾、返校的校友、周边高校的师生、附近前来看热闹的人群，把整个校园挤得满满当当。当天晚上中央电视台的新闻联播，在黄金时段用时两分多钟对西大百年大庆作了报道，新华社、《人民日报》《光明日报》《陕西日报》、陕西电视台等省市新闻媒体均作了详细报道。海内外校友无不欢欣鼓舞、兴高采烈。

欢乐的海洋

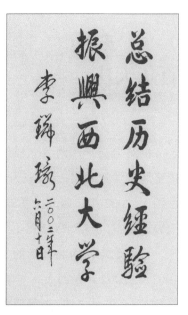

国家领导人为西北大学百年校庆题词

西北大学百年校庆庆典

李岚清副总理西大之行侧记

秋风送爽,艳阳高照。2002 年 10 月 24 日,时任中央政治局常委、国务院副总理李岚清来我校考察。

李岚清一行首先观看了我校百年校史展览。学校领导简要介绍了学校百年发展历程,讲解员作了重点讲解。李岚清十分专注地边听取汇报边观看校史展览。当讲到邓小平 20 世纪 20 年代中期曾在我校讲过课时,他频频点头。在任我校教授的专家学者图片前,学校领导介绍王耀东教授是我国夺取篮球国际比赛第一个冠军的主力队员,现已 103 岁,身体仍很健康,岚清同志连声赞叹并指着图片说,王教授年轻时很英俊。当看到 20 世纪 50 年代初周恩来总理任命侯外庐任西北大学校长的报道时,他说这还是政务院任命的呢。李副总理详细询问了我校历史学、经济学、物理学等学科的特色,以研究什么为主,校领导一一作了汇报。当学校领导介绍高鸿院士最近荣获何梁何利基金奖励,侯伯宇教授的"侯氏变换"、王戍堂教授的"王氏定理"曾入选《中国人的骄傲——以中国人的姓氏命名的科研成果》,我校中东史研究取得丰硕成果时,他不住点头称是,并进一步询问了详情。看到我校和美国西北大学合作交流的图片,岚清同志高兴地说,哦,两个西北大学。在我校优秀毕业生的照片前,李副总理说,张丁华是你们的毕业生,齐越也是你们的学生,并和随行人员就此交谈起来。面对宋汉良的照片,李副总理说,宋汉良同志他已经去世了。观看校史展览后,李岚清同志欣然签名留念。

紧接着是第二个考察点,李副总理来到了我校历史博物馆。工作人员介绍了我校珍藏的商代文字、四神瓦当、唐代面点、钱范和唐实际寺遗址概况。当介绍到我校

李岚清副总理参观校史馆

李岚清副总理参观早期生命科学研究所

校园考古在全国独一无二时,李副总理会心地笑了。在参观校史展时,他就曾问起过张学良和西北大学的关系,在我校历史博物馆看到张学良为东北大学题写的碑文拓片时,他高声念了起来,并称赞张学良字写得不错。

  李副总理考察的第三站是早期生命科学研究所。在听取了舒德干教授的汇报后,李副总理饶有兴致地用显微镜观看了海口鱼、昆明鱼化石。他说,化石虽然很小,但对鳍、尖嘴都能看得清楚。他问舒德干,海口鱼、昆明鱼,这是咱们起的名字吗?当得到肯定的回答后,李副总理点头说道,应当好好保存起来!舒德干教授汇报道,自己的研究论文在 Nature 发表时,评论文章称这是"逮住天下第一鱼"。李副总理用英语说"first fish",表明了对舒教授重要科学发现的赞许。舒教授向李副总理赠送了他翻译的达尔文的《物种起源》一书,并表示他将利用澄江化石库这一我国的宝库,永远致力于科学新发现和弘扬唯物论,李副总理朗声说道,好!谢谢!

  李副总理在我校考察的最后一站是现代分离科学研究所。耿信笃教授介绍了开展蛋白制药工艺研究与设备开发的情况。听到这一研究开发可以降低药价,提高效率,在蛋白制药工艺方面已经取得重要进展时,他对此十分关切。当得知这一工艺是在突破了诺贝尔奖获得者的理论后产生的,他兴趣更加浓厚,向耿信笃教授询问道,那你们的理论怎么样?有什么突破?耿教授说我们现在是用事实(生产)说话。李副总理鼓励耿教授挑战权威,不仅要在工艺上取得突破,在理论上也要取得突破,你们的工作已经证明原有的权威理论并不完善,有理论上的突破才会有工艺上的重大突破。

  当李副总理一行结束考察走出科研大楼北门时,闻讯而来的许多学生在路旁热烈鼓掌,齐声欢呼。李副总理紧走几步,与学生亲切握手,询问他们是学什么专业的,并通过他们向全校学生问好!这是继1995年、2001年两次考察我校后,李副总理第三次来到我校。在几次考察中,李副总理详细了解了学校的历史和现状,考察了学校的人才培养和科学研究,对我校师生员工给予了亲切的关怀和极大的鼓舞。

省部共建西北大学

中华人民共和国成立初期,西北大学是中央人民政府教育部直属的全国14所重点综合大学之一,而且排名比较靠前,这就使得西大人始终有一种国字头高校的情结。1958年下放陕西后,教育部也曾于60年代两次派副部长刘之载到陕西,商议将西北大学收回,最终没有实现。此后,西大人曾多次作过努力,想让教育部将其收归部里,均没有得到明确的答复。此后,国家教委领导多次来校视察,均表示要通过多种渠道予以资助,但是最终落实的并不多。直到进入"211工程"建设后,西北大学才得到了明显的实惠。

2001年,教育部开始和地方政府共建部委高校,酝酿在没有部属高校的省份,每省共建一所地方高校,称之为省部共建。西北大学最先打听到这一消息,早行动,早申报,也得到了省政府的大力支持。但是因为

陕西省、教育部共建西北大学签约仪式

陕西部属高校较多，西大的申请迟迟进入不了议事日程。从2004年开始，十余所地方高校陆续签订了共建协议。西大人看在眼里，急在心里。2007年，省委书记李建国、省长袁纯清在"两会"期间专门拜会了教育部长，希望能够共建西北大学，虽然得到了14条具体支持措施的允诺，但共建却迟迟没有答复。此间传出风声，说教育部对于省部共建要关门，以后不再搞了。

2008年10月，教育部和河南省共建河南大学签字仪式举行的新闻见诸报端。看到这条消息，西大人心绪难平。学校主要领导紧急碰头，觉得我们的省部共建可能还有戏。说动就动，第二天，学校领导就找到了主管教育的朱静芝副省长，得到了大力支持。这一段时间，西大人开始了密集的行动，不断地上报材料，不断地汇报，提请省政府不断地给教育部去函，不断派人去部里反映陕西共建西北大学的愿望。为了怕申报不成功给师生情绪造成影响，学校刻意在校内不声张，采取内松外紧政策，由学校主要领导和校办出面居多。12月18日，乔学光校长陪同朱静芝副省长和教育厅杨希文厅长出访国外回来，顾不上旅途近20个小时飞机的劳顿，一出机场就直奔教育部，与在京等候的孙勇书记等一起向周济部长汇报。就在那一次，教育部的态度有了明显变化。半年多的时间，除了春节那几天，西大人几乎天天都在为共建的事情奔走。皇天不负有心人，2009年3月22日，西大人终于等来了那一天：教育部和陕西省共建西北大学协议签署仪式。在西北大学大礼堂，教育部周济部长来了，省委书记赵乐际、省长袁纯清来了，教育部有关司局的司局长、省上各部门的官员都来了。周部长和袁省长在共建协议上郑重签字。协议详细列举了省部共建西北大学多方面的支持举措，令人鼓舞。签字仪式会场，许多职工和老领导激动得热泪盈眶。

省部共建标志着西北大学又开启了长远发展的新的一页。当年回归教育部的愿望虽然没有实现，但是共建也算多少了了一个心愿。西北大学师生对未来充满了信心。

城墙映衬下的校训石刻

通古今思想之变，树华夏文化之魂

在西北大学的诸多学科中，中国思想史学科绝对是一个高光的存在；在国内这一学科领域，西北大学中国思想文化研究所无疑处于领先者、扛鼎者的地位。本书对该学科的奠基人侯外庐、带头人张岂之分别作有介绍，值此，再对西北大学中国思想文化研究所在学术研究、人才培养、教育教学、文化推广和社会服务等方面的贡献与成果专作一番介绍。

——迈入了国家级重点学科行列。该学科是西北大学第一个国家级重点学科，1987年首次入选，2007年再度入选，并入选国家"211工程"重点建设学科点，同时也是我国中国思想史学科领域唯一的国家级重点学科。

——形成了独树一帜、特色鲜明、薪火相传的侯外庐学派，打造了一个坚实高效的学术平台，建设了一个传承有序、可持续发展的学术团队：由张岂之先生担纲领军，还有擅长先秦思想史研究的刘宝才，擅长科学思想史研究的董英哲，擅长宋明理学与佛学研究的龚杰，擅长秦汉思想史研究的黄留珠，擅长明代思想史研究的任大援，擅长先秦儒家思想研究的梁涛，擅长清代与近代思想史研究的陈国庆，擅长中国思想通史、汉代思想史、史学思想史研究的方光华，擅长道家道教思想与中西思想文化比较研究的谢阳举，擅长儒家思想与宗教思想研究的张茂泽等。后续青年学者有宋玉波、陈战峰、郑熊、李友广、李江辉、夏绍熙、陆传颂、朱军、李腾飞、裴健智等，分别在佛学、经学、儒学、道家道教、中西哲学与思想文化、中华优秀传统文化核心理念等领域不断探索，积极参与共同体学术研究，并相继出版了各自的学术著作。

——承担了一系列重大研究项目。主持并完成中宣部马克思主义理论研究和建设工程项目《史学概论》，中宣部、教育部马克思主义理论研究和建设工程项目《中国思想史》等。承担并完成国家社科基金项目、省部级项目20多项。

——取得了一系列重大学术成果。独撰、主编著作60余部，发表论文700多篇。主编《中国思想学说史》《中国历史》《中国思想学术编年》等；编辑出版《侯外庐著作与思想研究》《中国优秀传统文化经典语录》《中国优秀传统文化理念》；主持出版"西部人文丛书""环境哲学译丛"等；参与完成"关学文库"的编撰工作等；创办了学术期刊《华夏文化》。《中国历史十五讲》被翻译为英、俄等近十种外文,《中国传统文化》被翻译为英、韩等四种外文,《中华人文精神》多种外译工作亦正在进行中,为推进中华文化走向世界作出了切实努力与贡献。

——获得了多项国家级奖励。近年来先后获国家级教学成果一等奖、二等奖,首届全国教材建设二等奖,全国教材建设先进集体;国家社会科学基金项目优秀成果二等奖,教育部高等学校人文社会科学二等奖,首届郭沫若中国历史学奖,汤用彤学术奖;学术带头人张岂之教授获第五届"纳通国际儒学奖"之"优秀导师奖",第二届"全球华人国学终身成就奖"。所内中青年学者近年来获省市一级奖励20余项。

——培养了一大批高层次人才。自1978年招收研究生以来已培养并毕业硕士研究生230人、博士研究生120人,招收博士后进站人员30人。这些高层次人才目前遍布国内各地高校、研究机构,已成为中国思想文化研究的中坚力量或后起之秀。

——开设了一系列高质量文化素质教育课程。将科研与教学紧密结合,主动承担本科生通识教育工作,面向多校学生开设了"中华人文精神""中国哲学精神""中国思想文化""中国宗教思想""中国美学思想史""诗经学概论""伦理学""西方哲学史""西方政治思想史""环境哲学"等课程,注重中西思想文化的比较和会通,开阔学生视野,彰显中华文化精华,体现文化育人特

张岂之教授主编的《中国思想学说史》(六卷九册)

部分获奖证书

色,受到本校和其他高校学生欢迎。

——开展了一系列社会服务与文化推广活动。从2007年开始连续承办陕西省政府清明节祭祀黄帝文化学术论坛14次,出版会议论文集14部。协办"纪念张载千年诞辰学术研讨会"等。主办全国性思想史学科建设与发展研讨会多次,承办教育部首批研究生暑期学校"国学与西学"(2008)。承办实施多期三秦大讲堂,协办全国学术研讨会多次,受到普遍赞誉。

自1952年侯外庐校长建立中国思想史研究室、1986年张岂之校长创办中国思想文化研究所以来,数十年间,西北大学中国思想文化研究所秉承"兼和、守正、日新"的所训精神,致力于研究"理论化的人类社会思想意识的发展史",注重思想与社会、思想与学术、思想与文化的渗透,在中国思想通史、中国儒学史、中国近现代思想文化、中国优秀传统文化传承与创新、中西比较哲学、环境哲学等研究方面形成深厚的学术积累。在中国思想通史的研究上,从社会史出发,侧重对中国思想发生、演变和发展的总体把握和深入剖析;在中国儒学史的研究上,突出儒学发展的重要环节、儒释道关系、儒学的历史作用以及儒学与科技关系研究;在中国近现代思想文化研究上,努力揭示中国古代思想转型和创新的途径与方式;在中华优秀传统文化传承与创新研究上,侧重中国优秀传统文化的核心理念、中华人文精神、中国传统美德的发掘与阐释,经过多年的努力,形成了结构完整、门类齐全、相辅相成的系列成果;在中西比较哲学研究上,不断彰显文明互鉴与中西会通,揭示人类文明的共通性与中华文化的特质;在环境哲学研究上,多次主持译介西方环境哲学著作,并不断发掘中国传统生态智慧,尝试探讨和整理中国环境思想史,培育学术生长点。我们有充分的理由相信,在现有的基础和平台上,西北大学中国思想史学科定能继往开来,续写辉煌。

侯外庐像

中东研究看西大

新中国成立后,开始加强与亚非拉等第三世界国家的交往。但是,我国对这些国家的历史、政治和风土人情等缺乏深入的认识。20世纪60年代初,毛泽东主席作出了加强国际问题和世界三大宗教研究的批示,1964年在全国范围内成立了首批高校国际问题研究机构,奠定了我国国际问题研究的学科基础。西北大学伊斯兰教研究所(1979年更名为"中东研究所")就是在这一年由教育部、国务院外事办公室等部委批准设立的。教育部提出的要求是,各研究机构"总的任务是配合国际斗争的需要,主要是从战略上配合,即在所研究的领域内系统地搜集整理资料,并在占有丰富的资料的基础上进行系统的研究。但是,系统研究要和动态研究结合起来,注意防止研究工作脱离实际,除少数专门研究历史的机构外,所有研究机构都要以研究现实的经济状况、社会阶级状况为主,兼及历史和其他"。

中东研究所成立早期,从全国各地汇聚了一大批高水平研究者。其中既有周泽奎、朱崇礼、王铁铮等研究人员,也有精通英语、俄语、德语、阿拉伯语的外语专业人才,在成立之初就具有鲜明的跨学科性,以及服务国家战略的功能。当时翻译出版了一批重要的外文著作和文献,包括亨利·卡坦的《巴勒斯坦,阿拉伯人和以色列——寻求正义》等。

中东研究所成立文件

1973年,朱崇礼、黄颂杰编著的《巴勒斯坦问题历史概论》出版,对于国内读者了解巴勒斯坦问题作出了贡献。同时,积极参加对外交流与社会服务,黄运发老师曾赴苏丹担任我国援苏丹医疗队的阿拉伯语翻译。

改革开放之后,中东所迎来了大发展。1986年,西北大学历史系主任彭树智先生兼任中东研究所所长。彭先生是国内著名的世界现代史和南亚中东史专家,著作等身。此前,历史系与中东所联合申报博士点成功,建立了我国第一个以南亚中东为研究方向的世界地区史国别史博士点,并于1987年正式招生。这也是我国中东—南亚

1967年夏,中东所9位研究人员摄于西大礼堂广场前(前排左起:黄颂杰、徐启升、周泽奎、朱崇礼;后排左起:黄运发、王继宪、张大鹏、李熙波、阎瑞松)

研究领域最早的博士点。在彭先生的主导下,中东所由智库转变为学术研究机构和高水平人才的培养基地。

彭树智先生将研究生培养与学术团队建设、科研活动相结合,探索了一条卓有成效的学科建设之路。当时,我国对于中东国家历史、文化和宗教的研究十分薄弱。彭先生下定决心要撰写一套中国人书写的中东史,1992年《东方民族主义思潮》出版,极大地推动了国内对于亚非民族主义运动的研究,相关的观点和论断进入了历史学本科生的教材。此后,彭先生编撰了《阿拉伯国家简史》(1991)、《二十世纪中东史》(1992)等地区史和断代史著作,两书入选教育部研究生推荐教材,前者还获得了国家级教学成果二等奖。

有了团队支撑,彭先生开始着手为中东每个国家撰写通史。2000年至2007年,十三卷本《中东国家通史》相继出版,数十名中青年学者参与其中,当时许多作者还是博士生,通过这套丛书的撰写,成长为知名的专家和学界的骨干力量。2009年,丛书荣获全国高等学校科学研究优秀成果奖(人文

《阿拉伯国家史》和《二十世纪中东史》多次再版

社科)二等奖。

彭先生由史入论,提出了"文明交往论",并出版了十余部相关著作,在世界史学界产生了重大影响,对于当前我国提出的"文明交往互鉴"具有重要的理论借鉴价值,对于建构我国世界史学科的学术话语体系也具有借鉴意义。

进入新世纪,中东所薪火相传、学脉赓续,王铁铮教授、黄民兴教授、韩志斌教授相继担任所长。中东所开始向学术研究、人才培养、社会服务和智库建设等多层次的综合性研究机构转型,入选教育部国别和区域研究中心、国家民委"一带一路"国别和区域研究中心、陕西哲学社会科学重点研究基地等。世界史学科位居全国前列,在教育部第四轮学科评估中,位列中西部地区并列第一名,全国并列第六名。主办《中东研究》《世界历史文摘》《中东形势与战略》等刊物,《中东研究》入选CSSCI来源集刊。

彭树智教授(中)与王铁铮教授(左)、黄民兴教授(右)进行学术讨论

十三卷本《中东国家通史》

2022年中东研究所中青年教师团队合影

如今,中东所研究团队进一步扩大和优化,先后有11人次入选国家"万人计划""长江学者"奖励计划、国家"四个一批"人才等,近年来获批国家社科基金重大项目6项,重点项目3项,其他国家级项目20余项,已成为国内高校层次最高、规模最大的中东研究团队。

今天的中东所不仅继续深耕中东史,还广泛涉猎北非、中亚和南亚等地区,研究领域覆盖30余个国家。韩志斌教授主持的重大项目"中东部落社会史"填补了我国在该领域的研究空白;王铁铮教授主持的重大项目"非洲阿拉伯国家通史研究"的八卷本最终成果于2022年在商务印书馆出版;黄民兴教授承担的重大项目"文明交往视野下的中亚文明史研究"也将推动我国的中亚史研究。同时,中东所还完善了人才培养体系,迄今已培养博士研究生120余名,为国内中东研究输送了相当数量的骨干力量和领军人才。

中东所积极对接"一带一路"倡议等国家重大战略,加强社会服务能力和智库建设,入选CTTI智库索引。闫伟教授获批国家社科基金重大研究专项,重点进行资政服务活动。李玮副教授向国家部委提交数十份研究报告,多份获得国家级或省部级的采纳,3份入选国家社科基金成果要报,并获得民盟中央的通报嘉奖。王晋副教授近年来接受中央电视台、中国广播电台、东方卫视、意大利新闻六台等国内外媒体采访数百次,向民众讲解中东问题,为相关知识的普及作出了重要贡献,得到中央电视台和中国广播电台的表彰。

唐代文学研究重镇

西北大学的唐代文学研究素为学校重视，成果也颇突出，被誉为"唐代文学研究重镇"。傅庚生先生与安旗先生是"唐代文学研究重镇"的奠基者与早期领军人物。傅庚生的杜甫研究与安旗的李白研究堪称西大唐代文学研究的"双璧"，蜚声学界。1980年西大中文系成立了唐代文学研究室，景生泽、阎琦、李芳民先后担任主任，成员主要有武复兴、韩理洲、李云逸、雷树田、房日晰等先生。作为研究室的中坚力量，他们各有专长，成果卓著。之后几年，梁超然、李浩、傅光等学人先后加入，进一步壮大了研究队伍，充实了研究力量。近年来，又有田苗、王松涛、邵颖涛、陶成涛、王早娟等年轻一代学人陆续加盟并崭露头角，使西大唐代文学研究的优良传统一直延续至今。

1982年5月4日至11日，由全国24家高校、科研和出版单位联合发起的全国唐代文学学会成立大会暨第一次学术讨论会在西北大学举行，全国近百家单位的180余名代表参加了会议，其中包括萧涤非、施蛰存、傅庚生、孙望、苏仲翔、胡国瑞、王达

《唐代文学研究》及其前身《唐代文学》《唐代文学论丛》部分书影

津、姚奠中、詹锳、王运熙、霍松林、廖仲安、刘逸生、卞孝萱、吴文治、傅璇琮、安旗等几十位著名的唐代文学研究专家。这次会议最为重要的成果之一，就是建立了全国首个中国古代文学断代研究学术团体——中国唐代文学学会。会议推选萧涤非为会长，安旗为副会长兼秘书长，傅庚生为学会顾问。安旗之后，西北大学中文系的梁超然、阎琦、李浩、李芳民先后担任学会秘书长或副会长。2021年学会理事会换届，李浩被推选为会长。

唐代文学研究室创办的学术刊物《唐代文学论丛》(1981年初创时名为《唐代文学》，次年改名)在这次大会上被确立为学会会刊，编辑部设于西北大学，由研究室负责具体编辑工作。1988年，会刊改名为《唐代文学研究》，并延续至今。自1981年算起，《唐代文学研究》已连续出版40余年，对该领域研究的推进作出了重要贡献，在海内外学术界产生了深远影响。2021年，《唐代文学研究》入选社会科学文献出版社CNI名录集刊。2022年，在中国社会科学评价研究院首次开展的集刊评价中被评为A集刊。

学会成立40年来，设于西北大学的秘书处在处理学会日常事务、策划与组织学术活动、增进学会的内部沟通与外界交流方面做了大量工作，凝聚和团结了海内外唐代文学研究力量，也进一步扩大了西大唐代文学研究的影响力。2021年，中国唐代文学学会荣获"国家社科基金优秀社科学术社团"称号，是教育部主管的十家获奖社团中唯一挂靠在省属高校和西北地区高校中的社团。

《李白全集编年笺注》

李浩著作二种

国家级教学成果奖证书

近20年来,西大的唐代文学研究在继承传统的基础上不断开拓,取得了令学界瞩目的成果。安旗、薛天纬、阎琦、房日晰等完成《李白全集编年笺注》。韩理洲在唐文与唐前散文整理研究方面成果颇丰,陆续出版《王无功文集五卷本会校》《新增千家唐文作者考》《全隋文补遗》等。阎琦在李白研究、韩愈研究、唐代诗文研究方面创获甚多,出版《韩诗论稿》《韩昌黎文集校注》《识小集》等。李浩在唐诗研究、园林文学研究、家族与地域文学研究、石刻文献研究方面均有成果,出版《唐代三大地域文学士族研究》《唐代园林别业考录》《摩石录》等,其中《唐代三大地域文学士族研究》还由日本学者译为日文出版。李浩教授还与日本著名中国文学研究学者松原朗教授共同策划和主编了《海外中国研究书系·日本学人唐代文史研究八人集》。李芳民于唐代佛教寺院与文学的关联性研究用力颇多,又在作家作品研究方面多有建树,先后出版有《唐五代佛寺辑考》《李杜诗歌精读》《李杜韩柳的文学世界》等,《唐五代佛寺辑考》被收入美国亚利桑那大学BGIS数据库以及哈佛大学CHGIS数据库。郝润华在唐代文献整理与研究方面成果颇丰,先后出版《韩昌黎诗集编年笺注》《〈钱注杜诗〉与诗史互证方法》《五百家注韩昌黎集》等。邵颖涛在唐代小说及佛教文学研究方面成绩突出,出版有《唐代叙事文学与冥界书写研究》等。王早娟致力于唐代文学文化及宗教文学研究,出版有《唐代长安佛教文学》等。田苗在文学名物研究方面用力颇勤,出版有《唐宋诗词中的女性物事研究》等。王松涛专精于文论研究,出版有《李重华诗学研究》等。陶成涛尤长于乐府学研究,出版有《边塞诗的音乐生成》等。邱晓的唐诗经典与理论研究、任雅芳的唐代书籍史研究、孟飞的唐代文学文献、陈艳的日本唐诗学研究亦各有特色,有多篇论文发表。

此外,张文利、刘卫平、方蕴华、元鹏飞等不同领域的古代文学研究学人亦对唐代文学研究多有关注,或开展与唐代文学有关的课题,或与唐代文学研究学人进行合作研究,形成了良好的学术氛围。

唐代文学研究团队成员近年来主持国家社科基金重大项目2项,重点项目1项,一般项目9项,青年项目、西部项目3项。主持教育部人文社科项目11项,其他省部级项目10余项。荣获国家级教学成果奖二等奖、中国高校科学研究优秀成果奖二等奖及三等奖、陕西省教学成果奖特等奖、陕西省哲学社会科学优秀成果奖及其他省级奖励共计20余项。入选教育部长江学者特聘教授、中组部国家"万人计划"教学名师、教育部新世纪优秀人才支持计划、陕西省有突出贡献专家、陕西省首批重点领域顶尖人才等。

西大唐代文学研究积淀深厚,成果卓著,学术队伍薪火相传,守正创新。回望历史,前辈学者树立了良好的学术典范;展望未来,新一代学人唯不懈努力,将"唐代文学研究重镇"建设得更加繁荣。

秋临太白

西部经济研究的国家队

肩负建设西北的重任，形成西部经济学派，创立新的发展经济学，为促进西部地区经济社会发展建言献策、提供方案，这是西大经济学人多年以来的不懈追求与辛勤探索。党和国家西部大开发战略的提出，教育部关于普通高校人文社会科学重点基地建设计划的实施，西北大学中国西部经济发展研究中心的成立，为西大经济学人提供了实现上述理想的重大机遇和重要平台。

中国西部经济发展研究中心是按照教育部《普通高等学校人文社会科学重点基地建设计划》，贯彻高校科研体制改革精神，于2000年1月组建成立的具有新型运行机制的研究机构，其前身为成立于1986年的西北大学经济研究所，著名经济学家何炼成教授为首任所长。2000年12月正式列为教育部人文社会科学百所重点研究基地之一，也是截至目前教育部人文社会科学重点研究基地中唯一以研究中国西部经济发展问题为宗旨的研究基地。中心实行"机构开放、人员流动、内外联合、竞争创新"的管理体制与运行机制，团结同行共同研究和探讨中国西部经济发展中面临的重大理论和实践问题，为政府制定相关政策提供参考，为企业科学决策与管理提供咨询服务。中心成立以来，在科学研究、学术交流、智库建设、建言献策等方面有计划地开展了一系列工作，取得了显著成效。

——以标志性成果《中国西部经济发展报告》《中国经济增长质量发展报告》《陕西宏观经济发展报告》为研究平台，搭建多学科、多领域的科研团队，形成涵盖经济、文化、教育、法律、社会等方面的优秀智库团队，产出高质量的研究报告作为中心智库的代表性成果。

——以教育部重点研究基地重大项目为依托，进一步加强学科建设，发挥学科优势，紧密围绕国家建设发展中的重大问题，设立研究项目，采取全国招标形式，引进优秀的研究团队，充实中心的科研团队，扩大中心的研究方向，进而产出一批高质量的研究成果。

——以学术交流为纽带，扩大对外影响力。中心每年召开的中国西部地区经济社会发展高端论坛吸引了全国范围的高校、科研单位和学术期刊编辑部参加，为中心智库团队搭建了一个成果交流平台。

——以数据库建设为基础，为中心智库团队研究工作提供支持。

中心的部分研究成果

经济发展评价研究中心、陕西宏观经济与经济增长质量协同创新研究中心、黄河流域高质量发展研究中心、发展的政治经济学研究中心和陕西省丝绸之路经济带建设协同创新研究中心等,在不同研究领域组建有多支研究团队,产出了大量研究成果。

20多年来,中心已连续出版《中国西部发展报告》17部、《中国经济增长质量发展报告》14部、《陕西宏观经济发展报告》5部;中心研究人员已出版学术专著65部,发表科研成果3000余篇,研究成果获张培刚经济学奖等省部级奖励20余项,承担各级科研项目80余项;举办学术会议40余场;组织专家完成《专家建言》《成果择要》等;为政府完成咨询报告70余篇,其中30余篇受到省、市领导的批示。中心于2019年入选中国智库索引(CTTI)来源智库,2020年入选陕西智库联盟单位,《中国教育报》《中国社会科学报》《经济参考报》以及国务院新闻办公室门户网站、中国网、搜狐、新浪等300余家网站先后对中心的研究成果进行了报道。

——以为社会服务为己任,积极开展、参与地方政府和企事业单位的咨询服务活动,发挥中心的智库作用,为地方经济社会的发展提供决策咨询。

中心成立以来,先后由韦苇、任宗哲、姚惠琴等教授担任主任或常务副主任,现任主任为任保平教授。中心内部设有西部

第一个中外合作本科教育办学项目

2017年,西北大学与英国埃塞克斯大学合作举办电子信息科学与技术专业本科教育项目获教育部批准招生,这是西北大学第一个中外合作办学项目,由信息科学与技术学院与英国埃塞克斯大学计算机科学与电子工程学院(School of Computer Science and Electronic Engineering, CSEE)具体负责项目教育教学活动。

项目纳入国家普通高等教育招生计划,学制为四年,采用"3+1"的合作培养模式,学生在两校进行正式注册,接受两校共同管理,享有两校学生权益。学生达到毕业条件,可同时获得西北大学颁发的本科毕业证书、学士学位证书及埃塞克斯大学颁发的学士学位证书。

项目招生五年来,中英双方通力合作,建设了高质量的中外合作人才培养平台。双方共同构建面向电子信息科学与技术国际化创新型人才培养方案,专业核心课程50%以上引进英方课程和教学资源,由英方教师英文授课。英方配备了强大的课程团队,项目学术主任杨鲲教授入选2021年欧洲科学院院士,我校团队由学科带头人、青年骨干教师构成,4人获得国家级和省部级

郭立宏校长与Anthony Forster校长签订合作办学协议

英方教师为项目学生授课

人才称号。项目根据英方实验和实践教学标准,改造电子线路、电子器件、自动控制等实验室,提升学生专业实践创新能力培养成效。

两届毕业生中,130人获得中英双学位,80人进入世界TOP100名校攻读硕士研究生,包括帝国理工学院、伊利诺伊大学芝加哥分校、新加坡南洋理工大学等,24人进入清华大学、浙江大学、武汉大学等国内著名高校攻读研究生。

项目师资、平台及模式辐射提升了我校其他电子信息人才的培养质量。学院多个团队与埃塞克斯大学开展6G、情感计算和脑机接口等新型交叉领域的合作。项目通过联合举办国际会议,共同申报国家"创新型人才国际合作培养项目"等,不断提升我校国际影响力,拓宽了与其他国际知名高校合作的渠道。项目的深入建设必将为西北乃至全国电子信息类行业的发展提供西大支持。

项目2022届毕业典礼

文明互鉴，丝路生花

作为东西方文明的诞生地，意大利自豪于古罗马帝国的繁荣强盛和文艺复兴的璀璨群星，中国则拥有五千年绵延不断的华夏文明。习近平主席 2019 年对意大利进行国事访问期间，在意大利媒体撰文指出：“中国和意大利是东西方文明的杰出代表，在人类文明发展史上留下浓墨重彩的篇章……早在两千多年前，古老的丝绸之路就将远隔万里的中国和古罗马联系在一起。”

时光流转，“一带一路”倡议的提出让位于丝绸之路东西两端的两个文明古国在 21 世纪掀开了交流合作的新篇章。意大利是首个响应“一带一路”倡议的七国集团国家，近年来，两国在“一带一路”合作框架下，不断扩大交流规模，提升合作水平。作为全球文化遗产最多的两个国家，中国和意大利在文物展陈及文物和艺术品保护修复领域合作不断，从项目、机制和人才入手，引领了国际文化遗产合作体系。正是在这样的背景下，西北大学和意大利萨兰托大学联手创办了国内文化遗产领域首个获教育部批准的中外合作办学机构——西北大学萨兰托文化遗产与艺术学院（安莱学院）。

中华人民共和国教育部

教外函〔2021〕12 号

教育部关于同意设立西北大学萨兰托文化遗产与艺术学院的函

陕西省人民政府：

《陕西省人民政府关于商请设立长安大学长安-都柏林国际学院等 2 个中外合作办学机构的函》（陕政函〔2019〕171 号）收悉。根据《中华人民共和国中外合作办学条例》及其实施办法，经专家评议并审核研究，我部现就有关事项函复如下：

一、同意设立西北大学萨兰托文化遗产与艺术学院，学院隶属于西北大学，为不具有法人资格的中外合作办学机构，其意大利文译名为 NWU-Salento Facoltà di Beni Culturali e Arte, Northwest University，英文译名为 NWU-Salento Facoltà di Beni Culturali e Arte, Northwest University。

二、合作设立西北大学萨兰托文化遗产与艺术学院的中外合作办学者分别为西北大学和意大利萨兰托大学。办学地址为陕西省西安市长安区学府大道 1 号。

三、西北大学萨兰托文化遗产与艺术学院开展本科学历教育，开设文物保护技术（060105TH）、美术学（130401H）等两个本科专业。增设专业需按国家有关规定办理。

四、西北大学萨兰托文化遗产与艺术学院办学总规模为 240

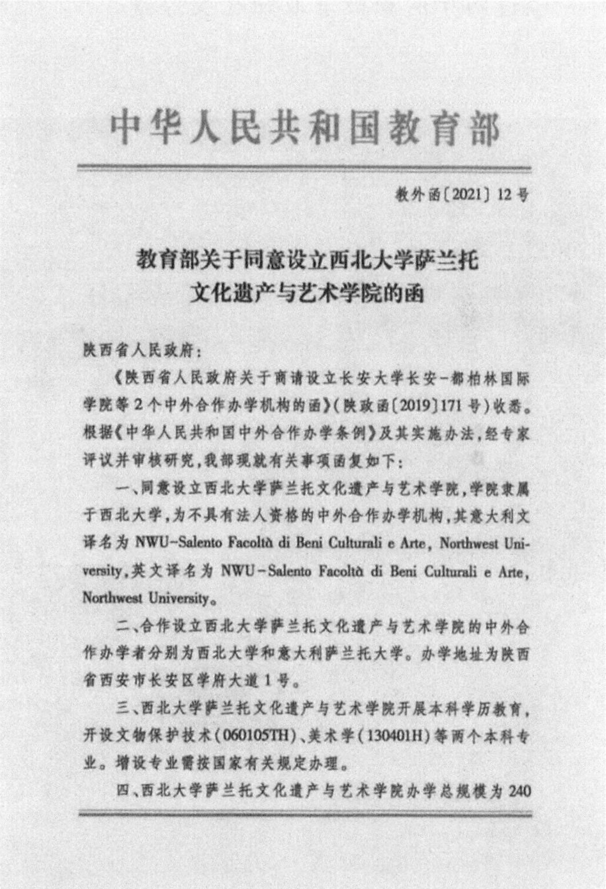

教育部同意设立西北大学萨兰托文化遗产与艺术学院的函

萨兰托大学位于意大利东南部普利亚大区的历史文化名城莱切市,在意大利文科类公立大学中排名前列,文化遗产学院是其综合实力最强的学院之一。2017年年底,西北大学国际处、文化遗产学院、艺术学院和信息学院相关教师了解到萨兰托大学文物修复专业实力较强,且此前连续多年和我校合作开展欧盟项目,遂报请校领导同意后组成申报工作团队,着手培育中意合作办学机构。

经过四年的积极争取和扎实筹备,2021年5月,西北大学萨兰托文化遗产与艺术学院(安莱学院)正式获教育部批准。2021年7月,学院在长安校区正式成立。安莱学院是西北大学下设实体二级院系,全国首个本科层次中意合作办学机构,文化遗产领域首个中外合作办学机构。安莱学院的成立填补了两国在文化遗产相关学科未曾设立高等教育合作办学机构的空白,是"十四五"期间西北大学国际化的标志性成果。

西北大学所在的西安市作为古丝绸之

2018年,安莱学院筹备团队代表合影留念

2022年6月,安莱学院举办第一届意大利文化节

路的起点和"一带一路"的重要节点,是中国全方位对外开放的重要窗口。西北大学考古学科一直以探索丝绸之路为代表的文明交往互鉴规律为追求,在教育部第四轮学科评估中获得 A+,2022 年入选国家第二轮"双一流"建设学科。同时,西北大学也是国内最早开设文物保护技术专业的高校,美术品鉴赏与修复方向是我校美术学专业的特色和优势。2020 年,美术学在软科"中国最好学科"排名第十,位列前 10%。优秀的历史文化、丰富的文化遗产和顶级的研究机构生态圈是取得这些学科成绩的"压舱石",也是安莱学院建设的力量源泉。

地处西安,学在西大,在几千年东方文明的浸润下,在百余年代代学者筑起的高塔上,我们"知从所来,方明所去""站高瞩远、习行践履",这是安莱学院建设发展的底气和自信。未来,学院将继续致力于建设学科交叉融合的示范点、资源汇聚融合的创新地、育人模式创新的试验田,持续厚植敢为人先、守正创新的情怀,不断提升平台优势,增加文化厚度,发挥教育在"一带一路"建设中的特殊作用,培养国际文物保护修复领域的从业者、研究者和引领者,为人类文明进步作出贡献。

继续教育发展的新跨越

2011年12月24日,一场特别的授牌仪式在首都北京的国家会议中心隆重举行,教育部向首批高等学校继续教育示范基地逐一授牌。西北大学代表从鲁昕副部长手中接过了这块沉甸甸的牌子。成为首批教育部高等学校继续教育示范基地之一,这既是一种肯定和荣光,更意味着一份责任和一种期望,标志着西大继续教育迈入了一个新的发展阶段。

西北大学继续教育发轫于20世纪30年代,50年代中期兴办夜大学教育,80年代,学校顺应改革开放的时代潮流,打破条块分割的严重束缚,大规模多层次地举办专业证书教育、干部专修科、函授教育、夜大学教育、自学考试助学等。2008年,改"成人教育学院"为"继续教育学院",进一步丰富办学形式,不断与时俱进,成为学校总体事业的重要方面、开展人才培养和社会服务的重要途径。

"十二五"期间,学校把大力发展继续教育作为一项重要任务,纳入《西北大学"十二五"暨中长期事业发展规划》,进一步明确了继续教育的发展愿景、办学格局、重点任务和阶段目标。

示范基地建设以来,学校继续教育在明确发展战略、完善管理体制、加快转型步伐、深化合作办学、建立培训基地、开发品牌项目、扩大办学规模、提高办学水平、加强课程建设、优化技术手段诸方面均取得了长足的进步,呈现出蓬勃向上之势。学校结合自身特色,打造了能源开发与化工专业人才、党政管理干部、文化和文博专业人

2011年12月,继续教育学院时任院长杨德生(右一)代表学校接受时任教育部副部长鲁昕的授牌

2011年12月,时任校党委书记乔学光(左三)到继续教育学院调研示范基地建设情况

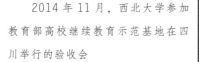

2014年11月,西北大学参加教育部高校继续教育示范基地在四川举行的验收会

才、企业经营管理人才、知识产权专业人才以及高校和中小学教师等六大系列品牌培训项目;新建了国家知识产权局、国家民政部、陕西省人力资源和社会保障厅、陕西省妇联、中国石油长庆油田公司、李嘉诚基金会等八个合作办学基地,大力推进与政府部门、行业、企业继续教育合作办学模式的不断创新,为地方经济社会发展的重点领域和支柱产业培训了四万余人次各类专门人才。

2014年,教育部组织专家组对全国50所承担"高等学校继续教育示范基地建设项目"的高校进行验收,我校因建设任务完成优秀,示范作用显著,在11月21日的西部组验收中顺利通过,并获得专家组评委很高的评价。专家组一致认为,我校的建设项目通过创新大力推进了本校及西部地区高校继续教育的发展,将实施国家重大战略与继续教育办学实践创新、理论研究深度融合,探索形成了西北大学及西部高校特色鲜明的继续教育办学发展模式、管理机制和运行机制,尤其是整合本校学科专业综合优势与优质教育资源主动服务国家战略,为继续教育与校内其他层次人才培养协同推进、促进地方经济社会发展开辟了新的途径,产生了积极的示范、引领作用,具有深广的推广价值。

拥抱新时代,共筑大健康

2017年12月27日,西北大学食品科学与工程学院成立揭牌仪式在太白校区举行,国内知名食品科学专家岳田利教授被聘为学院院长。校领导在致辞中要求学院要建成高起点高水平国际知名国内一流的食品学院。当天仪式上就有16家国内知名食品企业被授予"西北大学产学研一体化基地"。

2018年4月,朱蓓薇院士受聘为学院名誉院长,为学院发展定航把脉。6月,陕西省食品安全委员会办公室与学校签订合作协议,依托食品学院建立"陕西省食品安全风险识别控制技术研究中心""陕西省营养健康食品个性制造工程实验室""陕西省食品安全与营养健康创新转化平台"。12月学校举行了食品学科建设、食品学院发展规划论证会,确立西北大学食品学科将围绕陕西和西部特色粮油、果蔬、畜产资源以及秦巴山区天然动植物资源,在营养健康食品创制与特色资源食品加工及产业化领域开展科学研究与技术创新,成为陕西及西部食品和相关产业的"人才培养中心""技术创新中心"和"成果转化中心"。年底,学校印发《食品科学与工程学院综合改革方案》,学院在建设中深化改革、靠改革推进建设的思路愈发坚定,依托高质量高层次国际化的教育教学链、科学研究链和社会服务链的开放式办学路径愈发明晰。

学院围绕食品安全危害识别控制、食品营养学、食品与微生态健康和营养健康食品个性制造工程四个方向,着力打造四支团队、建强四个平台,几年之内,汇聚了一批知名专家学者:岳田利教授致力于食品安全危害识别控制与营养健康食品个性制造,在果蔬食品全产业链的嗜酸耐热菌及展青霉素识别控制领域在国内外具有重要影响,处于领先水平,入选斯坦福大学公布的全球前十万名科学家,长期担纲陕西省食品安全工作的战略规划和政府决策咨询;王仲孚教授从事多糖/寡糖的结构与功能研究,在基于生物质谱技术的高灵敏度

食品学院师生制作的"百廿校庆限定版绿豆糕"

分析和鉴定寡糖(链)的新方法和新技术建立、多糖精细结构解析及活性研究、多糖的可控性降解及其活性寡糖片段的分离制备和序列结构分析方面卓有成效;曹炜教授长期致力于蜂产品及特色农产品精深加工及产业化的基础理论和应用研究,在西部地区居于重要地位。樊君、张小里、白乃生、黄琳娟、骆艳娥、盛庆林、高慧等教授各有所擅,在发酵与酶工程、天然产物研究、碳水化合物化学与营养学、食品微生物与健康、食品安全检测及电化学传感、农产品贮藏与加工等多方面开展教学与研究,陕西乡亲耳熟能详的茯茶、木耳、羊乳、西凤酒、冰峰、红枣、陕北小杂粮、关中面制品、蜂蜜蜂胶、苹果、猕猴桃等,专家团队均有深入研究。

"蜂之蜜"项目获第六届中国国际"互联网+"大学生创新创业大赛金奖

短短几年,学院获批陕西省食品科学与工程实验教学中心和陕西省发改委工程中心、西安市重点实验室等教学科研平台;主持国家重点研发计划"秦巴山区食用菌质量安全保障技术研究与示范"等一批国家级项目;与地方知名企业合作成立西北大学西凤酒研究院、西北大学冰峰饮品研究院;专家团队深度参与陕西地方脱贫攻坚和乡村振兴,以实际行动参与和支持秦创原建设,赢得良好社会声誉。

同时,师生规模也在不断扩大,教育质量快速提升。师资队伍由最初的十几名发展到现在的近60名,学生由100多名增长到现在的近400名。2021年支撑学校农业科学跻身ESI全球前1%学科,2022年通过工程教育认证。曹炜教授指导、赵浩安博士负责的"蜂之蜜——打造蜂产业链升级变革与精准扶贫新模式"项目获2020年第六届中国国际"互联网+"大学生创新创业大赛全国总决赛青年红色筑梦之旅赛道金奖,取得学校在该项赛事上的突破。翌年,王仲孚教授指导、路宇博士负责的"西大羊乳——国内羊乳资源化利用开拓者和引领者"斩获同一赛事第七届比赛的银奖。近期,多个学生团队在青年教师指导下,依托创新创业项目支持,发表了高水平研究成果。近三年,毕业生就业率稳定在92%以上,学生在国内外知名大学深造率超过50%,最高达70%。

健体明医弱者雄，西大医科今又生

2019年9月18日，西北大学在太白校区为复办医学后的医学院首届临床医学专业的28名本科生举办了一场庄严隆重、意蕴独特的开学典礼。这是时隔69年后，西北大学复办医学招收的首届本科生，其班级被命名为"徐诵明医学卓越班"。

陕西省政府原副省长姜信真，陕西省政府与西安市政府相关部门负责人，北平大学校长兼医学院院长、国立西北联合大学常委徐诵明先生的外孙徐冬冬，学校党政多位领导和相关部门负责人，医学院全体教职工，附属医院负责人，新生及家长代表、企业代表共计200多人出席了典礼。在典礼上，校长郭立宏为28名医学新生授予了医学白袍；校党委书记王亚杰和时任西安市卫健委主任刘顺智向全体新生颁发校徽、赠送书籍；徐冬冬向"徐诵明医学卓越班"授旗；时任副校长王尧宇向学生代表赠予寓意"医学初心"的心脏模型；全体新生在西北大学附属第一医院医生王睿的带领

国立西安临时大学第三院在靠近西安城北门的北大街通济坊（1936年以驻有通济信托公司而得名，位于今西安市新城区北大街中段东侧，有通济中坊、南坊、北坊三条东西巷），置法商学院三系、农学院三系、医学院和教育系、生物系、地理系等系于此

国立西北联合大学常委徐诵明与医学院教师和部分学生在南郑东郊医学院本部马家庙前合影。前排：左二眼科副教授刘新民、左三病理学副教授毛鸿志、左四儿科学教授颜守民、左六法医学教授林几、左七医学院院长兼皮肤花柳科教授蹇先器、左八西北联大常委徐诵明教授、左九药理学教授徐佐夏、左十内科学教授陈礼节、左十二儿科学专任讲师厉矞华(徐佐夏之子徐襃珍藏)

下进行了庄严的医学生宣誓，立志"维护医术的圣洁和荣誉"……

为什么要为这 28 名学生单独举办一场如此庄重的开学典礼？为什么要将这个班级命名为"徐诵明医学卓越班"？郭立宏校长指出："这场专属于医学新生的特殊仪式，既标志着学生们投身医学事业的开始，同时也寓意西北大学复办医学之路开启了新的征程。"其实，西大人复办医学院有着更深层次的历史意蕴和综合情结。这场充满仪式感的专属开学典礼，实际上包含了太多的意义：它既是对前辈先贤们一百多年前就创办医学教育的致敬和告慰，也是发扬光大西北大学是陕西乃至西北地区现代医学教育开辟者这一光荣传统的宣誓和告白，更说明西北大学在恢复历史荣光、创造辉煌未来、建设综合大学的征程上充满了自信和底气。

翻阅校史，我们看到，西北大学京源的先哲们早在 1903 年就创立了京师大学堂的医学实业馆。此后历经医学馆(1904)、国立北京医学专门学校(1912)、国立北京医科大学 (1924)、国立京师大学校医科(1927)、国立北平大学医学院(1928)的演变，直至抗战爆发，于 1937 年内迁陕西，成为国立西安临时大学和西北联合大学医学

西北大学生命科学与医学部成立

"西北大学附属医院""西北大学附属第一医院"授牌

院。1939年8月,遵民国政府令,医学院从联大析出,独立设置为西北医学院。1946年8月,遵教育部令,西北医学院又回归西北大学,是为西北大学医学院。1950年4月,中华人民共和国教育部又决定西北大学医学院独立设置,改名为西北医学院。如此进进出出,分分合合,真是几度沧桑,几经变迁。

医学院虽然分出去了,但是它的部分教育资源依托西北大学生命科学学科,仍然存在于母校。其后几十年来,西大在新药创制、微生物致病机理、复杂遗传性疾病的分析与预防、基因组医学、生物材料、组织工程、认知科学等方面都形成了鲜明的特色和相当的优势。再加上药用植物专业的创办,以及"生命科学与技术""生物科学"两个国家基础学科人才培养基地的设立,都为学校复办医学提供了坚实的基础。

"十二五"以来,学校将筹建医学院列为重点工作之一予以推进。2016年5月,经校党委常委会审定,同意成立西北大学医学部;2017年9月,与西安市第一医院签署战略合作协议,"西北大学附属第一医院"正式揭牌;2017年12月,郭立宏校长主持召开推进西北大学医学院筹建工作专题会议,确立新时期西北大学医学教育"小规模、高起点、有特色"的办学定位;2018年5月,西北大学生命科学与医学部正式揭牌,并与西安市第三医院签署战略合作协议,"西北大学附属医院"挂牌成立;2019年3月获批设置临床医学(五年制)专业、生物医学科学专业,同年9月,首届临床医学生顺利入学。至此,新世纪西北大学医学教育成功复办。

近几年来,医学院紧紧围绕"小规模、高起点、有特色"的办学定位,立足新医学、打造新医科、构建新医模,加强专业、学科和人才队伍全面建设,取得了快速发展;先后成功获批临床医学、生物医学科学、药学和口腔医学四个本科专业,医学专业第一志愿录取率接近90%;整建制承接导入空军军医大学等单位医学高层次人才30余人;以第一作者单位在 Nature 正刊发表论文,成为陕西省第二篇 Nature 医学研究论文;临床医学、药理学与毒理学一年内先后进入 ESI 全球前1%;挂牌6所附属医院和3所教学医院,申报建立西北大学互联网医院;外引导入资金首超校内经费投入,实现了西大医学教育投入新模式。短短三年时间,西北大学医学院运用超常规思维建设方式,取得了非同寻常的成绩,为西部医学教育跨越式、内涵式发展奠定了坚实的基础。

西北大学首届临床医学专业开学典礼

立心立命两甲子,善事善述一千年

关学是由北宋哲学家张载奠基于先,宋元明清诸关学干城承续于后,并与全国各地理学学派互通声气、血脉交融的具有全国性影响的学派。千年以来,关学学人秉承"为天地立心,为生民立命,为往圣继绝学,为万世开太平"的文化使命和天下情怀,在历史的跌宕起伏中赓续不绝,相继相承,不仅形塑着陕西地域文化的共性特征,推动着中国文化的发展格局,而且为西北大学的创立发展奠定根基,塑形造魂。

1902年创办的陕西大学堂,其办学宗旨之一就是要"承续关学,为乡梓献力"。西北大学建校之初,即有诸多名师贤达系出关学门庭,如水利学家李仪祉的父亲李桐轩就肄业于关学的传承重镇宏道书院;地质学家杨钟健的父亲杨松轩也曾肄业于宏道书院,并从学于被梁启超誉为"关学后镇"的关中大儒刘古愚。这些学术大师幼承庭训,谨遵家教,其道德人品的高尚,学术成就的丰厚,均与关学注重实务、心系苍生的学风传承紧密相关。20世纪二三十年代,先后两次在西北大学执教的历史学家、书法家党晴梵即已关注关学研究,并于1931—1935年著成《关学学案》,开启了用

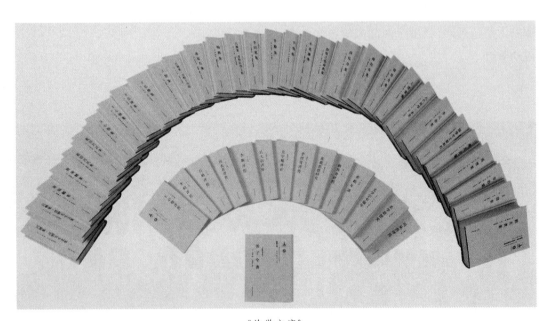

《关学文库》

现代学术方法研究关学的先声。还有曾任西北大学前身陕西大学堂教习的邵力子、西北联合大学历史系教授何士骥、西北大学前校长的侯外庐，早在20世纪40年代即撰有关于王征、刘古愚、李二曲的专题研究论文。

20世纪50—80年代，侯外庐带领张岂之等西大学人，以马克思主义的眼光研究传统学术，先后完成《中国思想通史》《宋明理学史》等皇皇巨著，开启了对关学历史发展和学术思想进行系列研究的殿堂大门，推进了张载关学研究的进一步深化；90年代后，龚杰、任大媛、方光华、武占江等出身西大的专家学者又在张岂之的带领下，先后完成《张载评传》《刘古愚评传》《张载关学及其著述》等关学研究论著。

进入21世纪，西北大学与陕西省文史研究馆通力合作，汇聚国内关学研究英杰俊才，历经八年辛苦爬梳，完成我国第一部对关学基本学术文献进行整理与研究的大型丛书——《关学文库》。丛书上起北宋、下迄民国，洋洋洒洒2300余万字，共40种47册，填补了关学近千年传承中文献结集、整理出版、系列研究的空白。丛书由张岂之担任编辑出版委员会主任，刘学智、方光华担任总主编，陕西学界耆宿英杰通力合作，是继承关学文化、弘扬关学精神的标志性成果，是西北大学凝聚学术力量，以实际行动推动优秀传统文化承续发扬的实际体现，展现了西大学人勇于担当、乐于奉献的学术情怀，精益求精、严谨朴实的学术精神，尊重传统、复兴文化的学术责任。丛书2015年在西北大学出版社出版后，广受学界好评和社会欢迎，先后荣获第六届中华优秀出版物奖、第二届全球华人国学成果奖等。

为了进一步推进关学的文献整理和学术研究，2018年7月，西北大学正式成立了国内第一家以关学研究为主题的实体性研究机构——关学研究院。目前，关学研究院搭建了以"中华关学"为标识的"关学文化继承创新发展平台"，顺利开展了"关学概论""关学文库续编""清末民初关学重要文献和思想研究""民国时期关学近代转型研究""张载及其关学的现代阐释"等多项研究工作，成功申报了多项国家及省部级课题，出版了《张载及其关学》《关学二十二讲》《新订关学编》等十多部关学研究论著，在国内外期刊发表了百余篇学术论文，并获得了陕西省高等院校人文与社会科学奖、国际纳通儒学奖等多个奖项。

继承关学传统，弘扬关学精神，是西北大学关学研究、出版、传播团队的初心所在。以关学之志治关学之学，以关学之学养关学之德，传承关学勇于造道、勇于担当的志向和心系天下、心系社稷的情怀，开出关学面向新时代、服务新时代的学术新局，创出关学研究面向传统、面向现代、面向社会、面向未来的更多优秀学术成果，是西大关学人永恒不变的精神追求。

让"冷门"不再冷,使"绝学"有人继

国家社科基金冷门绝学研究专项旨在重点支持对国家发展、文明传承、文化安全具有重要意义或填补空白价值,但目前投入不足、人才匮乏、研究断档、亟须抢救的冷门绝学,加强冷门濒危学科抢救保护,确保具有重要文化价值和传承意义的绝学、冷门学科有人做、有传承。西北大学在这一方面也展现了自己的担当,有不俗的表现。

2018 年,王新刚教授的"叙利亚古代史研究"获批国家社科基金冷门绝学专项。古叙利亚文明是中东地区最古老的文明之一。它在同埃及文明、两河流域文明的交往中发展壮大,在人类历史上首创并成功实践字母文字和一神信仰,对世界文明进程产生了深远影响。与此同时,作为"文明交往的十字路口"和丝绸之路西段的咽喉要道,古叙利亚地区又是世界主要文明互动交往的舞台。系统研究这一地区的历史演进、特征和意义,不仅可以丰富人类文明的多样性研究,揭示中东地区文明碰撞交融的特点与规律,还可以为构建人类命运共同体提供理论支撑。

该课题以大叙利亚古代历史演进为研究对象,主要探讨叙利亚地区的文明起源,古代塞姆人的迁徙、交往与文明的传播,古希腊、罗马时代的叙利亚,阿拉伯帝国时期的叙利亚,十字军时代叙利亚的文明冲突与文明交融,马木路克王朝和奥斯曼帝国治下的叙利亚,文明交往与叙利亚地区的历史特征等问题,有力推动了国内世界古代史学科和中东史学科的发展。

2020 年,西北大学又获批国家社科基金冷门绝学研究专项 3 项,立项数位列全国第二,实现历史性突破。

1. 唐泉教授承担 "中国古代历法中的 '步五星术'研究"

历法作为皇权的象征,历来受到中国古代皇帝的高度重视。我国古代史籍中,有名可考的历法超过一百部,加上约略提到的,总数超过两百部。从西汉至明末,我国

王新刚教授

唐泉教授

正式颁行的历法有 50 余部，这些历法的术文比较完整地保存在二十四史中的"律历志"或"历志"中，而那些未被颁行的历法绝大多数已经失传。中国传统历法的编算体系在 13 世纪已经成型，而明末西方天文学传入中国后，已经鲜有学者通晓传统数理天文学的思想方法。因此，有清以来，二十四史中的"律历志"或"历志"成为中国古代文献中最为费解的内容之一。

中国传统历法除了计算年月日时的安排外，还要计算晷影漏刻、日月交食、行星运动等数理天文学所研究的主要内容。一部完整的中国古代历法通常厘为七章，依次为：步气朔；步发敛；步日躔；步月离；步晷漏；步交会；步五星。其中第七章"步五星"是中国古代天文学家专门讨论金、木、水、火、土这五大行星运动规律的内容，即中国古代的行星运动理论。深入研究中国古代的行星运动理论，系统和全面地阐发中国古代行星理论的思想、方法与精度，不仅有助于深刻理解中国数理天文学的基本思想和方法，而且对揭示近代科学的源流以及科学传统的多样性具有重要意义。

该项目将在前人研究基础上，对汉代至明代的所有中国传统历法中"步五星术"进行全面研究，全面讨论中国古代行星理论中的常数，阐明每一个算法的天文意义，利用计算机编程模拟古代行星算法，讨论不同朝代一些代表性历法的行星计算精度，校勘所有历法中与"步五星术"有关的文字。在此基础上，从整体上把握中国古代行星理论的发展脉络，从本质上理解其精髓并予以客观评价，进一步确立中国古代行星理论在整个古代文明天文学发展历史上的地位。

2. 李利安教授承担"汉传佛教阿育王文献整理与研究"

阿育王是世界历史上最著名的"护法"国王，他不但实现了印度历史上的第一次统一，而且将佛教传向南亚次大陆之外，使其成为人类宗教史上第一种世界性宗教。

李利安教授

他本人也被佛教塑造成转轮圣王，变成世界佛教徒的信仰对象，并对很多佛教流行地的统治者产生了深刻的影响。

汉传佛教阿育王文献是在中国保存了一千多年的印度古代史资料，既能与梵文、巴利文、古代印度地方波罗米文、藏文等同一题材的不同文献实现比对，而且能与印度古代遗迹和文物相互呼应，还与中国古代佛教信仰和政教关系发展直接相关，并和中国很多佛教遗迹相互印证。自从阿育王法敕铭文解读成功后，国际学术界对阿育王的研究一直比较兴盛，但作为汉传佛教一个特别类型的阿育王文献却始终没有引起学界的重视，中国学术界对阿育王文献的研究也极为薄弱。

该课题的研究对象即为古代汉传佛教阿育王文献及其相关问题。课题运用"文明交往论"研究古代中印之间的文明交往历史、特征及影响，进一步推动这一思想的学术实践和理论发展。同时注重从文献的跨文化对话角度分析信仰的跨文化理解与传播情况，进一步丰富人类文明多向发展与多元互鉴的理论。

3. 席会东教授承担"丝绸之路古代地图整理与研究"

古地图是历史地理研究的核心资料，具有文字文献不可替代的文献价值、文物价值和文化价值，其所具有的直观性和形象性也是中国学者打破文字文献限制、拓展域外历史地理研究领域的突破口。

席会东教授

随着后冷战时代全球经贸合作的深化和"一带一路"建设的推进，丝绸之路学日益成为国际显学。中国学界既有的丝绸之路研究多是中国史学者以汉文文献为主要史料、以中国段为主要对象而展开的，既有的历史地理研究在空间地域上也较少涉及域外。在构建中国学术体系和国际话语体系的时代背景下，打破中国史和世界史的专业畛域，以全球史视野开展丝绸之路研究和域外历史地理研究是中国历史地理学者面临的时代课题。

该课题将在前人研究的基础上，汇编大量丝绸之路古代地图孤本和珍本，促进海外珍本中国古籍的回流和同源地图的再聚，推动中外地图比较研究的深入，弥补丝绸之路研究以文字史料为重之不足，并实现"以图明史、以图证史、以图补史"，为相关研究提供资料，探索古代地图史、东西方地图交流和比较史、丝绸之路历史地理相结合的古代专题地图研究新领域和新路径。

文理并举,双峰并峙:闻名遐迩的两个学术讲座

作为一名大学生,如果在就学期间不曾听过若干次高水平学术讲座,那一定会留下重大缺憾;作为一所一流大学,如果不曾举办高水平学术讲座,其一流成色肯定会大打折扣。一位学者甚至这样写道:"与其上大量少有新意、乏善可陈的课程,倒不如多听些权威学者的专业讲座,因为这些讲座或是讲演者本人殚毕生精力所提炼而得的学术精髓,或为学术前沿信息与动态的第一时间反馈,对于拓展学术视野,掌握学术信息,了解学术新见,借鉴学术研究方法,均不无裨益,受用良多。"应该说,这段透彻而精辟地阐明了学术讲座的重要意义和重大作用。

作为一所百年老校,西北大学历来十分重视并长期坚持举办各类学术讲座,早在1924年就曾邀请鲁迅、王桐龄、夏元瑮等名家来校讲课、讲演。此后,学界名家于右任、李约瑟、顾毓琇、裴文中、陈梦家、吴宓、华罗庚、李政道、杨振宁、牛满江、王元、李泽厚、詹姆斯·米尔利斯、约翰·巴丁、丘成桐等均来校作过学术讲座。校内的著名教授更是经常为师生作学术报告,纵论科学,津梁学术。

为了发扬光大这一优良传统,学校于2012年整合设立了"杨钟健学术讲座"与"侯外庐学术讲座",分别以自然科学、人文社会科学方面的内容为重点展开,旨在传承科学精神,传播学术思想,积极推动跨学科、跨领域的学术交流,大力促进学科之间

著名作家、诗人余光中做客"侯外庐学术讲座"第三十九讲,讲述"另一种乡愁"

日本著名经济学家篠原総一做客"侯外庐学术讲座"第一百六十九讲,并受聘我校客座教授

西北大学115周年校庆之际,诺贝尔奖获得者Michael Levitt院士做客"杨钟健学术讲座"并受聘我校荣誉教授

英国皇家科学院院士、欧洲科学院院士David Alan Leigh做客"杨钟健学术讲座"第一百六十七讲

的相互交叉、相互融合、相互启迪,力图打造在国内外有广泛影响的学术活动品牌,为学校扩大学术影响、提升学术地位作出积极努力。

2012年6月8日,在"杨钟健学术讲座"的启动仪式上,张国伟院士作了题为《关于大陆构造与大陆动力学研究的思考》的首场学术报告,分别介绍了大陆构造与大陆动力学思考与研究的起点,探索构建大陆构造与大陆动力学的理论系统,中国大陆构造基本特点,大陆构造的关键科学问题与探索研究,以及发展构造地质学、理论构造地质学是地质科学的基本学科五方面内容。报告厅座无虚席,许多学生甚至站在过道和门口听完两个小时的报告。

自此,"杨钟健学术讲座"开始了持续至今的举办历程,并成为学校在国内外具有影响力的一项品牌学术活动,十年间已举办201讲,邀请了中国科学院院士、中国工程院院士、美国科学院院士、俄罗斯科学院院士、第三世界科学院院士等机构知名学者来校传授科学知识、分享研究成果、开展学术交流。钱逸泰、孙昌璞、周忠和、秦大河、徐宗本、解思深、牛文元、郭位、朱蓓薇等众多国内外学术大家都曾受邀开讲。

"侯外庐学术讲座"同样是2012年西北大学110周年校庆前夕推出的。它是西北大学人文社会科学领域最高层次的学术品牌活动,也是学校"繁荣计划"的重要举措之一。十年来,"侯外庐学术讲座"先后举办了242场,做客讲座的名师大家既有国内外著名的经济学家、历史学家、社会学家、艺术家、法学家、作家、诗人和企业家,也有教育部"长江学者"、国务院学科评议组成员、教育部教学指导委员会委员、享受国务院特殊津贴的专家,例如周锡瑞、陈其泰、王子今、黄少安、白乐桑等,产生了良好而广泛的影响。

如今,以两位著名科学家、教育家、资深老校长为名设立的这两个高水平学术讲座,已然成为师生们每周必备的学术大餐、思想盛宴,学校文化、学术薪火传承的重要平台和载体,为西大学子攀登科学高峰注入了丰富的营养和强劲的动力。

我们是首批"全国文明校园"

2017年11月17日,对于刚刚度过115岁生日的西北大学来说,又是一个彪炳校史的日子。当晚,振奋人心的消息从北京传来,西北大学被中央文明委授予第一届"全国文明校园"称号,成为获此殊荣的全国39所高校之一。

一时间,学校官方微信发布的推送《喜大普奔!西北大学荣获首届"全国文明校园"称号!》迅速在全校师生员工和海内外校友的朋友圈传开。"点赞母校""为母校打call""世界那么大,我最爱西大""厉害了,我的西大""文明西大,未来可期"……一条条跃动着时代气息的真挚留言,承载着全体西大人发自内心的爱校荣校热情,更是学校坚持20余年抓好文明创建工作的生动写照。

改革开放之初,党中央创造性地提出建设社会主义精神文明的战略任务,确定了"两手抓、两手都要硬"的战略方针。西北大学紧跟时代步伐,确立了"没有一流精神文明建设就没有一流高校"理念,把精神文明建设作为战略性、全局性和基础性工作,

西北大学荣获第一届"全国文明校园"称号

下大力气持续推进。

学校在全国高校中较早成立了统筹协调精神文明建设工作的专门机构——文明办,从1995年创建区级文明单位开始,先后取得了西安市碑林区文明单位、西安市文明单位、陕西教育系统文明校园、陕西省文明校园、全国精神文明建设工作先进单位、全国文明单位等称号,一步一个脚印,一级一级创建,社会主义精神文明与校园文明相得益彰、交融共进。

20多年来,西北大学的精神文明建设工作一直保持着一个传统,就是在每年3月,校党委书记、校长都要与校内各单位党

政负责人共同签订《精神文明建设工作任务书》,有效解决了"做什么、怎样做、谁来做"的问题,从而将精神文明建设任务自然融入教育教学管理服务各环节,渗透到学习工作生活各方面。如今,这一做法已被省内许多高校借鉴。

2018年,中央文明委确定了10所全国文明校园创建典型,西北大学名列其中。从当年2月开始,中央、省级媒体进行了历时3个月的集中宣传报道,新华社、《人民日报》、中央电视台、《中国青年报》分别刊发或播出了《西北大学:小剧场里作育人大文章》《西北大学:公诚勤朴 成风化人》《西北大学:立德树人 构筑文明校园》《西北大学:让文明成为一种自觉》等一系列专题报道。8月,校党委书记王亚杰在北京接受了中国文明网的专访,介绍、推广学校文明创建工作成效。

获评第一届"全国文明校园"称号以来,西北大学全面总结20余年逐级创建经验,进一步对标教育部、中央文明办《关于深入开展文明校园创建活动的实施意见》,立足学校工作实践和特色优势,提出了以"诚信奠基、文化引领、全员参与、全方位提升"为主要内容的深化创建工作思路,出台了《文明校园提升工作方案》,系统实施体制机制优化、理想信念固本、诚信建设奠基、"三全育人"深化、文化育人培元、环境阵地保障等"六大工程",协同推进校内文明单位、文明处室、文明服务窗口、文明班级、文明宿舍、文明大学生"六类创建",推动文明创建不断内化为师生的工作习惯、思想共识和行动自觉。师生中先后涌现出了全国向上向善好青年、全国学雷锋志愿服务先进典型、中国好人、三秦楷模、陕西省道德模范、陕西好人、陕西省岗位学雷锋标兵、陕西省学雷锋活动示范点等优秀代表,集体闪耀着校园文明的价值光辉。2018年11月2日,学校承办了"陕西好人榜"发布仪式,进一步宣传展示了"文明西大"的鲜亮品牌和厚重优势。

2020年12月,经过中央文明委复查,西北大学继续保留"全国文明校园"荣誉称号。

校党委书记王亚杰接受中国文明网专访

求贤若渴，聚才有方：高层次人才队伍建设成效显著

一个高层次人才的引进需要多长时间？西北大学的答案是：20小时。

"杰青"王宁练研究员跟西北大学的同学交谈时，吐露了他想到高校工作的意愿。随后，引进他的议题在第一时间提交到了校长办公会上。特殊人才，特殊对待。20小时后，来自西北大学人才引进的诚挚邀请，便稳稳地送到了王宁练面前。

"太令我感动和意外了。"看着母校送来的饱含深情和信任的邀请函，王宁练说："母校用20小时接纳我，我要用20年回馈母校。"

对王宁练的高效率引进，形成了"以才引才"的人才集聚效应，迅速又吸引了数名高层次人才来校工作。

作为一个地处西北的省属高校，在地域资源并无竞争优势的情况下，西北大学在全国愈演愈烈的人才大战中风生水起，走出了一条符合学校实际的人才强校之路。

学校充分发挥院系在引人育人用人中的主体作用，特别是围绕学科发展规划绘制"学科树"，依托"学科树"绘制"人才树"，两棵树有机结合，人才引进有路径、人才培育出新苗的效果得以凸显。

"我舍不得西大，在这里我们能心无旁骛地做学问、搞研究、培养人才。"舒德干院士谈起学校，满足感溢于言表。经过多年发展，舒德干院士领衔的早期生命科学研究团队汇聚了多位高层次人才、科技创新领军人才和各类优秀青年人才，形成了结构层次合理、多学科交叉、在国内外有重要影响力的研究队伍。团队围绕"动物门类的起源与寒武纪大爆发"科学前沿难点问题，潜心攻关，取得丰硕成果，先后在 Nature 和 Science 杂志上发表15篇具有国际前沿研究水平的文章。

西大考古学科在第四轮学科评估中获评"A+"，入选新一轮"双一流"建设学科名单。借助学科优势，学校引进了著名考古学家罗丰研究员和一批国际知名的考古学家，同时培育了一批国家级人才。

只有人才的个人价值追求和学校的发展目标高度融合，人才与学校的办学理念、发展目标生发同频共振，才能与学校的发展真正同心同向同行。在120年的办学历史中，学校一直赓续着自己的优良传

统——发扬民族精神，融合世界思想，肩负建设西北之重任，这是学校长期坚持的办学理念。从侯外庐学派的创立到张岂之教授对传统文化传承的执着，从侯氏理论的创立者侯伯宇教授到全国教书育人楷模张国伟院士，他们无不是扎根西北，在西大精神的滋养下，成为实现个人价值和社会价值的典范。

近年来，学校将人才作为办学第一资源，倡导科学全面的人才观，牢固树立"人人都是人才、人人皆可成才""依靠高素质的人才培养人才、人人为培养人才作贡献"的理念，按照"奖励高端、调动中坚、扶持青年"的人才工作思路，持续改革完善全方位、全体系、全过程的人才队伍"育引服管"体制机制，实现人才队伍"盘活存量、做大增量、激发能量、提升质量"。

"十三五"至今，学校新增国家级高层次人才109人，省部级高层次人才268人，其中，张宏福教授、赵国春教授当选中国科学院院士。截至目前，学校有国家级高层次人才147人，省部级高层次人才364人。《光明日报》头版曾刊发《探访西北大学人才井喷奇观》，推介我校教师队伍建设和人才工作的创新举措和突出成果。

学堂亭与东学楼

"双一流"建设谱新篇

2022年2月14日,一个振奋人心的消息从北京传来:在教育部、财政部、国家发改委公布的《第二轮"双一流"建设高校及建设学科名单》中,西北大学的考古学、地质学双双上榜,联袂进入了第二轮世界一流学科建设行列。据统计,相比首轮"双一流"建设,第二轮共新增了43个学科,我校的考古学即为其中之一。由此,我校的"双一流"建设学科由一个增加为两个,圆满实现了"保一争二"的目标,双一流学科数量位居全国并列第44位。

"双一流"是指建设世界一流大学和一流学科,这是继"211""985"工程之后,党中央、国务院为提升我国教育发展水平作出的又一重大战略决策,是新时代高等教育强国建设的引领性和标志性工程。对于国内高校来说,"双一流"建设是事关长远发展的重大战略机遇,很多高校都铆足了劲争取。西北大学作为一所地处西北的省属高校,经过不懈努力,在两轮"双一流"建设中均取得了不俗的成绩,这无疑是学校办学历程中又一重大历史性突破。

纵观学校的"双一流"建设历程,充分体现出学校坚持构建分层次、差异化特色发展的学科生态体系顶层设计,全校上下万众一心拧成一股绳的强大凝聚力,从而取得了今日西大办学历史上具有标志性意义的"双一流"建设进展。

——坚持以争创一流为目标。学校自始至终把争创一流作为战略目标,以超常规思维、超常规方式建设一流学科"特区"。通过"政策优先保障、机制优先突破、经费优先投入",全力支持地质学率先达到世界一流水平,重点培育考古学进入国家"世界一流学科"建设行列。校党委书记王亚杰、校长郭立宏分别作为地质学系和文化遗产学院的联系校领导直接指导工作,各部门纷纷跟进,一切为"双一流"服务的理念深入人心。

——坚持以学科建设为基础。"双一流"虽是学科建设皇冠上的明珠,但只有学校整体的学科体系稳固扎实,双一流学科才能后劲更大、走得更远。学校学科建设管理部门在充分研究学科发展现状的基础上,不断优化学科管理顶层设计:加强内涵建设,提出"学科方向—学科团队—学科平台—学科集群"递进式一体化学科发展模式,集中提升学科的办学特色、培养质量、学术价值和服务贡献;涵养特色生态,在尊重学科多样性的前提下,持续构建优势突出、特色鲜明、布局合理、相互促进的学科生态体系,确保不同层次、不同类型的学科能够和谐共生、共同发展;创新组织模式,探索学部制改革,先后组建了生命科学与医学部、史学部以及一批交叉研究机构,着力打造具有引领性、开放性、创新性的交叉学术领域和学科增长点。

——坚持以深化改革为动力。学校积极求变,从体制机制上动脑筋,充分利用全国"管办评"改革唯一试点高校的机遇,推动"放管服"和"一院一策"改革,学校领导深入院系,各职能部门形成对接院系768条精准服务清单,将学校的权力和资源下放,有效地激发了院系办学主体活力,将"大学办大学"转变为"学院办大学"模式。

——坚持以科学管理为保障。学校通

在2020年9月的"双一流"建设总结评估专家论证会上,专家组认为我校2016—2020年"双一流"建设首轮周期的各项主要任务均已完成,成效显著,标志性成果突出

教育部副部长翁铁慧在西北大学调研考察时，高度肯定学校的"双一流"建设成效，并点赞"投入产出比"

过完善管理机制，力争把每一分钱都花在刀刃上。一是创新学科建设项目管理机制，将学科建设专项资金分为基本资助、一流资助、竞争性资助、调节性资助四个类别，实行常态稳定资助和动态竞争性资助相结合。时任教育部部长陈宝生在"双一流"建设现场推进会上，充分肯定了我校这种学科项目管理模式。二是完善学科发展运行保障机制，形成"政策引导—资源配置—绩效考核—动态调整"全链条的良性运行和保障机制，强化目标管理，突出投入产出比与建设实效。三是构建学科管理协同发力机制，联合各学科建设单位、相关职能部门、学科建设管理部门三方共同构建"学科建设责任共同体"。

回望这些年的接续建设，学校在以下五个方面形成了"双一流"建设的特色与亮点：

——综合改革激发了活力。着力构建"目标牵引、问题导向、统筹管理、分类指导、一院一策"的管理模式，学校发展由传统的火车头单一牵引模式转变为多点发力的动车模式，改革红利不断释放，内部治理体系不断完善，改革成为"双一流"建设的核心推动力。

——原始创新能力稳步攀升。面向国际学术前沿，形成一系列重大科学发现和原创成果。提出寒武纪大爆发三幕式新假说，首次发现"清江生物群"，被誉为国际进化古生物学领域具有划时代意义的里程碑事件；产生了大陆构造与深部过程理论创新研究成果，成为国际中央造山系造山过程研究的代表；揭示了前寒武纪重大地质事件格架及其与成矿作用的耦合关系，发现并证明了导致稳定克拉通被破坏的根本原因，提出了全新的 Pangea 东亚重建方案。这些成果充分体现了学校强劲的基础科学研究能力。

——支撑共建"一带一路"大格局作用不断彰显。中亚考古队聚焦破解古代月氏西迁文化遗存的国际学术难题，把中国游牧文化考古理论和实践带向国际领先水平，构建了丝绸之路考古中国话语权和研究主导权，多次受到国家主要领导人的肯定。搭建丝路智库群，产出了一批具有重大影响力的咨政报告和研究成果，为丝路文明交流互鉴和区域经济发展作出了积极贡献。

——服务社会能力显著增强。以社区学院、技术转化、消费带动、产业复兴为核心的西大教育扶贫模式成效显著，学校与扶贫干部荣获中省市县区各项表彰。新型校企研发平台模式入选国家发改委典型案例。推动科技成果"三权"下放，实现了千万级的重大成果转化。

——建设效率领先优势明显。学校办学经费投入在一流学科建设高校中处于中下游水平，但高层次人才引育成效和科研产出分列一流学科高校第 8 位和第 24 位，国家基金人均承担项目数和平均资助率均位居全国前列，体现了"低投入、高产出"的建设效率。2019 年 10 月，教育部副部长翁铁慧一行来校调研考察，充分肯定了我校"双一流"建设成效，她特别指出，"西北大学历史底蕴深厚、办学定位清晰、发展成绩突出，如果算投入产出比，我想西北大学应该说在中国的高等教育当中，肯定是名列前茅的"。

新世纪以来西北大学部分国家级教学成果奖

成果名称	主要完成人	年度	获奖等级
高等地质教育的改革、创新与实践	孙　勇、于在平、张云翔等	2001	一等奖
加强基础,备足后劲,创建高质量基础学科人才培养的新模式	孙秀泉、董庆彦、姚合宝等	2001	二等奖
瞄准国际前沿,推动我国无机化学课程体系和教材内容现代化	史启祯、高忆慈、王尧宇等	2001	二等奖
综合大学加强大学生文化素质教育的改革与实践	惠泱河、王　刚、卜晓军等	2001	二等奖
《中国通史》CAI教材	陈　峰、傅建成、岳　珑等	2001	二等奖
《中国历史》(教材)	张岂之、刘宝才、钱　逊等	2005	一等奖
地质学实践教学创新体系	周鼎武、赖绍聪、张成立等	2005	二等奖
《阿拉伯国家史》(教材)	彭树智、王铁铮、黄运发等	2005	二等奖
地方高校高质量基础性人才培养模式的探索与实践	惠泱河、崔智林、刘晓喆等	2005	二等奖
《中级无机化学》课程和教材建设	唐宗薰、张逢星、赵建设等	2005	二等奖
文科计算机基础教学改革与精品课程建设	耿国华、周明全、房鼎益等	2005	二等奖
地质学研究型人才培养新方案	赖绍聪、华　洪、张成立等	2009	二等奖
地方高校经济学专业研究型教学模式的探索与实践	白永秀、任保平、严汉平等	2009	二等奖
构建实施应用《大学文科计算机教学基本要求》,推动文科大学生信息素质教育	耿国华、王路江、卢湘鸿等	2009	二等奖
地方综合大学本科多样化人才培养模式的探索与实践	任宗哲、王正斌、孙录见等	2009	二等奖
经济学创新人才培养中开放互动式教学体系的探索与实践	白永秀、任保平、何爱平等	2014	二等奖
文化遗产保护专门人才"三位一体"培养体系探索与实践	陈洪海、段清波、钱耀鹏等	2014	二等奖
地方综合性大学化学创新人才培养新体系的构建与实践	申烨华、王尧宇、李剑利等	2014	二等奖
综合性大学计算机人才培养模式的改革与实践	耿国华、房鼎益、高岭等	2014	二等奖
基于经典细读与方法引导的古代文学创新人才培养系列教材建设与教学实践	李浩、段建军、张文利等	2018	二等奖
注重基础 强化实践 以国际化视野构建矿物岩石学434教学新体系	赖绍聪、刘养杰、刘林玉等	2018	二等奖
"五位一体"大学生信息设计创新能力分类培养模式改革与实践	耿国华、董卫军、李剑利等	2018	二等奖

西北大学国家人才培养基地

基地名称	所在院系	设立时间
国家理科基础科学研究和教学人才培养基地地质学专业点	地质学系	1993
国家理科基础科学研究和教学人才培养基地化学专业点	化学与材料科学学院	1994
国家理科基础科学研究和教学人才培养基地物理学专业点	物理学系	1994
国家文科基础学科人才培养和科学研究基地历史学学科点	历史学院	1995
国家经济学基础人才培养基地	经济管理学院	1998
国家大学生文化素质教育基地	中国思想文化研究所	1999
国家生命科学与技术人才培养基地	生命科学学院	2002
国家理科基础科学研究和教学人才培养基地生物科学专业点	生命科学学院	2008

国家级实验教学示范中心

名称	负责人	批准时间
化学实验教学示范中心	崔 斌	2006
地质学实验教学示范中心	封从军	2007
基础物理实验教学示范中心	郑新亮	2008
文化遗产保护技术实验教学示范中心	凌 雪	2009

西北大学国家级重点学科

地质学
政治经济学
专门史
植物学
矿产普查与勘探
科学技术史(培育学科)

西北大学重点科研基地

大陆动力学国家重点实验室
国家微检测系统工程技术研究中心
光电技术与功能材料国际科技合作基地
陕西省光电技术与功能材料重点实验室
西北大学中国西部经济发展研究中心
西北大学文化遗产研究与保护技术重点实验室
西部资源生物与现代生物技术重点实验室
合成与天然功能分子化学重点实验室

西北大学国家级特色专业

专业名称	负责人	批准时间
地质学	赖绍聪教授	2007
化学	王尧宇教授	2007
经济学	白永秀教授	2007
资源勘查工程	刘池阳教授	2007
历史学	徐卫民教授	2008
物理学	白晋涛教授	2008
中药学	刘建利教授	2008
汉语言文学	李 浩教授	2009
考古学	钱耀鹏教授	2009
资源环境与城乡规划管理	李同昇教授	2010
光信息科学与技术	贺庆丽教授	2010
过程装备与控制工程	樊 君教授	2010
行政管理	任宗哲教授	2010

西北大学国家级教学团队

团队名称	带头人	批准时间
无机化学和分析化学基础课教学团队	史启祯	2007
计算机专业基础核心课程教学团队	耿国华	2008
古生物地层学课程群教学团队	张云翔	2008
晶体光学与岩石学教学团队	赖绍聪	2009
政治经济学系列课程教学团队	白永秀	2010

西北大学国家级精品课程

课程名称	批准时间
构造地质学、计算机基础(文科)、中国传统文化	2003
鄂尔多斯盆地—秦岭造山带野外地质教学、中级无机化学	2004
科技考古学概论	2005
政治经济学、数据结构、岩浆岩岩石学	2006
无机化学与化学分析、史前考古学	2007
西方经济学、植物学	2008
社会主义市场经济理论与实践	2009
石油与天然气地质学	2010

西北大学本科专业一览表(2022年)

院系名称	专业名称	一流专业类别
文学院	汉语言文学	国家级一流本科专业建设点
	汉语言	
	汉语国际教育	
	戏剧影视文学	国家级一流本科专业建设点
	广播电视编导	国家级一流本科专业建设点
历史学院	历史学	国家级一流本科专业建设点
	世界史	省级一流本科专业建设点
文化遗产学院	考古学	国家级一流本科专业建设点
	文物与博物馆学	省级一流本科专业建设点
	文物保护技术	国家级一流本科专业建设点
经济管理学院	经济学	国家级一流本科专业建设点
	经济统计学	
	财政学	
	金融学	国家级一流本科专业建设点
	金融工程	
	国际经济与贸易	国家级一流本科专业建设点
	信息管理与信息系统	
	工商管理	国家级一流本科专业建设点
	会计学	
	旅游管理	
公共管理学院	人力资源管理	省级一流本科专业建设点
	管理科学	
	应急管理	
	行政管理	国家级一流本科专业建设点
	劳动与社会保障	国家级一流本科专业建设点
	图书馆学	
	档案学	

(续表)

院系名称	专业名称	一流专业类别
外国语学院	英语	国家级一流本科专业建设点
	日语	
	俄语	
法学院	法学	国家级一流本科专业建设点
	知识产权	
哲学学院	哲学	省级一流本科专业建设点
	社会工作	
新闻传播学院	新闻学	国家级一流本科专业建设点
	广告学	省级一流本科专业建设点
	播音与主持艺术	
	网络与新媒体	省级一流本科专业建设点
艺术学院	动画	省级一流本科专业建设点
	美术学	省级一流本科专业建设点
	视觉传达设计	
	环境设计	
	数字媒体艺术	
数学学院	金融数学	
	数学与应用数学	国家级一流本科专业建设点
	信息与计算科学	省级一流本科专业建设点
	应用统计学	省级一流本科专业建设点
物理学院	物理学	国家级一流本科专业建设点
	应用物理学	国家级一流本科专业建设点
	材料物理	省级一流本科专业建设点
	光电信息科学与工程	国家级一流本科专业建设点
化学与材料科学学院	化学	国家级一流本科专业建设点
	应用化学	国家级一流本科专业建设点
	化学生物学	省级一流本科专业建设点
	材料化学	国家级一流本科专业建设点

(续表)

院系名称	专业名称	一流专业类别
地质学系	地质学	国家级一流本科专业建设点
	地质工程	国家级一流本科专业建设点
	勘查技术与工程	省级一流本科专业建设点
	资源勘查工程	国家级一流本科专业建设点
城市与环境学院	自然地理与资源环境	国家级一流本科专业建设点
	人文地理与城乡规划	国家级一流本科专业建设点
	地理信息科学	
	环境工程	
	环境科学	省级一流本科专业建设点
	城乡规划	国家级一流本科专业建设点
生命科学学院	生物科学	国家级一流本科专业建设点
	生物技术	省级一流本科专业建设点
	中药学	
	生态学	
	药学	
医学院	临床医学	
	生物医学科学	
	口腔医学	
信息科学与技术学院	电子信息工程	省级一流本科专业建设点
	电子科学与技术	国家级一流本科专业建设点
	通信工程	
	电子信息科学与技术	
	计算机科学与技术	国家级一流本科专业建设点
	软件工程	国家级一流本科专业建设点
	物联网工程	国家级一流本科专业建设点
	微电子科学与工程	
	智能科学与技术	
化工学院	过程装备与控制工程	
	化学工程与工艺	国家级一流本科专业建设点
	制药工程	国家级一流本科专业建设点
	能源化学工程	国家级一流本科专业建设点
	生物工程	国家级一流本科专业建设点
食品科学与工程学院	食品科学与工程	省级一流本科专业建设点

紫藤花香飘神州——紫藤园与《紫藤园夜话》

1980年,在郭琦校长的大力倡导与推动下,西北大学修建了紫藤园、木香园、喷水池与中心草坪等景观,美化了校园环境,为建设园林式校园开了个好头。从那时起,紫藤园以及由此生发衍变的相关词语,在西大师生和校友中成为高频使用、寓意独特的热词。比如:联系校友的网站名为"紫藤缘";海外校友建起了"紫藤歌声合唱团";回忆大学春秋的文章题目就叫《紫藤花语春归来》;西大中文系七七级的同学微信群名径直叫作"紫藤园";学校宣传部将校外媒体报道西大的文章汇集命名为《紫藤花香飘神州》;《西北大学报》开设了"紫藤园夜话"专栏;西大出版社接连出版了三辑《紫藤园夜话》;就连长安校区新修的两处园林也分别取名紫藤新园、木香新园。

关于紫藤园,大型丛书之一《漫游中国大学·西北大学》,在《紫藤花开》一文中作了浓墨重彩的描述:紫藤园离教学七号楼不远,正对着物理楼。紫藤花开的时候,走过的人都会禁不住深吸一口气:"真香!"紫藤园是由悠长的回廊围出的一处小小的庭院。石质的廊柱和拱梁实际上就是巨大的花棚。倚着石柱,紫藤粗壮遒劲的枝干紧紧纠结,如盘龙一般攀援而上;繁茂的枝叶缠缠绕绕、层层叠叠地铺满了整个花架,又悬垂下来,将回廊遮蔽得严严实实。踏入回廊,似乎进入了另一个世界,心目为之清凉,精神也因之怡爽。暮春时节,紫藤新发的嫩叶里垂下一串小花,淡紫的颜色清新可人,配上浅褐色的虬曲的枝干,就是入诗的好题材,

紫藤园

紫藤挂云木

紫藤园中的岳劼恒像

李白有诗:"紫藤挂云木,花蔓宜阳春。密叶隐歌鸟,香风留美人。"香风自然招来蜂蝶,在花间嘤嘤,牵扯着众人的目光。回廊围住的小园内,翠竹扶疏,绿影婆娑,连低低的灌木都修剪得轻巧爽洁。紫藤园是一处风景,风景中还有另一处风景,园中央有一座假山……在假山前还矗立着一尊西装革履的铜质坐像。坐像纪念的是一级教授、物理学家、教育家岳劼恒老校长。

一位在西大读书七年、执教一生的教授写道:"夏日的紫藤园,绿荫掩映,藏着清凉。夜幕降临后,邀二三校友,聚坐园中回廊,啜茗聊天,以消长夏。当此时也,月影斑离,紫藤泛香,廊中数人,一身的轻松,精神浸沉于款款夜话中,暑热尘俗一概俱忘,都成了林下的神仙,视卡拉OK的扰闹为何如哉!"

在西大人的心目中,紫藤园既是一处美丽的景点,也是一个精神的家园;既是让人流连忘返的自然景观,更是富有诗意的西大象征。1993年,《西北大学报》开设了一个名为"紫藤园夜话"(以下简称"夜话")的专栏,由时任校党委书记、文学教授董丁诚(笔名千里青)主笔。关于专栏得名缘由,董丁诚教授作了如下说明:"我选用'紫藤园'作为专栏名,一是它富有诗意,是西大的一个美丽的象征和标记;二是借以缅怀校园新景的创造者、我素所景仰的已故的郭琦校长；三是中国古代以红色为正，以紫为杂色，据此，深红的《校史稿》乃为正，淡紫的'夜话'乃为辅，也算自我定位吧。""要说范围，无非是轶闻遗事、眼前时事、杂感随想吧，这三者大抵都与西大有关。"专栏开办后，很快就受到了普遍关注与欢迎，很多人一拿到校报就急切地寻找"夜话"专栏，有人甚至为了看"夜话"的文章才看校报。德高望重的西大老校长张岂之教授写道："我很喜欢千里青在《西北大学报》上发表的'紫藤园夜话'的一系列随笔，这些文章中饱含着作者对于高等教育，以及对于曾经为西北大学作出过贡献的人们的热爱，将事实与情感、将现实与理想、将赞美与惋惜、将回忆与瞻望、将信心与希望融汇在一起，读起来使人爱不忍释。""千里青的随笔可以从多种角度去读它。它既是学校近几十年曲折发展的形象史，又是西大教职工辛勤耕耘的艺术纪实，而且是作者对于教育工作沉思的结晶。像这样的作品，我想西大校友肯定会喜欢，并将引起教育界和文化界朋友们的兴趣。"正是由于深受读者喜爱，"紫藤园夜话"专栏存续了十年之久后，才在董丁诚教授的坚辞下告一段落，主要原因是他希望有更多的人来一起叙写西大。故校报在收束"夜话"后不久，又新开了"朝花夕拾"专栏，吁请更多的人来讲述西大故事。

1997年，为满足广大读者的要求，作为当年校庆的献礼，《紫藤园夜话》由西大出版社作为重点图书结集出版，不到两个月6000册图书就销售一空，不得不安排重印。2002年，作为西大百年校庆重点图书，《紫藤园夜话》续集又呈现在了广大读者面前。2022年适逢西北大学百廿年校庆，作为向母校双甲子庆典的献礼，西大出版社又推出了《紫藤园夜话》第三辑，并将前两辑一并重印，以飨读者。从1997年到2022年，三辑《夜话》共收录了作者的350篇校园随笔。

《夜话》第一辑出版后，先后有《学府春秋新篇章》《西大校园的人文景观》《校园春秋现一书》《生意盎然千里青》《紫藤园的文

《紫藤园夜话》

化视野》《真挚坦诚文如其人》等20多篇书评给予高度评价。省上一位分管文教工作的领导说,他将《夜话》放在枕头边,每晚睡觉前看几篇,怪有意思!综观各方面的反应和评论,《夜话》之所以受到普遍欢迎和好评,盖因其具有深刻的思想内涵、广泛的社会意义;丰富多样的题材、真挚深厚的感情;生动活泼的形式、优美流畅的文笔,实乃不可多得的"美轮美奂的文章"。

对于与作者拥有同一个紫藤园的西大人来说,除了以上观感外,对《夜话》还具有更特殊的体味与真切的感触。《夜话》通过讲述不同时期西大人的故事,颂扬了西大人可亲可敬的嘉言懿行,展示了西大人真挚的荣校报国情怀和优良的学风道统,彰显了西大人艰苦创业、自强不息的进取精神,形象而又多侧面地记录了西北大学的发展历程,开辟了校史校情研究的新渠道,创造了宣传学校的新形式。同时,《夜话》在记述中有思考、有前瞻,写人叙事、追昔道今、论理抒情,其文脉或明或暗总是与大千世界相通,其思绪或显或隐总是与时代风云相连,使我们浮想联翩,感受到历史的沧桑,感受到时代的进步,从而具有了"以小见大""尺幅万里"的美学特征,成为西大人和社会上广大读者十分喜爱的案头读物。在此,抄录房日晰教授关于《夜话》的两首诗评作为结尾:"学府百年韵事多,星移斗转渐消磨。幸作《夜话》广传世,不教明珠逐逝波。""逸事轶闻横笔端,家珍细数歌杏坛。百年世态皆书尽,胸有绣锦文有澜。"

校园绿荫

图说 西北大学百廿年历史

大师、名师看过来

前贤有言,大学不在于大楼多,而在于大师多。所谓名校,是因为有众多名师。所谓一流大学,是因为有一流的教师队伍。大师即大旗,名师即名牌。大师和名师是一所大学的"顶梁柱"。西北大学走过百余年漫漫长路,能有今日之繁荣兴旺,端赖众多大师和名师的引领。

史学大师侯外庐

侯外庐校长

侯外庐信札

侯外庐先生作为中华人民共和国成立后首任校长,对西北大学的复苏和发展贡献卓著。而他作为学术大师,对学校的学术奠基、专业生长,影响更为深远。

他青年时期受革命先驱李大钊的思想影响,成为一个马克思主义者,是国内较早的《资本论》翻译者。后在史学研究领域耕耘五十余载,为我国马克思主义历史科学的发展作出了开拓性贡献。他著作等身,学术成果宏富,自成一家,独树一帜。他与郭沫若、范文澜、翦伯赞、吕振羽并称史学"五老"。"五老"就是五位大师,这是公认的。

他的治史生涯发轫于20世纪30年代初期至40年代中期,发展成熟于40年代后期至60年代初期,70年代中期至80年代中期则进入开拓总结阶段,其130万言的《宋明理学史》填补了中华人民共和国成立后我国史学研究的空白。

他的史学研究得到周恩来总理的关注和支持。40年代,周恩来曾建议他先研究中国近代史,于是他写了一部80万言的《中国近世思想学说史》。

史学界普遍认为,侯老从个人著作到组织专家群体,合作完成260万言巨著《中国思想通史》,标志侯外庐学派的形成。《中国思想通史》后几卷有个署名叫诸青,即诸位青年之意,是几个青年(杨超、张岂之、李学勤、林英)的合称。当年的"诸青"现已成为史学界的"元老",侯外庐学派后继有人。

侯外庐著作

"五老二寿"

岳劼恒教授

在20世纪50年代,西北大学资深的招牌教授有所谓"五老二寿"。"五老"和西北大学缘分深厚,大多都经历了西安临时大学、西北联合大学、西北大学这几个不同的办学时期。"二寿"50年代来西北大学,他们扎根陕西,为高等教育事业发展,在西北大学奉献终生。

"五老":

岳劼恒(1902—1961),北京大学物理系毕业,赴法国留学,获理学博士学位。1936年回国,次年回陕,先后任西安临时大学、西北联合大学和西北大学教授。从1941年起,直到1961年去世,在校担任教务长、副校长、代理校长等多种行政职务,勤勤恳恳,兢兢业业,鞠躬尽瘁,死而后已,把一生献给了西北大学。

张伯声(1903—1994),清华学校毕业,保送留美,在美国多所名校攻读化学和地质学研究生学位。1930年回国。1937年随北洋工学院来陕,先后在西安临时大学、西北联合大学、西北大学任教,历任地质系主任、副校长。1980年调西安地质学院任院

右起分别为数学教授刘亦珩、地质教授张伯声、体育教授王耀东、数学教授杨永芳、地质教授郁士元

长,1994年去世。

王耀东(1900—2007),北京师范大学体育专修科毕业,1937年来陕,以北平大学教师身份在西安临时大学报到,从此与西北大学结下不解之缘,作为终身教授,在西北大学工作长达70年之久。他是中国体育界的元老,也是西北大学校史最具资格的见证人。王耀东教授是"五老二寿"中年龄最长者,也是最后一个离世的,他是身体力行、名副其实的体育工作者,一代体育宗师。

郁士元(1900—1985),北京大学地质系毕业,1937年来陕,任教于西安临时大学、西北联合大学、西北大学,前后将近60载,对西北大学地质系的创建和持续发展付出了心血,作出了重大贡献。

刘亦珩(1904—1967),18岁入唐山交通大学,3年后留学日本,1931年回北平师范大学任教,抗战后来陕,曾任西安临时大学、西北联合大学、西北大学数学系教授、系主任。早年著有《近世几何学》,20世纪五六十年代出版数学方面译著多种。

"二寿":

江仁寿(1906—1988),毕业于上海大同大学,留学英国,获硕士和博士学位。1936年回国,曾任复旦大学物理系主任。20世纪50年代响应支援大西北的号召,从上海来西安,长期担任西北大学物理系教授、

江仁寿教授指导学生做实验

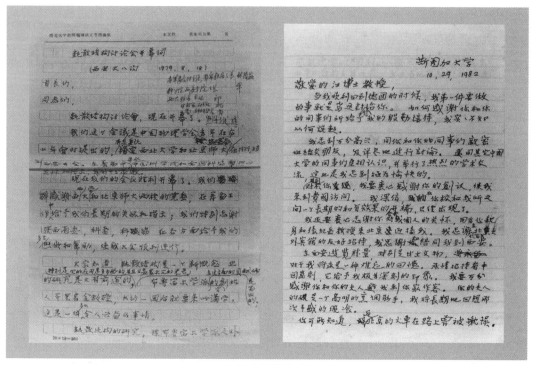

江仁寿教授手稿

马长寿教授

系主任。"文革"后期退休回上海，粉碎"四人帮"后，又应学校恳请，回西北大学奉献余热，直到过世。他和岳劼恒先生一起培养出多位中科院院士。

马长寿（1906—1971），毕业于南京中央大学，1955年响应支援大西北的号召，从上海复旦大学来到西北大学历史系任教授，创建了西北民族史研究室。他是国内著名的民族史专家，出版多部民族史专著，培养了一批民族史研究人才。

综合而言，"五老二寿"7人都是20世纪之初生人，都有在中外著名高校学习深造和工作的经历，都有卓著的学术成就，都和西北大学有很深的渊源。"五老"都是抗战开始来校的，而后终老西大。"二寿"都是20世纪50年代响应国家号召支援大西北，从上海复旦大学来到西北大学的。他们永远值得我们尊敬和怀念。

岳劼恒先生去世后，西大"五老"补上杨永芳。杨永芳（1908—1965），早年留学日本，回国后曾在多所高校任教，抗战后随北平大学来西安，经历西安临时大学、西北联合大学、西北大学几个时期，中华人民共和国成立后任数学系主任，有多部论著和译著出版。他是周作人的女婿，1965年去世。

地质学大师张伯声

茫茫的大海上，一艘远洋客轮的甲板上有一位学者模样的年轻人。海面上不断涌动的海浪引起了他的注意。他发现，海浪涌动的方向既不是完全水平的，也不是完全垂直的，而是以一种合乎自然、最省力的方式在运动。这就是正在前往美国求学的张伯声。从海浪的运动，张伯声想到了自己研究的地壳构造。在漫长的地质年代里，地壳又是以什么方式不断运动着？

灵感是创新的起点，只有那些具有强烈的探索精神和百折不回的坚韧毅力的人，才能真正抓住稍纵即逝的灵感。张伯声是中国第一个对二次大战后地质科学在全球大洋领域研究新成果进行分析，并结合国内外已知的大陆地质资料，将全球地壳作为一个统一整体来进行研究的地质学家。在长期的地质考察与研究中，他发现地壳是由若干大大小小的块体镶嵌而成的，而构造运动中既没有绝对的水平运动，也没有绝对的垂直运动。在兼收并蓄了前人研究的合理部分之后，张伯声提出了地球在以收缩为主要趋势的脉动式演化过程中，不断激发全球四大地壳波浪系统，它们的传播和交织导致了全球地壳的波浪状镶嵌构造。

1962年，张伯声发表了《镶嵌的地壳》一文。这篇并不长的论文宣告了一个新学说——"镶嵌说"的诞生。"镶嵌说"传到台湾后，即被台湾地质学者们接受。1972年台湾出版的百科全书式巨著《中山自然科学大辞典（地球科学卷）》中，"镶嵌说"

张伯声院士

被列为中国对地质构造认识的首席观点。

1976年，唐山大地震和其后松潘地震对西安的震感，使西安地区人心惶惶，张伯声教授也为此而焦急不安。他冒着高温酷暑，夜以继日与助手查阅资料、绘制图表，将对地壳波浪运动的周期性原理和对地壳波浪相互叠加、干涉后出现的特征的认识，用于地震地质研究实践，得出结论：西安乃至整个关中地区，当今尚不具备发生强震的条件。随后，他以年迈之躯，带着助手在西安和关中地区先后作了十余场报告，深入浅出地阐明研究过程与结果，听众无不信服。

在1979年全国第二届构造地质学术会议上，张伯声的研究成果被认为是"一朵盛开在地质科学园地里的奇葩"，"地壳波浪状镶嵌构造学说"被公认为中国地质界的五大构造学派之一。1980年，张伯声当选为中国科学院学部委员（院士）。

共和国时期学校历任党委书记、校长

侯外庐
1950年7月10日—1958年7月5日任校长

刘端棻
1953年12月任党总支书记
1954年4月任校党委书记
1955年3月—1963年8月任校党委第一书记
1959年4月—1966年初任校长

吴大羽
1958年12月任校党委书记
1965年11月至"文革"初任校党委代理第一书记

刘永义
1971年2月—1973年11月任校党委书记

苏贯之
1973年11月—1977年12月任党委书记、革委会主任

郭琦
1978年6月—1982年任校长
1978年6月—1984年7月任校党委书记

巩重起
1982年3月—1985年4月任校长
1984年7月—1985年4月任校党委书记

林牧
1985年4月—1986年2月任校党委书记

张岂之
1985年4月—1991年8月任校长
1991年8月起任名誉校长

侯外庐

刘端棻

吴大羽

刘永义

苏贯之

郭琦

巩重起

林牧

张岂之

孙平

董丁诚

郝克刚

孙 平
1987年1月—1989年3月任校党委书记

董丁诚
1989年3月主持学校党委工作
1991年8月—1998年10月任校党委书记

郝克刚
1991年8月—1995年12月任校长

陈宗兴
1995年12月—1997年7月任校长

王忠民
1997年7月—1999年8月任校长

李军锋
1998年10月—2004年9月任校党委书记

张 炜
2004年9月—2008年6月任校党委书记

孙 勇
1999年8月主持学校行政工作
2000年6月—2008年6月任校长
2008年6月—2010年12月任校党委书记

乔学光
2008年6月—2010年12月任校长
2010年12月至2015年9月任校党委书记

方光华
2010年12月—2015年3月任校长

王亚杰
2015年8月至今任校党委书记

郭立宏
2015年3月至今任校长

 陈宗兴
 王忠民
 李军锋
 张 炜
 孙 勇
 乔学光
 方光华
 王亚杰
 郭立宏

一代体育宗师王耀东

王耀东是西北大学为数不多的几个"国"字号人物之一。1921年5月,20岁刚出头的他经过层层选拔进入国家篮球队,作为主力队员参加了在上海举行的第5届远东运动会,赢得了篮球比赛的金牌。他是当之无愧的老"国手"。到了耄耋之年,这位中国体育界的元老、著名体育活动家和教育家,从1979年到1989年担任中华全国体育总会副主席,并被授予荣誉委员称号。他是中华民族近百年历史的亲历者和见证人,也是中国近百年体育发展史的参与者和见证人。

王老不仅具有令人羡慕的健康体魄,还有令人敬仰的高尚品德,这在校内和业内有口皆碑。他热爱祖国、热爱人民、热爱体育事业,全心全意为之奉献终身;他重亲情、重友情、重师生情,关心同事,善待同志,爱护学生,具有特强的凝聚力和亲和力;他做事认真,有信必复,有问必答,具有高度的责任心;他在生活上崇尚自然,不务

时届百岁的王耀东教授给学生讲解西北大学历史

王耀东教授委任状

王耀东教授和学生在一起

奢华,不赶时髦,衣食住行力求俭朴,养成高雅的情趣和品位。可谓品学俱佳,德艺双馨。

1999年9月,西北大学为中国体坛世纪老人王耀东举行了百岁华诞暨执教80周年庆贺大会,国家体育总局局长伍绍祖等亲临西北大学向王老祝贺,同时还宣布设立"王耀东奖学基金",举行了《王耀东传》首发式。

百岁老寿星欣逢盛世,诸事顺遂,尽享安乐,唯有一宗憾事,就是早年国家男篮夺冠荣获的那枚奖章,他珍藏了数十年,却在"文革"中被抄走,一直未能找回。

王老于2007年仙逝,享年107岁。他经历了北平大学、西安临时大学、西北联合大学、西北大学多个时期,在西北大学工作了整整70个年头。这个纪录堪称空前,至今没有人能够打破。

南海划界的傅角今

傅角今教授

傅角今，又名傅鳌，湖南醴陵人，1896年出生，1924年毕业于北京师范大学。1936年至1938年获洪堡奖学金赴德国莱比锡地理研究所深造，学成归国后供职于国民政府内政部地政司和方域司，曾在国内多所高校任教。中华人民共和国成立之初来西北大学，历任地理系教授、系主任、校副教务长，主要从事自然地理和边疆沿革的教学研究。他于1959年出版的《世界石油地理》对二战后东西半球石油储量的变化和中东地区20年间石油产量猛增几十倍的情况有较多论述，是我国专论世界石油地理分布和各国产油状况的第一部著作。

傅角今教授曾任国民政府内政部方域司司长，也是1946年12月9日按照《开罗宣言》和《波茨坦公告》，代表国民政府战后接收南海诸岛团队的重要人物。时任西北大学地理系主任、教授的郑资约是被国民政府内政部借调来的接收专员。两人关系密切，1947年至1948年，合著了《南海诸岛地理志略》和《琉球地理志略》，先后在商务印书馆出版。

1962年，正在西北大学任教的傅角今应外交部邀请赴京接受咨询。他系统翔实、有论有据地阐述了对我国全部边界问题的见解，表现出极大的爱国热情和严谨的科学态度。他的见解对我国处理边界问题有重要参考价值。

傅角今1965年逝世，他在患病期间还完成了《南极地理》的书稿。

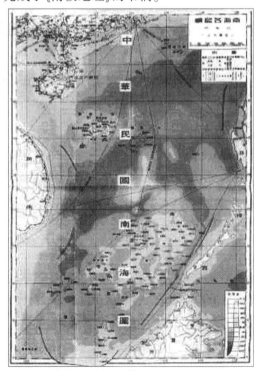

傅角今主持划定的我国南海十一段线国界线

资深地理学家王成组

王成组教授

王成组,原名绳组,1902年10月出生于上海。1924年赴美留学,就读于多所大学,获哈佛大学史学硕士学位、芝加哥大学地理学硕士学位。1929年回国后参与了清华大学地理系筹建工作,是该系唯一的专职地理教授。1932年后,他曾先后受聘于厦门大学、上海交通大学等多所国内高校。1952年,应侯外庐校长之邀,由北京举家迁至西安,任西北大学地理系教授,至1987年逝世,在西北大学工作和生活了35年。

他是我国20世纪20年代最早留美学习地理的3名学者之一,是我国著名的老一辈地理学家,其学术成就在我国地理学及中国科学史上占有重要地位。1935年,他在商务印书馆出版的《本国地理》(共3册)采用两级分区法,首先把全国划分为华南、华中、华北、东北、蒙新、康藏6个"地带",以下再划分为27个"区域"。这在当时是比较先进的,被后来的区域划分借鉴,对我国地理研究起到重要促进作用。他所著的《中国地理学史(先秦至明)》1982年在商务印书馆出版了第一版,1988年增订第二版,学术界给予高度评价。我国著名地理学家曾昭璇认为:"真正由地理学家写的地理学史,此当为首篇。"鞠继武教授亦认为,它是"地理学之宝贵遗产"。曾任中英科学合作馆馆长的李约瑟博士则建议出版该书英文版。

王成组著作

陈登原与《国史旧闻》

陈登原教授

陈登原,字伯瀛,浙江余姚人,1900年出生,1926年毕业于南京东南大学。1950年来西北大学,任历史系教授,曾任校图书馆馆长。他是二级教授,在西大文科教授中级别最高。

陈登原教授治学严谨,教学认真,常教导学生和青年教师注意治学方法,主张先博后专,只有先成通才,才能成为专家。他提倡研究历史一定要注重资料,读书要做卡片,写文章要做到无一字无出处,引证资料必须注明出于何书、何卷、何种版本。

他著述甚丰,出版学术专著近二十部。他研究的重点是中国哲学史、文化史、土地制度史和田赋史。1949年以后,他的学术著作中影响最大的是《国史旧闻》。该书按朝代分为四册:第一册为三国魏晋南北朝(三联书店,1958年出版);第二册为唐宋辽金元(中华书局,1962年出版);第三册为明清(中华书局,1980年出版);第四册为近代(存稿待出)。该书重在资料的收集、分类,每一个条目下均有作者的评说,实际上是一部通史,是作者"先通后专"治学思想的实践。

《国史旧闻》的出版在1958年曾引起一场风波。人民出版社一个署名"应德古"的人给学校寄来一份小字报,标题是《陈登原为什么那样争稿费》。陈登原看到后当即作出反应,以小字报作了答复,大意是说,他这部书搞了二十多年,书的体例是摹仿程绍德《九朝律考》,亦非随手摘录。为这部稿子,不算卡片,已经写过3000万字了,手上都磨出老茧。他列举三联书店对书稿的评语:"细大不捐,包罗至富,捃摭群书,以类相从。"上海人民出版社认为书稿"博采群籍,条理井然,足见用力之深,我们深为钦佩"。侯外庐校长曾言一部著作有似手工业产品,他这部《国史旧闻》是二十余年的手工劳动成果,工人固然不能以次充好,收购站(出版社)也不能随意降级压价。说得理直气壮。

陈先生作古于1975年,他没有赶上"尊重知识,尊重人才"的时代,也没有看到《国史旧闻》后两册出版。

陈登原著作

太白校区秋景

唐诗鉴赏家傅庚生

傅庚生教授

傅庚生著作

中华人民共和国成立之初,西北大学中文系的四大教授郝御风、张西堂、刘持生和傅庚生在全国学界都颇有影响,其中以傅庚生先生的名气最大。

傅庚生1934年毕业于北京大学,1948年来到西北大学,任中文系教授,曾担任文学院院长、中文系主任、中国古典文学教研室主任、唐代文学研究室主任等职。

生活中的傅庚生先生是位斯文儒雅的翩翩君子,毛料衣服笔挺,皮鞋锃亮,头发永远梳理得一丝不苟。他的文章也是美文中的典范,即使是学术论著,也依然文笔俏丽,峭拔华赡。傅庚生先生的著作《中国文学欣赏举隅》,由俞平伯先生作序,开现代文学鉴赏学风气之先,现在仍是中文系学生的必读书目。傅庚生长于用审美的眼光赏析作品,讲究的是"水磨"功夫。眯缝着眼,摇摆着身体,用略带沙哑的声音反复吟哦诗句,是傅庚生先生在课堂上的经典造型——在反复的吟哦品读中,学生们渐渐领略出古诗文的美。

借助傅先生的地位和影响,1982年,西北大学发起成立唐代文学研究会,各大学、科研机构纷纷响应,一时间全国研究唐代文学的知名学者云集西大,共襄唐代文学研究盛举。

傅先生晚年多病,1984年逝世,是西大以至全国古典文学界的一大损失。

草坪广场

经学家张西堂

张西堂教授

专攻儒家经典的经学家在清末被戏称为"饼家"。张西堂是著名的经学家，黎锦熙就称他为"公羊卖饼家"。夫人黄珮也曾作诗调侃："平生欲学屠龙技，此技学成本不奇。夫婿频年夸卖饼，由来此饼不充饥。"

张西堂本名张正，以字行，祖籍湖北汉川，1901年出生于武昌。早年曾考入清华学堂，因病辍学。1919年入山西大学国文系。在上学期间，他已开始学术研究，主攻朴学（经学一派）。大二时发表文章纠正胡适著作中的谬误，一鸣惊人。大学毕业后，他曾在北平几所大学任教，结识了钱玄同、顾颉刚等大家，跻身于疑古学派。

1944年8月，张西堂应邀来到陕西城固，任西北大学中文系教授兼系主任，一度出任文学院院长。到1960年病逝时，他共在西大工作了16个年头。著名教授傅庚生、刘持生等都是他当系主任时延聘来校的。他治学严谨，功力深厚，著述甚丰，计有学术专著20部，论文百余篇。他的不少论著得到学术界高度评价，有的多次在港台印行，被视为权威之作。他在日本也颇有影响，作为经学家被收入日本出版的《文化名人辞典》。

在西北大学百廿年校庆之际，西大出版社拟出版《张西堂全集》，凡3册357万字，作为向张先生的致敬、学术校庆的重大项目。

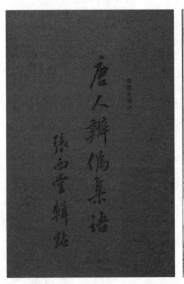 

张西堂著作

德高望重的高鸿院士

20世纪90年代初,正值中国大地上掀起了"孔雀东南飞"的热潮,很多身处西部的知识分子都纷纷投奔东南沿海地区。在这样的时代背景下,高鸿院士于1992年离开南京大学,落户西北大学,就格外难能可贵。

高鸿院士是中国近代仪器分析的奠基人,他在20世纪50年代编写的《仪器分析》是中国第一部该领域的教科书。《仪器分析》出版后,指导了几代人进入分析化学之门。诺贝尔奖获得者李远哲博士当年读了此书后深受启发,以至于自称是高鸿先生的学生。

高鸿先生是陕西泾阳人,青年时代曾赴美留学,1948年学成归国后就一直在南京大学任教。先生在外多年,不免思乡情切,希望晚年能回到陕西,落叶归根。西北大学的领导者们得知这个消息后喜出望外,殷勤相邀,终于为学校引进了一只光彩夺目的"凤凰"。

高鸿院士来到西北大学后,西北大学的化学学科先后被批准为

高鸿院士

高鸿院士在分析科学研究所指导博士生

1998年高鸿院士指导研究生

"211工程"项目建设中的高鸿院士

分析化学博士点、博士后流动站，国家化学人才培养基地，整个化学学科面貌焕然一新。1996年，高鸿先生成立了"西北大学分析科学研究所"，集化学、化工、电子、计算机等多学科为一体，开创国际前沿的分析科学教学与研究。他还利用综合大学的优势，在分析化学方面形成了近十个教学单位与研究群体，组成了一个多学科的研究群体，在电分析化学、色谱分析、光学分析等分析化学领域中，都推出了在全国有影响的学术带头人。

2013年6月14日，高鸿院士逝世。

陈直——大师不问出身

据说有那么一天,西北大学历史系陈登原教授将一只烧饼拓在宣纸上,制成一张"拓片",然后将这张"拓片"拿给陈直,请他鉴定一下"拓片"中"瓦当"的年代。陈直检视良久,方迟疑地说:"这好像是个烧饼吧……"

中华人民共和国成立之初的西北大学,可谓俊彦荟萃,群贤毕集。在众多知名学者之中,没有上过大学的陈直格外瞩目。

陈直堪称自学成才的典范。他自13岁起便系统研读《史记》《汉书》,以后每两年必通读一次。虽然曾经考取了清华研究院,却因家境贫寒而未能就读。陈直在紧张的劳作之余,始终自学不辍——24岁即撰成《史汉问答》二卷,26岁时写成的《楚辞拾遗》成为研究楚辞的必读之书。1950年,经著名学者、教育部长马叙伦推荐,侯外庐力邀陈直来西北大学执教。

陈直教授

虽然陈直此时在国内外学界已经颇有声望,但是因为缺少一张可资证明才学的文凭,他还是免不了要面对一些怀疑的目

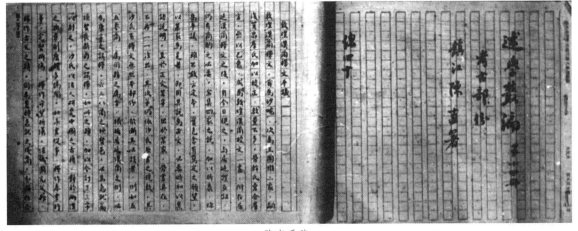

陈直手稿

1963年陈直教授与友人在天津文史馆合影

1970年1月陈直教授与韩保全在西安小雁塔合影

大礼堂前的草坪

陈直著作

光。陈登原之所以会请他鉴定"烧饼瓦当"，其中自有缘故。因为陈直"尤喜治秦汉史"，提出"使文献和考古合为一家""使考古为历史服务的"学术主张，注重将文献资料和考古资料相结合。他独辟蹊径地把人们不太注意的瓦当、砖文、玺印、封泥、货币、钱范、铜镜、陶器、漆器等寻常古物引入史学研究，取得的突出成就往往能前出古人、后启来者，在史学界独树一帜。在西北大学任教后，陈直得以专注于学术研究，自此成果迭出。单是在1955年至1966年的十余年中，他就完成了二百余万字的学术巨著《摹庐丛书》和百余篇学术论文。1963年，著名学者翦伯赞邀请当时还只是讲师的陈直赴北京大学讲学，这一举动在北京大学校史上是空前的，一时被传为佳话。

"文革"期间，陈直的学术研究工作无法正常开展，他就独自开始修订旧稿的工作，并以惊人的毅力把全部文稿亲手用毛笔抄写了四份，总字数在1000万字以上，为后人留下了一份丰厚的文化遗产。

亢心栽的传奇人生

亢心栽教授

亢心栽是陕西近现代史上的著名人物，一生经历丰富曲折，颇富传奇色彩。他和西大结缘是在西安解放之初，他受军管会委派，来西大协助接管事宜，随后就留下来，成为外语系教授并兼任系主任。

亢心栽，又名亢维恪，1906年出生于陕西蒲城。青年时期就积极参加反帝反军阀的斗争。1925年2月加入共产主义青年团，年底即转为中共党员。1926年春，考入北京中俄大学，参加三一八游行请愿，险遭枪杀。后去广州农民运动讲习所第六期学习，并任该所干事会（相当于党委会）干事。学习结束后，他被委派为国民党中央农民部驻陕办事处主任，回陕正遇刘镇华围困西安城，他便组织一部分同志分别到关中各地，发动成立农民协会，组织农民武装，有力地配合西安反围城斗争。1927年2月，中共陕甘区执委会成立，他任执行委会、农委书记。中华人民共和国成立后任过陕西省长的赵伯平，就是这时经他介绍入党的。同年8月，他在领导农民开展抗租、抗粮斗争时遭逮捕，因他化名"王维洽"而化险为夷。1928年2月，他任渭南县委书记，筹划渭华起义，因与其他领导人意见分歧而去职。不久，他获悉省委机关被破坏，他年轻的妻子徐九龄（21岁，中共党员）于这年6月17日被活埋于西安北关外。他受到强烈刺激，情绪日渐消沉，便退出了党组织。

退党后，亢心栽转入教育界，当了中学教员。1930年11月，时任陕西省政府主席的杨虎城，为振兴地方教育事业，选派一批进步青年出国深造，他是其中之一，赴英国入伦敦大学教育学院学习。1934年年初回国，先任杨虎城部秘书，后在省教育厅任督学、西安高中任教务主任。西安事变后，杨虎城被迫去欧美考察。这时，杨处境凶险，诸多相识者唯恐避之不及，亢心栽却欣然随杨出国，既做翻译，又做秘书，处理往来电文、信件，有时还代杨接见媒体。据西北大学化工系亢茂德教授称，现在上海拍卖

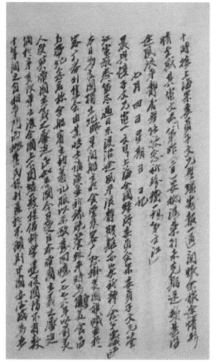

上海拍卖市场的《杨虎城秘书日记》

市场炒得沸沸扬扬的《杨虎城秘书日记》实际就是他父亲亢心栽随杨将军出国考察途中随手记下的笔记,并非个人"日记",拍件不像他父亲的笔迹,可能是"抄件"。这些资料在杨将军回到香港时,亢心栽统统交给了王菊人,不知如何流入市场。

回国后,亢心栽仍回西安高中任教务主任、校长,后又任省立政治学院教授、商专总务长、训导长,省教育厅秘书、科长等职。1946年2月,杜斌丞、杨明轩发起成立民盟西北总支部,亢心栽加入民盟,并担任民盟西安市支部组织部长。后因环境险恶出走北平,担任华北文法学院教授兼秘书主任。1948年八一九北平大逮捕时,他被拘押两天。1949年1月北平和平解放后,亢心栽奔赴延安,在延安大学任教,并被推举为民盟西北总支部秘书长。

1951年后,亢心栽离开西大,担任西安市政协副主席和民盟省市委的领导工作。1957年,亢心栽因言获罪,被错划为"右派",受到报纸点名批判,进入新时期才得以平反昭雪。1978年8月18日,亢心栽病逝于西安。

特立独行的林伦彦

林伦彦是广西人,出身官宦世家。他的祖父是清末两广总督,曾助蔡锷逃离北京举起反袁(世凯)义旗;父亲做过广西讲武堂教官,是李宗仁的老师。

青年时代,林伦彦东渡日本,就读于明治大学,主修农业经济学。20世纪40年代末,任李济深机要秘书,1948年协助李济深在香港成立"民革",是李济深与中共南方局之间的传话人之一,曾与陈此生、吴茂荪、梅龚彬一起为"民革"起草新政协有关文件。中华人民共和国成立后,李济深是共和国副主席,曾提议林伦彦当中央人民政府办公厅副主任,林伦彦不愿从政,激流勇退,回归学术,做了中山大学经济系主任。据学生回忆,他主讲政治经济学时,藐视流行的教科书,口气之大,令一般小青年咋舌。私下议论他们的系主任是"老子天下第六(前面是马、恩、列、斯、毛)",给他起了个"大只林"的绰号,"大只"在广东话中的意思就是自命不凡的巨擘。后来林伦彦因与中山大学校长意见相左,便拂袖而去,应侯外庐校长之邀,来西北大学任教。

林伦彦著作

在西大，林伦彦先在马列主义教研室做主任。据李振民教授回忆，林先生长得瘦瘦的，很能讲。后又在历史系带课，据刘士莪教授讲，林先生是二级教授，派头很大。历史系校友岳维宗在《忆旧》诗里写道："离开西大四秩秋，往事悠悠入梦稠。夏夜林公谈故旧，冬炉陈老说秦州……"陈老是陈直先生，林公就是林伦彦教授，以他的身世和经历，自然有故事可讲。他讲课深受学生欢迎，以至数十年后成为学生最温馨的回忆。

林伦彦在西大的日子是舒心的、愉快的，和同事相处融洽，大家都尊重他。后来，因为不适应西北的严寒气候，林伦彦又回到广州，任华南师院历史系主任。不久就遇到"反右"这种冷峻的政治气候，他更不能适应了。以他的"大只"脾性，必然难逃一劫，被打成"右派"，《南方日报》整版揭露批判他的"言行"。他极为气愤，索性辞职不干了，自此断了经济来源，靠典当度日，三年困难时期，他将发的肉票送给别人，自己却因无钱买肉吃盐水泡饭。

20世纪70年代末，林伦彦得以平反改正，重返华南师院，再上讲坛，并带了几届研究生。他学术功底深厚，精通英、日、俄语，懂拉丁文、希腊文，晚年还自学法语和西班牙语。特立独行的林伦彦虽然吃尽苦头，总算撑到了改革开放的新时期。他出版了《农业经济学教程》和译著多种。如今人们讲起"民革"的历史，总会提到"林伦彦"这个名字。

20世纪50年代的校舍

胡适晚年惦念黄晖

黄晖著作

东汉王充所撰《论衡》是中国哲学史上难得的一部富于创见的长篇巨著，被视为"奇书"。因此书原本"用事沉冥""训诂奇觚"，传抄中又"极多误衍误脱之字""形误音误之文"，故历来号称难读之书。自古到今，知难而上，校刊、诠释《论衡》取得成果者，不过数人而已，其中尤以黄晖的《论衡校释》为学术界所推崇。自此校释本问世以来，凡研读《论衡》者，皆以它为解难释疑之钥匙。可以断言，《论衡》是不朽的，《论衡校释》也会随之而不朽。

而写了这样一部不朽之作的黄晖却不名于世，鲜为人知。许多引用《论衡校释》的研究者，在介绍此书作者时，大都语焉不详，或简而言之曰"近人黄晖"。就连黄晖所在西北大学的《学人谱》中，也查不到黄晖的名字。因为黄晖只是个"副教授"，没有资格进入此"谱"。

但是，身在对岸的胡适没有忘记黄晖。台湾出版的《胡适之先生晚年谈话录》(胡颂平编)中出人意料地提到了黄晖和《论衡校释》。编者记录了胡适1960年1月20日的谈话："先生今天谈起黄晖，说：黄晖是北京中国大学学生，他曾到北大偷听我的课，他毕业后写了一部《论衡校释》，算是很标准的著作。坏学校也出好学生。这个人现在不知去向，可能是去世了，也许跟刘叔雅在云南呢。"胡适一生阅人无数，从蒋介石到罗斯福，与多少名人、要人交往，却牢牢记住了黄晖的名字，足见黄晖此书入人之深。需要说明的是,黄晖并非中国大学学生,他上的是北平大学法学院;黄晖也并未跟刘文典(叔雅)去云南,而是于1950年来西北大学任教,直至1974年去世。

黄晖和刘文典的关系确非一般。1955年5月10日,应西北大学组织上的要求,身在云南大学的刘文典为黄晖写了一纸证明,大意是说,黄晖虽不是他的课堂学生,却是他得力的弟子,是他很喜欢的学生,几乎天天在他家跟他学校勘学,《论衡校释》就是在他指导下写成的,并经他介绍通过胡适得以在商务印书馆出版。

黄晖的教学生涯多在西北大学,《论衡校释》出自黄晖之手,毋庸置疑。一些人却无端生疑,断言黄晖写不出如此高水平的学术著作,真是天大的冤枉。好在中华书局至今仍然再版黄晖的《论衡校释》,北京师范大学名牌教授刘盼遂的《论衡集注》也附在黄晖的《论衡校释》中。

银杏树下丽庆亭

实至名归的三位"社科名家"

2010年,陕西首次在全省社科界开展社科名家评选活动,共有14位专家获此殊荣,西北大学张岂之、何炼成、彭树智3位教授上榜。当年8月31日,在陕西省社会科学界联合会召开的庆典大会上,我校这3位文科大家从省委书记赵乐际手里接过了"陕西省首届社科名家"荣誉证书。行内人士普遍认为,这是实至名归。

张岂之教授

张岂之　出身高门楼,1950年毕业于北京大学哲学系,后又在清华大学读研究生。毕业后成为史学大师侯外庐的学术助手,协助大师整理《中国思想通史》和《宋明理学史》,在这个过程中,他不仅打下了丰厚坚实的学术基础,也锻炼了自己的组织管理能力。因而他后来当校长游刃有余,政绩突出,学术研究,成果累累,获得双丰收。他主编和自著的书约二十余种,其中,《中国思想史》获国家级教学成果二等奖,《宋明理学史》获国家社科项目优秀成果二等奖及郭沫若中国历史学奖荣誉奖,《中国历史》(六卷本)获国家级教学成果一等奖,《中国思想学说史》(六卷本)获全国高校社科研究优秀成果二等奖及第二届中华优秀图书奖。2016年获全球华人国学终身成就奖。他的学生称他为"大师",他并不接受,说:"我的老师侯外庐、贺麟、任继愈才是大师呢。"

张岂之著作

何炼成　驰誉全国的著名经济学家。1951年毕业于武汉大学经济系,师从经济学家张培刚教授。他是我国资本论、劳动价值论、发展经济学、中国经济思想史和西部经济研究的权威学者之一,是生产劳动理论大讨论的引发者和"新中派"代表,中国发展经济学和中国西部经济学派的创始人。著有《价值学说史》《中国经济管理思想史》《生产劳动理论与实践》《中国发展经济学》等著作,发表论文四百多篇,引起国内经济学界广泛重视。他先后获孙冶方经济科学奖、中国图书奖、全国高校人文社科研究优秀成果奖、张培刚发展经济学著作奖、陕西省社科优秀成果一等奖及陕西优秀教学成果特等奖等奖项,入选"影响新中国60年经济建设的100位经济学家"。

何炼成教授

何炼成著作

彭树智教授

彭树智　1954年毕业于西北大学历史系。长期从事中东南亚史、世界现代史、国际共运史和史学理论研究,取得丰硕成果,主编和自著《文明交往论》《二十世纪中东史》《阿拉伯国家史》《阿富汗史》《中东国家通史》《伊斯兰与中东现代化进程》《现代民族主义运动史》《东方民族主义思潮》《松榆斋百记》等。他在文明交往理论方面的研究引起广泛关注和高度评价。他关于"民族民主运动史"的新提法为教育部所采纳,取代了原有学科目录中"民族解放运动史"的提法。他的《东方民族主义思潮》

获教育部人文社科优秀成果二等奖及全国大学出版社社科优秀著作奖;13卷《中东国家通史》获全国高校人文社科成果二等奖,作为我国第一部中东国家系列国别史,填补了空白,受到学界高度重视。

彭树智著作

太白校区一角

王永焱对黄土刨根究底

王永焱早年留学日本，回国后在甘肃省工作。1952年来西北大学地质系任教，1958年去苏联莫斯科科学院进修第四纪地质学，两年后返校，担任地质系主任多年。他主要从事黄土与第四纪地质的教学与研究工作，先后讲授过普通地质学、石油地质学、勘探技术、煤田地质、第四纪地质、黄土学等课程，出版专著7部，发表论文30多篇。

王永焱教授

他主编的《中国黄土图册》是第一部采用图片记录形式反映我国黄土实况及其研究历史和现状的大型图册，在巴黎第26届国际地质大会展出后，国内外同行专家赞不绝口，普遍认为"科学意义重大"。他主编的《岩漠、砾漠、沙漠、黄土》一书，首次采用宏观与微观的方法阐明了黄土原始物质的生成、搬运和沉积过程，为解决有争议的黄土成因问题奠定了科学基础。他在《中国黄土的最新研究》一书中对中国黄土进行了综合研究，建立了中国黄土磁性地层划分方案及中国黄土第四纪古气候演变模式，被认为是"重要的贡献，卓越的成就"，对黄土区的农牧业、工业建设、生态恢复和环境保护等方面都有重要的科学意义和参考价值。

他的科研成果先后获全国科学大会奖、国家教委科技进步一等奖、陕西省科技进步一等奖和陕西省高校科技成果一等奖。1989年3月，王永焱教授去世。

薛祥煦(左)、王永焱(中)进行科学研究

石油地质专业的领军人物赵重远

赵重远教授

1996年，包括曾任陕西省委书记的安启元在内的西大石油地质专业1956届80多位同学重聚西安，聚叙友情之际，特意返校请当年的任课老师赵重远教授再上一堂课，以追忆40年前学习生活的情景，表达不忘师恩的心情。

赵重远1951年从西大地质系毕业留校，第二年就遇上增招400名矿产和石油地质专修科学生的重任，这位年轻教师提前挑起了教学担子。他先后为学生开设了油矿地质学、石油地质学、中国含油气盆地地质学等课程。他融多种学科的理论、方法于一体，对含油气盆地进行了整体、动态、综合的系统研究，创建了"含油气盆地地质学"新学科。他将板块构造理论运用到中国沉积盆地研究中，首先提出以板块构造为基础的含油气盆地分类方案。他将经典的地壳均衡概念发展为地球均衡作用，并将

赵重远著作

赵重远及其研究团队

其作为盆地成因机制的动力之一,与应力和热力作用相并列。他对中国北方含油气盆地,特别是鄂尔多斯盆地进行了长期持续的研究,为该盆地的油气地质研究和天然气的大发展作出了突出贡献。

赵重远教授是西大石油地质学科的领军人物,他与20世纪五六十年代先后毕业和来西大工作的汤锡元、陈荷立、祝总祺、邸世祥、王定一、曲志浩、罗铸金教授被统称为西大"石油八大员"。在赵重远的带领下,他们精诚合作,撰写了"文革"后中国第一部《石油地质学》全国高校统编教材。此后,赵重远又主编了主要用于研究生教学的《石油地质学进展》全国高校统编教材。

他先后主持完成了20多项国家、部委和油田的科研项目,获省部级科技奖十余项。

赵重远教授是西大首批国务院学位委员会批准的博导之一,曾任地质系主任、《西北大学学报(自然科学版)》主编,他也是连续两届全国政协委员。

赵重远教授热爱油气地质事业,主动要求退休后仍笔耕不辍。年逾八秩还在《石油学报》《地质学报》等专业顶级期刊发表学术论文,并在85岁时出版了32万字的《含油气盆地地质学》专著,完成了他的学术夙愿。2016年,赵重远教授逝世。三年后,西北大学石油地质学科创建70周年之际,他的塑像在西北大学太白校区落成。

薛祥煦：地质学界的女强人

薛祥煦教授

薛祥煦教授是西北大学第一位女性博士生导师。1954年她于西北大学地质系毕业后留校任教，曾任研究生处处长，校学术委员会副主任和学位委员会副主任。

她主要从事古生物学教学与研究，先后讲授过古生物学、古生物地层学、新生代古生物及地层等课程。早年曾去中科院古脊椎动物与古人类研究所进修深造，师从名家周明镇教授。回校后即开始对陕西及其邻近地域古脊椎动物进行考察研究，经常坚持在野外作业，收集和掌握大量第一手资料，研究工作不断取得新进展。她对"游河动物群"的研究和"游河期"的建立，被认为"是对我国晚第三纪及第四纪地层古生物研究的一个重要贡献"。她关于石门古新统的研究被认为"是对古新统研究地理分布上的一个重要突破，对西北地区地层上的一个大增补"。她对我国北方第四纪哺乳动物及动物群的研究，是中国第四纪哺乳动物化石及动物群的第一次总结。她还和王永焱教授一起对黄土和生物地层做了大量研究工作。她先后六次去美国、德国、日本进行合作研究，在《中国科学》《科学通报》《古脊椎动物学报》等刊物发表百余篇论文，出版学术专著多部，获国家级、省部级科研成果奖十余次。她是"全国三八红旗手""有突出贡献的专家""全国高校先进科技工作者"，其事迹收入《中国当代地球科学家》《中国妇女500杰》中。

薛祥煦教授指导当时还是博士生的周卫健院士

冯师颜专攻热化学

冯师颜，1940年转入国立西北大学化学系学习，1943年毕业后留校任教。1957年赴苏联留学，在莫斯科大学进修热化学，两年后回校，创建热化学研究室并任主任。

他主要从事热化学的教学和研究，先后讲授过热化学、误差理论与数据处理等课程，培养了60多名热化学专业本科生和六名研究生。他一贯注重教学与科研结合、理论与实验并重，是我国实验热化学的开创者，领导建成我国高校第一个热化学实验室，并建立了五个计温学和量热学实验，研制了一批热化学实验仪器。他的热化学实验工作卓有成效，受到国内外专家好评。

他在《中国科学》《化学通报》《物理通报》等刊物发表论文20多篇，1964年在科学出版社出版《误差理论与实验数据处理》专著一部，该书实用性极强，不仅对化学实验人员有帮助，也是其他从事实验、测量的科技人员重要的工具书，极受广大科技工作者欢迎。

1970年，冯师颜教授英年早逝，他的科研成果在多年后举行的全国科学大会和陕西省科学大会上均受到应有的褒奖。

冯师颜教授

冯师颜著作

鲁迅研究的丰硕成果

1924年鲁迅来西北大学讲学，暑期讲学近20天，对西大教学科研甚至办学都产生了深远的影响。也因此，西北大学一向注重传承鲁迅精神，研究鲁迅思想。

抗战时期，作为鲁迅挚友的许寿裳教授就在西大宣扬鲁迅精神。1949年后，单演义教授在陕西大力倡导鲁迅研究。单演义教授发现了《小说史大略》油印本，是鲁迅在北师大时的讲义，为鲁迅最重要的学术著作《中国小说史略》的前身；后又发现鲁迅在西大讲演的记录——《中国小说的历史的变迁》，现已收入《鲁迅全集》；1957年著《鲁迅讲学在西安》，填补了鲁迅生平的一段空白，为多部年谱采用，此外他还有多篇鲁迅与瞿秋白、郭沫若、茅盾比较研究的论文。1977年以西大中文系"鲁迅诗歌注释小组"名义出版了《鲁迅诗歌选注》。该小组由赵俊玢负责，老教师郝御风、单演义等也参与，并有学生参加。

改革开放后，阎愈新教授在20世纪80年代发表《鲁迅致红军贺信的新发现》，被新华社报导，引起人们瞩目。张华教授1981年出版《鲁迅和外国作家》一书，同年两种年鉴皆有评述。任广田教授1996年出版《论鲁迅艺术创造系统》，以新的视角和方法，论述了鲁迅作品的思想和艺术。李鲁歌教授1997年出版《鲁迅郭沫若研究》。高俊林、姜彩燕等也有鲁迅研究的著作和论文面世。西大研究生王富仁硕士学位论文《鲁迅前期小说与俄罗斯文学》、阎庆生硕士学

西北大学鲁迅研究部分成果

西北大学学报编辑部编印的《鲁迅研究年刊》

位论文《鲁迅杂文的艺术特质》也都作为专著出版,引起鲁迅研究界瞩目。

此外,周燕芬的胡风与七月派研究、刘应争的周作人研究、九位同志集体进行的现代杂文史研究,也都与鲁迅息息相关,应视为鲁迅研究的一部分。1974年,西北大学学报编辑部编印了《鲁迅研究年刊》创刊号,后改由鲁迅研究室编辑。至20世纪90年代,共出版十余期,是当时鲁迅研究界的重要刊物。

1994年为纪念鲁迅来西大讲学70周年,学校举行了隆重的纪念活动,邀请百余名专家参加盛会,并举行学术讨论会和学术讲座,盛况空前。国际鲁迅研究学者法国露阿夫人、日本竹内实和板井东举男、韩国许世旭也都曾到校讲学。竹内实还被聘为客座教授。

校园秋日

中国发展经济学"西北学派"奠基人何炼成教授

何炼成教授

著名经济学家、教育家,全国劳动模范,"国家有突出贡献专家",西北大学经济管理学院创始人和名誉院长何炼成教授,因病于2022年6月18日在西安逝世,享年95岁。何先生扎根西北、甘为人梯,以坚定的信仰、毕生的热情,为国治学育人,更为创立中国发展经济学"西北学派"奠定了根基。

何先生的童年和中学时期,正处在兵荒马乱、国难当头之际。通过勤奋学习,他考入武汉大学经济系,得到张培刚、谭崇台、刘涤源等经济学大师的言传身教,并深受张培刚先生的影响。大学毕业后,何先生被分配到西北大学财经学院任教,后赴马列学院培训部进行了为期三年的学习,在中苏两国教员的指导下,他熟读《资本论》三卷,系统学习马克思主义基本原理,奠定了坚实的马克思主义政治经济学功底。在新中国建设和改革开放的肥田沃土上,何先生投身生产劳动论、劳动价值论、市场经济论、所有制结构论等重大理论问题的讨论,提出了诸多具有创新性和前瞻性的理论观点,先后两次获得孙冶方经济科学奖。在展开经济学研究和教学过程中,何先生始终强调古今中外兼容并蓄,先后系统梳理西方价值学说史、中国古代价格理论发展史、中国经济管理思想史等,由此为20世纪80年代中期创立西北大学经济管理学院确立起经济学"两史一论"(经济史、经济思想史、《资本论》)的研究与教学方法论框架。

西北地区基础设施薄弱、经济发展水平低下,何先生来到西北后,始终深刻思考着发展中国家和西部贫困落后的现实挑战。发展经济学原来是西方经济学家研究发展中国家问题的经济学分支学科。在张培刚教授发展经济学思想的启发下,何先生在20世纪80年代末开拓性地把"中国社会主义发展经济学"作为西北大学经济管理学院的重点学科,并先后出版《中国发展经济学》《中国发展经济学概论》《中国特色社会主义发展经济学》等专著和教材,为构建中国发展经济学的内容体系作出了突出贡献。

何炼成教授对于中国发展经济学的研究特色在于:在理论层面,主要将马克思主义基本理论与西方发展经济学相结合,提出将社会主义经济发展规律概括为"八化",即工业化、城市化、商品化、市场化、社会化、国际化、信息化、知识化;并涵盖"八大关系",即所有制结构、三次产业结构、区域经济、国际经济、金融创新、人力资本、可持续发展、政府法制和文化。在方法论方面,何先生强调创建中国发展经济学,需要努力做到经济学研究方法与其他学科的研究方法相结合,特别是需引入"老三论"(系统论、控制论、信息论)、"新三论"(耗散结构论、协同论、突变论)以及结合法学、社会学、心理学等。在实践层面,指出西北和西部是中国这一发展中国家的发展中大区,中国发展经济学应重点研究西北和西部的经济发展问题。针对西部大开发,他创新性地提出"八大战略"和"八大政策",实践证明,由中国学者从实际出发探索而来的发展经济理论,在指导西部发展和转型升级过程中取得显著成就,与不少拉美国家深陷"中等收入陷阱"形成鲜明对比。

何先生以开放包容的思维、博古通今的素养,形成了独特的问题意识、方法论和学术观点,中国纷繁复杂、突飞猛进的发展实绩也越来越验证何先生超前的理念和见解。

一是坚持马克思主义基本原理,注重兼容并蓄。在长期治学过程中,何先生始终坚持以马克思主义理论为指导,吸收借鉴古今中外各家之长,融会贯通,围绕中国特色社会主义建设各阶段的重大实践命题,提出坚持马克思主义、服务改革开放实践的一系列重要理论和观点。

二是重视西部地区经济发展实践面临的一系列重大复杂问题。何先生的理论研究并非书斋空谈,而是直面我国经济发展的现实问题,其中尤为强调调查研究西部地区特别是西北地区的发展问题。与东部沿海地区往往是某类或某些问题较为突出不同,西北地区基本汇聚了中国发展所面对的各方面问题,比如要素资源有限、产业基础薄弱、多重结构失调、生态保护任务艰巨、安全形势严峻等,有鉴于此,何先生倡导综合运用多学科方法,系统性地应对复杂问题,这决定了何先生研究的独特视角和方法论。

三是解放思想、开拓创新。何先生认为不管是经典马克思主义理论,还是西方经济学各流派,都难以给出有限条件下应对复杂矛盾的现成答案,这就需要不断解放

2006年,何炼成获首届张培刚发展经济学优秀成果奖

(左起:史晋川、何炼成、张培刚、林毅夫)

思想、与时俱进、开拓创新,提出有实践意义的思路、观点与方法,并接受实践的反复检验。

四是从全国视野定位西部问题。何先生虽身居西部,但在很多全国性问题的讨论中,都走在了学界前沿,如生产劳动理论、劳动价值理论、社会主义市场经济理论、中国发展经济学等。具备全国性、全局性问题的理论背景,为他思考地区性问题提供了更广泛的视野,对西部发展问题的研究也更具前瞻性。

五是提出整体、动态的系统发展学。"中国经济学的核心内容是中国发展经济学",何先生以西北地区发展实践为导向的理论创新,表现出鲜明的整体性、动态性特征,也就是依循复杂矛盾内在关联、动态演化的特点,给出综合利用有限资源、全面应对复杂问题的系统发展学理论框架及观点体系。

何先生用扎根西部、奋笔疾书的一生,聚焦西北地区实践问题,为理论创新提供可行道路,勾勒出中国发展经济学"西北学派"粗线条的雏形。传承先生思想,推进我国经济学科研与教学的发展,服务于中国特色社会主义现代化强国建设,成为后辈不容推辞的责任与使命。

计算机学科的领头雁郝克刚教授

郝克刚教授

计算机曾经是新兴学科，西北大学筹建这门新学科，在全国算是比较早的，带头人就是郝克刚教授。1958年，刚从数学系毕业留校的郝克刚就被派去中科院进修计算机方面的课程。20世纪60年代，数学系开办了"5701工厂"，"57"指毛泽东的"五七指示"，"01"就暗指计算机的"01代码"。70年代，郝克刚即主持完成了"高炮指挥仪-305机""XDJ-16"微型电子计算机、"KCJ快速数列处理机"等多项研制业务。1971年数学系创建了"数学控制专业"，1978年改名为"计算机科学专业"，并建立了计算机工作站。1979年，以郝克刚教授为首组成研究生指导小组，挂靠中科院开始招收计算机专业的硕士研究生。1981年，该专业从数学系分出，成立计算机科学系和计算站（后改名计算中心）。1984年，郝克刚赴美国马里兰大学计算机科学系做访问学者，在该系叶祖尧教授领导的课题组里开展软件工程研究工作，取得了显著成果。1995年，郝克刚被中科院软件研究所聘为博士生导师，成为西大计算机学科的首位博导。

长期以来，郝克刚教授都是业务和管理工作双肩挑，教学、科研、行政事务三并举。他先后担任计算机科学系主任，西北大学副校长、校长等职，同时开设计算机原理、可计算函数、数理逻辑、形式语言与自动机、形式语义、UNIX程序设计环境、软件工程论文选读等课程，承担并完成国家科委下达的重点科技攻关项目和多项国家自然科学基金项目，主持完成国家"七五""八五"及863科研课题，其科研成果曾多次获部、省级奖励。他还曾担任西安计算机学会理事长、西安软件行业协会理事长、西安市科协副主席、陕西省决策咨询委员、陕西省高教学会理事长等多种社会职务。

郝克刚教授先后指导博士生12名，培养硕士生上百名。退休后还定期为学生开讲座，介绍计算机和软件工程的新进展。更难得的是，他还在网上开博客，就专业科技问题发表意见，与网友交流，并为求教者释难解疑。

郝克刚的父亲郝耀东先生与西大也有很深渊源，曾几度出任西大教授，是陕西师范大学前身陕西师范专科学校的首任校长。

"中国的骄傲"——侯氏变换

侯伯宇教授是中共陕西省委追授的"优秀共产党员",是人力资源和社会保障部、教育部追授的"全国模范教师"。2012年9月,中共中央将侯伯宇教授树立为全国重大宣传典型。

侯伯宇长期从事理论物理和数学物理研究,在U群代数的表示、规范场拓扑行为、可积模型的对称性产生算子与几何、规范场的上同调等方面取得了显著的研究成果。20世纪50年代后期,侯伯宇致力于群论在物理学中应用的研究,解决了苏联国际群论权威未能证明的重要公理及量子化学权威未能得出的重要公式;60年代初,他参加了北京层子模型工作中的对称

中国的骄傲——侯氏变换

性研究,这一工作获得了国家自然科学奖二等奖。1983年他推导出的"H-变换"(即"侯氏理论")被杨振宁称赞为"开创性的贡献"。1986年,新华社新闻图片社展出的《中国的骄傲——以中国人姓氏命名的现代科技成果》大型图片展中,共展出20项成果,其中全国高校6项,西北大学就有"侯氏理论"和"王氏理论"两项成果榜上有名。

在理论物理前沿领域作出了杰出贡献的侯伯宇生活中却很低调。一件过时的夹克衫、一条说不上什么款式的裤子,当头发花白、微微有些驼背的侯伯宇背着他那个须臾不肯离身的大包不疾不徐

与杨振宁先生合影

地走在校园的林荫道上时,意气风发的青年学子们很难将眼前这个老人和蜚声国际数学、物理学界的大科学家联系起来。生活中的侯伯宇很寡言,只有在讨论甚至是争论科学问题时,才会激动地提高嗓门滔滔不绝。

科学和学生是侯伯宇生命中最重要的两件事。2007年8月,侯伯宇的儿子和孙子在一场车祸中双双罹难。知悉这一噩耗后的第三天,他就站在了讲台上,一如平常地为学生们上课。从周一到周五,从早上8点到中午12点,受到人生巨大的打击之后,侯伯宇给学生们上的课时反倒更多了:他要尽可能地在最短的时间里把自己的所学完完全全传授给学生们。

"我很lucky。"侯伯宇曾经这样告诉身边的人。他所说的幸运,就是他正在向着一个重要的科学发现行进,也许就要取得可喜的突破。从2006年开始,侯伯宇就一直关注与几何Langlands纲领相关的量子场论的研究。在他参与的最后一个国家自然科学基金项目"量子场论和弦理论中数学问题"的研究工作中,侯伯宇试图用物理的思想研究数学问题,借助数学的结果为量子场论和弦理论提供理论。这一创新性的研究思想使中国的科学家们走在了世界的前列。

同哥德巴赫猜想一样,Langlands纲领被视作是数学王冠上的另一颗明珠。就在侯伯宇向这颗明珠进发的时候,不知不觉,病魔向他袭来。他对医生说:"不求你们治好我的病,只求再给我三两年时间,让我把这项工作完成了。"

2010年10月,侯伯宇去世。在惊悉侯伯宇离世的消息后,李政道教授在给西北大学发来的唁电中说:"他的去世是贵校的一大损失,也是祖国物理事业的重大损失。"

侯伯宇教授指导学生

与李政道先生在一起

侯伯宇：从"中国的骄傲"到全国重大先进典型

生前，侯伯宇教授因其杰出的科学贡献被誉为"中国的骄傲"；身后，侯伯宇教授因其感人至深的事迹成为全国重大先进典型。

2012年9月27日上午，人民大会堂的小礼堂里座无虚席。来自中央和国家机关的干部、北京高校的800多名师生，被西北大学侯伯宇教授的事迹深深感动着。这是侯伯宇被确立为全国重大先进典型后，由中宣部、教育部和陕西省委共同举办的首场先进事迹报告会。报告团成员李映方、杨战营、朱海燕、侯伯文、赵岩分别以《把一切献给祖国教育科学事业》《永远的导师》《做像侯老师那样的人》《不会忘却的纪念》和《一份迟来的报道》为题，饱含深情地讲述了侯伯宇一生爱党爱国、精心育人、勤奋钻研、不畏挫折、淡泊名利、献身科学的光辉事迹和崇高精神。

会前，中共中央政治局委员、国务委员刘延东会见了报告团成员，并号召广大教

2012 侯伯宇被追授为"创先争优优秀共产党员"

师和教育工作者学习侯伯宇同志。时任教育部部长袁贵仁、陕西省委书记赵乐际等参加会见。

把侯伯宇的事迹从西北大学讲到人民大会堂，是学校党委历时两年全力推进的重点工作。2010年10月，侯伯宇教授逝世当月，学校作出了《关于开展向侯伯宇同志学习的决定》，开始了校内学习宣传活动。2011年5月，全国重大先进典型的推动工作全面启动，步步推进，从西北大学到全省教育系统，从教育系统到全省，从全省到全国教育系统，从全国教育系统到全国……2011年6月28日，侯伯宇先进事迹在陕西

高校庆祝中国共产党建党90周年大会上宣讲;11月,陕西省委下发了《关于追授侯伯宇同志优秀共产党员称号开展向侯伯宇同志的学习活动的决定》;12月10日,中央政治局委员、中组部部长李源潮作出批示,要求学习侯伯宇"学高为师、身正为范"的教授理想;2012年3月,人社部、教育部联合追授侯伯宇同志为"全国模范教师";6月,李长春、刘云山、刘延东相继在新华社报道上作出重要批示,要求浓墨重彩地宣传侯伯宇同志的先进事迹;6月28日,侯伯宇同志被追授为"全国创先争优优秀共产党员";9月5日,中央媒体采访团走进西北大学开展集中采访;教师节前夕,中央电视台新闻联播、焦点访谈连续播出侯伯宇先进事迹;新华社编发长篇通讯《科学报国坚守一生高尚风骨激励后人——追记知名物理学家、西北大学现代物理研究所教授侯伯宇》,全国各新闻媒体在重要版面相继转载,掀起了宣传热潮。侯伯宇成为进入新世纪以来,陕西省乃至全国高等教育战线的第一个全国重大先进典型。

2012年9月10日,时任陕西省委书记赵乐际到西北大学,要求全力以赴做好人民大会堂报告会的各项准备工作。

9月27日的首场报告会取得了预期的

2012年9月27日侯伯宇先进事迹报告会在人民大会堂举行

坐落在长安校区的侯伯宇塑像

效果,"用侯伯宇精神宣讲侯伯宇",他们做到了!《光明日报》发表的报告会侧记写道:"北京师范大学化学系研究生张海杰一直在笔记本上记录,他说:'像大海之于小草一样,虽然没有聆听先生讲课,心灵也受到滋养。先生对学术的激情、求真务实的精神永远激励我们后辈前进。'"

2012年10月,中宣部、教育部组织侯伯宇先进事迹报告团在全国范围内开展巡讲。15—25日,报告团跨越大江南北,行程6000多公里,从黑龙江到浙江、湖南、四川、陕西,为五省150余所高校的8000多名师生作了报告。报告团每到一处,迎接的是鲜花和掌声,收获的是感动和激励。一个以"科学报国坚守一生、高尚师德激励后人"的高级知识分子;一个视学术为生命的纯粹学者;一个信念坚定,把个人事业与国家前途、民族命运紧紧相连的共产党人形象,经由报告团宣讲,在各地高校师生中引起了强烈反响和共鸣,"师魂"礼赞激荡大江南北。通过网络新闻转载、微博直播,众多没有在现场聆听的网友也感受到了精神洗礼。

2012年,西北大学110年校庆之际,侯伯宇塑像在长安校区揭幕。2014年,侯伯宇先进事迹展览馆在太白校区建成,并被确立为陕西高校师德教育基地、全省干部教育培训现场教学点等。同时,报告文学《十一维空间——物理学家侯伯宇的多维人生》、电影《爱的帕斯卡》、广播剧《侯伯宇》等作品也先后推出。侯伯宇的感人事迹和伟大精神让千千万万师生受益,这是他给这个世界留下最宝贵的精神遗产。

"中国的骄傲"——王氏定理

1985年,王戍堂(1933—2021)被美国拓扑学术会议特邀为主报告人,在会议上作了题为《非阿基米德拓扑》的报告。报告结束后,来自美国巴夫洛大学的威廉士教授走到他的身边,激动地说:"您就是王戍堂教授,我在20年前就学习了您的'ωμ-度量化定理'!"

早在1964年,王戍堂在波兰《数学基础》杂志上发表了论文《ωμ-可加拓扑空间》。这篇论文解决了波兰科学院院士西科尔斯基(R. Sikorski)于1950年就提出而未能解决的"ωμ-距离化"问题,在国际上首次提出了"ωμ-度量化定理"。这一年,王戍堂31岁。自1955年从西北大学数学系毕业留校后,王戍堂就一头扎进了点集拓扑学。他常常说自己"并不聪明,只是特别喜欢思索"。

王戍堂教授

这个自认为"并不聪明"的人,却用自己的数学天分一次次吸引着世界的目光。他在论文《一致性空间的一个定理》中只用了一个定理,就概括了美国数学家L. S. Gal刊于《美国数学公报》和《荷兰皇家学院报告》上的4篇论文中所含的全部主要定理。

1979年,王戍堂在论文《广义数及其应用》中首次提出广义数系统,并建立了广义数域分析学。这篇论文于1991年被新加坡世界科学出版社出版的《高斯纪念文辑》收录(《高斯纪念文集》在全世界约稿56篇,其中中国2篇)。

王戍堂著作

"ωμ-度量化定理"的问世在国内外数学界引起了极大的反响,此后多年里,该定理被美国、匈牙利、日本、捷克、奥地利、加拿大等国家的著名拓扑学家评论、引用和发展,推动了一系列研究工作的进展。"ωμ-度量化定理"被称作"王氏定理",这个以中国人的姓氏命名的定理成为了"中国的骄傲"。

"秦岭地质王"张国伟院士

张国伟院士

横亘于中国大陆中部的秦岭山脉属于中国中央造山系主体组成部分,代表了中国南北大陆地质、地理、气候、生态甚至人文的分野。秦岭漫长复杂的地质演化史以及在构造—环境—生命发展中扮演的角色,使其在中国大陆形成演化及地球多圈层相互作用中占有举足轻重的地位,并成为当代大陆动力学和地球系统研究的热点。

在深刻洞见秦岭研究的重大意义的前提下,西北大学走出来的中国科学院院士、地质学家张国伟教授几十年如一日,紧紧抓住秦岭研究不放手,并始终坚信,只要踏踏实实地作好秦岭这一反映大陆动力学和地球系统演化窗口的研究工作,就一定能在当代地球科学前沿有所创新。

自从 1957 年进入西北大学地质系学习,张国伟就和秦岭结下了不解之缘。在逾半个世纪的地质生涯中,张国伟与他的团队多次南北横穿、东西纵贯秦岭山脉,跨越陕、豫、甘、川、鄂五省进行艰辛的野外地质调查,行程上万公里,最终以具有秦岭地质革命性研究意义的诸多著述揭开了秦岭地质组成、结构构造和形成演化的神秘面纱,将秦岭研究推向一个接一个的高地,号称地质学界内的"秦岭地质王"。

张国伟院士始终不渝地坚守继承、创新发展板块构造理论的学术主线,在中国区域和全球构造大背景下,长期立足秦岭与中央造山系及其两侧相邻地块地质研究,在秦岭研究方面取得以下主要成果:

1999年，张国伟教授当选中国科学院院士

(1) 重新厘定并提出了秦岭造山带主要由三大套构造岩石地层单元组成，经历三大演化阶段。(2)首次建立了秦岭造山带岩石圈现今结构框架为具流变学分层的"立交桥"式4-D结构模型；揭示秦岭壳幔非耦合关系、时空关系，及其大陆不易返回地幔、长期保存演化的重要方式；建立秦岭造山带内部不对称扇状以及与周缘地块的4-D结构构造模型。(3)恢复重建了秦岭古板块构造格局和造山细节过程；发现和厘定了秦岭第二个板块主缝合带——勉略带；论证秦岭原属东古特提斯北侧分支洋盆，其由洋—陆俯冲造山到最终以扬子、秦岭、华北三板块沿商丹和勉略缝合带，通过点—线—面接触到最后全面陆—陆碰撞造山过程。(4)综合论证了中央造山系的物质和构造属性及其形成演化历程；重点总结了中新生代秦岭陆内造山过程、特点及趋势；创造性地提出在秦岭先期板块造山叠加陆内造山、最终形成现今典型大陆复合造山带。同时探索了秦岭急剧隆升和东西向分解成段(东、西、大别三段)的深部缘由和对地表环境的控制作用。(5)进行了秦岭及两侧地块的盆山耦合关系综合研究，提出不断演变的山盆转换与耦合关系等新观点。(6)出版《秦岭造山带与大陆动力学》《秦岭勉略构造带与中国大陆动力学》专著，主编出版秦岭有史以来首套地质、地球化学、地球物理综合图件——《秦岭造山带造山过程和岩石圈三维结构图丛》(中、英文版)，发表一系

自然科学奖证书

从20世纪80年代起,张国伟先后主持国家、省部委重大和重点项目9项,诸如"秦岭造山带岩石圈结构、演化及其成矿背景""秦岭勉略构造带组成、演化及其动力学特征""西秦岭—松潘构造结形成演化与大陆动力学研究""中国南方大陆构造与海相油气前景研究""板块构造学与大陆动力学发展战略研究"等。主持与美国、德国、英国、日本等国的大学与研究所进行的9项国际合作研究。出版著作9部,在国内外期刊发表论文380余篇。其研究成果10次获得国家、部委和省级奖励,如"华北地块南部早前寒武纪地壳组成及演化"获国家教委科技进步二等奖,"秦岭造山带的形成及其演化"获国家教委科技进步二等奖,"秦岭造山带岩石圈结构、演化及其成矿背景"获教育部科技进步一等奖,"秦岭造山带岩石圈结构与演化"获国家自然科学二等奖以及陕西省首届基础研究重大贡献奖等。个人先后荣获"国家有突出贡献中青年专家""全国优秀教师""全国师德先进个人""全国先进工作者""全国教书育人楷模"等称号。

列秦岭研究相关论文。

此外,张国伟院士多年来在前寒武纪地质研究、造山系与含油气盆地盆山关系研究、大陆构造与大陆动力学研究基础上的大陆构造理论体系构建等方面卓有建树。同时,从服务国家重大战略角度出发,他在将固体地球科学研究成果转换和运用到资源、能源、灾害防治、环境保护等经济社会方面,也作出了杰出贡献。

舒德干院士：揭秘寒武爆发，解读人类由来

1999年，舒德干教授在云南澄江化石库捉到了一条"鱼"，这就是日后名满天下的"昆明鱼"（全称凤姣昆明鱼，凤姣是舒德干母亲的名字）。这条身长不足3厘米，生活在5.2亿年前的小鱼，将脊椎动物的起源前推了5000万年，被西方学者誉为"天下第一鱼"。舒德干，也成了世界上最知名的"渔夫"。

逮住"第一鱼"看起来是偶然，其实也是必然。

1988—1989年，正在德国洪堡基金的资助下进行博士后研究工作的舒德干得知澄江化石库开始大规模开采，他立即回国，一头扎进了这一古生物学家眼中的宝库。此后每年都要到澄江化石库去两次，每次用两个月左右的时间开采化石，然后运回西安进行修理、剥离和研究。1984年澄江动物群开展大规模发掘以来，经历了三个阶段的探索研究。第一个十年阶段，国内多个团队共同在动物界的基础动物亚界和原口动物亚界中发现了绝大多数门类的代表，然而遗憾的是，在后口动物亚界中却一无所获。1994年，舒德干决定将自己探索的重心转向风险系数很高的后口动物亚界这块"硬骨头"。有意思的是，他的探索竟然顺风顺水。1995年，他率先在南京的"国际寒武纪大爆发学术讨论会"正式提出："云南虫和古虫都是澄江动物群中的后口动物。"1996年，他与西大另外两位合作者在顶级学术期刊 Nature 首次发文，论证云南虫是后口动物亚界中的一种半索动物。同年，他又以第一作者在 Nature 著文，报道了头索动物华夏鳗。这两类脊椎动物近亲的成功发现使舒德干信心满满：寒武纪大爆发时期的动物进化加速，在澄江动物群里应该就埋藏着真正的原始脊椎动物，深厚的学术功底使他脑海里已经形成了"第一鱼"应有的具体形象。说来也巧，1998年年底他和博士生张兴亮去拜访老朋友罗惠麟和胡世学，这两位优秀的古生物学家拿出在抽屉里锁了一年半的几块标本请舒德干帮助鉴定。舒德干在显微镜下观察了几分钟，马上确定了其中一块就是原始脊椎动物（后被命名为海口鱼）。更巧的是，一周后的1999年1月2日，舒德干和张兴亮在西北大学标本库里发现了另一条保存得更为完美的鱼化石，这就是昆明鱼。接下来的两个月，舒德干一门心思"解剖"和"阅读"这两块稀世珍宝。半年后它们便以长文形式在 Nature 面世，该期刊特地配发了《逮住第一鱼》

在发现昆明鱼之后的日子里,舒德干和他的研究团队又取得了一系列重大的科学发现和突破。2001 年,舒德干以第一作者兼通讯作者在 Nature 两度发文,报道了尾索动物长江海鞘,并创建了一个包括西大动物在内的新动物门"古虫动物门";2003 年,舒德干等人在 Nature 等杂志报道了更多的海口鱼解剖信息,还发现了第三种"第一鱼"钟健鱼,并创建了"昆明鱼目";2004 年,舒德干等人报道了原始棘皮动物始祖古囊类。至此,后口动物亚界的六大类群已经全部被西北大学团队发现。也就是说,在澄江动物群研究的第二个十年(1994—2004)里,舒德干首次提出地球上最早的三个动物亚界齐全的完整动物树框架,这就是地球的"第一动物树"。基于此,他们还提出了早期后口动物亚界完整的谱系图。

在系列性科学发现之后,接下来在澄江动物群的第三个研究阶段(2005 年以后),舒德干试图进行生命进化理论的升华。基于我国 5.2 亿年前澄江动物群爆发式诞生了后口动物亚界各门类的研究成果,他进一步综合了我国和全球更早的几个化石库大数据资料,即 5.4—5.2 亿年前爆发式创生了原口动物亚界,以及 5.6—5.4 亿年前快速创造基础动物亚界的化石证据,撰写了长篇英文论文《寒武纪大爆发:动物树的形成》,首次提出了"三幕式寒武纪大爆发"假说。他论证了寒武大爆发并非一次性突发事件,而是一个历时约 0.4 亿年的由量变到质变、渐变与突变交织统一的三幕式演化事件;它包括前奏、序幕、主幕三个阶段,并依次形成了三个动物亚界,最终创造了地球第一动物树。

我们生活的这个星球十分幸运,成为太阳系八大行星中的奇葩。46 亿年前,它曾是与金星、火星相似的"炽火星球",随之经历

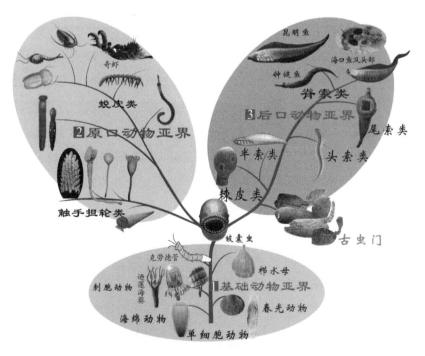

寒武纪大爆发创造的第一动物树:构成动物星球的源头

了长达40多亿年的"水星球"生涯，其间先后演变成"细菌星球"和"真核星球"，而且最终"修成正果"，成为海陆空皆为形形色色动物占据的"动物星球"。那么，这个奇特动物星球的源头在哪里？答案就在澄江动物群的第一动物树！纵观地球历史，寒武纪大爆发之所以厥功至伟，就在于它分三幕创造了第一动物树，从而为我们的动物星球成功奠基！

化石大数据揭示出三幕式寒武纪大爆发内涵

三幕式寒武纪大爆发假说

从学生时代起，舒德干就是达尔文的忠实信徒。他于2000年主持重译并撰写"导读"的达尔文《物种起源》，先后出版了三个版本（大陆两个版本，最近又在台湾出版繁体字版，传播至全球华人圈），共印刷30多次，发行十多万册，推动了进化论在汉语世界的普及。达尔文进化论贡献给人类知识宝库三个伟大的科学思想，即自然选择学说、生命树思想和人类的自然由来猜想，由此改变了人类的自然观和世界观。另一方面，由于时代的局限，达尔文留下了众多谜题，其中两大难题最为严峻。好在生物学"缺失遗传学"谜题被孟德尔等人成功破解，而地质古生物学的"寒武纪大爆发"谜题被舒德干等人的"三幕式寒武纪爆发假说"初步破解。该假说包括两个要点：（1）地球上这次宏伟的动物门类创新大爆发分三次创造了第一动物树，奠基了动物星球；（2）大爆发中出现的人类远祖系列首创了诸如"第一口""第一鳃裂"和"第一头脑眼""第一脊椎"等基础器官。"三幕式寒武纪爆发假说"是"进化论十大猜想"中唯一由中国学者提出的猜想，目前它已经得到越来越多化石证据的支持。

舒德干先后在世界权威学术期刊 *Nature* 和 *Science* 上发表了十多篇论文，研究成果先后入选1999和2001年度"中国十大科技进展"，被录入国内外教科书和百科全书，并获得了2003年度国家自然科学奖一等奖和2016年度国家自然科学奖二等奖，以及长江学者成就奖一等奖。

美国现代科学和人文学者舍默曾说，达尔文与进化论之所以特别重要，以及科学之所以特别重要，是因为它们在协力解答一个终极人文命题——我们是谁？我们从哪里来？我们到哪里去？舒德干和他的研究团队，正在帮助人类接近这个命题的答案。

重大成果迭出的西北大学早期生命研究团队

西北大学早期生命团队由舒德干院士、华洪教授、张兴亮教授、韩健研究员、张志飞教授、刘建妮教授、傅东静教授等人组成。经国家重点学科、陕西省和教育部创新团队发展计划的培育，团队已发展成为在国际科学前沿具有重要影响的"国家创新研究群体"，走出了5名国家级人才/国家级青年人才。

1996年以来，舒德干领军的早期生命研究团队一直在围绕着"寒武纪大爆发与动物界成型关系"这一重大基础前沿课题坚持开展广泛深入的、多学科交叉的国际合作研究；他们陆续在澄江生物群揭示出脊椎动物、头索动物、尾索动物、棘皮动物、古虫动物等后口动物亚界几乎所有门类的原始代表，进而首次构建了完整的早期动物树框架图，并基于此提出三幕式寒武纪大爆发依次形成三个动物亚界的新假说，为人类探索早期远祖的来龙去脉提供了基础证据。

西北大学早期生命研究团队是一个坚持不懈的团队，团队里人人都有"咬定青山不放松"的精神。伴随着艰苦的野外勘查、枯燥的实验室分析、严密的论证和对科学前沿长期不懈的追踪，在这些满怀激情，十几年甚至几十年甘愿坐冷板凳、看显微镜的科学家面前，"运气"似乎都变成了必然。

荣获第十一届"中国青年女科学家奖"的刘建妮，提出了破解节肢动物门起源与

西北大学早期生命研究团队在 *Nature*、*Science* 杂志上发表了15篇论文

早期生命研究团队合影(左起:傅东静、张志飞、韩健、舒德干、张兴亮、华洪、刘建妮)

早期演化这一长期困扰学术界的科学难题的新思路。该研究成果于 2011 年 1 月 24 日以封面文章的形式刊登在 Nature 杂志后,即刻引起了轰动。而刘建妮从找到第一块化石到最后发表论文,整整经过了 6 年。

2017 年 1 月 30 日,Nature 杂志以亮点封面论文形式发表了韩健研究员等人关于寒武纪最早期皱囊虫的重要发现,其分类位置存有争议。但其独特的微小囊型躯体以及"有口无肛"的原始构型显示,它保留了许多原始两侧对称动物的祖先特征。

2021 年,Nature 杂志发表了张志亮和张志飞等人关于最早苔藓动物门化石的发现,这是学术界期盼许久的重要发现,它进一步支持了舒德干等人的三幕式寒武纪大爆发假说。

20 多年来,西北大学早期生命研究团队先后在 Nature、Science 杂志上发表了 15 篇研究论文,其中两项成果先后被评列入中国十大科技进展,另两项成果被评列入中国高校十大科技进展。团队分别于 2003、2016 年获得国家自然科学一等奖、二等奖;此外还获得教育部自然科学奖一等奖两项,长江学者成就奖一等奖一项,陕西省科学技术最高成就奖一项。两篇博士学位论文被评为"全国优秀博士学位论文"。他们用自己的信念和坚持,从中国偏僻的西北出发,带着国际一流的研究成果,在古生物学研究领域位居全球第一方阵。

发现清江动物群

中国—湖北—宜昌—长阳。

2019年3月22日,世界的目光突然聚集在这个地处鄂西南山区的土家族自治县,而被当地人视作"母亲河"的清江,一夜之间名扬天下。

这一天,美国Science杂志发表傅东静任第一作者、张兴亮任通讯作者的研究论文《华南早寒武世布尔吉斯页岩型化石库——清江生物群》,首次公布了在中国宜昌长阳地区清江与丹江河的交汇处,发现了距今5.18亿年的寒武纪特异埋藏软躯体化石库,并将其命名为"清江生物群"。

"5.18亿年前正是动物门类爆发式出现的极盛期,我们在清江生物群采集到的4351件标本中,分类鉴定出109个属,其中58个是全新属种,比例高达53%。生物学统计显示清江生物群的物种多样性有望超过所有其他寒武纪软躯体化石库。"说起心爱的化石,娇小的傅东静一脸兴奋,滔滔不绝:"清江生物群中后生动物相对多样性最大,3600件后生动物化石包含了101个属,而且在这101个后生动物属中,85%不具有矿化骨骼,绝大多数是水母、海葵等没有骨骼的个体。"

清江生物群中软躯体生物居多,但是保存得栩栩如生,动物的眼睛、神经、内脏等软体组织和器官的形态结构清晰可见。究竟是什么样的埋藏机制,使得这些极易腐烂的组织器官得以保存得如此完美?学术界至今无法给出确定的答案。更令人称奇的是,清江生物群化石没有经历过明显的成岩作用和风化作用,而是以原生碳质薄膜形式保存,这为开展埋藏学和地球化学研究提供了理想的素材。

Science杂志在发给媒体的简介中写道:"揭示寒武纪之秘的新宝藏出土了。"瑞士洛桑大

清江化石库工作现场

学古生物学家艾莉森·戴利在 Science 同期刊发的评论文章中称这是一个"令人震惊的科学发现""后续研究将有望填补我们对于寒武纪大爆发的认知空白"。英国 Nature 杂志也在报道中称:"清江生物群打开了观察壮观寒武纪的又一个窗口,各种新的生物类群前所未见。对于科学家进一步了解早期已灭绝的动物非常重要。"

清江生物群模拟图

当清江生物群在世界各大媒体上大放异彩的时候,张兴亮教授正带领项目团队在长阳当地钻井取样,以期探索寒武纪生命大爆发时期古生物环境条件如何影响生态结构及演化,并试图破解动物软体结构特殊埋藏机制。2007 年,正是他带着当时还是博士生的傅东静等人在长阳进行野外踏勘时,"偶然"用地质锤敲出了半只林乔利虫化石。这是一种已灭绝的奇特的海洋节肢动物,主要生存于寒武纪时期。随后团队在同一位置找到了纳罗虫化石,一种同样生活在寒武纪时期的无脊椎动物。

这两块化石的发现让张兴亮对清江念念不忘。从 2007 年起,他每年都会和傅东静等人回到长阳。"只要听说河水位下降,河床露出来了,我们就去开采化石,不论刮风下雨,即使下雪也不例外。"就这样,艰苦的工作持续到 2014 年,开采了上万块石头,团队才终于逐步确认了这是一个能够揭示寒武纪大爆发时期动物门类多样性及其演化的重要化石宝库,其化石保真度和物种丰度可媲美于加拿大布尔吉斯页岩生物群和中国澄江生物群。在全球现已发现的 50 多个布尔吉斯页岩型化石库中,清江生物群完全有资格排进前三,堪称顶级生物化石库。

清江生物群和距离 1050 千米之外的澄江生物群处于相同的时代,也都是以软躯体生物化石为主。相对于澄江生物群生活在离海岸较近的浅水环境,清江生物群则生活在远离海岸的较深水环境,两个生物群的生存环境不同,属种组成也有差异,具有很强的互补性。西北大学早期生命与环境创新团队相信,在后续大规模的发掘研究中,清江生物群将为发现和探索新的

舒德干院士和傅东静教授及学生团队

张兴亮教授在野外

躯体构型和新的动物门类提供更多的第一手材料，清江生物群研究有望在后生动物门类起源演化，以及化石的特异埋藏领域首先取得新突破。

这样的认识和自信基于张兴亮、傅东静等人对清江生物群研究取得的初步成果，更基于西北大学早期生命与环境创新研究团队在舒德干院士的带领下，对澄江生物群及寒武纪大爆发进行长期探索并取得的系统的创新成果——甚至在五年前，他们就深信"清江"这个名字将会在古生物学研究史上占据一个耀眼的位置。

动物界有38个门，在寒武纪大爆发时期已发现20个现生动物门和6个灭绝动物门类，还有18个现生动物门类在寒武纪大爆发时期未找到化石代表。新化石产地发现的意义格外重大，清江生物群中已经发现了许多形态奇异的崭新物种。"随着日后研究工作的展开和深入，清江生物群在揭示动物树最初成型中的重大事件，探索人类最早的进化轨迹，特别是研究动物树和环境的协同变化关系等方面，一定会取得震惊世界的科研成果。"舒德干院士对团队以后的研究工作充满了期待，"前面还有很多工作需要年轻人来完成。我希望最好的研究工作，由中国人来完成"。

张宏福：破解"克拉通破坏"之谜

1981年高考结束后，张宏福接到了西北大学地质学系地质学专业的入学通知书。学地质，是向来喜爱张宏福的班主任老师帮他选择的高考志愿——在当地人的眼中，地质队员堪称"高收入人群"，也是神秘的有文化的"探宝"人。至于要在地质学系学什么，张宏福完全不知道。但是有一件事张宏福很清楚，那就是要"好好学习"。当时西北大学校园里的学习风气浓厚，课程设置饱满，老师们水平很高。张宏福还记得舒德干院士当时为他们讲"植物演化谱系"："几节课下来，就讲得清清楚楚，我们也听得很有兴趣。"

本科毕业后，张宏福考入武汉地质学院北京研究生部，毕业后又回到母校西北大学。在地质学系任教的六年时间里，张宏福每年跟随老教师们出野外，漫山遍野地拉地层剖面、找石油。这段经历为他打下了扎实的岩石专业基础，尤其是出色的辨认岩石的能力，让他在日后的科研工作中获益良多。1994年，张宏福作为访问学者赴英，并在一年后开始在伦敦大学 Royal Holloway 学院地质系地球化学专业攻读博士学位。1998年，张宏福学成归国，进入中国

大学时代的张宏福（前排右四）

2000年，张宏福和中国科学院地质与地球物理研究所的周新华研究员一起来到了山东方城。因为推断方城周边可能存在中生代玄武岩，他们期盼着能在这里有所发现，以初步探索华北克拉通岩石圈减薄的原因。克拉通是大陆主要地质单元。"克拉通"一词源自希腊语Kratos，意为"强度"。华北克拉通自18亿年前形成后，曾长期保持稳定。但是在1亿年前，华北陆块发生了大规模构造变形、强烈的岩浆活动和盆地形成，并伴有大量的金属和其他资源形成。强烈的地震也成为华北克拉通的重要特征，比如发生在1976年的唐山大地震。为什么华北克拉通会发生这样的变化？张宏福渴望寻找到答案，为深入认识大陆形成演化机制和过程、构筑更完善的地球形成与演化理论提供新的突破口。

皇天不负有心人，在山东地质七队队员的帮助下，张宏福等人成功地采集到中生代玄武岩样品。它的出现证明了中生代是华北岩石圈减薄的关键时期。在华北中生代玄武岩中，张宏福发现了同位素异常富集现象，说明在中生代华北岩石圈地幔里发生的变化最终使古生代的克拉通型地幔转变为中生代富集型地幔，让原本稳定的古老克拉通不再稳定。

张宏福一步步接近华北克拉通破坏的真相。2005年，他们在山东胶州发现环带状地幔橄榄岩捕虏体。这种极其难得的地幔捕虏体可以看作是橄榄岩正发生变化时被"抓取"到地表上来的。通过对地幔捕虏体的Sr-Nd和Re-Os同位素测试，张宏福发现，大陆岩石圈中的地幔橄榄岩会因和某种熔体反应，性质发生改变；反应彻底的，甚至会转变为大洋型岩石圈地幔。在系统对比了2160件样品后，他再次证明橄榄岩—熔体相互作用在全球大陆岩石圈地幔中普遍存在。最终，张宏福提出，橄榄岩—熔体相互作用是大陆

张宏福教授带领学生在野外考察

岩石圈地幔组成转变的主要机制,并最终导致古老克拉通破坏。在工作中,他与学生率先将非传统稳定(Li-Fe-Mg)同位素示踪方法应用到地幔地球化学研究中,被朱日祥院士认为"拓展了地幔地球化学的研究领域",推动了该学科的发展。通过发现克拉通破坏的本质,张宏福提出并论证了克拉通周边板块的俯冲碰撞作用造成的熔/流体活动是岩石圈组成转变的主要外部控制因素。

2017年,张宏福教授当选中国科学院院士

2010年,西北大学大陆动力学国家重点实验室进入发展的关键时期,急需一位专长于岩石地球化学研究并了解相应先进测试技术的学术带头人。在张国伟院士的极力推荐下,经陕西省"百人计划"支持,张宏福回到他曾经学习、工作过的校园,出任大陆动力学国家重点实验室常务副主任。

"赶上了好时代。"张宏福常常说自己很幸运,改革开放以来,国家对基础研究的支持力度越来越大,自己才能得以全心在一个领域内持续深入地进行研究,并成为中国地幔地球化学领域的学术带头人。多年来,张宏福一直从事大陆岩石圈演化研究,在固体地球科学领域不断探索。自2002年获得国家杰出青年科学基金以来,张宏福先后承担多项国家、中科院和部委重大研究计划等重点项目,研究成果在学界产生了重要影响。张宏福是ISI地球科学Top 1%高被引科学家。他主办了两次国际学术会议,国际著名期刊 *Lithos* 和 *Gonwana Research* 特别邀请他编辑了两部专辑。因为在探索岩石圈与软流圈相互作用机理、揭示岩石圈演化过程中的制约因素方面取得了系统的科学成就,2009年张宏福获国家自然科学二等奖(排名第二),2014年获中国科学院杰出科技成就奖(第二位突出贡献者)。2017年,张宏福当选中国科学院院士,同年,再次获得国家自然科学奖(排名第三)。

赵国春：重建超大陆的中国科学家

1981年，在赶往岫岩中学填报高考志愿的山路上，20岁的赵国春偶遇了一位地质队员。这位地质队员告诉他，学地质，将来毕业以后不仅有高工资，国家还负责分配一个"也是大学生"的"对象（女朋友）"。

兴冲冲的赵国春前往长春地质学院报到，却被车站里负责接新生的学长兜头泼了一盆凉水：高工资已经成了过去式，至于分配对象——"你想啥呢！"不仅如此，学长们还把当时流行的顺口溜念给他听："远看是要饭的，近看像个捡破烂的，走近才知道是干地质的。"赵国春沮丧至极，"甚至都有了回家重新参加高考的念头"。

没想到，第一堂《普通地质学》听下来，赵国春就被"震"了：原来地质学不仅仅是进山找矿，而是一门关于地球、太阳系，乃至整个宇宙的科学。他第一次感受到，在浩渺的宇宙中，人类其实是多么渺小，还有那么多的未知在等待着他去探索发现。

1988年，赵国春在长春地质学院获得了硕士学位并留校任教；1996年，已经晋升为副教授的赵国春远赴澳大利亚，在科廷大学攻读博士学位；2000年，赵国春在香港大学从事博士后研究工作。

在科廷大学，赵国春第一次听到了"超大陆"的概念。其时，形成于10亿年前的

赵国春教授带领学生在野外考察

Rodinia 超大陆刚刚被发现不久，被当时的人们视为最古老的超大陆。认识到陆—陆碰撞造山带在超大陆聚合过程中的重要性，赵国春想起一条几年前在中国华北中部发现的陆—陆碰撞造山带。

1994 年，赵国春参与了著名变质地质学家卢兆良教授领导的地矿部重大基础研究项目。在项目执行期间，他注意到了一个奇怪的现象：冀东地区和五台一带的麻粒岩，矿物种类完全一样，矿物生长方式却截然相反——冀东地区的麻粒岩里，红色的石榴石围绕着白色的斜长石或黑色的辉石生长，俗称"红眼圈"；而五台一带，却是白色的斜长石和辉石交生体围绕着石榴石生长，呈现出"白眼圈"。再向西，在内蒙古武川、固阳一带，又出现了"红眼圈"。这种带着"白眼圈"结构的麻粒岩，在喜马拉雅、秦岭—大别和欧洲阿尔卑斯造山带中广泛存在，它反映出岩石所处的环境曾经发生过板块碰撞俯冲后迅速向上折返的构造过程。在经过大量的采样、分析、对比和综合研究后，赵国春等人在华北中部确定了一条近于南—北向展布、长达 1600 公里的喜马拉雅型陆—陆碰撞造山带。

借助科廷大学拥有的当时世界上最尖端最精密的高分辨离子探针质谱仪（SHRIMP），赵国春最终确定华北中部造山带形成于约 18.5 亿年前。他据此提出华北基底是由东、西两个微陆块于约 18.5 亿年前沿中部碰撞带拼合而成，完全颠覆了"华北基底是由一个统一陆块组成"这一传统认识。在阅读了海量文献资料后，赵国春还发现，在 21 亿—18 亿年期间，地球上各大陆都发生了陆—陆碰撞造山事件，由此形成的造山带竟有 27 条之多！

2000 年，赵国春在第 15 届澳大利亚地质学会年会上首次提出，广泛分布的 21 亿—18 亿年造山带记录了全球性碰撞事件，导致全球大陆之间相互拼合，形成一个超大陆，他将之命名为"Hudson"超大陆。虽然早在 1999 年 10 月，赵国春就对这一超大陆的形成进行了全面系统的阐述，并写成论文寄给了国际著名学术期刊 *Earth-Science Reviews*。但是因为种种原因，这篇论文直至 2002 年 1 月才得以发表，同一年稍早已有学者提出了一个类似的早—中元古代超大陆并命名为"Columbia"。为了不引起学术上的歧义和混乱，赵国春最终放弃了"Hudson"这一名字，转而采用"Columbia"来称呼他发现的超大陆。现在 Columbia 超大陆已经成为国际地学界的一个研究热点。赵国春等在 *Earth-Science Reviews* 上发表的两篇文章已成为该超大陆研究的经典文献，他引上千次；他所提出的该超大陆重建方案被 Wiley-Blackwell 出版的大学教科书 *Global Tectonics*（第三版，2008）采用。

2009 年，赵国春去河南登封参加野外地质考察，和中国构造地质研究的领军人物、时年 70 岁的西北大学教授张国伟院士一见如故。其时赵国春已经在香港大学执教多年，在前寒武地质研究领域声誉鹊起。他在华北西部陆块内发现了孔兹岩带，并

2019年,赵国春教授当选中国科学院院士

提出阴山与鄂尔多斯陆块先是在19.5亿年前沿孔兹岩带拼合形成了西部陆块,而后在18.5亿年前又沿华北中部造山带与东部陆块拼合,形成华北统一基底。张国伟院士向赵国春热情地发出邀请:"来西北大学,我们一起做点事吧!"

2010年,赵国春被西北大学聘为特聘教授,自此他每年都有三四个月的时间在西北大学培养学生、开展学术研究。2011年10月,赵国春作为首席科学家,以西北大学为依托单位成功申请了国家自然基金重大项目"Pangea的东亚重建"。五年后,国家自然基金委对"Pangea的东亚重建"项目结题给出了"特优"的评估结果。

赵国春常常说,从事地质研究不需要特别聪明。他所谓的"不是特别聪明",更多的是"八风不动"的守拙和坚忍。在科廷大学求学期间,留学生纷纷打工以贴补家用,赵国春却把所有的时间都用来学习和研究,甚至吃住都在办公室里。读博期间,他先后发表了13篇规格较高的学术论文,这个记录在科廷大学可能至今无人打破。

投身科研多年来,赵国春一共发表学术论著430余篇,总引数已经超过58000次(H-Index = 132),2014年至今连年入选科睿唯安(汤森路透)"Highly Cited Researchers"(高被引学者)。2004年,赵国春获得海外杰出青年基金,2014年获得国家自然科学二等奖(排名第一),同年当选美国地质学会会士,2016年获第29届Khwarizmi国际奖(一等奖),2018年获世界科学院TWAS奖。2019年,赵国春当选中国科学院院士。2020年,赵国春当选发展中国家科学院(TWAS)院士,是当年固体地球科学领域唯一入选的中国科学家。

长安校区航拍

从李继闵到曲安京：西北大学科学技术史学科的发展

李继闵教授

李继闵，1962年毕业于西北大学数学系，曾任数学系主任、自然科学史研究室主任。他主要从事几何函数论、中国数学史的教学与研究，曾开设过数学分析、复变函数、中国数学史等课程。

他在学术上的主要贡献在于中国数学史的研究。他站在当代数学发展的高度，对中国古代传统数学理论和中国古代算法理论体系的构造性、程序性、机械化作了深入研究，深刻地揭示了中国古典数学"寓理于算"的特点。他长期潜心于中国古代传统数学理论的探索，将传统史料考据与现代算理分析方法相结合，解决了中国数学史研究中的一些疑案与悬案。他的一系列可贵的新发现开创了我国当代数学史研究的新局面。他的成名作《东方数学典籍〈九章算术〉及刘徽注研究》声播海内外，其影响所及已超越了数学与数学史的领域。1997年获得国家科技进步三等奖。著名数学家吴文俊院士称誉他是"继已故李俨、钱宝琮与严敦杰三老之后最有贡献者之一"，是"继承与主持中国数学史研究的理想人物"。

李继闵教授(左)、当时仍是学生的曲安京教授与李约瑟研究所所长何炳郁教授(中)合影

他还出版了《九章算术校证》《九章算术导读与译注》，与人合著《九章算术与刘徽》《秦九韶与数书九章》，并参与了《中国数学简史》等书的编写工作。1990年获得国务院学位委员会批准的博士生导师资格。1993年9月英年早逝。

由于李继闵及其团队的开创性工作，西北大学数学系最早成为国内高校自然科学史（数学史）硕士、博士研究生培养单位，也是国家科学技术史博士后科研流动站的最早建站单位。2007年，科学技术史专业被评为国家重点（培育）学科。2016年成立实体编制的西北大学科学史高等研究院。

现在的学术带头人曲安京教授是李继闵教授的学生。他长期致力于中国数理天文学研究，成果集中反映在《中国数理天文学》一书中，他的这部著作在国内外学界获得了很高的评价。近20年来，他率领西北大学的科学史团队开展近现代数学史与数字人文的研究，受到国际同行的关注和好评。西北大学科学史高等研究院已经先后

李继闵著作

培养出一批优秀的博士和硕士研究生。

曲安京教授现任西北大学科学史高等研究院院长，中国科技史学会副理事长，第七、八届国务院学位委员会科学技术史学科评议组召集人。曾任西北大学数学学院院长、国际数学史学会执委会委员、（中国）全国数学史学会理事长。2002年国际数学家大会邀请报告人。2012年入选国家级人才计划。2016年当选为国际科学史研究院院士。

曲安京教授的国际科学史研究院院士证

曲安京著作

国家级教学名师史启祯

史启祯教授

首届国家级教学名师史启祯常常说,教学和科研,对于一位教师来说,就像鸟的两只翅膀,缺一不可。"科学研究可以改变一个人的气质,可以改变一个人对书本知识的看法,甚至可以改变一个人的世界观。而老师就是要通过课堂,将这些传递给学生,进而引发他们的变化。"

《无机化学》这门课,史启祯差不多讲了半个世纪,却从来不曾有"驾轻就熟"的轻松,相反,他常常"自讨苦吃"。史启祯为自己讨的"苦",就是时时关注无机化学学科领域最前沿的学术研究成果,并将其巧妙地引进课堂。

早在20世纪80年代,史启祯就开始思考如何将国外先进的教学理念和教学方法引进中国的大学课堂教学。他发现,相对于国内大学教材注重理论知识的严密性,国外大学的教材更注重启发性,注重通过实例让学生自己领会深奥的理论知识。在史启祯看来,教材是教学指导思想的反映,教材中蕴含着教学理念。于是,他用了14年的时间,先后主笔翻译了《过渡元素金属

史启祯教授指导研究生

史启祯著作

国家级教学名师奖证书

有机化学》《无机化学》等4部国外精品教材，并因此先后获得了省级和国家优秀教学成果奖。

翻译引进国外精品教材取得了预期的效果，史启祯更想打造适合于中国学生的精品教材。从1991年起，他投入到《无机化学与化学分析》的写作中。这本教材被国家定为面向21世纪课程教材，是经国家立项的第一本应用化学专业基础课教材，因其授课内容前沿、逻辑严谨、语言精练、手段现代化，甫一问世，立刻得到各方关注。该书自1998年出版以来，几经修订，多次再版，被国内多所大学采用。

经过20多年努力和磨炼，史启祯深深领悟到教材的编写一定要突出个性，要有"因不同而精彩"的理念，勇于探索，敢于创新。他的《无机化学与化学分析》，突出特点就是"生动活泼""翔实具体"，既有基本知识的讲授、当代科学新进展的介绍，还有大量典型的应用实例。

史启祯的《无机化学与化学分析》已经成为精品教材，西北大学的"无机化学与化学分析"也已经成为国家级精品课程。但是《无机化学与化学分析》还在不断修订之中，因为在史启祯心目中，精品课程建设是一条没有终点的跑道，他愿意永远不知疲倦地跑下去。

西北大学的国家级教学名师

继史启祯教授之后,化学系唐宗薰教授、计算机系耿国华教授、地质系赖绍聪教授、历史学院陈峰教授、文学院李浩教授先后被授予国家级教学名师称号。

唐宗薰 化学与材料科学学院教授,国家级教学名师。曾任教育部化学教指委委员、材料物理与材料化学教指委委员、第五届《大学化学》杂志副主编。西北大学教学督导委员会主任委员。在全国率先实施无机化学课程分段教学、创建"中级无机化学"课程、主持高教司创建名牌课程项目及国家级精品课程"中级无机化学"。主编的《中级无机化学》被列入第十五、十一五、十二五国家级规划教材。获国家级教学成果奖二等奖;陕西省政府优秀教学成果一等奖、二等奖,优秀教材奖各1项;中科院自然科学奖二等奖;陕西省政府科技成果二等奖;陕西省教委科技进步一等奖、二等奖各1项,三等奖2项。

耿国华 信息科学与技术学院教授,西北大学首批二级教授。2008年当选国家级教学名师,2012年获全国优秀科技工作者,2016年入选国家级人才计划,2020年获CCF杰出教育奖,2021年获高校计算机专业优秀教师奖。现任文化遗产数字化国家地方联合工程中心主任、全国高等院校计算机基础教育研究会副会长、教育部大学计算机教指委委员等。主要从事计算机教育与科研、智能信息处理、文化遗产数字化保护的交叉研究。主持重点项目20余项,发表学术论文200余篇,出版专著5部,主编教材20余部,授权发明专利20项。获国家科技进步二等奖1项,国家级教

唐宗薰教授

学成果奖4项,省部级科技奖18项,省级教学成果奖5项。

赖绍聪 地质学系教授,国家级教学名师,国家级人才计划领军人才,全国优秀博士学位论文指导教师。国家级教学创新团队负责人,国家级精品课程/国家级精品资源共享课程/国家级一流本科课程负责人。聚焦中国西部特提斯构造域典型岩浆事件,提出藏北具有特殊富集型上地幔和榴辉岩质下地壳的认识,识别出青藏高原地幔物质东向涌动的有力证据,厘定了南秦岭勉略蛇绿岩类型与属性,建立了秦岭造山带三叠纪花岗岩时空分布格局及地壳尺度岩浆熔融规律,解析了腾冲白垩—早始新世花岗质岩浆作用过程,为特提斯构造演化提供了重要证据。出版专著6部,教材7部,发表论文300余篇,其中SCI论文110篇,承担完成30余项国家自然科学基金及省部委项目。获国家级、省级教学成果奖多项,省级科学技术奖多项;获教育部"高校青年教师奖""黄汲清青年地质科学技术奖""李四光地质科学奖"等多项奖励。

陈峰 历史学院教授,国家级人才计划特聘教授、教学名师。历任西北大学文博学院院长、历史学院院长,现任西北大学宋辽金史研究院院长,兼任中国史学会理事、中国宋史研究会副会长等。长期从事宋史、中国古代史研究与教学。已出版《北宋武

耿国华教授

赖绍聪教授

陈峰教授

将群体与相关问题研究》《宋代治国理念及其实践研究》《生逢宋代》《漕运与古代社会》等著作8部,在《中国社会科学》《历史研究》等刊物发表论文百余篇。独著或主持成果先后获教育部高等学校人文社科研究优秀成果奖普及奖、陕西省社科优秀成果一等奖、国家级教学成果二等奖及陕西省教学成果特等奖等。主编《(多媒体)中国通史》《中国通史教学纲要》(《新编中国通史教学纲要》),在高校广泛使用。已培养硕士、博士、博士后近百人。

李浩 文学院教授,中国文化研究中心主任,国家级人才计划特聘教授、教学名师。兼任国务院学位委员会学科评议组成员、教育部中文教学指导委员会副主任委员、中国唐代文学学会会长等。主要从事中国古代文学研究,在唐诗阐释、唐代士族与文学关系、唐园与文学关系,新见唐代墓志研究等方面均有创获。著有《唐诗的文本阐释》《唐代关中士族与文学》《唐代三大地域文学士族研究》《摩石录》《唐园说》等学术著作。教学科研成果曾获国家优秀教学成果奖二等奖、全国高等学校科学研究(人文社科)优秀成果奖二等奖、陕西省哲学社会科学优秀成果奖一等奖等。

李浩教授

夫妻双双把家还

耿信笃、时亚丽是一对教授夫妻，先后毕业于西北大学化学系。耿信笃留校后，数十年如一日，一直潜心从事分析化学教学与研究，时亚丽则在化工厂工作十多年后调来西北大学工作，历任学报编辑、编审。功夫不负有心人，耿信笃的研究取得了突出成果，成为西北大学最早获得国家级大奖的教授之一。夫妻二人虽不在同一岗位，毕竟专业相同，时不时会合作一把。军功章有你的一半，也有我的一半。耿信笃的一些重要成果，时亚丽是第二完成人。

耿信笃于1981年5月去美国明尼苏达大学做访问学者，在那里又获得了丰硕的成果。他于1983年提出的"反相色谱中蛋白质计量置换保留模型"，得到国际《色谱学》杂志、美国《分析化学》评论卷和美国同行专家的高度评价，他们认为"耿信笃所提出的模型，不仅是反相高效液相色谱中最好的一个模型，而且还可以统一其他模

耿信笃教授

型，是几十年来最激动人心的结果"。三年期满，美方以高薪挽留，耿信笃未予考虑，毅然归国返校。1984年以后，他将"计量置换保留模型"发展到正相色谱、疏水相互作用色谱、薄层和纸色谱多个色谱领域，而且首次提出液相色谱中溶质的统一保留模型。他回国后的一系列成果跨入世界前沿，在国际专业领域受到广泛关注和赞誉，在国内也多次荣获各项大奖。耿信笃被授予"全国高校先进科技工作者""有突出贡献的回国留学人员"等称号。

1995年1月，耿信笃再次赴美做客座

耿信笃教授(右)研发的蛋白快速纯化柱和色谱饼两大系列的变性蛋白复性与同时纯化关键设备

教授,为期一年,时亚丽同行。鉴于耿信笃的学术声望,有可能被美方留任,学校领导半开玩笑地叮咛时亚丽:"到时候你可要把老耿给我们领回来!"一年期满,夫妻俩于1996年2月如期返校。见到校领导,时亚丽笑着说:"我把人给你们领回来了。"校领导高兴地回了一句:"夫妻双双把家还,你立了一功。"如今,涛声依旧,耿信笃继续推进着他的科研事业!

夕阳下的大礼堂

胡正海：植物园地"老黄牛"

胡正海，1953年毕业于东吴大学，后来西北大学生物系任教。1957年到北京大学生物系进修植物形态解剖学，两年后回校，曾任生物系主任多年。

他主要从事植物形态解剖学的教学与研究，先后讲授过植物学、植物形态学、植物学技术、药用植物解剖学、植物解剖学、植物形态解剖学、植物学文献综述、植物超微结构、植物形态发生等课程。他侧重研究西北地区重要经济植物发育解剖

胡正海教授

和我国特有植物的比较形态，在西北地区重要经济植物发育解剖研究、植物异常结构解剖研究、重要经济植物分泌结构研究及药用植物形态解剖学研究等方面都取得重大进展。他所领导的植物解剖学研究室已成为国内植物解剖学两个研究中心之一。他在《植物学报》《植物分类学报》等刊物发表学术论文150多篇，主编过《橡胶植物猫屎瓜》《植物异常结构解剖学》《中国药用植物种子的形态鉴别》《栽培中药种子的识别》等书。

鉴于他为陕西省的植物学、植物形态解剖学及相关学科的开拓和发展起到了重要推动作用，他被评为"陕西省优秀教师""陕西省劳动模范""陕西科技精英""全国高校先进科技工作者"，曾获国家科技进步三等奖、陕西省政府科技成果一等奖、商业部科技进步三等奖。

进入80岁高龄后，胡正海教授每天仍骑着自行车去"苹果园"他的实验室上班。他是植物园地不解套的"老黄牛"，生命不息，耕耘不止。2018年8月1日，这头老黄牛终于走到了生命的尽头，在西安病逝。

胡正海著作

国家 973 项目首席科学家刘池阳

刘池阳,笔名刘池洋,男,1953年出生。现任地质学系教授,博士生导师,西北大学含油气盆地研究所所长,教育部"能源盆地油气地质"创新团队带头人。1982年西北大学地质系硕士研究生毕业,1992年破格晋升为教授,1995年遴选为博士生导师。1993年起享受国务院政府特殊津贴,全国模范教师(2004)、全国"五一"劳动奖章获得者(2014)。

2009年被聘为教育部第六、七届科委地学与资源环境学部委员,2012年被聘为陕西省人民政府科学家顾问团成员(十位成员之一),2013年被聘为科技部国家重点基础研究发展计划(973计划)能源领域咨询专家;兼任第九、十届中国石油学会理事、中国石油学会石油地质专业委员盆地分析学组组长、陕西省石油学会常务理事、陕西省石油学会石油地质专业委员会主任;《石油与天然气地质》《地学前缘》、Petroleum Science、《天然气地球科学》《石油实验地质》等学术期刊编委。

2003年被科技部聘为国家973计划项目《多种能源矿产共存成藏(矿)机理与富集分布规律》首席科学家。所主持的国家973项目开创了有机与无机能源矿产相互作用、赋存—成藏(矿)之先河,取得诸多创新成果;2011年获"十一五"国家科技计划执行突出贡献奖,2013年获国家科学技术进步奖二等奖。

已合作出版专著8部,公开发表第一作者论文70余篇;已获国家和省部级政府科技奖12项,其中国家科技进步奖二等奖1项(第一完成人)和省级科技奖一等奖5项(3项第一完成人)。指导的研究生有3人学位论文入选陕西省优秀博士论文。获批和主持国家自然科学基金重点基金项目3项。

主要在以下领域取得了较系统的创新成果:(1)沉积盆地动力学和盆地构造;(2)改造型盆地形成演化与油气赋存—成藏理论、技术方法体系;(3)多种能源(油气、煤和铀)共存富集—成藏(矿)与盆地成矿系统等。

刘池阳教授(前排左二)与团队师生在东方物探研讨地震剖面

长安校区秋色

金丝猴结缘西大

金丝猴

西北大学的生物学科创建于1924年，秦岭丰富的动植物资源天然地成为师生们的研究对象。20世纪50年代，生物楼里圈养的一群金丝猴中的一只跳出樊笼，在校园中四处漫游，着实让全校师生大开眼界。

珍贵程度堪比大熊猫的金丝猴自然也引起了师生们浓厚的科研兴趣。从生物系到生命科学学院，西北大学对金丝猴的研究从来没有中断。动物学家陈服官教授就对金丝猴有深入研究。他通过对金丝猴种群生态的考察，首次提出金丝猴的序位等级。他主编的《金丝猴研究进展》获陕西省教委科技进步一等奖、陕西省政府科技进步二等奖。刘诗峰教授在金丝猴研究上下了更大的功夫，1958年曾跟随宁陕县捕捉金丝猴的猎队走进深山老林，用望远镜仔细观察猴群活动。他回校后撰写的《秦岭金丝猴初步调查报告》等一系列文章成为研究金丝猴分布和活动习性的重要资料，常被引用。一些研究者视刘诗峰为秦岭金丝猴的发现者和最先报告者。

近年来，李保国教授主持下的西北大学金丝猴研究中心在国际上产生了很大的影响。中央电视台"东方之子""科技博览"

李保国教授

栏目以及美国CNN、日本NHK电视台均曾对其研究作过报道。李保国教授的研究主要涉及生物多样性保护和灵长类行为生态,需要进行大量野外实践。30年来,他踏遍了秦巴山区和西北高原戈壁,克服了常人难以想象的困难,在人迹罕至的密林深处艰苦跟踪观察野生保护动物。在国家重点研发计划以及国家自然科学基金等项目的持续支持下,李保国教授团队在国内率先攻克了野生灵长类的"个体识别"这一瓶颈难题,首次揭开了金丝猴社会制度的神秘面纱,发现金丝猴社群为独特的重层社会结构模式——松散的母系社会,提出亚洲叶猴重层社会进化为聚合型的新观点,突破了西方学者对于灵长类重层社会进化长达半个世纪的固定认知,推动了中国灵长类行为生态学研究的发展,为我国濒危野生动物的保护研究开创了新的道路。

野外勘察研究(上图戴帽者为李保国教授)

逐"月"丝路的中亚考古队

2016年6月22日,一个被写进西北大学历史的日子。这一天,国家主席习近平在乌兹别克斯坦首都塔什干会见了西北大学文化遗产学院教授、丝绸之路研究院首席考古学家王建新和西北大学文化遗产学院教授梁云等15位中国考古人。其时,王建新教授正带领西北大学中亚考古队在乌兹别克斯坦境内开展考古和文物保护工作。

在对乌进行国事访问前夕,习近平主席在乌媒体发表了署名文章《谱写中乌友好新华章》,文章中写道:"中国国家文物局、中国社会科学院、中国西北大学等单位积极同乌方开展联合考古和古迹修复工作,为恢复丝绸之路历史风貌作出了重要努力。"

在沿着张骞的足迹,一路寻找古代月氏人文化遗存进入中亚开展考古工作十年后,西北大学中亚考古队初步廓清了古代康居和月氏的考古学文化特征与分布范围,为恢复古代丝绸之路历史风貌提供了实证资料和科学依据。王建新觉得,距离可以回答日本著名考古学家樋口隆康当年的提问,也许不远了。

1991年,樋口隆康应邀来到西北大学讲学。在与中国学者交流时,他提出一个问题:"中国境内月氏考古的文化遗存在哪里?""我们竟无言以对。"隔着30年的岁月,王建新依然对当时的情景记忆犹新,当时他全程陪同樋口隆康并担任讲座翻译:"要知道,中国才是大月氏的故乡。""月氏"自此成为一根扎在王建新心头的"刺"。在繁忙的教学科研工作之余,他尽可能地搜集整理研究了有关古代月氏民族的考古资料:"西迁之前的月氏在哪里?我想至少这个问题应该由中国学者给出完美的答案。"

1999年,在中国考古学年会的闭幕式

王建新教授

上,王建新首次提出要开展境外考古。2000年,王建新带领团队正式踏上了寻找古代月氏的考古之旅。作为带头"走出去"的考古人,王建新和团队将寻找古代月氏人的文化遗存、探索丝路沿线人群迁徙交流的历史进程作为学术目标。

2015年,中乌考古队员在撒扎干遗址新建成的保护大棚前合影

为了在幅员辽阔、地形复杂的中国西北地区找寻到大月氏留下的生活印记,王建新采取了先进行大范围的野外调查,在掌握了大量的资料信息后,再确定发掘地点、深入进行考古研究的工作流程。几经"走马观花—下马观花—精准发掘",中亚考古队确认古代月氏在中国境内的生活范围应该在以新疆哈密地区为中心的东天山地区,打破了考古学界长期流行的"中国境内的古代月氏在河西走廊西部"的共识。

考古队打破的第二个"共识"是"游牧民族逐水草而居,居无定所"。王建新等人认为游牧民族的生活方式应该是"游牧中有定居"。他们找到了大量聚落,并发现聚落遗址附近往往存在墓葬和岩画,由此提出关于游牧文化聚落考古的理念,正确揭示了古代游牧民族聚落遗址的普遍存在及分布规律,并提出了居住遗迹、岩画和墓葬"三位一体"的综合研究方法,丰富和发展了游牧文化考古的内容,从理论到实践都处于国际领先水平。

研究的进展来自于理论和方法的创新与突破。王建新带领考古队在以哈密地区为中心的东天山南北两侧,发现了岳公台—西黑沟遗址群、石人子沟(东黑沟)遗址群、乌拉台遗址和西山遗址等4处早期游牧文化大型聚落遗址。其中的石人子沟遗址群是东天山地区一个十分完整的、具有典型性和代表性的古代游牧民族的大型聚落遗址。2006—2007年,西北大学团队和新疆文物考古研究所等单位在此合作发掘出1座石筑高台、4座石围居住遗迹和12座中小型墓葬,是整个新疆地区首次对古代游牧民族聚落遗址科学系统的发掘,其成果入选了2007年"全国十大考古发现"。

经过多年考古调查、发掘和研究,王建

2017年，拉巴特墓地发掘现场，中乌学者配合工作

新判定东天山地区应该就是月氏人在中国的故地，而石人子沟遗址群很可能是与月氏人有极大关联的王庭遗址。为了证实这一认识，2009年，王建新带领西北大学考古队沿着张骞的足迹，追踪着月氏人西迁的路线，从新疆一路考察到乌兹别克斯坦和塔吉克斯坦，寻找西迁中亚的大月氏文化遗存。

2013年12月，西北大学与乌兹别克斯坦共和国科学院考古研究所正式签署了关于"西天山西端区域古代游牧文化考古调查、发掘与研究"项目的合作协议。在随后的几年里，双方组成中乌联合考古队，在包括乌兹别克斯坦撒马尔罕州、卡什卡达利亚州和苏尔汉达利亚州在内的西天山地区进行了连续多次的系统考古调查。

2015年，考古队在撒马尔罕市西南20公里处对地处西天山北麓山前地带的撒扎干遗址进行了考古发掘，共发掘了1座大型墓葬、5座小型墓葬和1座石围居址，出土了一批陶器、铜器、铁器、石器、骨器、玻璃器、漆器残片等珍贵文物。发掘资料和对比研究表明，公元前1世纪至公元1世纪的撒扎干遗址属于康居文化遗存。

2016年年底，考古队的梁云教授在乌兹别克斯坦南部的拜松进行调查时，在拜松河边有所发现。2017年5月，考古队开始对拉巴特墓地进行考古发掘，共发掘出52座小型墓葬以及十分丰富的随葬品。2018年5—7月，再次发掘拉巴特墓地，共清理发掘出42座墓葬，除了发掘出形制保存较为完整的竖穴墓道偏室墓、竖穴土坑墓外，在8座墓葬中还发现木质葬具，出土陶、金、铜、铁、玻璃、半宝石等质地遗物100余件（组）。经过与周边材料的系统比较研究，大家一致认为，拉巴特遗址很有可能就是找寻已久的大月氏文化遗存。

2019年2月22日，"中乌联合考古成果展——月氏与康居的考古发现"在乌兹别克斯坦国家历史博物馆展出，相关成果得到了乌总统的充分肯定和学界、公众的高度关注。

2021年，科技部公布了第三批"一带一路"联合实验室，依托西北大学的"中国—中亚人类与环境'一带一路'联合实验室"获批建设,是陕西省获批的首个"一带一路"联合实验室。

2022年2月14日,教育部、财政部、国家发展改革委联合发布第二轮"双一流"建设高校及学科名单,西北大学考古学、地质学成功入选新一轮"双一流"建设学科名单。考古学成为陕西省属高校唯一新增建设学科,而在此前的全国第四轮学科评估中,西北大学考古学科被评为A+,和北京大学并列第一。

2016年以来,中亚考古队先后四次受到习近平总书记和李克强总理的肯定、接见与鼓励,荣获"全国教育系统先进集体"、陕西省"三秦楷模"等称号。2022年,由西北大学特聘教授、中国科学院古脊椎动物与古人类研究所付巧妹研究员的分子古生物学研究团队与西北大学中亚考古队队长、文化遗产学院王建新教授研究团队联合乌兹别克斯坦共和国科学院考古研究所等单位共同完成的"天山地区古代人类遗传演化研究"项目顺利通过综合绩效评估,被评价为"以高水平成果达到预期目标""在填补古基因组信息缺环及演化研究的广度和深度上都体现出创新性,带来许多此前未发现的新证据,重塑对天山地区古人群演化过程的新认识"。

2018年10月18日,塔吉克斯坦喀什喀尔墓地,为了拍照光线均匀,队员们在大风中奋力撑起一张大白布

2019年9月10日,考古队获评全国教育系统先进集体,队员任萌前去人民大会堂领奖

文化遗产学院的两个国家级教学科研平台

"文化遗产保护技术国家级实验教学示范中心"是依托考古学一级学科和陕西高校人文社科重点研究基地西北大学文化遗产保护与考古学研究中心的学术力量,利用文化遗产研究与保护技术教育部重点实验室技术平台和西北大学历史博物馆的馆藏文物优势,并与地质学、化学、物理学、生物学、计算机科学与技术等相关优势学科紧密结合,以本科生实验、实践教学为中心,以培养多技能、高素质专门人才为目的的实验教学机构,于2012年通过验收,正式成为全国文综组考古类国家级实验教学示范中心之一。现拥有文物保护基础、文物分析、文物修复技术等13个专题实验分室和20多个校外实习基地,是全国高校规模最大、条件最为完备、自主管理运行的综合考古教学科研基地。

"文化遗产研究与保护技术教育部重点实验室"于2007年12月由教育部批准立项建设,2011年7月通过验收,是教育部试点设置的第一个交叉学科重点实验室,也是目前考古学与文物保护领域全国唯一的教育部重点实验室。实验室锁定文化遗产研究与保护技术两大命题,聚焦周秦汉唐、丝绸之路研究领域,通过考古发掘、文物保护和文化遗产管理"三位一体"的系统研究,阐释以周秦汉唐为核心的中华文明的产生和发展过程,揭示中国与域外文明的交流与互鉴规律,为积极响应国家"一带一路"倡议,保护中国文化遗产、传承优秀传统文化、增强文化自信提供有力的科学支撑。

"类人胶原蛋白之母"范代娣教授

范代娣,西北大学化工学院院长,教授,博士生导师,主要从事极难化学合成的生物大分子(胶原蛋白)及四环三萜类物质(人参皂苷)的合成生物制造,是我国重组胶原蛋白领域的开拓者,被誉为"类人胶原蛋白之母"。

1994年,28岁的范代娣从华东理工大学博士毕业。作为中国生物化工专业的第一位博士,她放弃了出国深造和留在上海工作的机会,回到母校西北大学,而此时的全中国正处在"南下"热潮中,流行"孔雀东南飞"。初回西大,实验条件和研究经费都非常有限,但这些困难并不能阻止范代娣从事科学研究的决心。她积极申报各类项目,最终得到了国家自然科学基金和陕西省政府科技项目的支持。

胶原蛋白是重要的医用蛋白质,可广泛用于医疗、军事等领域。人胶原蛋白是免疫原性最低的蛋白质,但是由于伦理法律原因不可从人体组织获取,临床常用动物组织胶原取代,而动物源胶原存在病毒隐患及免疫原性问题。面对这一难题,范代娣确定了复杂大分子胶原蛋白生物制造技术的研究方向。当时的实验环境很艰苦,而大分子胶原的发酵工艺又非常复杂,范代娣和她的团队经常轮班守在实验室里观察,他们在摸索中一次次改进试验方法,终于在2000年成功发明了"一种类人胶原蛋白及其生产方法"的专利技术。2001年,范代娣以专利技术入股,组建了西安巨子生物基因技术股份有限公司,实现了科研成果的产业化。

范代娣首创了无病毒隐患的低免疫原

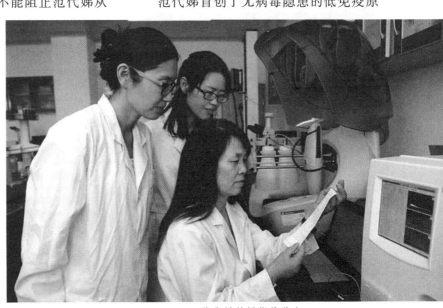

范代娣教授指导学生

化系列重组胶原蛋白及其大规模生物制造技术,并对这一技术进行了系列医学用途临床新产品的研究及开发;她发明了3种由非人源原料制备的天然序列人胶原蛋白的体外制备技术,在国际上率先建成了非人源的人胶原蛋白产品生产线;她发明了胶原基水凝胶等31种新型湿性敷料的制备技术,为减少激素类药物依赖提供了新途径,使广大患者大受其益。

近年来,范代娣一直坚持的另一研究方向——高活性稀有人参皂苷的生物制造技术也取得了突破。四环三萜类(人参皂苷)是空间结构非常复杂的多功效化合物,目前全化学合成尚不能实现,主要提取自人参、西洋参等,来源受限,而且生产过程中会产生大量的废酸及有机溶剂等。范代娣团队发明了酶法新工艺及其动态程序结晶等高效分离技术,阐释了稀有人参皂苷高效生物制造过程的关键酶系、构效关系、生物活性等复杂科学问题,并依据发现的皂苷功效及其协同作用机理,创制了一系列针对亚健康人群的产品,致力于提高免疫、降糖、降脂、改善睡眠、抗氧化及皮肤屏障修复等。

20多年来,范代娣一刻不曾停歇地走在研发路上,先后承担了国家重点研发计划、国家高技术产业化示范工程、国家"863"计划和国家自然基金重点项目等;发表SCI论文260余篇,出版专著及著作8部;获授权发明专利93件,已实施26件;以第一完成人获国家技术发明奖二等奖、中国专利金奖各1项,获陕西省最高科学技术奖、省部级一等奖4项,获全国首届创新争先奖等。研究成果转化培育了西安巨子生物、陕西巨子生物等高科技企业,医用产品受益广大患者,在全国千余家医院应用,产生了显著的经济社会效益。

目前,范代娣的研究集中在美丽健康和预防医学两个方向。团队研发正在有序推进,部分科研成果分别进入转化、行政审批、临床试验等不同阶段。对于将自己的研究方向最终瞄准医疗领域,范代娣说,这离不开父亲"乡村医生"这一职业的影响:"医者仁心,父亲是个有'大爱'的人,我想要用我的方式传承这种精神。"

范代娣教授获"全国创新争先奖"

万人体育馆航拍

王宁练：走进冰雪世界

王宁练在青藏高原唐古拉山冰川考察

王宁练，1988年毕业于西北大学地理系，同年考入中国科学院兰州冰川冻土研究所读研究生，1999年晋升为研究员。现为西北大学城市与环境学院教授、地表系统与灾害研究院院长。

他主要从事冰川与水资源、冰芯气候环境记录与全球变化研究，是国家科技进步二等奖获得者、国家自然科学二等奖获得者、中国科学院"百人计划"入选者、国家杰出青年科学基金获得者、政府特殊津贴获得者、全国优秀科技工作者、国家百千万人才工程入选者、有突出贡献中青年专家、青藏高原青年科技奖获得者、全球变化研究国家重大科学研究计划项目首席科学家。已二十多次组织和参与组织了青藏高原冰川科学考察。开展了青藏高原冰芯中太阳活动记录研究，发现太阳活动可能存在36年左右的周期；提出了青藏高原冰芯中污化层厚度比率是沙尘事件发生频率的良好指标，并说明历史时期我国北方沙尘事件发生频率主要受控于自然因素，20世纪沙尘事件发生频率减小的主要原因与全球变暖导致的风速减小有关；基于观测资料与冰芯记录，揭示出青藏高原南、北气候环境变化存在差异的重要现象；综合各种古气温指标，揭示出末次冰盛期时赤道地区的气温递减率比现今为大；基于同位素示踪技术，阐明了我国第二大内陆河黑河地表径流水资源的主要形成区域位于祁连山的冰雪冻土带；建立了山地冰川与气候变化之间的一种定量关系模型，为评价气候变化对冰川水资源影响奠定了基础。已发表论文320余篇，出版和参与撰写专著15部。曾任国际冰川学会理事，现任中国青藏高原研究会常务理事、中国第四纪科学研究会常务理事。

2017年，他组建了陕西省地表系统与环境承载力重点实验室，促进了西北大学地理学科的平台建设。他主讲的《自然地理学方法》课程获教育部首批课程思政示范课程。2022年9月，王宁练教授荣获"陕西省师德标兵"称号。

黄土地区高铁建设的"打夯人"王家鼎教授

无论是否去过黄土高原，人们只要一提到它，千沟万壑的形象便会跃然脑海。这是世界上最大、最厚而又连绵不断的黄土覆盖区，横跨了青、甘、宁、陕、晋、豫、内蒙古 7 个省区，集中了地球上 70% 的黄土。由于过度开垦，水土流失严重的黄土高原沟壑纵横，交通成为当地人民面临的最大难题。时至今日，在黄土高原上修路也并非易事。为了攻克这一难题，降伏黄土灾害这一拦路虎，我国科研人员殚精竭虑，攻坚克难，在辛勤的科研实践中取得了重大的进展和丰硕的成果。在他们的助力下，铁路建设不仅打通了黄土高原通往外界的通道，还在黄土地上实现了"中国速度"。2010 年，郑西高铁开通运行；2014 年，大西高铁开通运行；2017 年，宝兰高铁开通运行……一条条高铁轨道，一列列风驰电掣般的高铁列车成为黄土地上亮眼的风景。这背后凝结了无数人的心血，其中就包括西北大学地质学系教授王家鼎以及他的团队。

在大面积湿陷性复杂黄土场地上建造高铁或重载铁路往往被灾害包围：上有隧道变形塌方，下有湿陷振陷沉降，左有滑坡变形侧挤，右有河冲滑塌牵引。如何将这么

王家鼎教授在隧道查看出现的灾害现象

重的铁路铺设在地形复杂、沉降严重的黄土地上，并保证列车的安全，是一个重大的科学难题。20 年来，以王家鼎为首的西北大学地质工程团队面向国家战略，服务重大需求，瞄准"一带一路"沿线及黄土高原重大地质灾害防控这一问题开展研究，重点解决了一系列铁路建设中新型黄土滑坡、沉降防治技术瓶颈背后的关键科学问题。他们从实践中发现问题，进而上升到理论上加以研究解决，提出一系列观点和方法，再返回到实践中进行检验并指导实践。在不断攻关中，王家鼎团队在重大工程黄土灾害方面取得的相关理论和技术越来越完善、成熟，强化了我国黄土灾害研究的国际领先地位。

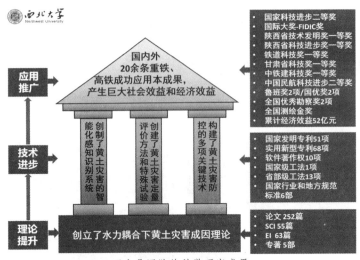

王家鼎团队的科学研究成果

2021年11月3日上午，2020年度国家科学技术奖励大会在人民大会堂举行。王家鼎教授团队主持完成的"重大工程黄土灾害机理、感知识别及防控关键技术"获2020年度国家科技进步奖二等奖。该项目是王家鼎教授团队在多条铁路建设攻坚的实践中孕育出的丰硕成果。近年来王家鼎聚焦此项研究课题，咬定黄土灾害治理不放松，主持国家重大、重点项目5项，获省部级一等奖5项，发表论文250余篇，其中SCI论文50余篇，获国家发明专利50余项。该成果针对大面积湿陷性黄土地区建造高铁及重载铁路的高标准防灾的国家重大需求，在10余项国家、铁道部重大科研项目的重点支持下，创立了黄土路基震陷、深部黄土湿陷、滑坡四促效应及富水黄土—红土/泥岩隧道塌方等理论；首次研制了振动促渗仪等多台先进仪器，打破了国外垄断，填补了这方面的空白；突破了铁路黄土路基震陷和深部黄土湿陷感知、机载激光雷达点云灾害识别、隧道变形的精准监测技术瓶颈；创立了高铁路基抗震陷的填料改良和加筋防控、湿（振）陷性黄土改良与排水平纵横协同防控及隧道加固"气驱水浆驱气"加固技术体系，主编和参编的行业规范多部，成果达到了国际先进水平。该成果在国内外20余条高铁和重载铁路的成功应用，获得了巨大的经济效益、社会效益和政治效益，使得项目合作完成单位的高铁建设防灾减灾技术在激烈的国际市场竞争中处于明显的优势地位，彰显了国际影响力。

王家鼎教授的国家科技进步奖证书

攻坚克难、敢为人先的二氧化碳地质封存研究团队

2021年，西北大学榆林碳中和学院正式宣告成立，这是全国高校中的首家碳中和学院。其实，早在21世纪初，西北大学就积极服务国家应对气候变化的重大战略，率先开展了这方面的工作，成为国内最早开展二氧化碳地质封存研究的单位之一。

2003—2010年间，在国家留学基金委和加拿大萨斯喀彻温大学的资助下，西北大学地质学系马劲风教授参加了世界最成功的加拿大Weyburn CO_2 封存与监测项目，开展二氧化碳地质封存监测技术研究。2012年，马劲风、张小莉、王震亮、卫引茂、马俊杰五位教授合作，整合校内地质学系、化学与材料科学学院、城市与环境学院的优势力量，形成了跨学科的二氧化碳地质封存团队，承担了"十二五"科技部先进能源技术领域洁净煤方向863计划"二氧化碳地质封存关键技术（2012AA050103）"课题的研究。团队与陕西延长石油集团合作，在靖边油田开展了二氧化碳捕集、利用与封存（CCUS）全流程示范项目。该项目2014年成为国家发改委重点推广的33项低碳技术之一，并成为迄今为止中国唯一通过"碳收集国家领导人论坛"（CSLF）认证的项目。这期间西北大学二氧化碳地质封存团队持续参加了该领域最高水平的国际会议——国际温室气体控制会议（GHGT），成为国内少有的大会口头报告单位。

2017年起，中国政府首次在联合国气候变化大会中举办碳捕集、利用与封存边会，展示中国政府在应对气候变化领域的成就和履行《巴黎协定》国家自主贡献目标的实践。西北大学因为在CCUS领域的代表性工作而有幸连续三年协办边会，并作为中国政府代表团成员作主题发言。2017年12月，马劲风教授作为中国政府代表团团长，出席了在阿联酋阿布扎比举办的"碳收

2016年，西北大学二氧化碳地质封存研究团队在瑞士参加第13届国际温室气体控制会议（左起王浩璠、张小莉、马劲风、马俊杰）

集国家领导人论坛"部长级会议。

2017年7月,在张国伟院士的建议下,西北大学向陕西省和西安市政府提出在陕西建设"二氧化碳捕集利用与封存国家重大科技基础设施"的建议,作为西安建设国家科技创新中心的关键组成部分。随后学校召开了"二氧化碳捕集与封存"科研平台建设研讨会,正式启动CCUS国家重大科技设施的建议、申请书撰写、机构组建等工作。在此后的三年中,围绕国家重大科技设施的建议,西北大学二氧化碳地质封存研究团队扩大成为二氧化碳捕集、利用与封存全流程团队,带动学校多个学科的教师参与其中,成为我国应对气候变化的重要力量。

2020年9月22日,习近平总书记向全世界宣布中国政府碳达峰碳中和的目标,极大地鼓舞了西北大学二氧化碳捕集、利用与封存全流程团队。10月10日,西北大学与国家应对气候变化战略研究和国际合作中心、中石油长庆油田分公司联合主办的"应对气候变化和二氧化碳捕集、利用与封存会议"在陕西宾馆召开,成为国内首个响应习近平总书记双碳讲话的大学。

西北大学向国家建议的以CCUS技术来实现双碳目标的建议,已经为越来越多的政府、企业所接受。马劲风教授多次受邀为榆林、定边、靖边等地政府作报告,宣讲双碳政策与CCUS技术;2021年5月21日,马劲风教授受邀参加陕西省委碳达峰碳中和专家学者座谈会,向省领导提出了碳达峰、碳中和陕西方案;2021年6月17日至18日,受邀在科技部、中国工程院、清华大学三方共同发起主办的,以"碳达峰碳中和关键技术问题与工程路径"为主题的长城工程科技会议2021年第一次主题大会上作"能源转型下的CCUS技术、示范与创新链、产业链发展"报告。2020年以来,《中国石油报》《中国能源报》《陕西日报》《新疆日报》以及陕西电视台等多家媒体纷纷报道了马劲风教授及其团队的CCUS研究工作。

2022年6月,马劲风教授以5项专利技术入股陕西瀚坤世纪环保科技有限公司。陕西瀚坤世纪环保科技有限公司拟投资1.3亿元,与西北大学联合在榆林建立二氧化碳地质封存科学实验设施,推动碳中和领域技术成果合作转化,构建产教融合、协同育人的校企合作新模式。

2019年西班牙马德里联合国气候变化大会(COP25)中国角CCUS边会上,常江副校长作报告

巾帼不让须眉的智能信息处理团队

西北大学的各个院系所都有相当数量的女教授、女学者,她们活跃在教学、科研第一线,教书育人,攻坚克难,为学生健康成才和学校事业发展作出了突出的贡献。但是,女教授们以团队的形式出现却比较少见。这里就给大家介绍一支全部由女教师组成的教学科研队伍——西北大学智能信息处理学术团队。

这支"女兵团队"由耿国华教授、陈莉教授、冯筠教授、刘晓霞教授、张蕾教授、侯红教授、龚晓庆副教授等人组成,洋溢着热情的气息,绽放着睿智的光芒。在长期的教学和科研实践中,团队始终秉承巾帼建功、无私奉献、创新进取的理念,为学校乃至西北地区的计算机及相关学科的学科建设作出了重要贡献。团队荣获2000年全国妇女建功立业先进集体,2004年陕西省教育工委巾帼建功立业示范岗和陕西省巾帼建功示范岗称号,2017年获得"全国五一巾帼标兵岗"称号,2018年获得"全国三八红旗集体"称号。

这一系列荣誉的获得与她们长期的专业深耕分不开。这支由耿国华教授领衔的学术团队,20多年来面向国家地方重大经

团队成员合影

自动化采集建模装置

跪射俑数字化结果

济和文化需求,积极开展国际学术交流,形成了特色鲜明的智能信息处理研究方向。在可视化技术与应用、文化遗产数字化保护、图像与医学影像处理、大数据与数据挖掘等领域开展深入研究。团队成员主持并完成了973前期、863、国家科技支撑计划项目、国家基金重点等国家级项目20余项。其中,"九五"科技攻关项目将信息技术、现代医学影像技术和可视化方法应用于颅骨面貌复原过程,创建的蒙古人种颅面数据库居于国际领先地位。团队提出了多种新模型、算法与关键技术,取得了系列研究成果,在国内外具有一定的优势。

团队不断强化自身建设,创建实施了"五位一体"的非计算机专业本科生,以及"三位一体"的计算机专业本科生的计算机课程教学模式,对培养学生的综合素质、专业技能和创新意识具有指导意义和推广价值,相关成果辐射并影响到国内几十所大学。涓涓细流,汇成大海。近年来,团队出版专著6部,发表高质量科研论文100余篇,发明专利及软件著作权50余项。教学科研成果4次获国家教学成果二等奖,21次获国家级及省部级科技奖励。

面对新的机遇和挑战,西北大学智能信息处理学术团队的"女兵团队"奋进在信息学科前沿,以巾帼不让须眉的豪情,携手与共,踔厉奋发,彰显了知识女性的强大力量。她们既是信息科学领域闪亮的"西大名片",也是西北大学女教师精神风貌的缩影。

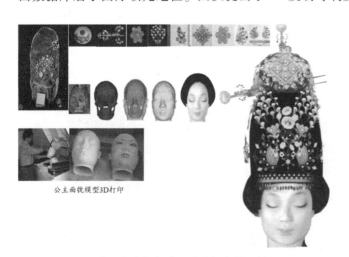
公主面貌模型3D打印

唐公主李倕颅骨面貌虚拟复原示例

西北大学的黄大年式教师团队

"基础地质学教师团队" 2017年入选首批全国高校黄大年式教师团队，2022年入选首批陕西省高校黄大年式教师团队。团队由国家级教学名师赖绍聪教授领衔，成员包括中科院院士2人、长江学者4人、青年长江学者2人、国家杰出青年科学基金获得者4人、国家优秀青年科学基金获得者2人、洪堡学者2人，获得全国教书育人楷模、全国模范教师等多项荣誉称号。团队以"教书育人、立德树人"为己任，积极推进教学改革，构建理论教学和野外实验教学的综合体系，充分激发学生的探索精神。主持1门国家线下金课、2门国家级精品课程、2门国家级精品资源共享课程、1门国家双语示范课程和1门国家级视频公开课程，获得多项国省级教学成果奖。地质学专业2020年入选国家拔尖人才培养基地(拔尖基地2.0)。团队以服务国家重大需求和国际科学前沿为目标，以中央造山系构造演化和寒武纪生命大爆发为主要研究方向，取得了令国际学术界瞩目的成果。2017年以来获国家自然科学奖二等奖1项、陕西省科学技术奖一等奖3项，多次在顶级国际学术期刊发表亮点文章，在学术界引起强烈反响。团队以打造一流教学团队为使命，坚持将践行社会主义核心价值观同团队建设实际工作相结合，对青年教师实施集中培训和老教师一对一传帮带的方法，建立起一支引领地球科学前沿、教学科研互相融合的高层次师资队伍，为地质学一流学科建设奠定了坚实基础。

"计算机类专业核心基础与文化遗产数字化保护教师团队" 2022年先后入选第二批全国高校黄大年式教师团队、首批陕西省高校黄大年式教师团队。团队由国家级教学名师耿国华教授领衔，骨干成员包括陕西省教学名师3人、省级人才2人、陕西省青年科技新星3人、陕西省中青年领军人才1人，入选CCF杰出教育奖1人，入选高校计算机专业优秀教师奖励计划2人。团队传承"自强不息、敢为人先、奋力拼搏、追求卓越"的精神，践行立德树人使命，致力于推进科技创新与文化融合。先后获"全国五一巾帼标兵岗"等光荣称号；主持国省级教学改革项目22项;出版11部国家规划教材,3部获省优秀教材奖;建设国家级一流课程和资源共享课4门,辐射上百所院校;主持国家自然科学基金重点项目等重点项目73项。注重科研成果转化,团队开创破损文物修复技术,引领文物修复技术革命,应用于秦兵马俑复原和考古数字化全过程;创立颅面形态信息学研究,构建的国人颅面数据库国际领先,服务于公安、考古和人类学领域;构建智媒融合全息展演平台,开启光影全息丝路文化展演先河;无源物联网突破性成果在故宫、敦煌等示范应用,填补土遗址智能监测风险预警空白。近五年专利转化9项258万元,服务于西部大开发和一带一路建设,间接经济效益3千余万元。

"考古学教师团队"2022年入选首批陕西省高校黄大年式教师团队。团队多年来不断坚定理想信念,积极发扬"志存高远,敢为人先,自强不息,执着奉献"的西大考古精神,首创了以文化遗产价值认知、保护与传承"三位一体"的人才培养体系,将"中国故事""考古故事""西大故事"作为课程思政主线,结合考古学发展前沿理论和实践,深化教学体系改革和课程体系创新,为我国文博事业输送了大批高质量专门人才。成果获评国家级课程6门,国家级规划教材、马工程教材4部,国省级教学成果奖3项,全国高校教师教学创新大赛三等奖1项。团队长期开展早期文明与国家起源研究,芦山峁遗址发掘项目获评全国十大考古新发现,并入选"考古中国""中华文明探源工程"重大研究项目;自1999年以来持续开展丝绸之路考古研究,系统揭示了3000年以来丝绸之路天山廊道人群迁徙融合、技术交流传播、人类适应环境策略的发展脉络,成果获批科技部重点研发计划等国家重大、重点项目12项;积极创新文物分析技术,编制国际唯一的《干燥环境土遗址保护加固工程设计规范》,广泛应用于113项全国重点文物保护工程,保障了交河故城、元上都等遗址成功申报世界文化遗产,获国家科技进步二等奖。团队老中青结构合理,多名成员获评国省级人才等荣誉,以团队成员为主力的中亚考古队获得全"国教育系统先进集体"等称号。

扶贫路上的"中国好人"

黄山村是坐落在秦岭深处商州区的一个小山村。在村里,上至百岁老人、下至两三岁顽童,见到陈伟星,都会亲切地唤他一声"老陈"。

2012年春,当西北大学驻村扶贫干部陈伟星走进黄山村时,发现全村1003人中的一半为贫困人口,村里没有

陈伟星驻村扶贫

集体经济,是一个典型的"一方水土养活不了一方人"的地方。这一切让陈伟星下定决心,要使每个贫困户都掌握一门技术,有可以自己管理的脱贫产业。

精准落实养老、低保、残疾、医疗、教育等惠民政策,促进产业发展,增加收入;动员组织西北大学党员干部、师生员工和校友企业深入村组农户调研指导,结对帮扶;资助学生、提供产业资金与技术;亲自培训指导,手把手地教村民掌握技术;开展党员主题教育,助力脱贫……陈伟星用情用心用力与最基层群众建立了最深厚的情谊,将党的政策精准落实,惠及百姓。

如今的黄山村,贫困发生率由2015年的47.4%归零,实现了整村如期脱贫。在6年间有58名学子走进高等学府,彻底阻断贫困代际传递。村里有了外出务工协会,贫困劳动力260多人稳定就业,稳定家庭收入。"党支部+集体经济+合作社+贫困户"产业发展模式进展良好,先后成立了3个专业合作社,培育了230多亩菊芋、400多亩的经济作物,畜牧产量达到年存栏万只鸡、百余头猪、数十头牛。良好的产业经济使村民不再贫困,人均可支配收入由不足3000元(2012年)增加到1.1万多元(2020年)。陈伟星总结践行的"真情感动、项目带动、资金融动、技术驱动、奖补促动"的"五动"工作法,实现中长期产业全覆盖,为黄山村带出了一支"想得起、找得着、用得上、靠得住"、永远不走的扶贫工作队,成为全省脱贫攻坚的经验做法。

在黄山村驻村扶贫之前,陈伟星已经

有了多年的扶贫工作经验。1999年4月，陈伟星接受西北大学的派遣，开始驻村扶贫。这一年，他31岁。

"产业是农民脱贫的根本途径，脱贫产业培育首先应该提升现有产业的科学管理水平。"陈伟星认为，发展产业要因地制宜，更要建立起长久的技术支撑。他笑言自己成了"科技贩子"，不仅多次就核桃、樱桃的培育问题向专家教授求教，更是将自己变成一个知农事、懂农技、干农活的行家里手。从看山寺村的大樱桃基地到黄山村中药材基地，从兴隆村的小学教学楼建设工地到黄山村的林下散养土鸡，田间地头，乡亲家中，都留下了陈伟星的身影。

"教育扶贫是阻断贫困代际传递的重要途径。"作为来自高校的扶贫干部，陈伟星始终坚持把山区小学孩子的教育问题放在扶贫工作的第一位，"要拔掉穷根，一定要通过教育让孩子们走出大山，能够自食其力，改变家庭贫困面貌"。他利用西北大学扶贫资金，相继建了看山寺小学、安村小学、兴龙村小学三所农村小学校舍，并为学校配备了桌椅、黑板、电脑等教学器材。为了提高农村学校的教学水平，陈伟星安排学校的老师前往西大附小、附中培训交流，并连续多年组织西大学生利用暑假到看山寺村、兴龙村、黄山村支教或进行社会调查和实践。22年中，陈伟星组织资助各级各类学生103人，其中58人考上大学。

"最开始其实就把扶贫当作一个工作，想着三四年可能就回到城市。后来持续做下来，逐渐发自内心地热爱这个工作。我愿意这样去做，愿意为农民服务。"陈伟星坦言自己"这一生可能也就干了这么一件事。只要这件事是有意义的，那就是值得的"。省委办公厅扶贫领导小组办公室原主任李宏升说："陈伟星情系农村、心系农民，能深入了解农村发展现状，每到一个村子都给村上制定长远发展规划，把扶贫工作当作事业干！"

2019年4月中国好人榜发布，陈伟星入选"敬业奉献好人"。此时，他已经在扶贫之路上奋进了整整20年。从"而立之年"到"知命之年"，从黄土高原上的合阳县到山川秀美的商州区，陈伟星的脚步遍及黄甫庄村、看山寺村、兴龙村、安村和黄山村的角角落落。他用一名高校驻村干部的坚守与付出，帮助数千户总计万名群众摆脱了贫困，先后9次荣获省级扶贫工作先进个人，被评为中国好人、陕西好人、陕西省脱贫攻坚先进个人、陕西教育系统"我身边的好典型"、陕西省岗位学雷锋标兵。

陈伟星向前来视察的校领导汇报工作

图说 西北大学百廿年历史

名师出高徒

学校以育人为天职。

大学以培养高层次人才为目标。

每个校友的成功都是对母校办学实绩的加分。

"名师才能出高徒。"这句古语在西北大学的教育实践中得到充分证明。

中华人民共和国成立之后执教于西北大学的部分著名教授

陈登原(1900—1974),浙江余姚人。历史学家。著有《国史旧闻》《中国文化史》《中国土地制度》《中国田赋史》等。

江仁寿(1906—1988),安徽歙县人。物理学家。我国较早从事非平衡统计物理研究的学者。

张西堂(1901—1960),湖北汉川人。经学家。著有《经学史纲》《诗经六论》《尚书引论》《王船山学谱》《荀子真伪考》等。

岳劼恒(1902—1961),陕西长安人。物理学家。国家一级教授。在我国络合物光学研究领域进行了开创性的工作。

傅庚生(1910—1984),辽宁沈阳人。古典文学家、中国古典文学鉴赏理论家。著有《中国文学欣赏举隅》《中国文学批评通论》《杜甫诗论》等。

张伯声(1903—1994),河南荥阳人。地质学家、教育家。中国科学院学部委员、国家一级教授。创立"地壳波浪状镶嵌构造"学说,成为中国五大地质构造学派之一。

马长寿(1907—1971),山西昔阳人。中国民族史学家。著有《突厥人和突厥汗国》《北狄与匈奴》《乌桓与鲜卑》《氐与羌》《彝族古代史》等。

陈直(1901—1980),江苏镇江人。历史学家、考古学家。著有《汉书新证》《史记新证》《两汉经济史料论丛》《关中秦汉陶录》《〈三辅黄图〉校正》等。

冯师颜(1915—1970),河南济源人。化学家。我国实验热化学的开创者。著有《误差理论与实验数据处理》等。

傅角今(1897—1970),湖南醴陵人。地理学家。主持过南海岛屿勘察、中缅边界勘测。著有《重划中国省区论》《世界石油地理》等。

刘亦珩(1904—1967),河北安州人。数学家。著译有《近世几何学》《线性代数学》《塑性论》等。

王成组(1902—1987),上海市人。地理学家。著有《中国地理学史》《地理学》《本国地理》等。

王永焱(1914—1989),甘肃兰州人。黄土及第四纪地质学家。著有《中国黄土图册》《黄土与第四纪地质》《中国黄土的最新研究》等。

霍世诚(1913—2000),内蒙古蒙托县人。古生物学家。著有《中国南部寒武纪高肌虫》《中国寒武纪高肌虫》等。

史念海(1912—2001),山西平陆人。历史学家。著有多卷本《河山集》等。

周尧(1912—2008),浙江宁波人。生物学家。全国劳动模范。著有《农业昆虫学》《中国昆虫学史》《中国经济昆虫志》(第36册)等。

吴养曾(1916—2008),安徽凤阳人。生物学家。全国先进工作者、全国劳动模范。

刘持生(1914—1984),甘肃文县人。古典文学家。著有《持庵诗》《先秦两汉文学史稿 (附录:魏晋文学)》等。

夯实根基,抓住根本:本科专业建设争创一流

网络上时常有人对1977年恢复高考后各大学本科教育培养校友当选院士名单进行汇总和排名,并认为这个排名大致可以反映出一所大学理工农医类学科本科教育的扎实程度,也就是该本科专业的建设与教学水平。在这个排名中,西北大学的本科毕业生有7位两院院士,按人数位居全国第25位;如果按学校隶属关系排名,则处于地方高校第1位;将综合大学单独放在一起,则处于第10位。这7位校友曾分别就读于我校的名牌专业地质学、物理学、化学、地理学。我校文科毕业生中也涌现出了相当数量出类拔萃的人才,仅中国社会科学院的学部委员(这一称号在学术界被认为是文科院士)中就有4位本科毕业于我校。同时,"中华石油英才之母""经济学家的摇篮""作家摇篮""考古干城"等赞誉均是社会对我校人才辈出的高度肯定。

"摇篮"也好,"之母"也罢,总而言之揭示了这样一个道理:本科教育是高等教育的基石,而专业建设质量则是高校本科教育的根基所在。事实上,也正是由于一贯高度重视并躬身致力于本科专业的建设,才使得我校30多万毕业生健康成才,为社会作出了卓越贡献,为母校赢得了广泛赞誉。

改革开放特别是进入新时代以来,学校进一步加强本科专业建设,提高本科教育质量,呈现出持续优化、创新发展的良好态势:

——凸显综合大学优势,专业覆盖面广泛。现有88个本科专业,覆盖文学、历史学、哲学、经济学、管理学、法学、理学、工

学、艺术学、医学等十大学科门类,文理比例协调、基础与应用并重,工医艺特色发展,较好地支撑了高素质创新人才培养。专业体系中既有文学、历史、地质、物理、化学、经济等具有悠久办学历史的传统"老牌"专业,也有金融数学、知识产权、智能科学与技术、应急管理等"新兴"专业,在兼顾历史与现代、兼具传承与创新中不断更迭完善、发展壮大、焕发活力。

——构建以国家基础学科专业为特区、应用专业为增长点,相互支撑、协调发展的专业体系。依托地质学、化学、经济学、历史学、物理学、生命科学与技术7个国家基础学科人才培养基地,对基础学科专业予以优先支持,在教育教学改革方面先试先行,取得了良好的育人成效。在前期建设基础上,地质学、化学、经济学3个基地成功入选"教育部基础学科拔尖学生培养计划2.0",入选数量位居全国地方高校首位。面向应用型专业,聚焦提升专业的社会适应度与契合度,开设了"开源证券—西北大学"创新人才实验班、华大基因创新班、西北大学—中国科学院物理研究所严济慈物理学英才班以及西北大学—中科院近代物理所菁英班等,将多方优质育人资源融入专业教育、创新创业等人才培养环节,形成应用型专业人才培养新范式。

——依托办学传统与地域优势,借助西部大开发的政策机遇,走出了一条独具西大特色的专业发展之路,考古、地质等专业在全国位居前列。进入新时代,贯彻国家高等教育领域新一轮重大战略部署,学校37个本科专业入选国家级"一流本科专业"建设点、17个专业入选省级"一流本科专业"建设点,合计占学校本科专业总数的近三分之二;现代电子信息技术产业学院成功入选陕西省示范性现代产业学院,地质工程、资源勘查工程、软件工程、化学工程与工艺、食品科学与工程5个专业通过工程教育认证。国内国际认可、有特色、高质量的本科专业集群为培养具有人文情怀、社会责任、创新能力和国际视野的高素质人才提供了重要载体和有力支撑。

长安校区校园

学位与研究生教育的今昔

据《西北大学大事记》记载,最早的"研究生"表述始于1909年(宣统元年)陕西法政学堂附设陕西省自治研究所之学员称谓。最早的研究生招生始于1938年国立西北联合大学师范学院师范研究所和1939年师范学院教育系小学教育通讯处的硕士研究生招生。

中华人民共和国成立后,西大在1956年开始招收研究生,至1966年共在10个专业、18个研究方向招收培养研究生57人。1978年,国家恢复研究生招生工作后,西大是全国首批招收研究生和有权授予博士、硕士学位的高等院校之一;1986年经国家教委批准具备招收和培养来华留学研究生的资格;1987年经国家教委批准成为同等学力申请博士、硕士学位试点单位;2011年经陕西省教育厅批准成为省内首批设立研究生院的省属高校之一;2018年经教育部批准获得招收港澳台研究生资格;2020年入选教育部"国际产学研用合作会议框架下中外导师联合培养研究生"高校;2021年获批教育部科研经费博士研究生招生试点单位;2022年入选教育部、国家文物局"考古学国家急需高层次人才培养专项"高校。截至2022年6月,西大先后招收各类研究生5.7万余人,授予博、硕士学位者4.2万余人;现有在校研究生近1.4万人。

学校现有一级学科博士学位授权点24个(均设有博士后科研流动站),一级学科硕士学位授权点37个,目录内二级学科硕士学位授权点2个,专业学位授权类别18个,学科涵盖哲学、经济

西北大学研究生院

1938年国立西北联大研究生招生简章

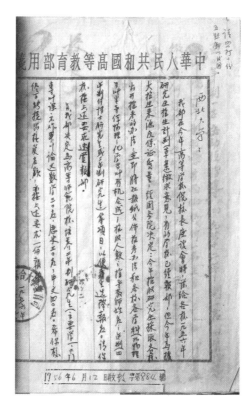

1956年学校招收研究生的批复文件

学、法学、教育学、文学、历史学、理学、工学、医学、管理学、艺术学等11个大门类。拥有一支高素质、结构合理的研究生导师队伍,其中博导632人、学术学位硕导1249人、专业学位硕导941人。

长期以来,学校坚持以提高人才培养质量为核心,不断完善各项规章制度,深化招生改革,强化过程管理,提高学位授予质量,取得了明显成效。有6篇论文入选全国优秀博士学位论文,5篇论文入选全国优秀博士学位论文提名论文,在全国高等院校中并列第39位,全国地方综合性大学中位居第1位;117篇论文入选陕西省优秀博士学位论文。近5年来,文科类和理工类研究生以第一作者发表的核心(权威)论文数量占到全校总量的50%以上,研究生在学校科研项目的参与度超过90%;1名研究生党员荣获全国首批"百名研究生党员标兵"称号;"蜂之蜜"研究生团队项目荣获第六届中国国际"互联网+"大学生创新创业大赛国家金奖;3次获得研究生数学建模竞赛全国一等奖。1门课程入选教育部首批课程思政示范课程,3门课程入选陕西省首批课程思政示范课程;获得陕西省教学成果一等奖和二等奖各1项,陕西省学位与研究生教育学会"研究生教育成果奖"特等奖1项、一等奖3项、二等奖1项。

西北大学学位与研究生教育走过了不平凡的历程,取得了显著的成绩。未来学位与研究生教育将紧紧抓住建设创新型国家

2008年《光明日报》刊发《在发展中不断实现新跨越——西北大学研究生教育纪实(上、下)》

的历史机遇,围绕"双一流"建设和一流研究生教育发展目标,坚持"立德树人、服务需求、提高质量、追求卓越"工作主线,按照"强化统筹、优化结构、持续改革、内涵发展"工作思路,以提高人才培养质量为核心,以深化教育教学改革为动力,以强化过程管理为切入点,以导师队伍建设为关键,以优化资源配置为保障,努力培养大批适应党和国家事业发展需要、德才兼备的高层次专门人才。

1956—1966年招收研究生的学科专业及指导教师(部分)

专业方向	指导教师	专业方向	指导教师
中国文学批评史	傅庚生教授	热化学	冯师颜教授
微分几何	刘亦珩教授	植物生理学	李中宪教授
函数论	杨永芳教授 刘书琴教授	动物生理学	吴养曾教授
光学	岳劼恒教授	构造地质学	张伯声教授
分子物理学	江仁寿教授	区域自然地理学	傅角今教授
原子核物理学	潘湘教授	民族史	马长寿教授

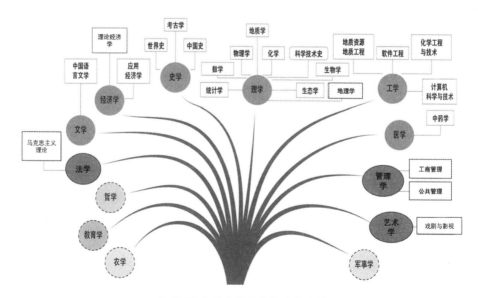

现有24个博士学位授权点分布图

名师出高徒

三位校长,一脉相承

张岂之、孟昭燕、方光华陪同任继愈在侯外庐雕像前合影

中华人民共和国成立后的西北大学首任校长侯外庐,既是学术泰斗,又是治校良才,政绩突出,影响深远。改革开放后,侯校长的高足张岂之接过郭琦、巩重起两位校长的接力棒,出任校长,西北大学在这一时期出现"中兴"局面。张岂之是侯外庐领导的中国思想史研究团队的年轻成员,在侯大师的引导和培养下,通过学术实践迅速成长提高,成为新一代著名学人。三十多年后,在新一轮的持续发展中,张岂之带出的博士生方光华又成为一校之长。这真是薪火相传,一脉相承。一本《张岂之教授与研究生论学书信选》充分显示了张岂之教授是如何耳提面命、精心指导他的研究生的。其中有四封信函是对方光华硕士论文、博士论文和所写书稿的具体指导。侯外庐当年对张岂之的培养,不限于专业著述,还交给他组织联络任务,担任团队秘书工作。张岂之对方光华的培养也是如此,除了对论文著述上的点拨,还让他承担所里研究生的教育与管理工作,另有三封信函就是这方面的。早期的工作实践,为后来成为一校之长作好了铺垫。

马门三杰

著名少数民族史专家马长寿教授,于1962年招收了周伟洲、段连勤、陈全方三名研究

马长寿教授与各族学生讨论民族问题

生,均学有所成。周伟洲1986年在西北大学历史系破格晋升教授,国批博导,曾任西北史研究室主任、文博学院院长,著有《英俄侵略我国西藏史略》《吐谷浑史》《汉赵国史》《敕勒与柔然》《唐代党项》《中国中世西北民族关系研究》《西北民族史研究》《陕西通史·民族卷》等,发表学术论文近百篇。段连勤1992年在西北大学历史系晋升教授,著有《北狄族与中山国》《丁零、高车与铁勒》《隋唐时期的薛延陀》等书,发表学术论文数十篇,计四十余万字。陈全方先后担任陕西省文物局局长、历史博物馆馆长,也有一些有价值的学术研究成果。马先生虽然去世较早,但马门后继有人。

"摹庐弟子"与史学传承

陈直号摹庐,1980年获得教授头衔不多久就去世了。但他留下了三百余万言掷地有声

1979年10月,陈直教授指导历史学研究生黄留珠(右二)、余华青(右一)、张廷皓(左一)

陈直教授

的学术著作,也培养出一批崭露头角的学术接班人。1978年,他招收了黄留珠、周天游、张廷皓、余华青、吕苏生五位研究生,耳提面命,精心指导,均成大器。"挛庐弟子"的副导师是1961年历史系毕业的林剑鸣教授,他也是陈直先生的学生和助手,其专著《秦史稿》具有开创性,在秦汉史研究领域颇有影响,中国秦汉史学会成立后,他曾担任会长多年。继他之后,"挛庐弟子"中的周天游、黄留珠亦先后任此职。周天游、黄留珠在秦汉史领域皆著述甚丰,《秦汉仕进制度》《中国古代选官制度述略》《八家后汉书辑注》《史略校笺》《后汉纪校注》《汉官六种》《秦汉史研究概要》皆为其代表作。黄留珠亦曾任陕西省史学会会长多年。余华青,曾任西北大学党委副书记、陕西省社科院院长、陕西省文化厅厅长。张廷皓,曾任陕西省文物局局长、中国文化遗产研究院院长等职。吕苏生,曾任河北人民出版社文史部主任,主持编辑出版大量文史书籍,亦笔耕不辍。西北大学史学良好的教习之风,培养出众多史学人才,他们一并被外界称为"挛庐弟子",其中有一批活跃在北京史学界的学人,中国社科院的王震中、彭卫、魏道儒研究员,中央民族大学的杨圣敏教授,中国人民大学国学院的王子今教授,文物出版社的总编辑葛承雍教授等,皆在史学界表现不凡。另有宋新潮入政国家文物局任副局长等职。

前赴后继带学生

中文系的招牌教授傅庚生1978年招收了韩理洲、阎琦、薛天纬、李云逸四名唐代文学研究生,开始尚能坚持指导,渐渐有些精力不济,便由刚从四川调来西北大学的李白研究专家安旗接替指导,这四人后来都取得了骄人的学术成就。韩理洲,留校任教,1992年晋升教授,任西北大学国际唐代文化研究中心主任,著有《王无功文集五卷本会校》《陈子昂评传》《陈子昂研究》《唐文考辩初编》《新增千家唐文作者考》等书,发表学术论文百余篇。阎琦,留校任教,1994年晋升教授,著有《韩诗论稿》《唐诗三百首续选注评》,发表学术论文数十篇。薛天纬,曾任新疆师范大学副校长、唐代文学研究会会长,主编或参与编写《唐诗鉴赏辞典补编》《李白诗八百首》《李白大辞典》《中国文学大辞典》《中国古典文学学术史研

傅庚生教授

安旗教授

究》《中国诗歌通典》等书,专著有《李太白论》等。导师安旗与阎琦、薛天纬及中文系另一教师房日晰合著大部头的《李白全集编年笺注》,安旗与阎琦合著《李诗咀华》,安旗与薛天纬合著《李白年谱》。师生合作,教学相长,也是研究生培养之一途。李云逸,留校任教,英年早逝,其《王昌龄诗注》颇见功力。

门墙内外

鲁迅研究专家单演义教授带过多名研究生,其中有两名取得了比较显著的成绩,一是门墙之内正式考取的王富仁,一是门墙之外的私淑弟子郑欣淼。王富仁关于鲁迅思想的研究著作是新时期鲁迅研究最重要的成果,他被认为是新时期国内文艺理论界的领军人物,不幸于2017年5月去世。郑欣淼在担任陕西省委副秘书长时,意欲在职做单先生的研究生,未获批准,遂在工作之余到单府请教问学,居然对鲁迅著作颇多心得,出版了研究专著,并被推举为中国鲁迅研究学会会长。郑欣淼曾任国家文物局副局长、文化部副部长兼故宫博物院院长。

单演义教授

王富仁教授

郑欣淼先生

侯伯宇与"博士后"

1985年,按照李政道先生的建议,国家在基础学科的物理学率先试点博士后科研制度,设立博士后科研流动站,西北大学物理系成为全国最早的建站单位之一,作为国家第一批博士生导师的侯伯宇教授,也因此成为最早的博士后流动站主持人和指导者。侯伯宇严谨治学、授徒,在他的精心指导下,首批进站的周玉魁、卫华、张耀中三名博士后,在短短两年多时间里,就在国内和国外著名刊物上发表30多篇论文,完成专著1部,作出了多项

侯伯宇教授指导博士生　　　　　　　　　　1985年建站的物理学博士后流动站铭牌

具有国际先进水平的成果，受到业内高度评价。这三名博士后出站后，均成为活跃在国际学术舞台上的一线角色。这真是一流学者培养出一流人才。

在西北大学，这种"名师出高徒"的例子还可举出许多。如化学系陈运生教授带出了冉新权（教授，曾任系主任、省环保局副局长）、唐宗薰（教授，全国教学名师），地质系薛祥煦教授带出了周卫健（中科院院士）、张云翔（教授，曾任系主任、副校长），全国教学名师史启祯教授带出了王尧宇（教授、曾任副校长，被评为教育部骨干教师，获教育部青年教师奖），等等。

生物系博士生导师胡正海教授是个细心人，他对自己带研究生的情况作了统计：先后共培养70名硕士生和博士生，其中35人已成正教授，有5人是大学副校长，他们分布在全国18个省区，有8人在国外发展。

学堂亭

时任中共中央政治局委员、国务院副总理的王岐山校友于 2009 年 7 月 28 日晚,在美国华盛顿出席美中贸易全国委员会、美中关系全国委员会、美中商会等友好团体举办的晚宴上发表演讲。美国国务卿克林顿·希拉里、财政部长盖特纳、前国务卿基辛格等美国政要及美国工商界人士六百余人出席。讲演共 16 分钟,其中有 8 分钟在谈"我的老师张伯声"

一个特例:张伯声对王岐山的启示

西北大学校友、现任国家副主席王岐山极具演讲天赋。2009 年 7 月 28 日,首轮中美战略和经济对话在美国华府闭幕,王岐山在晚宴上即席发表演讲,幽默风趣,十分精彩,令出席嘉宾交口称赞。他在演讲中提到了西北大学老校长张伯声。

王岐山如此介绍张伯声创立"波浪省力理论"的情况:"他说'我天天看着这个浪——突然我有一个灵感,就是这个浪它为什么不是直上直下的,它是涌动的',最后他发现,根据力学的知识,大自然万事万物应该以最省力的方式运动。海浪这种涌动的方式,从力学上讲是最省力的。他就想,地壳的构造,它一定是以最省力的方式在运动。后来,他的这个学说为国际学术界接受,并被命名为'地壳波浪镶嵌学说'。"

讲到这里,王岐山话头一转,回到中美对话的主题:"人类历史潮流的问题,其实和大自然是一样的。那就是'顺历史潮流者昌',或者叫赢;'逆历史潮流者亡',或者叫输。中美关系发展到今天,也是顺应了历史的潮流。这个历史的潮流是中美两国人民的需要,是中美两国人民的共同利益,并为中美两国政治家所逐渐认识。"

时任西北大学副校长的张伯声是地质系教授,而王岐山乃历史系学生,不为门户所囿,广泛求知,可谓"转益多师"。张伯声从"波浪省力"原理受到启发,创立"地壳波浪镶嵌"学说,可谓"触类旁通"。王岐山从老师的学术创新,联想到自己主持的国家要务;从大自然的运动规律,联想到人类社会发展的历史潮流,最后又落到中美战略和经济对话的意义上,便是"举一反三"了。

这也是"名师出高徒"之一例。

西北大学历史系73级毕业照(后排右六为王岐山)

2011年时任国务院副总理的王岐山校友看望老师张岂之教授

2011年2月24日,校友王岐山副总理与张岂之教授(左二)、乔学光书记(右一)、方光华校长(左一)亲切交谈

校友中的部分两院院士

田在艺院士　（详见585页）

阎隆飞院士　植物生物化学家,1945年毕业于西北大学生物系。曾任北京农业大学教授,植物生理生化开放实验室主任。2001年逝世。

任纪舜院士　地质学家,1955年毕业于西北大学地质系。中国地质科学院地质研究所研究员。

刘昌明院士　水文水资源学家,1956年毕业于西北大学地理系。曾任中国科学院水问题联合研究中心主任,北京师范大学资源环境学院院长。

侯洵院士　光电子学家,1959年毕业于西北大学物理系。中国科学院西安光机所研究员,曾任西北大学光子学与光子技术研究所所长。

张殿琳院士　物理学家,1956年毕业于西北大学物理系。中国科学院物理研究所研究员。

张彦仲工程院士　航空技术专家,1962年毕业于西北大学物理系。曾任航空航天工业部总工程师,教授级高级工程师,北京航空航天大学、西北工业大学兼职教授。

张生勇工程院士　医学技术专家,1964年毕业于西北大学化学系。曾任第四军医大学化学教研室教授、手性技术研究中心主任。

周卫健院士　地质学家,1995年在西北大学地质系获博士学位。曾任中国科学院地球环境研究所所长。

翟明国院士　地质学家,1976年毕业于西北大学地质系。中国科学院地质与地球物理研究所研究员。

徐宗本院士　数学家,1977年毕业于西北大学数学系。曾任西安交通大学教授、副校长。

高山院士　地质学家,1982年毕业于西北大学地质系。曾任中国地质大学教授、西北大学特聘教授,2016年逝世。

刘加平工程院士　建筑热工与节能专家,1982年毕业于西北大学物理系。现为西安建筑科技大学教授、绿色建筑研究中心主任。

赵文智院士　（详见第578页）

崔鹏院士　（详见第579页）

张小曳院士　应用气象专家,1986年毕业于西北大学化学系。中国气象科学研究院研究员。

刘买利院士　分析化学家,1982年毕业于西北大学化学系。中国科学院精密测量科学与技术创新研究院研究员。

两院院士两年一评选,期待更多校友入选,此榜待续。

阎隆飞院士　任纪舜院士　刘昌明院士　侯洵院士

张殿琳院士　张彦仲院士　张生勇院士　周卫健院士

翟明国院士　徐宗本院士　高山院士　刘加平院士

赵文智院士　崔鹏院士　张小曳院士　刘买利院士

校友中的英模人物

杨拯陆(右二)在西北大学

杨拯陆 著名爱国将领杨虎城将军的女儿,在未满18周岁时就加入了中国共产党。1953年,杨拯陆进入西北大学地质系石油专修科学习。毕业后,由于积极要求支援边疆,杨拯陆被分配到新疆从事地质勘察工作。1958年9月25日,在新疆中蒙边界的三塘湖盆地进行石油地质勘探时,杨拯陆和队友遭遇到了寒流袭击。在生命的最后时刻,她还把珍贵的普查资料紧紧抱在胸前。杨拯陆牺牲后,新疆矿务局党委授予她"党的优秀女儿、知识分子的优秀代表、坚强不屈的模范共产党员"称号,新疆维吾尔自治区党委批准她为革命烈士。1982年,中国地质学会把杨拯陆烈士勘察的三塘湖盆地的一个含石油地质构造命名为"拯陆背斜"。

罗健夫 1960年毕业于西北大学物理系原子核物理专业,先留校任教,1963年调至中科院西北计算所,1965年调入航天工业部骊山微电子公司工作。生前,他被称作"中国式保尔";身后,他被国务院追授"全国劳动模范"称号。

1969年,34岁的罗健夫担任了公司图形发生器任务课题组组长。面对当时国际封锁和国内"文化大革命"的冲击,罗健夫克服了重重困难和阻力,历时3年,于1972年成功研制出中国第一台图形发生器,填补了中国电子工业的一项空白。1975年,"Ⅱ型图形发生器"研制成功,并获得1978年全国科学大会的奖励。1982年,47岁的罗健夫朝气蓬勃,正埋头苦干迎接科学的春天的时候,无情的病魔夺取了他的生命。

图形发生器是电子计算机控制的自动制版设备,没有它,研制半导体大规模集成电路几乎不可能。罗健夫成功研制了图形发生器，为中国的航天工业发展作出了突出的贡献。他的名字，被写进了中国航天工业发展史，被镌刻在"永远的丰碑"上，更永远铭刻在西北大学人的心里。

刘承宪　献身航天事业的他，1960年毕业于西北大学生物系，毕业后分配到中国科学院上海植物生理研究所，作为研究员主持多项重要课题，取得重大成果。1992年，他担任了中国载人航天工程空间生命科学分系统主任设计师、"空间细胞电融合"项目负责人。这个试验随着"神舟"四号飞船返回地面而获得圆满成功，标志着我国掌握了空间融合技术，为此后建立空间站、开展空间生命科学研究奠定了坚实基础。他积劳成疾、罹患肺癌后，还坚持带病工作，直至2003年8月23日去世。"神舟"五号载人飞船发射成功后，他是唯一被追授表彰的科研人员。

还有一位值得一提的英模人物——西北大学地理系自然地理专业1987级学生郭峰。1989年4月16日，郭峰和同学们到离西安不远的高冠瀑布风景区游玩时，为了抢救不慎落水的女工，他奋不顾身地跳入冰冷的水中，却不幸和落水者一起被湍急的水流冲向下游，落入深潭……郭峰舍己救人的事迹在社会上引起极大反响，西北大学党委根据他生前的愿望，追认他为中国共产党党员。共青团陕西省委授予郭

罗健夫在杨家岭

峰"优秀共青团员"荣誉称号，陕西省人民政府批准他为革命烈士。

所谓英雄并非那些生来不凡的人。平凡的人，只要做出了不平凡的事，就是英雄。罗健夫、杨拯陆、刘承宪、郭峰，这些曾经学习生活在西北大学校园中的普通学子，用他们的生命成就了人生的壮举，他们是母校的骄傲，是西大人心目中永远的英雄。

地学校友中的国家 973 计划项目首席科学家

翟明国院士在国际学术会议上

王二七(左)与国际合作者在藏南考察

赵文智(右)指导风险探井部署

在国家科技部组织实施的国家重点基础研究发展计划(简称 973 计划)项目中,西北大学已毕业的诸多优秀学子担当重任,为解决国家重大需求和经济社会发展中的重大科学问题作出了贡献。其中西大地学各专业 1975 年以来的毕业生中,已产生了 7 位首席科学家,他们主持了多个国家 973 计划项目。

翟明国院士 1976 年毕业,主要从事前寒武纪地质和变质地质学领域的研究,论著甚丰,曾任中国科学院地质与地球物理研究所副所长、矿产资源重点实验室主任等,是"俯冲和碰撞造山的岩石学过程"国家基金委创新群体的学术带头人,曾任西北大学大陆动力学国家重点实验室主任。他是"华北克拉通前寒武纪重大地质事件与成矿"项目首席科学家,获国家自然科学奖二等奖(第一完成人)。

王二七研究员 1975 年毕业,1994 年获美国麻省理工学院地球、大气与行星科学系博士学位,1999 年回国。长期从事青藏高原新生代大地构造研究,成果丰硕,活跃于国内外学术界,现任中国科学院地质与地球物理研究所研究员。他是已经完成的国家 973 项目——"印度与亚洲大陆新生代碰撞构造及其成矿作用"的首席科学家。

赵文智院士 1982 年 1 月毕业,长期从事油气地质与勘探研究,成绩卓著,曾任中国石油勘探开发研究院院长、中国石油勘探生产分公司党委书记、副总经理,IGCP 中国国家委员会委员。他曾获国家科技进步奖一等奖1项、二等奖3项,李四光地质科技奖、中国石油杰出科技工作者奖、何梁何利科学技术创新奖等奖项,先后完成"高效天然气藏形成与低效、凝析气藏的经济开发"与"中低丰度天然气藏大面积成藏机理与有效开发的基础研究"两项国家973项目,两度担任首席科学家。

刘文汇教授　1982年7月毕业,中国石化石油勘探开发研究院首席科学家,现为西北大学特聘教授。他长期从事油气地质、地球化学研究,建树颇多,曾获国家科技进步二等奖等多个奖项。他先后担任国家973项目"高效天然气藏形成与低效、凝析气藏的经济开发""中国早古生代海相碳酸盐岩层系大型油气田形成机理与分布规律"首席科学家。获国家科技发明奖二等奖(第一完成人)。

刘文汇(左)在黔桂野外考察

崔鹏院士　1982年7月毕业,中国科学院、水利部成都山地灾害与环境研究所研究员、国土资源部地质灾害防治应急专家,长期从事泥石流、滑坡等山地灾与水土保持等方面研究,在重大国际减灾中成绩卓著。他作为首席科学家,先后主持和完成"汶川地震次生山地灾害形成机理与风险控制""中国西部特大山洪泥石流灾害形成机理与风险分析"两项国家973项目。

崔鹏(左)和委内瑞拉科学家一起讨论

陈亚宁研究员　1982年7月毕业,现任荒漠与绿洲生态国家重点实验室主任,中国科学院绿洲生态与荒漠环境重点实验室主任,在干旱区水资源与生态保护研究方面取得系列创新成果。曾获国家科技进步二等奖3项、新疆科技进步一等奖4项(排名第一)、国家发明专利8项;先后荣获全国"五一"劳动奖,新疆科技进步特等奖,何梁何利基金科学与技术创新奖等多项奖励。他是"气候变化对西北干旱区水循环影响机理与水资源安全研究"项目首席科学家。

陈亚宁研究员(中)野外考察

刘池阳教授　(详见第534页)

石油工业管理部门的西大人

这面锦旗记录了西北大学为中国石油事业作出的巨大贡献

从 1950 年到 1956 年，西北大学地质学系石油天然气专修科办了四届，矿产地质专修科办了一届，毕业生共 827 人。他们奔赴玉门，挺进克拉玛依，随之又转战东北，进军中原，远涉东海、南海，成为我国石油地质战线的骨干力量。到 20 世纪八九十年代，有 20 多人先后担任我国 13 个石油管理局的局长和总地质师。他们是西北大学杰出校友群体的代表。

顾树松　曾任青海石油管理局总地质师。

阎敦实　曾任石油工业部副部长、中国石油天然气总公司总地质师。

宋汉良　曾任新疆石油管理局副局长，新疆维吾尔自治区副主席、党委书记。

王志武　曾任大庆石油管理局局长。

介　霖　曾任中原石油勘探局局长。

杨万里　曾任华北石油管理局局长。

20 世纪 80 年代，胡耀邦在大庆油田接见金毓荪、杨万里、王志武等西大校友

20 世纪 80 年代，金毓荪陪同邓小平视察大庆油田

谢　宏　曾任新疆石油管理局局长。

金毓荪　曾任大庆石油管理局副局长、中原石油勘探局局长。

杨俊杰　曾任长庆石油勘探局副局长兼总地质师。

王善书　曾任中国海洋石油总公司勘探开发研究院院长。

唐　智　曾任华北石油管理局总地质师、副局长。

李道品　曾任大港油田副局长兼总地质师。

帅德福　曾任胜利油田总地质师。

王秋明　曾任塔里木石油勘探开发指挥部总地质师。

徐世庸　曾任南阳石油勘探局总地质师。

杨毅刚　曾任延长油矿总地质师、延安市副市长。

邸世琪　曾任青海油田总地质师、中石油兰州西北石油地质研究所总地质师。

郑长明　曾任大港油田总地质师。

安启元　曾任石油部物探局局长、中共陕西省委书记、陕西省政协主席。

王乃举　曾任中国石油天然气总公司开发局局长。

孙希敬　曾任大港石油管理局局长。

于庄敬　曾任大港石油管理局总地

硅化木——地质学系1974级甲班毕业生赠

质师。

此外，还有晚几年毕业的地质学系学生，在石油地质战线或教育科研岗位担当重任、作出贡献的。

戴世昭　1959年毕业，曾任汉江石油管理局副局长、总地质师。

王秉海　1960年毕业，曾任胜利油田副总地质师兼地质研究院院长。

吴　涛　1961年毕业，曾任大港石油管理局地质研究院院长、吐哈石油勘探指挥部副总指挥。

张晋仁　1961年毕业，曾任中原石油勘探局总地质师。

薛士荣　1961年毕业，曾任大港石油管理局总地质师。

李智廉　1963年毕业，曾任大庆油田机关党委副书记、大庆市市委书记。

谢志强　1963年毕业，曾任新疆石油管理局党委书记，塔里木石油勘探指挥部总地质师。

"文革"后西大地质学系每届毕业生人数虽少，但仍有不少毕业生走上了高层业务管理岗位。

郑玉宝　1978年毕业，曾任青海油田分公司党委书记，石油工业出版社有限公司总经理。

赵政璋　1982年1月毕业，曾任中国石油集团公司副总经理，勘探与生产分公司总经理，中国石油学会理事长。

赵文智　1982年1月毕业，曾任中国石油勘探开发研究院院长，中国石油勘探生产分公司党委书记、副总经理。

李建青　1982年7月毕业，曾任中石油青海石油管理局局长，大港油田分公司总经理，中国石油集团经济技术研究院院长。

薛良清　1982年7月毕业，曾任中石油中国油气勘探开发公司总地质师。

崔旱云　1982年7月毕业，现任中国海洋石油海外勘探总监(总地质师)。

袁政文　1983年毕业，曾任中国石化河南石油勘探局局长，中国石化石油工程股份有限公司副董事长。

冯建辉　1983年毕业，曾任中国石化油田勘探开发事业部副主任，南方油气勘探公司党委书记。

杨县超　1983年毕业，曾任延长石油集团勘探公司副总经理、总地质师。

吴志宇　1983年毕业，曾任中国石油长庆油田分公司副总地质师，国家页岩油重大专项首席专家，曾获国家科技进步一等奖。

康高峰　1983年毕业，曾任中国煤炭地质总局航测遥感局副局长。

王海宁　1986年毕业，现任中国煤炭地质总局副局长。

何海清　1987年毕业，现任中国石油勘探与开发生产分公司副总经理。

何发歧　1987年本科、1990年硕士研究生毕业，现任中国石化华北油田分公司副总经理。

张功成　1988年毕业，现任中国海洋石油总公司研究院首席专家，曾获国家科技进步一等奖。

侯国强　1989年毕业，曾任中国海洋石油总公司中海实业公司副总经理。

唐建东　1989年毕业，现任中国石化江苏油田分公司副总经理。

唐　勇　1989年毕业，现任中国石油新疆油田分公司首席专家，曾获国家科技进步一等奖。

付锁堂　1989年毕业，曾任中国石油青海油田

含砾泥晶灰岩——地质学系1979级石油班赠

分公司总经理、中国石油长庆油田分公司总经理、长庆石油勘探局局长,现任中国石油咨询中心常务副主任。

王贵海　1990年毕业,现任中油国际中东公司总经理,全国五一奖章获得者。

唐海忠　1991年毕业,现任中国石油玉门油田公司总地质师。

于天忠　1991年毕业,现任中国石油辽河油田公司总地质师。

徐可强　1993年本科、1996年硕士研究生毕业,曾任中国石油吐哈油田分公司总经理、中国海洋石油总公司副总经理,现任中国海洋石油股份有限公司董事、首席执行官。

王良军　1994年毕业,现任中国石化河南油田分公司党委常委、副总经理。

方　庆　1995年毕业,曾任中国石油大庆油田有限责任公司总经理,现任中国石油华北油田分公司执行董事、党委书记,华北石油管理局有限公司执行董事、总经理。

杨　雷　1995年毕业,曾任国家发改委石油天然气司副司长、中国派驻国际能源署特别高级顾问,现任北京大学能源研究院常务副院长。

黄先雄　1998年硕士毕业,曾任中国石油哈萨克斯坦公司副总经理,现任中国石油国际勘探开发有限公司副总经理。

付金华　2004年博士毕业,现任中国石油长庆油田分公司副总经理,曾获国家科技进步一等奖。

张明禄　2004年博士毕业,曾任中国石油长庆油田分公司副总经理、青海油田分公司总经理,现任中国石油股份有限公司安全总监、质量健康安全环保部总经理,曾获国家科技进步一等奖。

王　敏　2004年博士毕业,曾任中国石化河南油田分公司副总经理。

周荔青　2005年博士毕业,曾任中国石化华北分公司总经理、上海分公司总经理。

徐黎明　2006年博士毕业,现任中国石油长庆油田分公司首席专家,曾获国家科技进步一等奖。

孙冬胜　2006年博士毕业,现任中国石化勘探开发研究院副院长。

吴聿元　2007年博士毕业,现任中国石化华东油气分公司副总经理。

韩宏伟　2009年博士毕业,现任中国石化胜利油田分公司首席技术专家兼胜利油田分公司物探研究院院长,曾获国家科技进步二等奖。

雷晓岚　2009年博士毕业,现任延长石油集团国际勘探开发公司总经理。

杨　华　2010年博士后流动站出站,曾任中国石油长庆油田分公司党委书记、总经理,现任中国石油计划规划部主任。

不仅管理局、大油田一级的高管,还有各油田勘探开发研究院、地质勘探队、采油指挥部,也有许多西北大学毕业生担任领导。因此,说西北大学地质学系是"中华石油英才之母""石油地质人才的摇篮",名不虚传。

晨读

大庆油田的发现者之一——田在艺校友

田在艺于1919年12月出生在陕西渭南农村的一个普通小学教员家庭。他从小勤奋好学,深得家人和老师的喜爱。在西安市读中学时,学校来了一位年轻的地理教员,经常带学生们到郊外看地质现象,讲解岩石、地层、褶皱等地质知识。大自然的神奇奥秘使田在艺对地质产生了浓厚的兴趣。田在艺的青年时代正值日本入侵中国、中华民族遭受欺凌之际,"科学救国"的意识强烈地撞击他的心灵。他胸怀"要救国先找矿、增强国家实力"的理想,潜心刻苦学习,于1939年7月以优异成绩考入国立西北联合大学地质地理系,当年8月改为国立西北大学。1940年9月由胡庶华推荐,转入四川重庆国立中央大学理学院地质系学习。

毕业后,田在艺怀着开发石油、报效国家的满腔爱国热忱,主动报名到自然环境十分恶劣的玉门油矿工作。从此,他跟随中国石油工业的先驱者们上祁连、下酒泉、入陕西、赴青海,在祖国的大西北开展石油地质调查,风餐露宿,千里跋涉,在戈壁荒漠和黄土高原上为祖国探寻石油宝藏。

1960年元月,田在艺奉调参加大庆石油会战,他先后任大庆油田地质调查处处长兼总地质师和勘探指挥部副指挥兼总地质师。在艰苦的岁月中,头顶蓝天,脚踏荒地,领导勘探队伍几千人,进行地震勘探,整体解剖松辽盆地,组织策划并直接参与地震部署、资料解释和钻井设计。在发现构造圈闭的基础上,于大庆长垣外围发现了新的油气田,是大庆油田的重要发现人之一,其成果于1982年7月获国家自然科学一等奖。他与地质部、石油部和中国科学院的大庆油田发现者分享了这份崇高的荣誉。

田在艺院士

田在艺著作

田在艺曾任石油工业部科技委员会委员、地质标准化委员会主任、中国地质学会及中国石油学会常务理事以及南京大学、西北大学及长春地质学院兼职教授等职,1997年当选为中国科学院院士,2015年逝世。

经济学界的西大人

敏锐的媒体记者注意到,在首都北京活跃着一群西北大学出身的经济学家。《光明日报》曾有一篇文章《为什么这么多的经济学家出自西北大学》,细说西北大学培养的一批活跃于经济学前沿的专家学者。

论年龄,张曙光是当仁不让的"老大"了。他1959年考入于西北大学经济学系,1963年考取中国科学院经济研究所研究生,攻读国民经济综合平衡专业,受教于著名经济学家杨坚白、刘国光、董辅礽,毕业后留所从事研究工作。他的著作有《经济结构与经济效果》《个人权力和国家权力》《中国经济学和经济学家》《制度、主体、行为——传统社会主义经济学反思》等。

张曙光教授

邹东涛原毕业于西北大学物理系,1983年二进西大,师从何炼成、刘承思教授,攻读政治经济学专业。他是受到历史系1977级学生朱玲的影响而改学经济的。朱玲当时虽被历史系录取,但她对《资本论》的学习已有很深基础,并经常到经济系听课。在西大读本科不到一年,经何炼成教授推荐,朱玲考入武汉大学攻读经济学硕士,现为中国社会科学院经济研究所副所长。邹东涛取得硕士学位后留校任教,破格晋升教授,后又成为博士生导师。1994年,他出任国家体改委经济体制改革研究院副院长,后去中国社会科学院做了研究生院常务副院长,再担任社科文献出版社总编辑。他思想敏锐,笔耕甚勤,成果累累,主要著作有《经济竞争论》《转轨的中国》《世界主要国家和地区的企业制度》《现代企业制度的环境系统》等多部。

邹东涛教授

魏杰是1977级经济系学生,上到二年级,何炼成教授特

魏杰教授

张维迎教授

冯仑先生

刘世锦教授

许他提前读研,后师从中国人民大学卫兴华教授读博,毕业后留校,做过中国人民大学经济系系主任,后在国有资产监督管理委员会担任研究所所长,现为清华大学经济管理学院教授。他在北京非常活跃,论著颇丰,常就热点经济问题发表看法,为大众熟知,从而声名远播。

经济学界这批西大人中,最出彩的要数张维迎。他与魏杰同为西北大学经济系1977级学生。他在校读研时,就因《为"钱"正名》一文而闻名于世。1990年去英国牛津大学留学,师从诺贝尔奖得主莫里斯,先后拿下经济学硕士和博士学位,荣获牛津研究生最佳论文奖、伦敦经济学院纪念奖学金。回国后到了北京大学,曾多年主持北大光华管理学院,并担任北大校长助理。出国前,他已有两部专著,回国后基本上一年出一部书。他关于"契约理论"的专著,在许多高校经济学研究生中人手一册。他一贯保持着大胆直言的风格,常常成为学界争议的焦点人物,甚至成为众矢之的。这也是许多名人奇才都会遭遇的景况。

学经济的西大人也有下海办企业的,冯仑就是一个功成名就者。他也是西大经济系1977级学生,后在中央党校攻读法学硕士。他领导参与了万通集团创建与发展的全过程,创立了万通实业股份有限公司,现任万通集团董事局主席。从他现在发表的文章看,他不仅是一个成功的企业家,还是一个见解深刻独到的思想家。

还有一位不能不提的就是刘世锦,他1982年毕业于西北大学经济系,后留在经济系(后为经济管理学院)工作,先后任讲师、教研室主任,并在职攻读了硕士学位。1989年11月获中国社会科学院研究生院经济学博士学位。曾任国务院发展研究中心副主任。他先后在国内外刊物上发表学术论文及其他文章200多篇,出版学术著作10多部,撰写了一系列内部研究报告,多次获得全国性学术奖励,是一位从政的经济学家。

  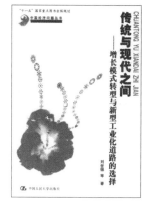

经济学界西大人的部分著作

长安校区经济管理学院

西北大学经济学的年轻"创客"

李克强总理两次发出"大众创业,万众创新"的号召,使得"创客"一时间成为了长城内外、大江南北最前卫、最重要、最引人注目的一群人。

西北大学地处西安,立足西北,是我国西部人才培养的高地和旗帜。经济学与管理学学科则是西北大学历史悠久、人才辈出的优势学科之一,为国家培养出了大批的优秀人才。在时代的潮流中,西大的经济学人紧跟时代潮流,主动发挥创新的意识,涌现出了许许多多的青年"创客",为社会的发展注入了新的活力。

"魂乃商之道,有魂者吉,吉者百福所至。"西北大学94级经济学系学生邱国金说道,由他创办的上海创乐人企业发展股份有限公司于2016年4月18日正式挂牌上市,成为新三板健康体重管理第一股。

邱国金所创造的是国内健康膳食管理第一APP——"别吃胖"。"别吃胖"打破以往单纯以节食来减肥的思想,创新性地提出了用一整套以中医方法为精髓去探索美食和身材兼得、健康有效地体重控制的方法。

创乐人不仅仅开发了线上的应用,还开发了"别吃胖"智能手环、"别胖"系列线下产品,通过线上应用与线下工具相结合,更加科学的保持健康。

路金波是邱国金的同级同学,也是一名"创客",但路金波把创业的方向对准了文化产业,成为了一名文化产业的"创客"。

1997年毕业后不久,路金波进入一家网络公司上班。那时的路金波还不懂网络怎么给他带来财富,只是将自己的文学作品经常"晒"在网络的各大平台上,这便是他最早的"文化产业"。

2009年1月,北京万榕公司作者团队十多人在路金波的带领下,召开

郭立宏校长向邱国金校友赠送纪念品

了一次声势浩大的见面会。韩寒、饶雪漫、安意如、石康、蔡骏等诸多著名作家出席。清瘦的路金波用平和的语言宣布他们占据了 2008 年中国文学畅销书三分之一的席位,金额达到 3 亿元人民币,并表示"2009 年底要做国内文学出版业的老大"。

2012 年,果麦文化传媒有限公司宣布成立,路金波担任董事长。今天,"创客"路金波继续走在他的文化产业的道路上。

上海朱雀投资发展中心执行事务合伙人兼投资总监李华轮被媒体评为十大金牛私募投资经理。李华轮亦出于西北大学经济学系,1991 年毕业,相对于前两位同学,他的事业相对"保守"和传统。

李华轮先后在陕西省政府体改委、工商银行陕西信托投资公司、西部证券股份有限公司工作。2007 年 7 月,他参与创建成立了上海朱雀投资发展中心,担任了公司的执行事务合伙人兼投资总监。

路金波先生

李华轮管理的第一只产品成立于 2007 年,那时上证指数位于最高点,而 2014 年 3 月,该产品复权净值增长率已超过 100%。

2015 年 6 月 19 日下午,杰出校友邱国金、李华轮在西北大学长安校区为母校学生作了一场以梦想为主题的报告会,200 余名学生聆听了报告,共同分享了两位"创客"的成长经历和心路历程。郭立宏校长主持报告会并向两位校友赠送了纪念品。

郭立宏校长向李华轮校友赠送纪念品

国际知名数学家辛周平

辛周平教授

辛周平教授1982年毕业于西北大学数学系,获理学学士学位;后在西北大学数学系和中国科学院数学研究所获数学硕士学位;1988年在美国密歇根大学(University of Michigan)获数学博士学位,师从数学家J.Smoller教授;1988年9月至2002年8月在美国最有名的数学研究所之一——纽约大学克朗(Courant)研究所工作。1998年起至今任香港中文大学数学科学研究所副所长(所长是国际著名数学家丘成桐教授)、香港中文大学蒙民伟讲座教授。2005年3月,辛周平教授被聘为西北大学基础数学学科讲座教授。

辛周平教授的主要研究领域是偏微分方程、流体动力学方程、非线性波、数值分析、应用数学。十几年来,他的研究工作始终处于国际非线性偏微分方程这一重要研究领域的主流和前沿,在一系列最活跃和核心的研究方向上取得了突破性进展,特别是在一维激波、高维激波、粘性激波、边界层理论、可压流体与不可压流体方程和松弛格式等领域作出了具有国际影响的重要成果。他的研究成果都发表在国际著名杂志上,受到国内外同行的广泛关注,研究论文被大量引用。

由于在研究工作中取得了非常突出的成就,他于1989年4月获得了密歇根大学优秀博士论文奖;1991年4月获得了美国优秀博士后奖——Sloan奖;1993年9月获得了美国为杰出青年科学家颁发的美国总统奖;2004年,辛周平教授获得全球华人数学家大会颁发的晨兴数学金奖,这是华人数学界的最高荣誉。

辛周平教授的主要社会兼职有:美国数学会会员、SIAM会员、《分析方法与应用》主编、《亚洲数学杂志》编委、《数学学报》编委、*SIAM Journal of Mathematical Analysis* 编委、*Journal of Partial Differential Equations* 编委、中国晨兴研究中心学术委员会委员等。他于2009年起担任西北大学《纯粹数学与应用数学》杂志主编。

蜚声国际的"顾参数"

成为西北大学物理系的一名本科新生时,顾樵整整30岁。

顾樵1947年出生于陕西西安,从小聪颖好学,酷爱读书。在实行"五分制"的年代,他几乎门门功课都拿5分。因为一道在晚自习上没有解出来的几何证明题,他甚至顾不上回家,就坐在马路牙子上,就着昏黄的路灯,用粉笔在马路上画出几何图形来继续求证。

1966年,成绩优异的顾樵高中毕业,准备报考心仪的大学。然而,现实却无情地击碎了他的大学梦——高考制度取消,高校停止招生。"我真的很想上大学,但没有这个机会。"这个机会,顾樵一等就是11年。

1977年恢复高考,已经成家生子的顾樵成了考场上年龄最大的考生。虽然成绩名列前茅,但因为"出身"问题,他迟迟等不到录取通知书。几经周折,顾樵终于得到一个在西北大学物理系走读的机会。

接下来的四年里,顾樵每天早上要先把两个孩子安顿好,再骑上自行车一路飞奔到学校。作为校园里的"大龄"学生,不仅很多同学年龄比他小得多,就连不少老师也比他年轻。几十年后,当顾樵已经成为世

顾樵教授

界知名的科学家,还会有比他年轻的老师一边赞叹一边感慨:"顾樵啊,他还是我的学生哩!"

毕业后,顾樵留校任教。1985年,在侯伯宇的指导下,顾樵开始攻读博士学位,课题是"二能级原子与单模辐射场相互作用的量子统计性质",与此同时,他又对另一个前沿交叉课题"生命系统的光子辐射"产生了浓厚的兴趣。

一切生命都会呈现光子辐射,这种辐射虽然超弱,却控制着整个细胞的新陈代谢,支配着细胞内和细胞间的信息传递与功能调节。有关生物超弱发光的研究形成了一个极其重要的研究领域——生命系统

顾樵在北京天安门广场留影

的超弱光子辐射(Ultraweak Photonemission from Living Systems,简称 PE)。研究表明,作为一项极其灵敏的生物指标,PE 在医学、药理学、农业、环境科学和地震预报等领域具有广泛的应用前景。PE 研究中最棘手的问题是实验现象难以重复。因为实验参数过于繁多,实验样品、实验条件、实验方式甚至实验环境、实验时间的差异都会造成实验现象重复困难,个别实验结果甚至发生矛盾。顾樵想:"能不能结合现代物理学方法,推演出描述生物光子动力学和稳态行为的参数呢?"

兴趣是最大的动力。1989 年,顾樵在顺利获得博士学位的同时,还发表了《生命系统的超弱光子辐射》等多篇论文,他的研究成果引起了德国国际生物物理研究所的关注,并受邀于 1991 年前往德国开展合作研究。到达德国凯泽斯劳滕的第二天,顾樵就带着自己的论文和德国同事们开始了学术博弈:在聆听顾樵讲解自己的分析研究方法和结果后,同事们一边展开讨论,一边将自己的实验数据与顾樵的理论结果相比较。这场学术讨论进行了将近两个月,以严谨细致、一丝不苟著称的德国人终于信服了:顾樵的理论结果与他们 200 多个实验的数据符合度高达 98%,证明这是一种高精度的分析方法,可以用于许多领域。国际著名生物物理学家、德国国际生物物理研究所所长 F. A. Popp 教授异常兴奋,不久后他在一次大型学术会议上以该领域权威专家的身份,非常郑重地宣布:顾樵教授理论表达式中的参数称为"Gu Parameters"(顾参数)。

顾樵的论文后来以《生物光子辐射的量子理论》为题,被收入该领域的经典著作《生物光子学研究及其应用的最新进展》。在之后的几年中,美国、英国、瑞士、荷兰、意大利等国的研究组也陆续开始使用"顾参数"。

"顾参数"蜚声国际。1999 年 1 月 14 日出版的《光明日报》这样报道顾樵和他的"顾参数":在凯泽斯劳滕国际生物物理所任客座教授的顾樵……基于分子生物学的实验和量子光学的理论,建立了一套描述生物光子动力学的参数,极好地与实验吻合,被国际上称为"顾参数"。这一(套)参数可以广泛地用来研究生物样品、水质和各种液体在分子水平的变化,涉及食品新鲜度的测量、生物性能的研究、水污染的定量分析、环境污染的监测等。他的研究成果具有广泛的应用前景,代表了世界生物光子研究领域的先进水平。

长安校区校景

新闻传媒界的西大人

西北大学早先并无新闻专业,但是西北大学毕业生中投身新闻传媒事业的人还真不少,有的一直干到本行业的高端。他们大多是中文系毕业的,也有历史系和其他系的,多数集中在省市广播电视系统和几家报社。先后从西北大学去陕西省广播电影电视厅(后称局)的人,差不多上了百,其中最早有20世纪40年代毕业的老校友。陕西第一代电视导演康凤山,1957年中文系毕业,在校时导演过话剧《阿Q正传》。在陕西省广电系统,一度厅长、两台台长、几个部主任,都是中文系1966届毕业生。其中的骞国政,既当过《陕西日报》的社长、总编,又当过陕西省广播电影电视厅厅长、总编,是全国新闻工作者协会理事,陕西新闻工作者协会副主席,陕西广播电视学会会长,陕西新闻摄影学会会长,发表各类作品170多万字,汇成《国政文选》4卷。供职于《西安晚报》的西北大学学生也不少,许多是骨干,担任总编、副总编、社长、副社长、部主任等职务。历史系毕业的郭兴文成为著名学者型记者,发表多篇文化含量厚重的文章,产生较大影响。中文系1973级的阎军,北京知青,进校前在陕西省女子监狱工作,毕业后做了《法制日报》记者,干得风生水起,成为闻名业界的"大会堂记者",先后采访过四任全国人民代表大会常务委员会委员长,她写的调查报告曾直接影响到《婚姻法》的修改。阎军现为高级记者,曾获中国新闻奖和"全国百佳新闻工作者"称号,历任《法制日报》社长助理、中国法学会立法学研究会副秘书长。

骞国政先生

同向荣先生

进入新闻媒体高端的有三位西大人:

同向荣 曾任西北大学德育教研室副主任,教过哲学、美学和文艺理论,1985年调陕西省广播电影电视厅任副厅长,一年后即升为一把手,厅长、党组书记、总编一肩挑。1993年调任国家广电部副部长,后兼中央人民广播电台台长。1999年退休。有报道称他是"不停思考的学者型高官","传媒人的知音真爱"。

万武义 1976年毕业于西北大学中文系,从安康地委通讯干事做起,一路升迁,先到新华社陕西分社做记者,任信息部主任,再调湖北分社任社长,被授予有突出贡献的中青年专家称号,最后调总社任国内部主任。他在32年新闻工作实践中,共编辑、采发数万篇新闻稿件,有数百篇内参和公开报道得到中央领导批示,为决策机关提供了重要参考和依据。在担任新华社湖北分社社长、总社国内部主任和中宣部新闻协调小组组长期间,他先后组织、指挥、协调了一系列国内重大战役性报道,表现出强烈的政治责任心和出色的组织指挥才能。2000年获全国百佳新闻工作者称号,2008年获长江韬奋奖。

万武义先生

马 利 1989年毕业于西北大学中文系,获文艺学硕士学位。1990年任北京《民主与法制》杂志社记者。1996年进《人民日报》任主任编辑、国内政治部主任,2006年任副总编辑,人民网董事长。作品有《匕首收割的爱情》《岁月人》《一种植物和一个人的追求》等。她写的《三千孤儿和草原母亲》获1999年中宣部"五个一"工程优秀作品奖,被改编为电视剧和京剧《草原母亲》,受到好评。

马利女士

还有一位国内颇有影响的传播学学者吴予敏,西北大学中文系1977级学生,文艺学硕士,美学博士,现任深圳大学传播学院院长,文艺学、传播学博士生导师,深圳大学传媒与文化发展研究中心主任,中国传播学会副理事长,中国广告教育研究会副会长,先后创办深圳大学广告学本科专业、多媒体实验室、现代传播实验室。20世纪80年代西方传播学刚引入中国,他就开始了传播学本土化的探索,出版了传播学专著《无形的网络》,90年代重点研究传播理论的知识形态、全球化与传播、广告文化、媒介权力等课题,主编了论文集《多维视界:传播与文化研究》。

吴予敏教授

过街天桥上俯瞰西北大学

文学界的西大人

每一个在中文系就读的人,大抵都曾经或正在怀抱着一个美好的作家梦。

鲁迅文学院常务副院长、著名诗人雷抒雁认为,高校不是用来培养作家的,但是中文系内的文学环境,对作家的成长和坚持非常重要;著名作家贾平凹则说得更为贴切,他认为大学对人的影响是潜移默化的,大学的作用在于"熏"。雷抒雁和贾平凹,就是被同一所大学——西北大学"熏"出来的。屈指一数,被这所大学"熏"出来的作家、文学家还真不少,40年代有牛汉、尹雪曼,50年代有杨维辛、何西来、高嵩,60年代有雷抒雁、杨闻宇、张子良,70年代有贾平凹、和谷、方英文、马玉琛、钟晶晶等。

到了80年代,西北大学连续开办了三届"作家班"。当时全国高校中开办"作家班"的只有武汉大学、西北大学和北京大学,迟子建、王宏甲、吴克敬、杨少衡等人就

作家摇篮

作家贾平凹

作家迟子建

贾平凹著作

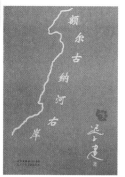

迟子建著作

是西北大学作家班的学员。如今,全国不少省市的文联、作协的主席或副主席都是西北大学的毕业生,西北大学放飞的作家群为母校赢得了"作家摇篮"的美誉。

1972年4月的一天,19岁的贾平凹提着他的绿皮箱走进西北大学的校园,这个一心"还要穿我的农家袄"的来自商山洛水的农家子弟,在西北大学的校报上发表了第一篇作品,开始了自己的创作人生。若干年后,当他成为闻名遐迩的作家,仍然忘不了西北大学的老师、西北大学的图书馆、西北大学校园中的树林和林间的一块怪模怪样的石头……在西北大学学习和生活过的贾平凹,走出了一条有别于柳青、路遥和陈忠实的独特的创作路子。

作为陕西作协的掌门人,贾平凹可谓"高产作家",《浮躁》《商州》《废都》《白夜》《土门》《高老庄》《怀念狼》《病相报告》《秦腔》《古炉》,长篇一部接一部,还有中短篇小说集、散文集、诗集多种,人称"鬼才""独行侠",有人改古联评价他:"著书成数百万言,才未尽也;得谤遍九州四海,名亦随之。"

2008年10月,第七届"茅盾文学奖"揭晓,贾平凹的《秦腔》以全票夺冠,在获奖的四位作家中,贾平凹和迟子建同出于西北大学。

无愧于中国文坛的西大作家班

20世纪80年代中后期,全国有四所高校——北京大学、武汉大学、西北大学和南京大学,先后举办了作家班。西北大学作家班从1987年开始,共举办了三届,有203名学员就读。

作家班的举办,以提高青年作家素质、助推作家学者化为宗旨。学员入学除汉语言文学专业大专课程考试外,还要有已发表的文学作品接受审查。学员绝大部分为省、市级作家协会会员,来自除港澳台以外的各省、市、自治区。有些学员入学前已在文坛崭露头角,因此,作家班受到中国作家协会、国家教委的关注和支持。

首届作家班于1987年9月1日开学,9月28日举行开学典礼,校长张岂之教授出席并讲话,陕西文学界胡采、李若冰、李沙铃、王汶石、杜鹏程、路遥、贾平凹等出席会议,中国作家协会也派员到会祝贺。这一

翠竹掩映下的"作家摇篮"石刻

年中文系的迎新晚会是有史以来最为精彩的，有作家班学员都沛、魏世祥、王刚、王坤红、白山等的乐器弹奏和表演，很多节目都达到了专业水平，在全校师生中引起轰动。

对于迟到的大学梦的实现，作家班的学子们格外珍惜，他们的宿舍里时常亮起彻夜不眠的灯光。当时作品能上《小说选刊》被认为是非常不容易的事。然而两年中，第一届学员就有赵伯韬、张冀雪、迟子建、王刚、毛守仁、王清学、杨少衡、王宏甲等八位同学的作品被《小说选刊》转载。熊正良就是在宿舍的小灯下设计并完成了他"红土地小说系列"的宏大建构；杨少衡的系列小说"柯辽走西北"成为文坛的妙篇佳作；熊尚志关起门来，两年间完成两部长篇；还有迟子建对自己的创作风格的深化、定化、明晰化；陶少鸿练就多产并沿着湘西前辈大家的道路前行；岛子"太极诗派"的酝酿和创立；路东之的诗情、书趣与文物收藏兼得；王清学、成汉飚等向学者化的转型……都是此间联系课堂学习，经过思考、实践和磨炼，在通往成熟的路上带来的驱动力和硕果。

值得一提的是，1989年第一届作家班学员毕业时，原计划毕业典礼、作品研讨会和庄重文文学奖学金颁奖大会同时举行。中国作家协会和中华文学基金会对此极为重视，计划由当时的作协党组书记、文艺评论家唐达成，作协书记处书记、中华文学基金会总干事张锲陪同庄重文博士前来西安为同学们颁奖。会议已评选出优秀奖30人，其余同学均发纪念奖，只是大会未能如期举行。此后，学员马利、王清学、杨少衡等近十人考入我校研究生班继续攻读；迟子建、王宏甲、岛子等多人考入北师大与鲁院合办的研究生班深造。

进入21世纪后，三届作家班毕业学员经过多年的历练，已有百余人加入了中国作家协会，20余人成为中国作家代表大会代表，多人成为中国作家协会主席团和全国委员会委员。有近30人担任了省、市级作家协会主席或副主席，还有30多人成为高等学校教授，重要报纸、期刊总编。迟子建、王宏甲、杨少衡、白阿莹、吴克敬、穆涛等数十人次获得茅盾文学奖、鲁迅文学奖等国家级文学大奖。正如第一届毕业学员、燕山大学教授王清学所言："创作是一条红线，把分布在全国各地的同学的心系在一起，把西大作家班的生活延续下去，使它由一个学校里的教育行为，变成一种社会的历史的人生的文学的行为，这是一个值得十分珍视的事件，它无愧于中国现代文学史。"

2015年，西大作家班恢复办学，时任省委常委、省委宣传部长景俊海出席了开班仪式。

齐越与牛汉的不同命运

齐越在天安门城楼直播开国大典

齐越与牛汉是两位杰出的西大校友。

一部中国广播事业发展史,齐越占有重要地位。他是中华人民共和国广播事业的奠基人之一,是公认的第一"国嘴",也是第一位播音学教授,被中国传媒大学奉为宗师,塑立雕像,顶礼膜拜。为弘扬齐越精神,中国传媒大学还设立了齐越朗诵艺术节,已办到第13届。

一部中国现当代文学史,也不能没有牛汉的名字。他是七月派代表诗人之一,曾任中国诗歌协会副会长,中国作家协会全委会名誉委员,被称为"诗坛奇人""汗血诗人",出版多部诗集和散文集。

这两位老校友各自的业绩出类拔萃、可圈可点,两人之间的同窗友谊堪称莫逆、可歌可颂。

齐越是河北高阳人,牛汉是山西定襄人。抗战时期,两人殊途同归,都来到城固,就读于西北大学外文系。两人志同道合,一起成为地下党员,积极投身民主学运。他们联手组织进步社团,创办进步报刊。1945年冬天,西北大学图书馆举行纪念普希金的文艺晚会,齐越激情朗诵了牛汉所写揭露国民党迫害进步学生的长诗。次年4月,学潮骤起,两人同遭诬陷,被称为"暴徒",上了反动当局的黑名单。身份暴露后,上级党组织指示转移。齐越有幸走脱,牛汉却没有躲过牢狱之灾。从此两人经历了不同的命

齐越在新华广播电台播出解放战争捷报

齐越、杨沙林夫妇

著名诗人牛汉

运和境遇，直到 1949 年相聚北京，才又一次殊途同归。

两相比较，齐越搭的是"顺风船"，很快进入解放区，到了陕北，成为新华广播电台唯一的男播音员，用其所长，得其所哉。中华人民共和国成立后，他长期坚守中央广播电台主播岗位，直到 1975 年调任北京广播学院教授，播音界同行称他"老头子"。他的一系列经典播音，人们记忆犹新。有两件事最值得骄傲，一是 1949 年 10 月 1 日开国大典现场直播，一是 1980 年为公审林彪、"四人帮"反革命集团宣读证词。这两件事举世瞩目，百年一遇，都叫齐越赶上了。而牛汉的人生道路就太曲折了。当年在城固被捕，因拒捕被打伤，留下终生病患。出狱后四处奔波，从事地下工作险遭杀害。1955 年被打成"胡风分子"，第一个被捕，受尽磨难。

虽说境遇不同，政治气氛冷峻，同窗和战友的情谊是不变的，两颗心还是热的、相通的。1962 年，牛汉化名"史宁"写了两篇评介殷夫和《马凡陀山歌》的文章，送到电台，齐越立即认出是老友牛汉的笔迹，亲自深情播出。牛汉在收音机前，听到他熟悉的声音，不禁热泪盈眶。

齐越、杨沙林和牛汉、吴平两对夫妇都是在城固西北大学上学时结缘的。齐越已于 1993 年去世，蹉跎半生的牛汉又在文坛奋力耕耘了 20 年，于 2013 年在北京去世。

牛汉、吴平夫妇 1945 年合影

牛汉手迹

牛汉著作

编剧奇才袁多寿

"西湖山水还依旧,憔悴难对满眼秋,霜染丹枫寒林瘦,不堪回首忆旧游……"(《白蛇传·断桥》)

"一缕幽魂无依傍,星月惨淡风露凉……"(《游西湖·鬼怨》)

"今夜晚月朦胧四野寂静,冷凄凄荒郊外哭妻几声……"(《周仁回府·哭墓》)

这些脍炙人口的秦腔流行唱段,文采斐然,情景交融,极富艺术感染力。但是,人们只知唱家的名字,而不知是谁写出来的。原来这些经典唱词皆出于袁多寿之手。

袁多寿先生

袁多寿何许人也?他是1940年从西北大学法商学院法律系毕业的一位老校友。袁多寿,陕西澄城人,1918年出生于西安。他从小酷爱戏曲,大学毕业后,没怎么干与专业对口的事,在陕西省商业专科学校和西北农学院谋得的教职也放弃了,跑到三意社去做编剧和社务助理。他的第一个剧本《簪影剑光》写抗战题材,1941年在三意社上演。中华人民共和国成立后,他进了陕西省戏曲研究院,直到1991年去世。他一生创作改编了三十多部戏,大都排演了。其代表作久演不衰,有的出版发行,有的获奖,产生了深远的影响。

著名编剧、曾任陕西省戏曲研究院院长的陈彦赞赏这位前辈的剧作唱词"精彩绝伦,妙不可言",称袁多寿先生的名字"是这个剧院的一块匾牌,不仅挂在剧院的史册上,也始终挂在剧院人的心头,更挂在西北大地秦腔戏迷心头"。陈彦作序的《袁多寿剧本选集》已于2011年出版。

袁多寿著作

影视圈的西大人

说起2009年和2011年的中国影坛，不能不提到《建国大业》和《建党伟业》，这两部影片将主旋律与商业化、历史感和时代气息巧妙地融合在一起，让历来板着面孔的献礼片前所未有的好看。影片的演出阵容也超前强大，集中了上百位中国影坛的当红明星，一些一线影星即便只是跑龙套，也要想方设法地在影片中露个脸。这两部电影的导演，是韩三平和黄建新。韩三平是中影公司领导，侧重于策划、筹资、组织、协调、把关，而具体执导者则是黄建新。

20世纪70年代，黄建新就读于西北大学中文系，后进入西安电影制片厂工作。1985年，他执导的处女作《黑炮事件》震动了影坛。随之，黄建新先后执导了《错位》《轮回》《五魁》《站直啰！别趴下》《背靠背，脸对脸》《红灯停绿灯行》《埋伏》《睡不着》《说出你的秘密》《谁说我不在乎》《求求你，表扬我》等影片，在国内外获奖60多项，成为中国第五代导演中的代表人物。他的多部电影入选中国电影百年百部佳片，他本人也进入"中国电影百年百大导演"之列，凭着实力和成绩被推举为中国电影导演学会会长。

从西北大学走出的电影电视人不止一个黄建新。写出了剧本《一个和八个》《黄土地》《默默的小理河》的著名编剧张子良，因为执导《毕业生》而获得"飞天奖"的张晓春，电影《一棵树》的导演周友朝，都出自西北大学中文系。

获得过"飞天奖"的《半边楼》编剧延艺云曾经是西北大学历史系教师；电视连续剧《大秦帝国》的原作者和编剧是西北大学原法律系教授孙皓晖；《关中匪事》的导演张汉杰则是西北大学哲学系的毕业生；2007年，在上海国际电影节上，西北大学装潢专业的本科生张忠华以DV短片《火箭鹌鹑》在电影节特别设立的"国际学生短片展评"中获得"最佳创意奖"，现在，张忠华已在西北大学艺术学院任教多年。

综观这些导演和编剧的作品，会发现一个共同的特点：关注现实，直面人生，通过平实自然的叙事进行深层次的思考，传达出强烈的使命感和责任感。也许，这正是因为他们都出自西北大学，母校传承百年的"公诚勤朴"精神，在他们的生命中打下了相同的印记。

孙皓晖教授

黄建新先生

张汉杰先生

张忠华老师

影视界校友的部分作品

太白校区鸟瞰

考古界的西大人

20世纪50年代，全国高校中只有北京大学和西北大学设考古专业。"文革"期间，百业凋敝，"考古"却意外受到重视。因此，西北大学1960年前后毕业的考古专业学生，有许多机会从事业务活动，日后成为考古界的中坚。

韩　伟　著名考古学家，1960年毕业于西北大学历史系考古专业，曾任陕西省历史博物馆副馆长。他主攻隋唐考古，主持西安何家村唐代窖藏、法门寺地宫及多处隋唐墓葬的发掘；也曾涉足秦汉考古，主持秦都雍城遗址及秦宫一号大墓发掘，一时成为媒体追逐的新闻人物，并与对中国文化怀有极大兴趣的法国前总统希拉克结为好友。2011年5月26日，韩伟病故，全国各地及港澳台众多同行友人以各种方式深切悼念，备极哀荣。

韩伟研究员

王学理　著名考古学家，1960年毕业于西北大学历史系考古专业，曾任陕西省考古研究所秦汉研究室主任，参与并主持秦都咸阳、秦陵与兵马俑、汉鼎湖宫、汉景帝阳陵遗址的调查与发掘，是秦俑博物馆、汉阳陵博物馆、秦咸阳宫殿遗址博物馆的奠基者。他的著作甚丰，合计达650多万字。

王学理研究员

盖山林　中国岩画学的开拓者，1960年毕业于西北大学历史系考古专业，曾任内蒙古文物考古研究所研究员、全国政协委员、内蒙古自治区政协副主席。20世纪80年代初，经过数年艰苦跋涉考察，他在阴山地区和乌兰察布草原一带发现岩画近3万幅，亲手描摹3000多幅，出版了《阴山岩画》一书，受到国内外同行的广泛关注和高度评价。

盖山林研究员

巩启明研究员

巩启明　著名考古学家,1959年毕业于西北大学历史系考古专业,曾任陕西省文物局副局长、考古研究所所长、《史前研究》主编。先后主持和参与姜寨遗址、渭南史家遗址、大荔人遗址、安康水电站库区考古、铜川瓦窑沟遗址的发掘,并于1992年带队与香港中文大学联合进行考古发掘。他有大量论著,对中国新石器文化提出新见解,在考古理论上取得突破。

钟　侃　著名考古学家,1960年毕业于西北大学历史系考古专业,曾任宁夏博物馆馆长。他参与和主持了水洞沟遗址、同心倒墩子匈奴墓、西夏王陵的调查与发掘,出版过《宁夏文物述略》《西夏简史》等多部著作。

钟侃研究员

禚振西研究员

禚振西　著名文物鉴赏专家,陕西省考古研究所研究员。1961年毕业于西北大学历史系考古专业。她主持过多项考古发掘,出版六部专著,担任文化部文化市场发展中心艺术品评估委员,退休后受聘耀州窑博物馆名誉馆长。她是首位获得英国东方古陶瓷学会"希尔金奖"的华人学者,2022年8月获选"三秦楷模"。

曾任秦始皇帝陵博物院院长的侯宁彬是西北大学考古专业毕业。他的前任院长曹玮研究员也是西北大学考古人才中的代表。曹玮主持我国重要的遗址博物馆的工作,长期从事先秦两汉时期的考古与文化研究。

据说,一位港商出资培养考古人才,在全国范围选了三人,送往英国深造。他发现这三人不约而同,都是西北大学毕业的。这引起他对西北大学考古专业的看重,准备投巨资予以扶持。

军界的西大人

西北大学有部分毕业生，入伍后从事科技和文秘工作，或因参与"两弹"工程而穿上军装，为国防建设作出了贡献。当然，还有少数从部队来的学生，毕业后又回部队，"军来军去"。

王如芝　1941年毕业于西北大学化学系，爆破专家，曾任工程兵科研三所副所长、总工程师，少将军衔。她参与研制的"三项加载地质力学模型"和"1485抗爆激波管"双获国家科技进步一等奖，跨入世界科技前沿。作为中华人民共和国第一代女性实验爆炸力学专家，为我国核试验的量测、防护作出了突出贡献。她是五届人大代表，全国三八红旗手。她和丈夫张相麟（1939年毕业于西北大学）互相保密同去试验基地，凤凰树下夫妻相会的故事流传一时。对此她予以否认，说张相麟根本没有去过基地。

王如芝将军

任益民　1953年毕业于西北大学物理系，曾任中国工程物理研究院党委书记、常务副院长，教授级高级工程师，中将军衔，是"两弹元勋"邓稼先的得力助手。他先后获得国家科技进步奖特别奖、全国能源工业特等劳动模范、国家级有突出贡献专家等称号。

任益民将军

阎章更　1963年毕业于西北大学数学系，我国常规兵器试验专家，华阴兵器试验中心高级工程师，少将军衔，十届全国人大代表。他在四十多年的常规兵器试验研究中取得了一系列创造性成果，为创立和发展我国常规兵器试验理论和技术体系，推进武器装备现代化建设作出了突出贡献。20世纪80年代初，他曾与西北大学数学系教师合作研究并取得成果，百年校庆时被聘为西北大学兼职教授。

李景文　1960年毕业于西北大学数学系，现任二炮工程学

阎章更将军

院教授、数学教研室主任、系统工程研究所副所长,先后主持13个科研项目,其中6项获国家科技进步奖,获全军有突出贡献专家称号,多次被评为全军优秀教员。

于晋民 1962年毕业于西北大学中文系,曾任成都军区司令员张国华中将秘书、新乡军分区政委,后转业任河南教育学院党委书记。

还有享受军级待遇的军旅作家杨闻宇以及在军界颇有作为的王宗义、王天晞、崔杰等校友。今后,将有越来越多的毕业生献身国防事业,西北大学军界校友队伍会更加壮大。

长安校区校园一角

政界的西大人

西大学生，毕业后从政的，大致有两种情况：

一种情况是20世纪40年代在校时秘密入党，离校后去了延安，走上革命道路，中华人民共和国成立后成为领导干部。张容林与里林，万迁与高陵，这两对革命夫妻就是其中的代表。

张容林　原名伍诗绥，1941年毕业于西北大学经济系。里林，原名陆玉菊，1941年毕业于西北大学历史系。两人先后在校入党，毕业后一起来到关中分区，又同去延安，后到东北支援新区，1949年随军南下到广西，从县、地到省，一直担任领导干部，里林最后任自治区副主席，张容林则官至副秘书长。

万　迁　原名马介云，1941年毕业于西北大学经济系。高陵，原名陶建昌，1941年毕业于西北大学商学系。两人也都是在校入党，毕业后到关中分区，再到延安，同赴东北解放区，1949年南下，到了湖南。万迁在工业部门担任领导，高陵做了省公路厅副厅长。1957年两人调江西，万迁任萍乡矿务局局长（当时程安东是他的下属），后调任江西煤炭工业管理局局长，最后任江西省委副秘书长兼国防工办主任。高陵则参与创建江西工学院，担任院长兼党委副书记，后任江西省科协副主席、党组副书记。

这批从政的老校友中，最著名的是后来成为外交家的申健。他原名申振民，化名陈孙严，1937年至1939年在西北大学经济系上学，在校入党。曾与熊向晖、陈忠经一起打入胡宗南部卧底，出色完成任务，受到中央多次嘉奖，被誉为"龙潭后三杰"（前三杰李克农、钱壮飞、胡底，是电视剧的热门题材）。1946年被胡宗南派到美国"深造"，后因国内有人被捕而暴露身份。1949年7月经香港回国，出任首任驻印度临时代办，参与西藏和平解放事务，亚非会议期间曾负责周总理保卫工作，后又任首任驻古巴大使，一度主持中联部工作，1980年出任驻印度特命全权大使。他是第五届全国政协常委，第六、七届全国政协委员。1992年去世。

另一种情况是50年代的毕业生，从专业技术工作、技术管理工作走上从政之路。这种情况以地质系石油专业的学生居多，阎敦实、宋汉良、安启元就是其中的代表。

阎敦实　1954年毕业后一直从事野外石油地质勘查工作，从大西北到渤海湾，到

阎敦实先生

宋汉良先生

安启元先生

张丁华先生

处有他的足迹,还曾去苏联学习和工作,到哈萨克斯坦、阿塞拜疆、乌兹别克斯坦等地参与油气田勘探。从苏联回国后,他在北京石油勘探开发科研院地研所工作,负责全国沉积盆地调查,随后主持了"全国油气田分布规律"的研究项目。20世纪60年代初,他负责完成了"渤海湾地区石油地质及含油远景评价"研究项目,参加了一系列石油勘探开发的会战实践,先后在胜利油田、江津油田以及南阳、泌阳、大港、渤海、冀中等油田会战指挥部担任勘探室主任、总地质师、副指挥,直接组织、规划、指导油气田的物探、钻探、发现及评价开发工作。1978年调任石油工业部副部长。2020年逝世。

宋汉良　1954年毕业,奔赴新疆,从石油部门最基层的技术工作干起,一步一步上来,1983年从新疆石油管理局副局长、副总地质师岗位上晋升为自治区副主席,1985年接了王恩茂的班,成为自治区党委一把手,中央委员。1999年逝世。

安启元　1956年毕业,从石油部西安地调处助理技术员干起,转战松辽、大庆等油田,在大庆干了10年。1970年去阿尔巴尼亚,担任石油天然气勘探大队长。回国后曾任石油部地球物理勘探局局长,又在国家地震局任局长,干了11年。1988年起,先后任西安市委书记、陕西省委副书记、中纪委常委、陕西省委书记。

张丁华　1951年考入西北大学外文系俄语专业,后随专业调整去了俄专(今西安外国语大学),1953年毕业。给苏联石油专家做翻译,曾去北京石油学院进修一年,后到青海石油勘探局,做过试油队长、采油大队长,再调胜利油田。1979年任大港石油管理局副局长、党委书记,1985年调任天津市委常委、宣传部长、纪委书记,1988年调任内蒙古自治区党委副书记,1991年调任全国总工会副主席、党组书记。中国共产党第十四、十五届中央委员。

王岐山　1976年毕业于西北大学历史系,历任中国建设银行行长、广东省副省长、海南省委书记、北京市市长、中共中央政治局委员、国务院副总理、中共中央政治局常委、中共中央纪委书记。现任国家副主席。

陈宗兴　历任西北大学地理系主任、科研处长、教务长、副校长、校长、西安市副市长、陕西省副省长、农工民主党副主席、全国政协副秘书长、全国政协副主席。

据不完全统计，西北大学出身的厅局级干部有500余人，省部级干部约50人，国家级领导人有2位。

附：省里开大会，满座西大人

这是一段纪实。

1994年岁末，陕西省召开经济工作会议，会址在人民大厦。校党委书记董丁诚出席了这次会议。他被编在第14组。这个组集中了一批高校和科研院所的负责人。

第一天开小组会时，新任省委书记安启元来了。他说："这次会议总共分了15个组，我考虑了一下，决定还是先到科教组来，科技是第一生产力嘛！"安启元是西北大学地质系1956届毕业生。管文教的副省长姜信真也编在这个组，他原是西北大学化工系教师，做过系主任。再看到会的其他成员，多半都是西大出身的。名单如下：省科委主任孙海鹰（地理系1966届毕业生），省化工研究院院长张积耀（化学系1976届毕业生），机电部205所所长张季涛（物理系1960届毕业生），武功农科中心党组副书记胡仕银（物理系1969届毕业生），西北植物研究所党委书记苏陕民（生物系1962届毕业生），西安光机所所长、中科院院士侯洵（物理系1959届毕业生）。这个组的联络员、省教委产业处副处长冀霆，也是西北大学毕业生（物理系1978级）。

有感于此，校党委书记董丁诚回来写了篇短文，题为《省里开大会，满座西大人》，指出：西北大学作为省属重点大学，为省市培养、输送大量科技和管理人才，也是理所当然、责无旁贷。

这么多年过去，如今在省市各机关部门以及各高校和科研院所任职的西大人，已经数不胜数了。

西北联大校歌石刻

台湾地区的西大校友

张金兰女士

尹雪曼教授

李鸿超先生

20世纪40年代,有一批西北大学毕业生去了台湾,有300余人。他们在海峡那边,魂牵梦萦,难忘母校,难忘师长,难忘同窗,难忘城固和西安的校园。在两岸睽隔的漫长岁月,他们成立了校友会,组织联谊活动,编辑通讯录,撰写回忆录,出版纪念册,刊登老照片,以不同方式寄托对母校的思念。

台湾校友中的几位代表人物是:

张金兰 1940年毕业于西北大学法律系,先在西乡师范学校任教,后参加司法官考试被录用,开始了她一生的司法生涯。从商县到凤翔,再到南京,1948年10月,去台湾就任台南地方法院推事,将近20年后,她成为台湾第三届大法官,在旅台校友中算是位阶最高的。台湾西大校友会,她是"大姐大"。1973年夏,她荣获"经由法治促进世界和平中心"国际组织颁赠的奖状和金牌,表彰她在司法领域的卓越成就,她是亚洲地区独一无二享此殊荣的女法官。1975年1月,张金兰因病逝世,终年57岁。

尹雪曼 1941年毕业于西北大学政治系,后留学美国获硕士学位,擅长写作,著作有散文集《小城风味》、长篇小说《苦酒》《尹雪曼自选集》等30余种,另有译著多部。曾任台湾"教育部文化局顾问"、台湾文艺家联盟主席。1969年,他主编的"西大校庆纪念特刊"收入校友回忆文章60篇,刊出各种照片百多幅,尤其校友珍藏的迁校途中、城固时期、西安校本部老照片,十分珍贵。他所撰写的《大学生活二三事》,记述翔实,生动有趣。2008年2月,尹雪曼在台逝世。生前他曾多次回大陆参加文化交流活动,被北大、清华等多所学校聘为兼职教授。

李鸿超 1944年毕业于西北大学历史系,曾任彬县中学

台湾校友庆祝母校成立29周年

1992年,台湾校友会会长李鸿超(右)回母校,向母校赠送会旗

于右任给台湾校友录的题词

校长,去台湾后创办明新工专并任校长。在他的领导下,该校从最初的"五专"(招初中毕业生学五年)发展成为颇具规模的明新科技大学,是台湾职业教育的成功典范。两岸关系解冻后,他多次回校探望,参加校庆大会,并代表台湾校友发表热情洋溢的讲话,受到母校师生的热烈欢迎。2007年11月,李鸿超在台逝世,学校发出祭文以悼念。

西大校友会的活动

校友之于母校,犹如绿叶之于树根,其情意是深厚的、永远的。

北京地区校友众多,校友会成立较早。最初1985年3月31日西北大学北京校友会成立时,老校长侯外庐、徐诵明、时任张岂之校长出席大会。侯外庐、徐诵明当选为名誉会长。中共中央办公厅副主任冯岭安,全国政协常委、中联部副部长申健,全国政协委员曹靖华,全国人大常委彭迪先当选为会长。齐越当场朗诵了北京校友会致母校的一封信。冯岭安去世后,卫佐臣校友接任会长。卫佐臣是城固时期西北大学学生会会长,领导了当时的进步学潮。晚年的卫老热心为校史编撰提供资料,为校友会的事务奉献余热,并亲自执笔撰写了北平大学的历史资料。后因卫老年岁过高,又由中国科学院院士刘昌明校友接任会长,在常务副会长俞行协助下,积极开展活动。

上海也是校友比较集中的地方。田盛文等几位老校友,从汇编城固时期校友通讯录开始,联络到不少20世纪40年代的老校友,成立了联谊会,并在此基础上,于1993年6月正式成立了上海校友会。西北大学校史从1902年算起的动议,是他们首先提出的,先是个人意见,后成为全会一致建议,提交学校,起到重要推动作用。现在,上海校友会在年轻会长简劲宏的主持下,继承传统,开创新局面,搞得有声有色。

在宝岛台湾有300多位西大校友。由于两岸睽隔,这些老校友对母校情更深、意更切。每年校庆,他们都要聚会,出纪念刊,过几年就要重印一次通讯录。1969年,在张

北京校友会

上海校友会

南京校友会

深圳校友会

新疆校友会

金兰校友的大力支持下，曾举行大庆，编印了一册内容极为丰富的纪念刊。

还有新疆校友会、湖北校友会、天津校友会、甘肃校友会、宁夏校友会、青海校友会、河南校友会、南京校友会、深圳校友会、大庆校友会等，都开展了本地区校友联谊活动。2004年4月，西北大学校友总会专门召开了各地校友分会工作会议，交流了情况，提出了下一步工作设想。近几年，一些分会汇编了"通讯录"，办了"校友通讯"，有的还利用网络及时通报情况，进行交流。北京校友会还根据年轻校友逐年增多的情况，成立了"青年校友工作委员会"。

除了地区性校友分会活动，以班级为单位的小型聚会更为频繁，气氛更为热烈，也更受广大校友欢迎。1996年5月，地质系石油专业1956级80多位同学在西安重聚，时任陕西省委书记的安启元热烈欢迎他的同学们。他深情地说："40年前那一段学习生活，我们是一辈子也忘不了的。"他们赠给母校的礼物是一大块和田玉，上刻两行字："玉不琢不成器，生不教不成才。"2007年10月，地质系石油专业1954级八十多位同学在廊坊举行了毕业53年后的首次聚会。阎敦实在会上说：这一批同学在校时受到良好教育，求真务实，关键时刻敢上敢言，能打硬仗，虽已有四十多位同学积劳成疾，过早去世，但是大家都无怨无悔。2012年，1977级毕业30年，各系1977级纷纷聚会庆祝。1977级是恢复高考后的第一届大学生，既是改革开放的受惠者，也是改革开放的推动者、奉献者，他们相聚交流，别有一番意味。

北京校友会地质分会成立

母校百年盛典

古代文明地
周秦复汉唐
巍峨黉宇立
桃李九州香
科学高峰跨
声名国际扬
开筵庆百岁
阔步祝辉煌

西北大学南京校友会
二○○二年五月

南京校友会贺诗

"紫藤缘"永在,校友情更深

国以才立,业以才兴。一直以来,校友都是学校发展建设的宝贵资源,更是值得信赖和依靠的重要力量。校友工作立足于服务、聚焦于发展、着眼于未来,是助力学校新时代发展的长久之策,其重要性不言而喻。近年来,从理念到实践,西大的校友工作都有了多维度的发展进步。

首先,在工作理念上,西大正在逐渐构建一个"大"校友工作格局:校友工作要以院系为基础开展。同时,明确在校生与毕业生都是校友资源的工作认知。遵循这样的理念,西北大学在校友工作体系上基本形成了学校、院系的两级工作体制。在校级层面,西北大学校友总会挂靠国内合作与校友工作处,协助校领导负责全校校友工作,组织全校性的校友活动;同时,各院系也成立了校友工作小组,指定专人负责校友工作。

其次,在各地校友会的组建方面,近年来校友总会进一步加强与各地校友的联系,在各地共协调成立35个校友分会。此外,学校还在英国、北美、澳大利亚、哈萨克斯坦等全球多地成立了海外校友会,不断壮大西大校友会的规模。并通过校友亲和使者,来增进学校与地方校友会的黏合力。

再次,借助信息技术,学校近年来也在不断升级校友信息服务的水平。像"紫藤缘"校友服务线上系统,至今已经收集、整理、录入完成了18.5万名校友的基础信息,力求真正做到校友资源共享、信息共享和管理共享,提高校友工作效率。

同时,学校还积极举办各类线下校友

初心石

活动,以加强与校友间的联系,促进感情。像"玉兰大讲堂"、寒暑假期间的"杰出校友走访活动"、每年的校友返校日等,都是各界校友回归母校,与母校师生交流经验、增进情感的重大契机。

在学校校友工作的积极推动下,不少校友通过各种形式,如校友林认领、小额捐赠等,对母校进行支持。更有一些杰出校友尽其所能、各显神通,为母校发展提供了大力支持。如李华轮校友设立了西北大学朱雀基金会;校友万武义捐款150万元用于资助新闻学院的学科建设;陕西省楠竹教育基金会董事长、校友简劲宏捐款100万元,用于资助学生国际交流项目;深圳正诚有限公司总经理、校友杨守海捐款10万元,设立"正诚爱心奖学金",用于奖励热衷公益事业的品学兼优的学生等。这些,都是西大优秀校友饮水思源、反哺母校的真实写照。

在未来,西大仍将高度重视校友工作,并因时而进、因势而新、因形而活。四海一家,风雨同舟。母校会永远与全体校友一道,擦亮"西大人"的名片、绽放"西大人"的荣光,为学校、地区乃至国家的发展建设奋楫笃行!

长安校区玉兰湖

校友最高荣誉——"玉兰奖"

2016年6月17日,一行人不远万里驱车来到了位于江西省莲花县的一位耄耋老人家中。老人与他们谈笑风生,亲切自如,胸前还多了一枚金灿灿的奖章。这正是时任西北大学党委常委、纪委书记李邦邦一行来到西大校友、全国道德模范龚全珍的家中看望老人,并为她现场佩戴了西北大学首届"玉兰奖"奖章。

西北大学"玉兰奖"设立于2015年,以校花玉兰为名,是学校表彰校友的最高奖项。"玉兰奖"每年评选一次,获奖人数一般不超过三人,并在当年10月15日的校庆大会上,由校领导隆重颁发奖章和获奖证书。他们的照片和事迹简介会被张贴在学生活动中心大厅最显著的位置,作为全校师生的楷模。

作为西大校友的最高荣誉,"玉兰奖"的评选标准非常之高。具体标准包括:为人类文明、国家富强和社会进步作出卓越贡献;为所在地方、行业作出卓越贡献;为母校建设发展作出卓越贡献;被确定为全国先进典型、获得国家级荣誉称号的校友等。

截至2021年,已有11位校友获此殊荣。他们分别是:

第一届:

龚全珍,国立西北大学1945级教育系校友。作为开国将军的夫人,在乡村教师的岗位上默默耕耘数十载。获第四届全国道德模范、感动中国2013十大人物等崇高荣誉。

第二届:

卫佐臣,1946年毕业于国立西北大学法商学院政治系。解放战争期间,投身革命事业,为解放北平作出了重要贡献;一手组建了我校北京校友会,并为我校校史研究和省部共建作出突出贡献。

闫章更,1963届数学系校友,少将军衔,我国常规武器试验和技术体系的重要开拓者,是西北大学为共和国培养的第一位将军。

第三届:

贾平凹,1975年毕业于中文系,著名作家,曾获茅盾文学奖、鲁迅文学奖等文学大奖。

侯洵,1959年毕业于物理系,中国科学院院士,先后获国家科技进步特等奖、二等奖等六项国家级奖励,为我国光电子领域培养了大批高科技人才。

第四届：

阎敦实，1954年毕业于地质学系，曾任石油工业部副部长、总地质师，是"中华石油英才"的杰出代表。在20世纪80年代我校开展联合办学时，他积极推动校企合作，有效解决了当时学校发展中遇到的诸多难题。

宋纪蓉，1982年毕业于化学系，化学工程技术与文化遗产保护专家。她为故宫文物保护工作作出了突出贡献，并积极推动故宫博物院与西北大学文化遗产保护学科进行合作交流，身体力行推动母校学科建设。

李华轮，1991年毕业于经济管理学院，朱雀股权投资管理有限公司董事长。设立了西北大学朱雀教育发展基金会，大力支持西北大学教育公益事业制度化、长期化。

第五届：

刘昌明，1956年毕业于地理系，中国科学院院士，我国地理水文与水资源研究领域的开拓者与领军人。他不忘母校，为地理学相关专业博士点申请、实验室建设等作出了重要贡献。

王子今，1984年硕士毕业于历史系，历史学学者，在秦汉史研究方面有着重要地位，2021年6月获"中国人民大学荣誉一级教授"称号。在西北大学设立"上林奖学金"，长期关注支持母校发展，为我校历史学科的发展作出了重要贡献。

严建亚，1988年毕业于化工系，陕西省优秀民营企业家。他创办的巨子生物公司与西北大学建立了长期产学研联合攻关战略合作关系，为母校教育事业发展和陕西省社会公益事业发展作出了重要贡献。

百廿西大，玉兰芬芳。获得"玉兰奖"的优秀校友，是西大数十载人才培养成果的典型体现，更是培养校友爱校荣校感情，进一步增强校友凝聚力，共同助推学校事业发展的榜样！

玉兰花开

西北大学来华留学史话

西北大学来华留学教育始于1965年接收第一批100名越南留学生来校学习,20世纪八九十年代,伴随着改革开放的春风,来自日本、美国、法国、德国、意大利、澳大利亚、西班牙、南斯拉夫、韩国、哈萨克斯坦等十几个国家的大批留学生来西大学习汉语,此后数量逐年增加,历年长短期留学生人数在陕西省高校中一直名列前茅。

1992年10月,国际文化交流学院正式成立。2004年面向外国留学生的汉语言本科专业获得批准并开始招生,从此西北大学留学生教育步入学历与语言培训同步发展阶段。2013年6月,学校机构改革,将国际处与学院彻底分离,明确定位学院为负责留学生招生、教学、科研、管理、服务的二级学院。

新的学院诞生后,2014年学校专门设立了西北大学留学生奖学金,每年拿出60万元用于吸引、资助优秀留学生来校学习。同年,学院成功获得中国政府奖学金招生资格。2017年学校设立西北大学丝绸之路奖学金,招收博士研究生。2017年留学生人数达到907人次,涵盖41个国家。

习近平主席提出共建"丝绸之路经济带"

1965年第一批赴西北大学学习的越南留学生与西大代表团合影

和"21世纪海上丝绸之路"倡议后,国际文化交流学院积极响应,于2014年1月率先成立了实体机构中亚学院和虚体机构中韩教育中心,同年,学院还与吉尔吉斯斯坦中大中国石油公司签署了"丝路建设千人计划"培训项目,设立"丝路建设千人计划"奖学金。2017年7月,又在吉尔吉斯坦设立了西北大学中亚学院中大石油分院。

历年来,西北大学留学生教育取得了突出成绩:2009年荣获教育部授予的"来华留学生教育先进集体"称号。2012年组织留学生参加教育部主办的首届"留动中国——在华留学生阳光运动文化之旅活动"比赛,荣获西北五省赛区第七名、陕西省第二名,2016年荣获陕西赛区海选赛第四名。精心指导"西北大学留学生志愿服务队"参加2016年陕西省青少年公益项目大赛,"阳光助残,传递正能量"项目荣获银奖和特殊贡献奖。

2016年,土耳其留学生DEMIRKALE AHMET EKREM(白振国)的《51天中国行》一书由西北大学出版社出版发行,白振国将他在中国陕西、四川、云南、青海、甘肃、新疆、广西等省区旅行中遇到的人与事记录下来,配以大量旅行途中拍摄的照片和视频,在不同文化的比较与体验中,展示了其对中国西部独特的观察视角和认知能力。白振国荣获全国2016年"优秀来华留学生奖学金",2017年担任西北大学第三届学生校长助理。

在"汉语桥·2017年全球外国人汉语大会"中乌兹别克斯坦留学生星星获得个人才艺五杰奖,塔吉克斯坦留学生彬龙获得个人赛优秀奖。

白振国携新书《51天中国行》参加签售会

华大创新班：校企合作共育创新人才

进入新时代以来，西北大学进一步强化"开放、合作、共享"的理念，大力拓展校地、校企合作"朋友圈"，开创"产教融合、校地合作、校企合作"新局面，华大创新班正是这样一个校企合作共育创新人才的成功案例。

一切结缘于2017年的一次校友拜访。经西北大学92级优秀校友、华大集团CEO杨爽先生牵线，学校与华大基因正式拉开合作序幕。学校领导深知，校企合作是新形势下实现产学研一体化、培养更多应用型创新人才的必然选择。为了抓住这一机会，校长郭立宏、副校长常江与华大基因董事长汪建，在不到半年的时间内就在人才培养、科学研究和共建医学院三方面启动战略合作，形成了校企之间的良好互动与资源共享。而彼时新入学的生命科学学院2018级本科学子便成为这一合作模式下第一批"吃螃蟹"的人。

一个全新体系的构建需要学校和企业

首届华大创新班毕业合影

共同的努力。为了使双方的这一战略合作有一个良好的开端，首届华大创新班学子能够圆满完成学业，生命科学学院与华大基因学院共同拟定了华大创新班"3+1"人才培养方案，并聘任31位华大科研人员为兼职教授、副教授；为让学生更好地认识华大创新班并深刻理解其内涵，前三年学院培养期间，中科院院士、华大基因学院院长杨焕明多次来校为学生讲授生命科学导论基因组学课程，我校也应华大邀约，两次派师生代表赴深圳参加由华大主办的国际基因组学大会。一次又一次的磨合协商，使得

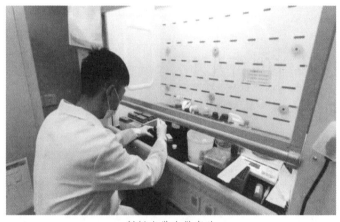

创新班学生做实验

首届华大创新班于华大基因集团启动仪式合影留念

首届华大创新班学子在华大的实践学习顺利进行，更为双方之后的深度合作奠定了坚实的基础。

经过双方四年的精心培养，2022年，首届华大基因创新班的29名学子不负众望交出了优秀答卷。"全班29人24人成功读研"这一新闻冲上热搜，在各大平台爆红，获得《人民日报》、新华社等主流媒体的高度关注和"点赞"——全班29人中，24人升学读研，其中20人分别保送至北京大学、中国科学技术大学、中国科学院大学等高校或科研机构(4位直博生、16位硕士生)；4人考研成功，3人录取至中国科学院大学，1人录取至中国科学院深海科学与工程研究所；4人赴境外高水平大学深造；1人工作。这些毕业生一部分选择继续留在华大基因学院深造，将这份珍贵的友谊传承，其他人则带着双方殷切的期望飞向了更高更广阔的天空。无论选择如何，西北大学与华大基因合作的篇章已写下了浓墨重彩的一笔。

"生命至上，基因领航；生命不息，勇争第一。"2022年毕业季，首届华大创新班的同学们激情昂扬喊出了班级独有的口号。正如首届华大创新班班主任、生命科学学院院长付爱根所说，西北大学与华大基因的合作共建是一种优势互补，在华大基因实习的同学们能接触到更先进的实验设备，能进行更前沿的科学研究，科研热情也更能被调动起来。由此可见，在科学技术高速发展的背景下，为培养出更多优质的创新型应用人才，校企合作应该是我们共同坚持的正确方向。

图说 西北大学百廿年历史

校园巡礼

优美的校园环境,浓厚的文化气息,是人才成长的摇篮。

三个校区一线牵

西北大学自1946年从城固迁回西安,就结束了变动不居的状态,在西南城角这块地方扎根直到现在。改革开放后,学校发展日新月异,招生规模逐年增加,这600亩地盘就不够用,生均校园面积不达标问题突出。从申报进入"211工程"伊始,白清才省长来校现场办公,提醒"西大要发展,先征地"。在总盘子尚未敲定时,他先拨了一笔征地款,在桃园地区征地236亩,建成新校区。21世纪初,学校又出以大手笔,在长安郭杜征地1500亩,建成南校区,并将学校主体南移。这样,西大就有了三个校区,比原来的校址扩大了将近三倍。

2011年年初,学校对三个校区正式命名:

位于太白北路229号的老校区命名为太白校区。

位于高新四路15号的新校区命名为

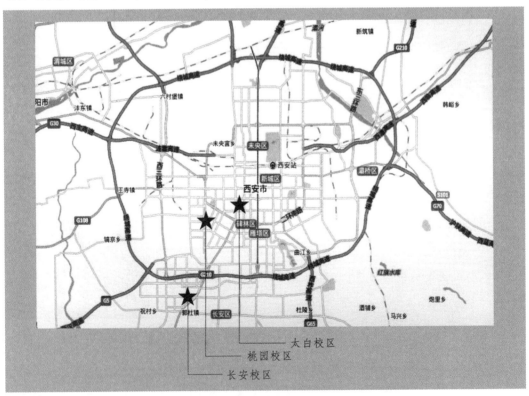

三校区位置示意图

桃园校区。

位于长安区学府大街1号的新校区命名为长安校区。

三个校区命名颇含文化意味:

太白校区命名缘由,一是它坐落于太白路,二是太白金星即启明星,在中国文化中有指引光明、启迪未来的寓意,符合大学的职能和精神。当然,也和诗仙李太白有些关系。

桃园校区命名缘由,一是它位于西桃园村;二是寓意西大人才辈出,桃李满天下。当然,就不必和落第秀才崔护城南桃园艳遇的故事相联系了。

长安校区命名缘由,一是它坐落于长安区;二是盛唐长安,名扬天下;三是长治久安,吉祥瑞祺,符合传统审美观。

太白校区北门

桃园校区校门

长安校区北门

老校园的历史印记

太白校区大礼堂

孔子像

位于西安太白北路上的西北大学太白校区,是老校区,有一百多年历史了。其最初是西大前身之一陕西农业学堂所在地,中经多次变迁。

九一八事变后,流亡的东北大学暂时安置此处。兼任该校校长的张学良出资扩建,当时建成的大礼堂至今仍在使用,并成为文物。原有张学良题词和修复记碑文,西安事变后遭破坏。半个世纪后,原碑拓片从刻工后人处发现,学校遂在礼堂西侧重建此碑。1993年11月,郝克刚校长访台时,将新碑拓片转送93岁高龄的张学良将军。

孔子生前四处奔波,却没有到过陕西。二千四百多年后,老夫子的青铜雕像安放于西大校园。有报刊文章称2001年中国人民大学"建起内地高校第一座孔子塑像",而西大立像时间是1995年4月,早了六年多。因此,可以当仁不让地说,西北大学才是"第一家"。木香园这座孔子像为老校区平添了几分人文气息。

1924年暑期,鲁迅来西大讲学,是这位现代圣人唯一一次涉足西北大地。讲学的地方并非现在这个老校园,但是1994年为纪念鲁迅讲学70周年,还是在这里安置了他的雕像。雕像出自著名女雕塑家何鄂之手，可谓出手不凡。闻名于世的《黄河母亲》就是她的代表作。

1997年，西安临时大学—西北联合大学成立60周年之际，在老校园西北建起了"西北联大纪念碑"。因西北联大是流亡汉中得以生存的，纪念碑便由汉中校友捐资并完成制作。西北联大百折不挠、自强不息的办学精神，投笔从戎、勇赴国难的爱国情怀，争取民主、追求进步的革命传统将永载史册，沾溉后学。

1998年4月，老校园又添新景观。紧挨着萃园北侧竖立起一座高高的石碑，造型特异，是一管金色巨笔，毛笔尖端直指蓝天。此碑所要纪念的是日本平安朝大书法家橘逸势。他曾经被遣唐留学一年，在中国时寄居于长安西明寺，原址在老校园西南不远处。橘逸势在中国也许知道的人不多，在日本却是大名人。这个纪念碑就是日本书道艺术学院出资修建的，可以说是西北大学珍重中日文化交流的一个标志。

从唐代长安城的方位看，西北大学老校园正好坐落在当时的太平坊。隋时这里有一座大寺院，名曰"实际寺"，到了唐代，改名"温国寺"，香火依然旺盛。因

鲁迅像

西北联大纪念碑

为在天子脚边，而且天子们大都"佞佛"，这处名刹自然成为佛国里的最高学府。高僧鉴真就老远跑到这里"进修"，并接受最高学位"具足戒"。关于"实际寺"的故事，不仅有文献资料可考，还有出土的实物为证。现在，这里修起了"实际寺纪念亭"，周围是花圃，与"橘逸势纪念碑"相邻。

橘逸势纪念碑

唐实际寺旧址纪念亭

曾经的红楼

在中华人民共和国成立初期的校园建设中,学校首先盖起了砖混结构的二层办公楼,命名为"实事求是楼",简称"红楼",号称"西大第一楼"。可惜,这座有历史意义的建筑,在36年后修建逸夫图书馆时拆掉了,但它永远保留在老西大人的心中。

长安校区郭杜镇的史迹与传说

郭杜镇位于今长安区西7公里之毕原,长安八大镇之一。清置,以郭、杜二姓得名,属长安县。据郦道元《水经注·浐水篇图》,其范围内有汤杜亳国京城——杜京。周平王元年(前770),东迁洛邑,杜人以其祖先起源于亳(今河南商丘),建立汤杜亳国,占有沣水至渭北大片沃土,立国57年。据司马迁《史记·秦本记》记载:"秦宁公三年(前713)秦与亳战,秦王奔戎,遂灭汤杜。"

郭杜镇西有仓颉造字台遗址,为高6米、周长54.8米之土台。在夯土中出土有新石器时期遗物,古代因系一古文化遗址而加以保护,名"仓颉造字台"。宋敏求《长安志》载:"三会寺……唐景龙(707—709)中,中宗幸其寺,其地本仓颉造书堂。"

镇南2公里有秦将杜回墓。《左传·宣公十五年》载,秦桓公十年(前594),秦晋之战,秦将杜回死。此前,晋国大夫魏颗之父死,按当地风俗,应将父亲遗妾从葬,然而魏颗却让其改嫁。这年魏颗率军与秦将杜回作战,杜回勇猛,无法取胜,魏颗忽见一老者"结草以抗杜回",杜回因之被捉获。原来老者系其父遗妾之父,为报答女儿不从葬之恩,遂有"结草"为绳绊杜回脚以报恩于魏颗之举。后来,"结草"成为"受恩深重""义气"的同义词,"结草抗杜回"也成为报不杀之恩的成语。李密《陈情表》有"臣生当陨首,死当结草"之句。现与西大南校区毗邻的张康村(由康杜村和张杜村合并而成)即杜回的封地,也是地名"杜"字的由来。

镇东南2.5公里的大居安村为唐华林乡居安里,安史之乱中,郭杜镇所在的城南毕原、凤栖原一带为广平王、天下兵马大元帅李俶和副元帅郭子仪大战安守忠十万叛

杜回村

军之地。

镇东南3.5公里之周家庄有"三害冢",即西晋御史中丞周处墓所在地。因周处少时欺侮邻里,被称为家乡"南山虎、河中蛟、周处"三害之一。周处偶然从一老人口中得知自己被乡亲们称为"三害之一",极为震动,于是进山打死"南山虎"、下河杀死"河中蛟",最后决意浪子回头,痛改前非,一直做到西晋御史中丞。西晋元康六年(296)在率晋军与氐人齐万年的关中之役中战死,被友人葬于此。

镇南2公里大仁村(古称尹村)有西周大将尹吉甫墓。傅增祥在《秦游日录》中认为大仁村西北的几个古冢为西周文王、武王、周公陵墓。镇南4公里赤栏桥有隋代永安渠遗迹,向为城南名胜。唐诗人温庭筠有"正是玉人断肠处,一江春水赤栏桥"之佳句。清雍正《陕西通志》有"永安渠,隋文帝开皇三年(603)自香积渠堰分出,经赤栏桥,西北入城,经西市而入苑"的记载。

长安校区航拍

茅盾手书西北大学校名

1981年1月,文学大师茅盾应郭琦校长之请,题写了"西北大学"四字校名。由此在校内引起一番争议:是继续使用鲁迅字体校牌,还是改用茅盾题写的校牌?一时难以定夺。

鲁迅字浑厚、古雅,茅盾字飘逸、隽秀,各具神韵。而作为校牌,用鲁迅字似较为适合,且使用多年,大家也看惯了。于是决定不换。

茅盾先生

但是,茅盾专为西北大学题写校名,实属不易。此后不久,这位文坛泰斗即沉疴不起,没有再用毛笔写字,"西北大学"四字遂成绝笔,弥足珍贵。

怎么办呢?总不能束之高阁吧。学校便选了一块巨石,将茅公题字刻在上面,安置在逸夫图书楼右侧,供众人欣赏。此事是时任校长陈宗兴亲自出马,选定石料,督促完成的。

茅盾题写的校名石刻

"半边楼"的故事

延艺云教授

20世纪90年代初,一部反映高校知识分子生活的电视剧热播全国,好评如潮,获得"飞天"大奖,这就是延艺云编剧的《半边楼》。作为西北大学的一位青年教师,他写此剧并非凭空编造,而是有其丰厚的生活基础。

西北大学真有那么一座"半边楼"。原先是学生宿舍,排序为"学生3楼",因其坐落在西安一条地裂带上,多年后楼体变形,走在楼道里明显感到一脚高一脚低。据勘查,一时半会儿还不至于坍塌。由于教师宿舍极端拥挤,当学生们迁往新楼后,一些胆大的教师就搬到这座斜而不倒的楼上来住。随后,学校将楼中间倾斜严重的一半拆去,就成了"半边楼"。

半边楼

陕西省政协主席周雅光等参观半边楼

作家柳青

随着电视剧《半边楼》一炮打响,这座废而不弃的"半边楼"就成为西北大学一景,居然吸引来不少参观者。一次,陕西省政协主席周雅光一行来校公干,办完正事,顺便去看"半边楼"。随行的陕西省政协秘书长惠世武似乎有了新发现,激动地说:"我当是什么稀罕地方,原来就是我上学时住过的学生3楼嘛!"惠世武是1966年从西北大学毕业的,他先后的同学如诗人雷抒雁、散文家杨闻宇等,都是从这座"半边楼"里走出来的。

在"文革"非常时期,"半边楼"还曾临时接待过几位特殊的客人。大作家柳青就曾被造反派抓来,关在"半边楼",羁留多日。在此落难时,他与中文系学生张长仓结为忘年交。张长仓帮他找到了被抄没的《创业史》第二部手稿,后来又潜心研究他的生活与创作,与人合作出版了《柳青的艺术观》一书。

老一辈无产阶级革命家习仲勋,一度也被学校红卫兵劫持,关在"半边楼"。有意思的是,奉命看守他的中文系学生孟德强受到他的感染,反成他的"心腹",常为他通风报信,帮点儿小忙。习老复出后,还曾多次问起这位患难之交的学生。

电视剧《半边楼》的编剧延艺云,又据此剧脚本改写成62万字的同名长篇小说,扉页上写着:"谨以此书献给我的母校西北大学。"延艺云原是教世界史的,因其在影视创作方面成绩突出而改教文学课,后调任省电视台副台长,不久晋升省广电局副局长,最后又去西安电影制片厂做厂长多年。

现在,西北大学住房条件已大为改善,教职工挤住"半边楼"的情景已成历史。

图书馆的变迁

作为文理兼备的综合大学,图书馆的重要性不需多说。中华人民共和国成立后,学校图书馆有三变,越变越大,越变越高,越变越阔。

最早的图书馆,是一座砖木结构的小二层楼,位于校北门内西侧,面积只有400平方米,书库非常拥挤,阅览室分散在几处平房,根本不敷使用。后来书库成为印教材的地方,借书的前台由校刊室占用。再后就成为印刷厂。现已无迹可寻,只有20世纪50年代在校的人记得它的尊容。这个图书馆虽小,几任馆长的名气可不小,先后是武伯纶、陈登原、水天同,都是文化名人。

20世纪50年代末,学校新建了四层的图书楼,侯外庐校长题写了"图书馆"三个大字。新图书楼书库宽敞,阅览室增多,房间还有余,中文系占了两层。东西两端有两个大阶梯教室,门朝外开,小型报告会就在这里进行。杜鹏程在这里宣讲《在延安文艺座谈会上的讲话》,陆宗达在这里解析《左传》,郑伯奇在这里回忆"创造社",徐世荣在这里作朗读示范。侯外庐校长回校讲学,还在新楼三层会议室召开过文科教师座谈会。1989年一场火灾之后,图书馆迁往刚竣工的逸夫楼。

逸夫图书楼有个来头。香港爱国人士、邵氏兄弟影业公司董事长邵逸夫先生,连

太白校区老图书馆,其屋顶毁于一场大火

太白校区逸夫图书楼

长安校区图书馆

年以巨款资助内地教育事业,西北大学也受其泽惠,得到他1000万港币赠款,省政府又划拨配套资金524万元人民币,建成了这座以捐赠人之名命名的图书楼。逸夫图书楼总建筑面积15161平方米,书库面积6130平方米,可容纳240万册图书,阅览室面积5500平方米,有2000个座位。它一改以往单一的外借阅览功能,设置了学术报告厅、专题研究室、学术研讨室、教师阅览室、专业阅览室等。据称,这是西北地区最大的综合性图书馆之一。逸夫图书楼从1987年开始筹建到1989年竣工开馆,年迈的邵先生先后两次亲临学校考察。邵氏随后对研究生楼和西北大学附小的增建又有所资助。

2011年学校主体南迁,在南校区又建

长安校区图书馆一角

起了新的图书馆。新的图书馆总建筑面积为42780平方米,共8层,设计藏书量400万册,阅览座位3000席,总投资1.6亿元,于2011年9月正式投入使用,是一座按新型建筑理念设计的现代化图书馆。管理采用大开放、全开架、自助借阅服务模式,形成了借、阅、藏、查、参为一体的服务格局。现图书馆拥有纸质图书270余万册,电子图书240余万册,数据库168个,电子期刊25万种,纸质报刊1485种。16余万册线装古籍独具特色,已有25部古籍入选《国家珍贵古籍名录》,2010年被国务院命名为"全国重点古籍保护单位",2015年被陕西省政府命名为"陕西省重点古籍保护单位"。现已建成了传统纸质资源与电子期刊、电子图书、学位论文、文摘索引、光盘、多媒体、视频等电子资源相互并存、互相补充的文献资源保障体系。自动化管理系统采用ILAS Ⅱ的最新版本,主服务器为IBMP740小型机,磁盘阵列存储量为54TB,电子阅览室及各工作点用PC总计300余台。采访、分类、编目、典藏、流通、检索、借阅全面实现了自动化管理。图书流通领域引进了RFID智能管理系统,实现了开放式的读者自助服务模式和先进的文献资源管理模式。现已形成了传统服务方式与电子阅览、网上续借、网络导航、新书荐购、参考咨询、多媒体点播、文献传递、馆际互借、数据库培训、自助借阅相结合的文献资源服务体系。

百年梦回烛光晚会

1997年香港回归前夕,在西北大学老校区大礼堂和逸夫图书楼之间的草坪上举行了一场别开生面的"百年梦回烛光晚会"。代表着630万香港同胞的630名西大学子点燃了1997支红烛,用闪闪的烛光组成了一幅巨大的中国地图。演出临近结束时,5000余名师生全体起立,挥动红烛,齐声高歌,许多人热泪盈眶。那被烛光映亮的泪光,长久地闪亮在每一个人心灵的深处,真切地表露了西大人的爱国情怀。

西大百余年历史证明,西大人的爱国精神是一以贯之的传统。

香港回归大型烛光晚会

第一届 CUBA 冠军

"打篮球是你的梦想,上大学也是你的梦想,CUBA 就是你圆梦的地方。"

何谓 CUBA?原是中国大学生篮球协会的缩略语,仿举世瞩目的 NBA(美国职业篮球联赛)而创设。"大篮协"打出 CUBA 的旗号组织赛事自 1998 年始,比赛分 A 级和 B 级两个层次进行。A 级为大学特招的专业运动员,B 级为从高中直接升入大学的业余球员。西北大学男篮属 B 级,多为一、二年级学生。B 级比赛全国分南北两个赛区进行。西北大学男篮一路杀伐,所向披靡,夺得北区冠军。成都电子科大获南区冠军。接下来,南北争霸,三场二胜,决出总冠军。

1998 年 9 月 19 日,西大男篮赴成都,客场迎战成电队,发挥顺畅,直下一城。9 月 26 日,成电队来西安,与西大男篮再次争锋。这场比赛,对两队都至关重要。若西大再胜,冠军就到手了;若成电胜,则扳成平局,还需三战,仍有机会。因此,两队争胜之心都很强烈,一场恶战在所难免。这天晚上,西北大学众领导及啦啦队,早早临场助战。7 时整,战幕拉开,成电队以哀兵复仇之势,频频进攻得手,愈战愈勇,势不可当。西大队主场反而显得拘谨,打得较为被动,比分一直落后。在场西大人和电视机前观看直播的西大师生均极沮丧。不料最后一分钟,场上形势逆转,西大队反败为胜,超 2 分险胜对方,拿下总冠军。

9 月 26 日,决胜之夜,在西北大学校园成为狂欢之夜、不眠之夜。

1998 年,西北大学校男子篮球队在全国高校 CUBA 联赛中,荣获 B 组冠军

逸夫楼前

西门内外

西北大学老校区的正门是北门,但是热闹的却是西门。住在新村的教职工出入要走西门,学生购物、吃饭、看电影,也要走西门。因此,西门的人流量远大于北门。

一进西门,迎面是一块巨石,上刻"公诚勤朴"四字校训,十分醒目。这是百年校庆的新摆设,位置选得实在得体。巨石后面是一池清水,装置着音乐喷泉,时不时要喷一喷。仲夏之夜,池边坐满乘凉者,有校内的,也有住在附近的校外人。这称得上西大第一景,乃郭琦校长当政时所建。为维护这个喷水池,校党委委员、模范职工李另胤还付出了生命代价。他在喷水池地下室带病检修设备时不幸触电,以身殉职,年仅42岁。

出得西门,向南几步,人群熙熙攘攘,是一公交车站,站名自然是"西北大学"了。说起这个公交车站,还有一番来历。原本校西门外并不设站,西大人上街,得出北门,去西南城角或含光门搭车,很不方便。这种情况被一贯热心社会福利事务的郁士元教授看在眼里、记在心上,他主动代表学校去市公交公司交涉,要求在西门设站,并呈上书面申请,跑了多次,终获批准。西门公交站初设之时,大家并不知晓,仍出北门去搭车。郁先生很着急,怕无人坐车,公交公司

校训碑

西门内的音乐喷泉

西门外的过街天桥

会把这个站给撤了。他就在下班时间,站在西门口像小贩招揽生意般吆喝人们上车。就这样持续多日,才有越来越多的西大人开始享受这个便利。

西门外还有一景,就是过街天桥。西大的家属区(西大新村)正对着西门,中间有一条马路。教职工上下班,总要过马路。早先行人稀少,车辆也不多,谁也不会想到要在这里修桥。后来出了多次车祸,几位教职工和家属死于非命,特别是前副校长郭绳武教授,当八路军在枪林弹雨中安然无恙,却在校西门外的马路上被摩托车撞死,这接二连三的惨剧促使学校下决心采取措施,修起这座过街天桥。1997年2月2日晚10时许,三截桥体合龙成功,一条巨龙横空而起,学校相关领导和众多教职工在现场观看了这一壮观景象。奇怪的是,桥架起了,许多人还是我行我素,直接穿越马路,不愿上桥,因此仍有事故继续发生。当时,西安电视台还播放了记者拍下的西北大学西门外马路拥挤、有桥不过的镜头,提醒人们注意安全。直到马路中间设置了长长的隔断栏,人们才都上了天桥。

古城墙和护城河

有600多年历史的西安明城墙，是中国现存最完整的一座古代城垣建筑。西北大学老校区就位于这座长方形古城墙的西南角。城墙四角都有一突出城外的角台，其它三个角台都是方形，唯有靠近西大的这个角台是圆形的，据说保持了唐皇城转角原状，更具特色，摄影家多选此景拍照。电影《李清照》就在此处拍摄外景。

城墙上端外侧筑有雉堞，又称垛墙，有凹口和方孔，既可藏身又便于射箭和瞭望。整个一圈城墙有这种垛口59845个。现代战争用不上这个了，只不过是历史的陈迹而已。但是西大出身的作家贾平凹却从这里看出了一点儿名堂。校园西北部，靠近"半边楼"，有他一小套住宅，长篇小说《白夜》就是在这里写成的。他住的那栋楼距离城墙最近，从他居室的窗口向北望去，就是城墙的西南角，刚修复过的墙垛一高一低整齐排列，久而久之，他发现"那墙垛正好是一个凹字一个凹字一直连过去"。作家的

古城墙和护城河

环城公园

联想是丰富的,矮小的贾平凹把自己融入雄浑厚重的古城墙里,立马有了底气,精神振奋起来。平凹如此,百年学府与古城墙为邻相伴,又借重了些什么呢?兴许借重的就是它所象征的丰厚的历史文化。

古人聪明,就近取土筑墙,一举两得,既有高墙,又有深壕,引水入壕,便是护城河。吊桥拉起,通道断绝,既过不了河,更进不了城。这是两道防御。这一套也只有冷兵器时代才能派上用场,现在就剩下观赏价值了。20世纪80年代,护城河两岸修建成全国唯一的环城公园。这给西大人提供了很大方便,不劳远行,不用花钱,随时都可以去逛公园。

西北大学物理系副教授窦育男和学校近旁的这段护城河有着特殊情缘。她的家就在小南门里,出门就是护城河。她在护城河边长大,又上了护城河边的西北大学。相伴一生的护城河给她留下了太多记忆。儿时在这里捞鱼虫、逮蛐蛐、摘喇叭花,抗战时钻过城墙窑洞躲避敌机轰炸。后来,也在这里欢庆抗战胜利,迎接解放军入城。最难忘的是她和爱人在这里相恋定情,共同编织了一首不同寻常的浪漫之歌。她写了一篇散文《护城河之恋》,情真意切,感人至深。

过于亲近的古城墙和护城河,也成为西大的一道风景线。

多彩的校园文化

石国庆先生

三位"书记"合影

西大校园的文化娱乐活动,丰富多彩,代代承传,不绝如缕。书法、绘画、歌咏、朗诵、棋艺之类,已成师生日常生活的一部分。隔三差五,还会有大型演出,弄得好,就从校园演到社会上去。城固时期,西大先修班学生名票王建国的京戏就唱到省会西安了,省长也来捧场。20世纪40年代,西大学生排演过曹禺名剧《日出》,轰动一时;60年代,西大教职工排演过曹禺名剧《雷雨》,反响强烈。1956年11月排演的话剧《阿Q正传》,在当时西安最阔气的人民剧院售票上演,连演多日,场场爆满,星期天还加了日场,也算得上西北大学校史上一件盛事。20多年后,化工系教师石国庆自创的独角戏《王木犊》系列,一举成名天下知,上了春晚,他干脆调出去做职业演员了。

自编自演、自娱自乐,还不满足,有时就把专业剧团、大牌演员请到校园来表演。就在张学良盖的这个礼堂的舞台上,康巴尔汗跳过舞,盛中国拉过小提琴,李德伦讲解和指挥过交响乐,鲍蕙荞弹过钢琴,郭达演过小品,李春波唱过"此致敬礼",等等。规模最大的一次是1982年5月25日,电影"金鸡奖"和"百花奖"获奖者来西大联欢。礼堂当然容纳不下,礼堂前广场坐满了学生,周边挤满了人。登台亮相的明星有:"金鸡奖"最佳男主角张雁,"百花奖"最佳男主角王

多彩的校园生活

心刚,"双奖"最佳女主角李秀明,"金鸡奖"最佳男配角孙飞虎、最佳女配角贺小书,上届"双奖"最佳女主角张瑜也来助兴,还有观众所熟悉的任冶湘、洪学敏、温玉娟、毛永明等电影演员,以及著名京剧表演艺术家李炳淑、著名配音演员乔榛等。联欢会开始,首先表演的是最佳男主角张雁老头,这位陕西兴平乡党用乡音深情地说:"美不美家乡水,亲不亲故乡人。"接着又唱了几句秦腔,他把"月亮湾的笑声"带到了西大校园。

还有一事,值得一提。1994年9月10日,适逢第十届教师节。延艺云编剧的电视剧《遭遇昨天》剧组由导演李源带领来西大附中与教师们联欢。主演李雪健来了,他因成功扮演县委书记的好榜样焦裕禄而红极一时。有人凑趣,将附中党支部书记和校党委书记与李雪健拉到一起,摄下一张三位"书记"合影。

"黑美人"艺术节

在西北大学校园里,知名度最高的美女当非"黑美人"莫属。

1987年,当中文系策划创办一个属于学生的话剧晚会时,同学们别出心裁地借用莎士比亚笔下勤劳美丽的黑人劳动妇女形象,将这台晚会命名为"黑美人"戏剧节,以此向莎翁致敬。如今30年过去了,"黑美人"戏剧节变成了"黑美人"艺术节;"黑美人"也从文学院走向了全校,甚至多次走出校门巡演。"黑美人"艺术节成了陕西省高校的品牌艺术节。

当初主办者曾经专门烧制了一尊黑色的小瓷人作为戏剧节的最高奖,不过出于经费紧张的无奈,规定每届获奖者对这个小瓷人只有保管权,没有收藏权,待来年再颁给下一位获奖者。可惜的是,小瓷人在流转的过程中不慎被打碎了。

初创时期的"黑美人",一切都因陋就简,压根儿就谈不上什么舞美、灯光、音效、道具、布景,简简单单两块大幕,拉开就能

西北大学文学院主办的第十五届"黑美人"艺术节

上演校园生活的悲欢离合。但是，这种完全由学生自编、自导、自演的运作方式不仅强烈地吸引了文学院的学生，也引起了全校学生的浓厚兴趣。法学院、地质系、新闻传播学院等院系都涌现出来一批批优秀的编剧、导演和演员。经过多年努力，"黑美人"戏剧节不断吸纳多元艺术元素，丰富文化内涵和活动形式，逐步将剧目竞赛、特别展演、艺术讲座和工作坊沙龙有机结合。1994年，"黑美人"戏剧节更名为"黑美人"艺术节，随后又被列为校内文化素质教育基地。"黑美人"成了全校学生彰显才情的舞台。在"黑美人"艺术节审美文化实践的影响下，一群热爱戏剧的青年学生，于2007年成立了小黑戏剧工作室，实现了校园文化节庆和学生艺术社团的有机融合。

校园文化品牌活动"黑美人"艺术节荣获教育部2007年全国高校校园文化建设优秀成果二等奖

第二十八届"黑美人"艺术节

"咫尺小剧场，文化大舞台"，来自全校不同院系、不同专业、不同年级的性格各异的学生们会聚在一起，为了舞台上那个洋溢着青春气息的唯美的艺术世界共同承担着大量繁重的后台工作，并在其中结下了深厚的情谊。往往舞台上的表演结束了，剧组人员还聚在后台，久久不愿散去……

西北大学的各个院系都有学生自办的杂志和报纸，这也是综合大学的一大特色吧。至于校园中的学生社团活动，那更是五花八门，红红火火。西北大学校园中丰富多彩的校园文化，让身处其中的学子感受到百年老校特有的脉动，提高自己团结协作的能力，也磨炼出坚忍顽强的品格。而走出校门的西大人，在任何挑战和困境面前，永远不会退缩。

"五月的鲜花"丛中的西大之花

"五月的鲜花"是由教育部主办的全国大型电视文艺展演活动。2001年以来已举办了十届,中国教育电视台、浙江电视台等十多家电视台都先后进行了联合直播。西北大学共参加过六届演出。

这一彰显大学生青春风采、文化风貌和艺术才情的活动一经推出就受到各界关注和广泛好评。它是一道风景线,书写了中国当代大学生激扬青春的华彩,又是一扇窗口,展现了中华大地不同高校鲜活生动的气质与特色,成为推进校园文化建设和素质教育的重要载体,展示当代中国大学生奋发进取精神风貌的重要平台。

2001年"五月的鲜花"首届文艺演出开办时,西北大学便受邀参加。那一年,演出的地点在杭州西子湖畔,名曰"西湖之约"。受邀学校各出一个五分钟的节目,内容自定,形式不限,百花齐放,各展风采。西北大学的参演节目为穿越情景剧《传统与现代》。节目以盛唐与当代时空交叠的奇幻戏剧结构,借助学生辩论赛的表演形式,生动谐趣演绎了优秀传统文化遗产对当代文明形态的渗透共振,表达了当代中国文化精神在传承中走向未来的自我革新态度。有趣的内容、灵动的形式、鲜明的特色给观众留下了深刻印象。教育部高等学校文化素质教育指导委员会主任杨叔子院士看罢节目,竖起大拇指向身边的我校领导夸赞道:"不愧是百年老校!"教育部副部长周远清评价道:"富有创意,有理性思考。"特别值得一提的是,名誉校长张岂之先生在北京通过电视收看了演出后,欣喜之余,专门写来亲笔信向剧组师生致意问候。张先生写道:

我对我校同学们演出的《传统与现代》节目最感兴趣,就是不写"西北大学学生节目",我也认为这是很有深度的表演。题选得好,将历史与现实熔为一炉。西大地处西安,这里有深厚的历史文化传统,传统与现代如何结合?科技与人文如何融合?这些问题值得思考。同学们在《传统与现代》节目中,有新的创意,李白的出场,以及他和身

广受赞誉的《传统与现代》

着西装的现代汪伦的对话，是超越历史的想象。这种美学意义上的想象完全符合艺术原则，而且增加了人们对李白送汪伦的理解。这种浪漫主义的想象体现了艺术的美，从美的意境中阐释了传统与现代结合的重要性。我觉得你们为"五月的鲜花"提供的节目别开生面，很好！

2002年，西北大学再次受邀。这一次是从活泼灵动的 RAP 说唱转换为大气磅礴、深沉凝重的朗诵，推出了情境朗诵诗剧《飞天》。

2002年《飞天》节目组合影

2004年，第四届"五月的鲜花——相约未来"校园文艺演出在武汉大学举行。西北大学参演节目是音乐寓言剧《森林畅想》，以奇异新颖、妙趣横生的戏剧样式，以森林中众多拟人化动物的人生观，折射出大学生对人生价值、人生态度的不同思考。

2005年，第五届"五月的鲜花——人民万岁"校园文艺演出在中国人民大学举行，西北大学的参演节目是音乐诗剧《英雄如歌》。诗剧以杨拯陆、罗健夫、郭峰三位烈士的英雄事迹为素材，饱含深情地赞颂了以他们为代表的西北大学杰出校友把青春、才华甚至生命融入共和国伟大事业的英雄壮歌。这个节目把整场演出的气氛推向高潮，全体观众自发起立鼓掌，受到了在场观看的时任教育部部长周济的点名表扬，被新闻媒体作为重点予以报道。

2007年，第七届"五月的鲜花——同舟共济、和谐中国"校园文艺演出在同济大学举行。西北大学参演节目是配乐诗朗诵《毕

2004年的节目《森林畅想》

业之歌》，节目以使命在肩、情牵祖国的赤子情怀，以昂扬激越、青春澎湃的才俊宏志，彰显了新一代毕业生志存高远、脚踏实地的优秀品格。

通过"五月的鲜花"这方舞台，西大师生精心创作演出的节目展示了百年名校的内在气韵和育人成果，为学校赢得了良好的声誉。

老北门新气象

1946年5月,国立西北大学结束了城固8年的办学历史,复员西安,校址就在今西北大学太白校区。当时的学校正门即今北门,隔护城河与明城墙相望。回迁的西北大学自此便与历史文化悠久的古城静默相对,至今已逾70春秋。

据西北大学外语系1949届毕业生李嘉祜回忆,学校回迁西安的翌年冬,漫天大雪覆盖西安城,位于环城南路的西北大学老北门淹没在一片积雪中。从北门向里望去,校大礼堂的山墙历历在目;进入北校门,一条灰渣路直通大礼堂;北门东西两侧的平房是教职工宿舍;再往东走,是边家村老冯家的一大片菜园;转往西走,是一大片平房区。

中华人民共和国成立之后,为适应人才培养的需要,西北大学建设步伐加快。北门和大礼堂之间已先后建起了化工楼、科研楼,昔日恬静的校舍、树林,已被巍然崛起的大楼替代,一度成为教学和科学研究

1946年复员西安后的国立西北大学北门

的中心。进入21世纪后,学校取得省政府及相关部门支持,在老北门西侧修建了西北大学博物馆,香港爱国人士邵逸夫先生捐资在北门东侧修建了教学九楼,又名"逸夫楼"。西大老北门也更新成了五六十米宽的电动门,中间的花岗岩上镌刻着校名和校训。

与北门西侧比邻的西北大学博物馆庄重而有气势,"西北大学博物馆"七个大字,系陕西著名书法家、校友屈应超书写。博物馆总建筑面积15000平方米,于2012年正式建成。现有馆藏文物、标本5000余件,已全面向社会公众免费开放。馆内设有四个常设展厅(校史馆、地球馆、生物馆、历史馆),两个专题展厅(侯伯宇先进事迹馆、佛教美术馆)和一个大型临展厅,形成了基本陈列、专题陈列和临时展览互为补充的陈列体系。

今天的西北大学太白校区北门

自开馆以来,该馆充分发挥着西北大学百年薪火相传下的自然学科特色和文物藏品优势,将收藏、保管、科学研究和宣传教育功能有机结合,多角度、多方式、多侧面地向广大师生及社会观众展示西北大学的教学和科研成果。

北门内的西北大学博物馆

捐资助学,成才报国

由于扎根西北内部,西北大学70%的学生来自经济欠发达的地区,经过学校认定的家庭经济困难学生比例一直在35%以上。学校的每一次进步,都离不开社会力量的鼎力相助。近十几年来,多个社会慈善基金向西大贫困学子伸出了援助之手,帮助学生完成学业,助力寒门学子成长成才。

唐仲英德育奖学金是唐仲英基金会(中国)在中国最早开展的资助项目,也是国内首度以"德育"命名的奖学金。基金会自2003年在西北大学设立"唐仲英德育奖学金"以来,已奖励资助480余名品学兼优的西大学子,累计拨付奖学金近700万元,同时支持学生活动费近20万元。到目前为止,已有300余名学生在唐仲英德育奖学金的资助下顺利毕业。

新鸿基地产郭氏基金是香港一个非盈利的民间组织,通过资助、培训或奖励等方式,为国家未来经济快速发展培育所需人才。新鸿基助学金自2005年在西北大学设立以来,累计拨款人民币780余万元,资助品学兼优的家庭经济困难学生约1950人。

美国胡氏慈善基金会长期以来秉持"开发西北,关注教育"的理念,支持西北大学办学,帮助西北大学优秀的家庭经济困难学生顺利完成学业,2016年特设立"余天休助学金"(三期),同时基金会每年出资2.5万元专项资助余天休爱心接力社暑期社会实践活动。

饮水思源,受助思进。基于来自社会大量的义行善举,西北大学专门成立了由基金代表、学校领导、职能处室负责人、部分院系学生工作负责人组成的助学金遴选委员会和管理委员会,全面负责和指导助学金相关工作。受助学生在专业老师的指导下相继成立了"唐仲英爱心社""新鸿基励志社""余天休爱心接力社"等爱心社团。每年4月开展"唐仲英爱心文化宣传周",参与基金会"薪火"乡村教育援助计划,先后60多次赴周至县广济镇开展支农支教等服务活动。受助学生积极主动策划活动方案,联合周边社区,开展义务"阳光家教"、关爱"空巢老人"暖心活动等一系列志愿服务活动。

十余年来,助学金在基金会和学校的直接关心指导下,取得了显著的资助效果。受助学生积极参加学术、科研、创新项目小组,组建数学建模大赛团队,参与"挑战杯""互联网+"等大学生系列科技学术竞赛,涌现出了一批先进典型。有些受助学生毕业后主动扎根西部,为区域经济社会发展贡献自己的力量。

用一年不长的时间，做一件终生难忘的事

西北大学于 2012 年 9 月获批为"中国青年志愿者扶贫接力计划研究生支教团"项目高校，自 2013 年 7 月至今已选拔 5 届共 29 名优秀本科毕业生组建研究生支教团。"用一年不长的时间，做一件终生难忘的事"，是西大支教人奉行的信念和追求。

在支教期间，支教团志愿者立足本职，坚持母校"课大于天"的理念，每人每周近 20 课时，教授中小学语文、数学、英语、历史、音乐、科学、信息技术、地理等课程。

在服务基层的日子里，支教团成员主动调研新时期农村发展的相关问题。面对留守问题，支教团志愿者联合当地团县委定期开展兴趣课堂专题教学，联系爱心人士长期定向帮扶贫困留守儿童，开展微爱行动，帮助贫困留守儿童实现微心愿，等等。

在关爱乡村基础教育方面，支教团成员搭建校地桥梁，在富平县田村小学成立"西北大学爱心图书室"，累计捐赠图书 1200 余册；帮助田村小学建立"七彩小屋"；联合陕西青年公益能力建设中心为田村小学更换桌椅；为田村小学品学兼优的贫困学生发放研究生支教团奖学金。

此外，支教团成员还积极参与到基层团组织工作之中。

三年来，支教团成员累计支教 8500 余课时、志愿服务 9300 余小时、关爱留守儿

支教团在富平田村小学成立的"西北大学爱心图书室"

童 1530 余人次，服务总时长约 24500 小时。2015 年学校共青团五四评优表彰，特授予研究生支教团"共青团特殊贡献奖"。2015 年 7 月，团中央书记处第一书记秦宜智同志回信肯定西北大学研究生支教团的突出贡献。2015 年 10 月，作为全国十支入选团中央、中国青年志愿者协会和《光明日报》联合开展的"2015 镜头中的最美支教团"队伍之一，接受了《光明日报》记者专访。

团队先后被陕西省委宣传部、省委组织部、省文明办、省民政厅、省环保厅等九部门联合授予"陕西最佳志愿服务组织"荣誉称号，被陕西省高教工委授予"陕西高校最佳志愿服务组织"荣誉称号，被团省委、省学联授予"陕西最美青年志愿服务组织"荣誉称号，团队成员先后有 8 人（次）获得省部级优秀荣誉。

校园原创音乐:充满歌声的大学春秋

"汉唐胜地,西北上庠,风雨设帐历沧桑。"这是西北大学校歌的开篇,古朴有韵、情志飞扬。歌词作者刘卫平,中文系 81 级学生,毕业后留学执教,躬耕故园至今。

校歌是西大原创音乐作品的巅峰力作。作为校园文化的重要源流,西大原创音乐由来已久。一代代师生以歌声和琴声赞美自由青春、咏唱西大风物,用别样的词曲结晶出西大人共同的校园记忆。在 2010 年之前,广大师生就以不同的方式进行创作和演绎,或组成乐队(如硬币乐队等),或推出作品,但囿于场地、传媒、组织等条件限制,未能形成广泛的影响力。到了 2011 年,有一支名为"万能钥匙"的校园乐队开始活跃于学校各类晚会的演出现场,后又召集了校内另外 5 支乐队,在长安校区金海恒业报告厅举办了"摇滚之夜"演出,一时间万人空巷。2012 年,万能钥匙乐队再次举办专场演出,成为西大历史上唯一一个举办专场演出的学生艺术团体。

2015 年年底,一股《南山南》的翻唱风潮在全国高校间接力,西大一群有志于音乐创作的师生跻身其中,精心改编创作了西大版《南山南》,在官微推出之后,引得广大师生校友争相转发。这条微信推送也成了西大官微第一条阅读量过 10 万的稿件,极大鼓舞了西大师生投身原创音乐的创作动能。学校也充分回应师生"玩音乐"的需求,提供了种种便利条件与环境:校团委设立了校乐团、合唱团,聘请专业老师指导;改建了校乐团排练室,配置有钢琴、架子鼓、吉他、音箱等,供学生免费使用;支持学生乐团、乐队定期举办演出,给大家一个发光的舞台。与此同时,得益于新媒体的崛起与发展,西大原创校园歌曲数量和传播力激增,其中不乏质量上乘、洋溢青春气息的优秀作

万能钥匙乐队演出现场

品。在优质土壤的孕育下，一批批才华横溢的校园音乐人和音乐作品如雨后春笋般不断涌现。

由万能钥匙乐队主创马骞、雨音为学校毕业季创作的原创歌曲《那年夏天》，在校合唱团艺术团第一届学生负责人王柏琛的演绎下，用"那支盛开的玉兰约定永远"唱出浓浓的爱校之情；在毕业晚会上弹唱原创歌曲《目送》的李青原别出心裁，以一首原创古诗词填唱作品《蒹葭》作为选修课程"中国古代文学"的结业之作，还创作出《他者》《夏风》等一批优秀的原创歌曲；校园歌手大赛冠军诸元臻用仿若精雕细琢过的声线，演唱了原创歌曲《夏日绵延》《晴雨别时》等；郝扶林、周维多、赵子涵等组建的鸽子乐队，活跃在学校大小晚会、音乐会、音乐节之中，一句"NWU,in my heart"成为大家随口便能哼唱的经典；西大版《南山南》的演唱者王骏飞的歌声清透纯净、温暖动人，他演唱的毕业季原创歌曲《三叶草的约定》"像木香园的风"拂动了大家的心弦，《难说再见》被央视微博引用；校园歌手大赛卫冕冠军李一剑作为全能的吉他演奏者，毕业后以爱好为职业，开设了音乐培训教室，2022年更获得了陕西原声吉他大赛弹唱组冠军。

120周年校庆来临之际，学校推出了"爱在西大"原创主题歌曲征集活动，催生

万能钥匙乐队主创马骞

鸽子乐队演出现场

了一批优秀校园原创歌曲，以词和曲萃取独属于西大人的美好记忆。作为一所综合性大学，西大以自由、开放、包容的音乐环境，为师生提供了学习和亲近音乐的浓厚艺术氛围和机会。以乐育人、涤荡心灵，校园原创音乐已在西大校园文化发展史上写下了浓墨重彩的一笔。

蓝田玉，西大情

一方蓝田玉，一世西大情。自2015年起，每位西大学子在毕业离校之际，都能收到一份来自母校的特殊礼物——一方蓝田玉印。除了毕业生，很多校友也能在返校活动或与母校进行联系、交流时，获赠一枚"仰慕已久"的蓝田玉印。

能作为全体西大毕业生的毕业礼物，蓝田玉印自然有其独特的内涵：

一是情感内涵。玉印章在古代既是身份的象征，也是身佩之信物，古人云："无印不信。"因此，玉印章既是母校与毕业生"传情"之纽带，更代表了母校与毕业生的某种约定，"以玉传情，传至万代"的不朽情怀彰显出母校对毕业生的深情厚谊。

二是文化内涵。《说文解字》曰："玉，石之美兼五德者。"玉以其坚韧的质地、晶润的光泽、绚丽的色彩、致密而透明的组织、舒扬而致远的声韵深得历代文人的喜爱，历史上更有屈原佩石、陶渊明卧石等说法。作为西北大学毕业生，也必然是爱石之人。玉印章可怡情养性、启迪心灵、涤尘净心、升华自我。

三是精神内涵。"智者乐水，仁者乐山"，乐山即乐石也。玉印章的材质系蓝田玉，千百年来，蓝田玉以其"质本洁来还洁去"的质朴，被很多文人墨客所珍爱，这种质朴也与西北大学"公诚勤朴"的校训精神不谋而合。"青者，稳也、厚也"，印章色泽青绿，且刻有校徽和校训，彰显出我校办学一百多年来的深厚文化底蕴。

四是创新内涵。以玉印章作为纪念品赠送毕业生，我校当为先行者。印章的样式和刻图内容富有创新气息，更便于毕业生携带和收藏。同时，我校坐落于古都西安，采用本地石材更能体现出选材上的创意与用心。

五是时代内涵。玉者，国之重器也。古人以玉玺作为传国之宝，以玉印章作为传代和镇之一方的信物，且传

西大学子的毕业礼

之而不绝。借古喻今，蓝田玉印能够极大抒发广大校友的爱校荣校情结，振奋广大校友的爱校荣校情感，鼓舞凝心聚气的伟大斗志，为"艰苦创业，自强不息"的西大精神赋予新的时代内涵。

六是个性内涵。在《红楼梦》里，林黛玉说："玉石通灵，却不及穗子来得荡气回肠。"黄色玉穗儿与印章相配更加衬托出印章的高贵与典雅，更加衬托出长穗儿飘然、璞玉无价的传奇人生。而镌刻有姓名的阳刻浮雕，则表达了对每名毕业生的尊重，更彰显出"君子和而不同"的个性品质和"凤兮凤兮归故乡，遨游四海求其凰"的深远情怀。

如果有什么能同时经历时间与化学式

2015年到2022年的蓝田玉印

的考验而永存于这世间，那大抵就是这长穗飘然的蓝田玉印。听天风吹籁，向人间到处逍遥，沧桑不改！

怀梦想，致远方

摘金揽银的西北大学 iGEM 团队

美国时间 2021 年 11 月 14 日，第 18 届国际遗传工程机器设计竞赛举行全球"云"闭幕式，来自西北大学的 NWU-CHINA-A 团队再创佳绩，获得了金奖。之所以说"再创佳绩"，是因为 NWU-CHINA-A 团队自 2017 年首次组队参赛以来，已经连续 5 次登上了领奖台，累计获得了 2 枚金牌、1 枚银牌和 2 枚铜牌。

国际遗传工程机器设计竞赛（International Genetically Engineered Machine Competition，简称 iGEM）由美国麻省理工学院于 2003 年创办，已经发展成为合成生物学领域的国际顶级大学生科技竞赛，其赛况和研究成果受到 Nature、Science 等顶级学术期刊的关注，具有广泛的国际影响力。

iGEM 将生命科学与工程思维相交融，以微生物和基因技术为核心，与数学、医学、物理学、化学、计算机科学、人文艺术等多学科交叉，直面当代科技前沿问题，有助于学生拓宽学术视野、增强科研本领、提高跨学科协作能力。"最初的出发点就是想给学生一个拓展性的、能够自己设计实验的机会。实践出真知。无论上多少理论课，记多少理论知识，都不如自己把实验做一遍。"现任西北大学党委常委、副校长陈富林教授曾经担任生命科学学院院长，正是在他的力主下，西北大学第一支 iGEM 团队得以组建。经过几年的努力，西北大学

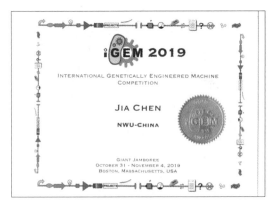

2019 年获得金奖

2021 年获得金奖

iGEM团队从无到有,蓬勃发展,形成了一支分工明确、团结协作的团队,生命科学学院、医学院、化工学院、信息科学与技术学院等多个院系的学生都参与其中。

自第一支西北大学iGEM团队参赛以来,先后有5支队伍征战国际赛场。时光流转,团队成员换了一批又一批。但没有变的,是团队成员对科研的执着追求和战胜困难的勇气。2019年为赛事准备期间,选题问题困扰了团队很久。在旧项目多次失败的情况下,团队结合西北地区的现实情况,兼顾现有的技术条件和时间,在指导教师魏岱旭教授的帮助下,重新设计了具有简约实用性的项目"开发苯丙酮尿症的生物传感器",最终获得金奖。

回忆起征战第17届iGEM的情况,魏岱旭教授依然不无遗憾。2020年,团队参赛的项目是"利用PhaP融合表达抗菌肽制作创可贴"。这个完全由微生物合成加工得到的创可贴,选用了新的抗菌物质,不仅使用方便,既防水又透气,而且做到了材料完全可降解。这个高度跨学科的课题不仅涉及分子生物学和合成生物学,还涉及材料科

2019年西北大学iGEM团队在美国波士顿比赛现场

学。为了让学生更直观地了解创可贴的特性和制作方法,魏岱旭带领学生访问了许多业界学者、经常接触烧伤烫伤情况的消防员和医护人员。因为受新冠疫情影响,第17届iGEM改为线上举行,团队遇到了实验时间不足、线下交流不畅等重重困难。虽然最终在全球256支参赛队伍中脱颖而出,斩获银奖,但魏岱旭还是觉得,如果实验时间更充足,团队成员可以面对面地和评委交流,也许会取得更好的成绩。

2021年,"NWU-CHINA-A"团队重整旗鼓,带着项目"以大肠杆菌为底盘生产天然色素帝王紫"第五次征战iGEM。高贵而神秘的"帝王紫"在历史上一直是中外帝王的专属染料,具有独特的历史文化价值。作为新型生物相容性导体,帝王紫在半导体材料中也备受关注。不过帝王紫天然产量

少,化学合成不仅困难,且对环境有污染,一直未能实现高产。在老师们的指导下,团队经过反复论证实验,选择了兼容性较强的大肠杆菌作为底盘,严格筛选基因表达调控元件,构建帝王紫高纯度、高产量双细胞体系,从而大大提高产率。这个以生物合成学技术生产稀有产品的项目打动了 iGEM 见多识广的评委,最终为西北大学征战 iGEM 的记录上又添一枚金牌。

激励西北大学 iGEM 团队一次次征战国际赛场的,不仅仅是沉甸甸的奖牌,更多的是对科学世界的探索精神,对前沿交叉科学的兴趣和热情。在向着共同的科学目标奋进的征程中,同学们的社会责任感、创新能力、合作精神等品质都有了很大的提高。

能够在国际大赛中屡屡摘金揽银,离不开学校和生命科学学院的高度重视和大力支持。在充足的经费保障下,步怀宇、马艳玲、李红民、陈林、乌佳伟等老师为团队提供了从实验场地到科研技术的支持,担任领队的辅导员范铭沁更是 24 小时随时在线,为队员们的学习和生活保驾护航……随着新的一年到来,老师们又指导和陪伴着团队,开始备战新一届的赛事,继续在国际舞台上展示西大学子的风采。

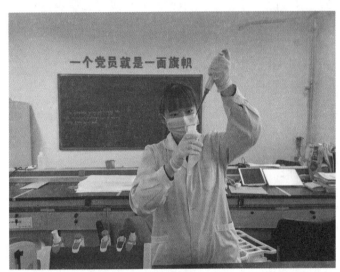

团队的实验室工作

生命科学与医学部

国内高校首座"万人体育馆"

这是一座西大人多年来翘首以盼的宏伟建筑，这是西大校园内造价最高的单体建筑，这是西大校园里最新的地标性建筑，这是国内高校中首座可容纳万人的甲级综合体育馆，这是甫一建成就成功承担了全国第十四次运动会重要赛事的最美赛场——西北大学长安校区体育馆。

走进长安校区西门，迎面便是西北大学长安校区体育馆。总投资约4亿元的体育馆占地面积20067.83平方米，建筑总面积33791.24平方米，局部地下一层，地上五层，建筑总高度38.654米，南北长208米，东西宽127米，是西北大学校园里最"高端"的建筑。

体育馆建筑平面呈椭圆形，由一个主馆和两个副馆组成，是以"船"为概念的组团，寓意百年名校在新时代"扬帆起航"。说起来体育馆这个"船"的外形，还真是西大人共同的选择。早在开工建设之前，学校曾于2017年12月在网络上公布了4种体育馆设计备选方案，请全校师生和校友选出最心仪的方案。最终，方案"扬帆起航"因以简洁流畅的建筑语言构筑了一艘富有个性的"西北龙舟"，受到广大师生青睐而高票当选。

体育馆于2018年5月和2020年3月被确定为承办十四运艺术体操、蹦床两项比赛的正式场馆，后来又确定为承办全国第十一届残运会暨第八届特奥会盲人门球和硬地滚球项目的正式场馆。建筑工艺复杂、设施要求不断调整，加之新冠疫情干扰，为场馆的如期竣工增加了不小的难度，

万人体育馆

建筑工人甚至曾在封闭的校园中度过了春节。终于在2020年11月28日，体育馆如期竣工。

这座新建成的体育馆带着震撼的空间感和后工业风的气息，快速融入了西北大学长安校区。其主体为钢架结构，屋面采用大跨度钢桁架空间弦支穹顶结构，也是陕西省首次将此结构运用于运动场馆建设。内场地面的设计更是别具匠心——特制的木地板拆卸后，通过"冰篮转换"的调整，可成为滑冰场地，具备承办冰上赛事的基础条件。体育馆的配置对标国际赛事，除了两侧全彩高清LED大屏和专业级别的灯光照明，音响系统、升旗和时钟系统等智能化系统为场馆增添了智慧"大脑"。

承办全运会级别的全国最高等级赛事，在陕西省是首次，对西北大学来说更是破天荒头一回。从零开始，筹资金、搭班子、定方案……西北大学"倾全校之力"，下决心要办"精彩圆满"的比赛。学校成立了蹦床、艺术体操、盲人门球、硬地滚球项目竞委会，数百名工作人员和432名志愿者一起，在兼顾日常工作学习的同时，学习和摸索着全国大赛的办赛流程。

2021年9月4日至6日，有着"空中芭蕾"美誉的蹦床项目比赛正式举办。东京奥运会蹦床项目金牌得主朱雪莹和银牌得主董栋、刘灵玲等悉数亮相，百年名校的体育馆中星光熠熠。中央广播电视总台体育频道全程直播了9月5日和6日两场决赛，

万人体育馆鸟瞰

时长达到 140 分钟,其中以 1 分 42 秒时间介绍西北大学校史校情,全运盛会中的西大元素得到有力传播。

9 月 11 日,艺术体操项目开赛。结合艺术体操优雅的赛事特点,赛场的花卉、大屏、器械布置精益求精,被誉为"全运最美赛场"。"家门口的赛事"受到社会公众热情关注,在疫情防控要求显著提升观赛难度的情况下,仍有 12000 张观赛门票被抢购。

两项重大赛事圆满落幕,体育馆又无缝衔接开展场馆改造和无障碍设施提升。10 月,全国第十一届残运会暨第八届特奥会盲人门球、硬地滚球项目在西大开赛。积累了办赛经验的西大团队为运动员、教练员提供了更加暖心的服务,举办了一场充满人文关怀的体育盛会。

西北大学赛区承办的四个项目共举办比赛 166 场,有 58 支代表队 376 名运动员参赛。赛后,学校先后收到国家体育总局、中国残疾人联合会、中央电视台转播团队、各省代表队感谢信 44 封。四个项目竞委会均被组委会评为优秀项目竞委会,学校获得省级志愿服务先进单位。

现在要举办大型学术活动、校庆晚会、毕业典礼与学位授予仪式等,人们首先想到的就是长安校区体育馆。作为重大活动的最佳场地,体育馆参与、见证了西北大学一次又一次的高光时刻。

2021 年 7 月 2 日夜晚,在"庆祝中国共产党成立 100 周年暨 2021 年毕业音乐会"即将落下帷幕之际,8000 只蓝色和白色的气球从体育馆上方缓缓飘落,在欢呼和尖叫声中,轻轻落在每一个毕业生手上。相信这场"西大式浪漫",会永久刻印在西大学子的心上……

2021 年 9 月 3 日,十四运会艺术体操比赛

2021 年 9 月 3 日,十四运会蹦床比赛

视觉形象与西大时代记忆

我们在思索西北大学120周年校庆视觉形象的时候，总是期望能有一些记忆的符号引起大家的关注，让这些符号成为历史的记忆和识别符号。

记得2002年百年校庆时，那件由"马"

百年校庆标识"千里马"

110周年校庆标识"玉兰花开"

（马年）和"100"组成的百年西大校庆标识吗？一件以瓦当的视觉形象为载体，以奔腾的马为主体的形象给西大人留下了很深的印象。这一由庞永红指导、张辉设计的作品把西大的历史和昂扬奋进的文化理念融于一体展示，那匹奔腾的马成了一段时期西大人的见证和记忆。

2012年，在西北大学110周年校庆之际，艺术学院杨旭岳创作了110周年校庆标识，主体设计采用渐变的红黄色飘带组成的玉兰花图案。创意来源于图书馆前的玉兰花，每年春天盛开的玉兰是校园中最美的一道风景。玉兰的花语为"报恩"，寓意西大人愿为母校的腾飞、西北大学愿为国家和社会的进步贡献自己的力量。

转眼间，岁月又过去了十载，迎来了西北大学120周年的生日。120年来，西大人艰苦创业，自强不息，学校各项事业取得长足发展。新的时代应该有新的形象，有新的符号作为这个时间点的记忆。在119年校庆之际，学校公示了120周年校庆标识，给百廿西大赋予了一个全新的识别形象，也预示着120周年校庆拉开帷幕。这个标识的诞生经历了一个漫长的过程，学校在2019年7月19日面向全球征集校庆标识，共收到作品1000多件，经过公开投票和专家投票最后确定了来自我校艺术学院设计团队的设计作品,主创者为张思望。

120周年校庆标识以汉字"西"的书法造型为基础,融合阿拉伯数字"120"和汉字"北"的书法变体造型,简洁有力,蕴藏校名"西北大学",体现了120周年校庆主题。将数字"120"与"丽"字结合,灵动飘逸,寓意美丽西大120年昂扬壮丽的奋斗历程,彰显全体师生自信自强、开拓进取的奋斗豪情。整体形象中,"西"字顶端横线微微上挑,蓄势待发;数字"120"造型活泼,富有动感,寓意新时代西大历久弥新,朝气蓬勃,昂首阔步迈向新征程。以红黄渐变为主色调,展现百廿华诞的喜庆热烈,预示学校以120年为新起点继往开来,事业红红火火,蒸蒸日上。

艺术学院作为西北大学一个特色发展学院,响应学校号召和标识征集的方案,组织团队进行多视角的挖掘和设计方案的筛选,总共投送作品近30件,并最终成功中选,为学校百廿华诞贡献了艺术学科的力量。

艺术学院2019级美术专业袁自强、梁茜茜、桑思雨三位研究生组成的创作团队为百廿校庆设计了一幅手绘插图,以图像的形式展现了西大的历史故事和校园风貌。"致敬双甲子,奋进新时代",新的视觉语言形式更加符合青年学子对母校的认知和精神诉说,书写了西大的发展历史和在新时代踔厉奋发、勇往直前的精神。

120周年校庆既是学校120年办学成就的展示,更是激励校友师生爱校兴校、书写情怀、振奋志业的荣耀盛典。通过标识和视觉形象设计提升学校的办学影响力是西大面向未来的品牌形象塑造途径之一。

120周年校庆标识

"百廿西大"手绘插图

抗击新冠：为了全体师生的健康平安

2022年1月24日凌晨4点30分，西北大学哲学学院一年级本科生孙新阳拖着早已打包好的行李，走出了宿舍楼，已在宿舍封闭28天的他正式踏上了回家过年的旅程，此时距离农历新年仅剩一个星期。几天前，他还在担心大学的第一个春节可能无法和家乡的亲人一起过。幸运的是，经过一个多月艰苦卓绝的疫情防控斗争，西安市全部转为低风险区。根据陕西教育系统和属地疫情防控部门安排，学校组织省内外学生分批错峰返乡。

2021年年末，西安市疫情多点并发，累计确诊病例人数过千，社区、市场、高校等场所相继出现感染者，全市实行封闭管理。我校有近3万名师生员工和家属，太白、长安、桃园三个校区分属碑林、长安、莲湖三个行政区。在严峻复杂的疫情大考面前"守好门、管好人、办好事"，坚决阻断疫情向校内传播扩散，全力守护全体师生员工生命安全和身体健康，这是摆在学校面前的一场硬仗。

这场硬仗有两场最为艰巨的战役。其一是研究生考试，西北大学考点是2022年全国硕士研究生招生入学考试中陕西省考生规模最大、考区最多、考务楼最多的考点，还有7名考生是新冠确诊患者的密接

2022年全国硕士研究生招生入学考试西北大学考点

者。针对不同类型的受疫情影响考生，学校以新增考点、就地借考、送考上门等方式，努力实现"应考尽考"。

学校遴选27名教工党员组成了"研考突击队"，赴7个隔离酒店为7名考生"送考上门"。送考教师张东东后来说："说实话，接到去隔离酒店送考的任务，说不怕不犹豫那是不可能的，毕竟有家有室有老人孩子。但反过来想，作为党员，我必须站在群众前面身先士卒、勇于担责！作为教师，我必须立于学生之前为其遮风挡雨、保驾护航！同时，作为一个父亲也希望为孩子种下一颗勇敢的种子！想到这些，我心里就只有'责无旁贷，完成任务'这八个字了。"

29岁的黄同学在曲江国际饭店参加了考试，放榜之后，他专程来学校送上一面锦旗，感谢老师们不顾危险、社会不计成本、各方精益求精、尽善尽美地付出，才让他的考研梦想得到呵护，才让每一个努力攀登的人不被辜负。

另一场重要战役就是离校返乡。让家乡所在地属于低风险地区的学生"应回尽回，能回尽回"是离校返乡工作的总目标。为了让同学们都出得了校门、到得了车站、进得了家门，学校打破常规模式下的领导体制和工作机制，重构和优化已经运转一个多月的疫情防控工作领导小组、疫情防控工作专班、疫情防控办公室等各方力量，重新组建离校转运工作领导小组，下设综合协调组、信息统计组、学生转运组、咨询服务组、志愿服务组、秩序维持组、车辆调度消杀与保障组、防疫物资保障组等8个专项工作组，充分发挥目标导向、扁平管理、协调联动的工作效能。

学校调度了30辆公交车、8辆大巴车、14辆校车，为学生提供离校专车运送、跟车专人随行、到站专人引导的全流程服务，实现点对点闭环运输，心连心温馨送站。同时，协调宝鸡、铜川、汉中、延安等市在当地火车站组织集中转运，联系临潼、蓝田、鄠邑等西安周边县区和商洛、咸阳、渭南、安康、榆林等市的区县包车来校迎接。西安市内学生，一部分由家长接回，一部分由教师志愿者送回。

家住榆林市的生命科学学院学生杨惠然说："早上六点半的时候，老师开着私家车把我从校门口送到高铁站，到站后志愿者及工作人员为我指引方向，仅半天时间，我就已经顺利平安地回到了家中，我感觉整个过程都被学校好好保护着！"

"青春才几年，疫情占三年。"这句话曾在同学们的朋友圈广为流传，它道出了大家期盼疫情结束、享受自由时光的心声。面对线上教学、居家学习、校内封控、核酸检测、云端求职，甚至集中隔离，计划被打乱，脚步被放慢，但大家得到了触及灵魂的教育，团结、互助、友爱、潜心、沉淀、提高，涵养精神、磨砺心志，看似被耽误的时光，恰恰让每一个人更加了解自己、看清世界，以更加笃定的力量去迎接挑战。

"致敬双甲子·重走南迁路"骑行活动

为迎接西北大学120周年校庆,2022年8月6日至12日,一支由12名学生、12名校友及教工组成的自行车骑行队伍,循着84年前先辈南迁的足迹,从西北大学长安校区出发,骑行528公里,途经太白山、宝鸡市、凤县、留坝县、汉中市,最终抵达城固县西北联大办学旧址。

本次骑行傍秦岭而行,主要经过212省道以及316国道。用"山路十八弯"来形容212省道再为恰当不过,弯弯曲曲的大道顺山势而上,高低起伏,回环曲折;而316国道的坡度更陡,实乃"蜀道难,难于上青天"的真实写照。上行时,队员们一步一蹬,铆足力气却只能前进几米;下行时,又急又陡的下坡穿插强行减速带,生动演绎了何谓"颠簸"。一名队员深有感悟:"本以为最困难的是上坡,可是翻过山顶才发现果然是上山容易下山难!"

2022年的8月,每天都有"高温红色预警"。一路骑行,艳阳高照、万里无云是常态。面对高温考验,队员们团结一心,体力好的领先队员没有单枪匹马、一骑绝尘;难耐暑热的末尾队员也勇往直前、不甘掉队。后勤保障队时刻关注队员们的状态,根据天气路况随时调整休息方案,为队员们及时提供补给,还准备了各种解暑物资,缓解烈日带来的疲惫,鼓励队员们向终点进发。

本次骑行活动是对学校120年砥砺奋进的办学历程的致敬,是对公诚勤朴、以学报国的西大先辈的致敬,是对艰苦创业、自强不息的西大精神的致敬!骑行征途上,团队先后开展了红色教育、科学考察、宣传展示等活动,在中国工合运动纪念地——凤县旧址、凤县革命纪念馆举行了红色革命教育实践活动,在汉中市博物馆追忆西北联大历史,瞻仰"公诚勤朴"校训牌匾。队员们纷纷表示,通过追忆西大校史,赓续西大精神,恢宏奋斗志气,将更好地工作学习,为推进"双一流"建设勇立新功。

骑行队员合影

"Xida"星——来自宇宙星辰的西大浪漫

在120周年校庆到来之际，西北大学收到一份来自宇宙的生日礼物。2022年9月13日上午，国际天文学联合会发布公告，经小天体命名工作组批准，国际永久编号为529729号的小行星以西北大学命名，称为"Xida"星。

官方公告显示，"Xida"星由中国科学院紫金山天文台盱眙天文观测站2008年3月2日发现。"Xida"星是一颗主带小行星，位于太阳系火星与木星之间的小行星主带中，编号为529729，空间轨道根数（2000.0黄道及春分点），吻切历元时刻2022年1月21日零时（历书时），轨道半长径为3.0444478天文单位，轨道偏心率0.0490849，轨道倾角6.59458度，升交点黄经295.32514度，近日点角距258.90803度，平近点角196.03646度，绕日运行周期5.3120579年。

"世界上有两样东西是亘古不变的。一是高悬在头顶上的日月星辰；二是深藏在每个人心底的高贵信仰。"自古以来，人类就有着浓厚的星星情结，将其视作美好的象征。"Xida"星，这道宇宙星辰中的荧荧星光，是学校赠予全体西大人最浪漫的礼物！

由于小行星命名的严肃性、唯一性以及永久不可更改性，能获得小行星命名的机会，是世界公认的殊荣。值此西北大学建校120周年之际，以西北大学命名小行星，

(529729) Xida = 2010 LX$_{44}$
Discovery: 2008-03-02 / PMO NEO Survey Program / XuYi / D29
Located in Xi'an, Xida (Northwest University of China) is famous for its geology, archaeology and traditional Chinese cultural studies. It has three campuses, 25 departments and 25 000 students, with 88 undergraduate majors and 24 first-level disciplines authorized for doctoral degrees.

国际天文学联合会发布的"Xida"星命名公告

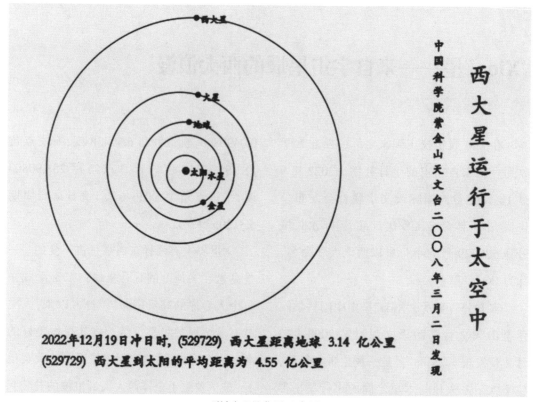

"Xida"星位置示意图

彰显了学校在传承中华文明、追引世界科学前沿、服务国家建设和地方经济社会发展等方面所作出的突出贡献。

今后,在浩瀚的苍穹,会有一颗与西大同名的星星陪伴着西大人在追求卓越的道路上孜孜不息,砥砺前行。"Xida"星将作为全球西大校友师生"心星相映"的情感纽带,点亮全体师生心中的光芒,凝聚师生校友兴学报国的磅礴力量,激励校友师生把爱国情、强国志、报国行融入为民族复兴、国家富强、人民幸福的不懈奋斗中!

樱花小径

西北大学历史沿革图

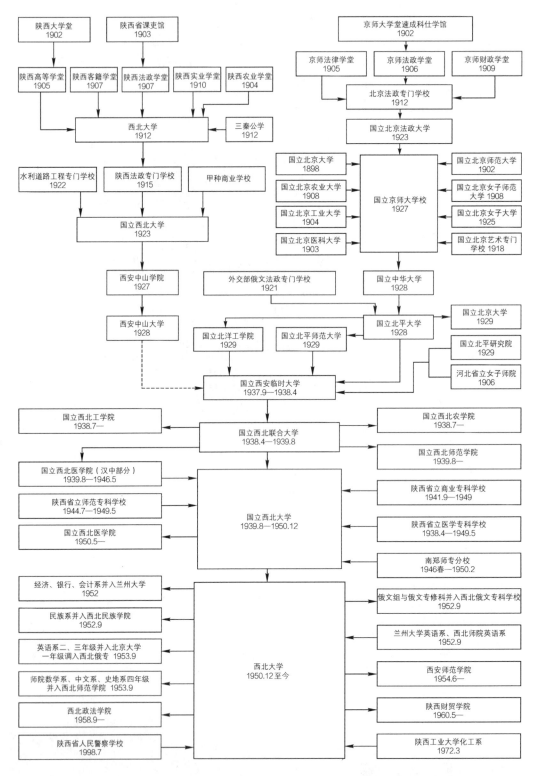

图书在版编目(CIP)数据

图说西北大学百廿年历史:2022年增订本 / 姚远等撰. —西安:西北大学出版社,2022.10
ISBN 978-7-5604-5028-5

Ⅰ.①图… Ⅱ.①姚… Ⅲ.①西北大学—校史—图解 Ⅳ.①G649.284.11-64

中国版本图书馆 CIP 数据核字 (2022) 第 186680 号

策　　划	马　来
统　　筹	张　萍　何惠昂　桂方海
责任编辑	任　洁　向　霁
整体设计	泽　海

图说西北大学百廿年历史(2022年增订本)

编　　著	姚　远　董丁诚　杨德生　熊晓芬　宋轶文　等撰
图片提供	屈　琳　宋远志　宋轶文　等
出版发行	西北大学出版社
	(西安市太白北路229号　邮编:710069)
经　　销	新华书店
印　　刷	西安华新彩印有限责任公司
开　　本	787mm×1092mm　16开　44印张
字　　数	380千字
图　　片	1500幅
版　　次	2022年10月第1版　2022年10月第1次印刷
书　　号	ISBN 978-7-5604-5028-5
定　　价	120.00元